普通高等教育会计系列规划教材

国家级一流本科专业建设点

管理会计教学案例

王海燕　龚巧莉　汤琦瑾　编著

东北财经大学出版社
Dongbei University of Finance & Economics Press
大连

图书在版编目（CIP）数据

管理会计教学案例 / 王海燕，龚巧莉，汤琦瑾编著．—大连：东北财经大学出版社，2023.12

（普通高等教育会计系列规划教材）

ISBN 978-7-5654-5083-9

Ⅰ．管… Ⅱ．①王… ②龚… ③汤… Ⅲ．管理会计-教案（教育）-高等学校 Ⅳ．F234.3

中国国家版本馆CIP数据核字（2023）第255991号

东北财经大学出版社出版

（大连市黑石礁尖山街217号 邮政编码 116025）

网 址：http://www.dufep.cn

读者信箱：dufep@dufe.edu.cn

大连天骄彩色印刷有限公司印刷 东北财经大学出版社发行

幅面尺寸：185mm×260mm 字数：387千字 印张：16.25

2023年12月第1版 2023年12月第1次印刷

责任编辑：王 莹 周 晗 责任校对：何 群

封面设计：张智波 版式设计：原 皓

定价：42.00元

教学支持 售后服务 联系电话：（0411）84710309

前 言

在经济新常态的大背景下，会计面临的经济环境也越来越复杂。管理会计作为会计学专业的核心课程之一，也必须实现教学设计新变革。管理会计课程是2009年国家级精品课程，也是新疆财经大学2021年获批的首批国家级一流本科课程。

管理会计案例教学是我校教学改革中的重要举措，本书梳理并设计了案例教学流程，在“教学准备—教学实施—教学转化与反馈”三个阶段精心筛选案例，针对不同教学阶段明确描述其具体的任务与要点，通过引导学生讨论，清晰、有效地指导案例教学实践，以便实现知识的迁移，将其内化为学生的知识，提升学生的综合素养。

本书通过案例教学设计方案的改进，一是加强了学生对管理会计核心理念以及课程教学重要性的认知，从而调动学生学习热情；二是在课程互动中提升了学生分析问题、解决问题的能力，启发学生主动创新的思维，鼓励学生积极思考，勇于表达看法和思想；三是帮助学生在理论学习的基础上，勇于参与案例研究以及实践学习，将理论知识转化为实践经验。

本书旨在通过案例在教学中的应用，讲好中国企业管理实践故事，将课程思政融入案例教学，实现教育教学价值引领和知识传授相统一，从而更好地培养思想品质过硬的高技能会计专业人才。在突出课程思政与专业教学的融合、持续提升教学质量的同时，本书着力加强和完善课程思政建设，在管理会计案例教学中将党的二十大报告、习近平新时代中国特色社会主义思想、社会主义核心价值观等融入课程思政建设，以期实现价值引领。与此同时，本书还在传授会计专业知识、培养学生专业能力的同时，充分运用会计专业领域内专业发展史、职业伦理和职业道德等思政素材，进行品格塑造，实现“立德树人”根本任务。在案例教学中运用多种方法，有计划地把思政教育整合到专业课程案例教学各环节，实现教育教学价值引领和知识传授相统一，从而将教书与育人紧密融合，将学生塑造成为德才兼备的专业人才。

本书是管理会计教学的重要辅助工具书，是企业具体实务案例应用到教学场景中、提升学生实践能力、培养学生综合素质的重要手段。本书依照管理会计理论与实务的教学规律，依据教学大纲要求，设置管理会计基础理论案例、管理会计工具在成本管理中的应用案例、管理会计工具在经营决策中的应用案例、管理会计工具在投资决策中的应用案例、管理会计工具在预算管理中的应用案例、管理会计工具在战略与绩效管理中的应用案例等章。每章精选了与该章相关的企业真实案例，并在后面附有案例的详细使用说明。每章案例的编排采取由浅入深、由易到难、循序渐进的原则。对案例的精准剖析有助于提高学生和企业管理人员分析和解决管理会计实际问题的能力。本书适合工商管理各专业本科生、研究生（含MBA、EMBA）相关学生使用，既可以作为教学人员的参考用书，又可以作为学生学习使用的辅导资料，同时也适合企业经营管理人员和财务管理人员作为学习资料。

本书的写作分工如下：王海燕负责案例3、案例5的写作；龚巧莉负责案例2、案例4、案例8、案例10的写作；汤琦瑾负责案例1、案例9、案例11、案例14的写作；陈佩佩负责案例12的写作；徐小惠负责案例7、案例13的写作；孙玲玲负责案例6的写作，本书的写作大纲经多次讨论后形成，并由龚巧莉、王海燕负责总纂。

由于案例编写涉及许多相关学科的知识，而编者的水平有限，本书难免存在不足之处，敬请读者批评指正。

编　者

2023年11月

本书课程思政元素

案例序号	专业知识导引	思考与研讨	思政元素
1	商业模式与战略管理	1.“互联网+”对企业商业模式带来的冲击和挑战有哪些？ 2.面对商业环境的改变，如何具备风险意识适时而变，通过供给侧结构性改革收获企业的成长和发展？	供给侧结构性改革 正确的财富观 创新与企业高质量发展
2	战略地图	1.平衡计分卡的实施步骤有哪些？AG超市集团现有的绩效评价体系有哪些问题？ 2.战略地图如何绘制？	责任意识 降本增效 中国企业管理实践
3	基于成本的定价策略	1.你认为蜜雪冰城的价格战略是什么？影响蜜雪冰城定价的因素有哪些？ 2.由于绿色生态理念的兴起，考虑碳减排与消费者社会责任共担问题时，茶饮行业定价决策还应考虑哪些因素？	企业社会责任 绿色生态发展 低碳环保理念
4	战略成本管理	1.战略成本管理对企业的生存和发展有何重要意义？ 2.预计BX蜂业公司引入战略成本管理之后会取得怎样的效果？	可持续发展 降本增效 高质量发展
5	战略成本管理与价值链成本动因	1.你认为中粮糖业为降低成本、扩大规模采取了什么战略？企业进行价值链成本分析的目的是什么？ 2.在绿色低碳的发展理念下，中粮糖业的差异化战略还需考虑哪些结构性成本动因？	国内国际双循环的经济思想 供给侧结构性改革 绿色低碳发展
6	存货管理	1.请思考技术创新对企业供应链的影响； 2.请思考技术创新对企业存货管理的影响路径。	从中国制造到中国智造 科技创新的重要性 “四个自信” 当代大学生使命感和认同感
7	关于企业高质量发展的市场定位决策	党的二十大报告指出，高质量发展是全面建设社会主义现代化国家的首要任务。我们如何站在管理会计视角上理解企业高质量发展的科学内涵和基本要求？	高质量发展 可持续发展

续表

案例序号	专业知识导引	思考与研讨	思政元素
8	投资决策	1.为什么在进行投资决策分析时，要以现金而不是以会计利润作为项目取舍的衡量标准？ 2.根据案例已知资料，分析项目投资分析中应关注的风险因素有哪些。	绿水青山就是金山银山 高质量发展与环保 循环经济发展
9	选址决策	1.A快餐公司在乌市选址方面存在哪些问题？ 2.如何通过把握快餐业的总体发展趋势，为管理实践问题提供有针对性、情景化的解决方案？	战略思维 开放思维 可持续发展理念
10	战略与预算管理	1.新疆WH公司如何进行预算管理？预算制度的主要内容包括哪些方面？ 2.如何理解战略与预算管理的关系？一个企业成功地实施预算管理的要素有哪些？	守好一段渠，种好责任田 预则立，不立则废 国企改革三年行动方案
11	投资预算管理	1.A电力公司电网基建工程投资预算管理中存在哪些问题？ 2.财务人员的职业能力对于预算目标的达成，进而实现企业资源的最佳配置和运行有何积极意义？	经济意识 责任意识 创新意识
12	企业战略转型	1.广汇能源为何要承担社会责任？大学生的社会责任是什么？ 2.结合企业战略转型的宏、微观影响因素，谈一谈培养决策者树立系统思维、大局观念的重要性。	责任意识 系统思维 大局观念
13	中国式现代化在企业管理中的应用	1.业财融合趋势下管理会计推动生产精益化有利于中国式现代化目标的实现吗？ 2.企业生产精益化与中国式现代化之间有什么关系？ 3.企业生产精益化如何推进中国式现代化？	中国式现代化 中华民族伟大复兴 “四个自信”
14	绩效管理	1.新时期商业银行绩效评价体系如何更好地适应商业银行价值最大化的要求？ 2.绩效管理如何在企业守正创新中发挥作用？	公平公正 激励导向 责任意识

目　录

第1章 管理会计基础理论案例

案例1

“互联网+”背景下HSH商业模式对企业价值的影响分析

摘 要

本案例以“三巨头”之一、“鸭脖第一股”HSH公司为背景，剖析了在“互联网+”背景下，HSH商业模式的创新对企业价值的影响及路径。案例分析了为应对公司市场布局的不断扩张，弥补前期线上销售方面的不足，公司着力促使传统营销向互联网营销转型升级对企业价值的影响。对于HSH商业模式是如何影响企业价值的，案例从商业模式的五个层面分别做了路径分析。由于经济发展环境变化，HSH线上线下相融合的全渠道商业模式的变革能够对企业价值产生正向影响，对“互联网+”背景下同行业企业的商业模式改革具有一定的借鉴意义。

关键词

“互联网+” 商业模式 企业价值

案例正文

一、引言

“十三五”期间，我国经济取得重大成就，经济总量突破100万亿元大关，稳居世界第二，人均GDP连续两年突破1万美元，稳列中上收入国家行列，人民生活水平显著提高。与此同时，城镇居民的消费观念在不断改变，从生存型消费向发展型和享受型转变，而休闲食品正是享受型消费的典型表现……难得清闲的一个小时，HSH李总看着新闻播报，陷入了沉思。

如今公司压力不小！面对大量的市场需求，为了与年轻消费者沟通，各个品牌方各出奇招开展激烈竞争，从采购到生产再到营销，不断进行模式变革。绝味食品、周黑鸭与HSH被称为卤味界“三巨头”，一直保持着激烈的竞争：在品牌定位上，全力建设品牌形象，抢占市场份额；在产品生产上，逐步实现标准化、工业化、自动化生产；在卤制品口味上，根据各地的口味差异因地制宜，争取跨区域走向全国；在产品包装上，更加贴近“休闲”的理念，从原本正餐食用的定位转变为随时随地品尝的美食；在销售上，不断拓宽销售渠道，占据市场份额。

周三下午的公司例会如期召开，在这场“三分天下”的商业模式的竞争中，究竟孰强孰弱，孰好孰坏？作为酱卤肉制品行业首个上市的HSH公司，其采用这种线上线下相融合的商业模式是否给其企业价值带来了较好的影响？是否使其具备了较强的未来发展潜力？是否助其在某些方面超越了“龙头”企业绝味食品和行业“老二”周黑鸭，或者一定程度上缩小了差距？围绕着这一系列问题，参会人员纷纷发表自己的观点。

轮到财务总监张总为大家做汇报，针对HSH商业模式对企业价值的影响，团队进行了详尽的调查，用数据说话，形成了如下报告。

二、何为HSH

在听取汇报之前，我们先来了解一下江西HSH集团食品股份有限公司（以下简称HSH）。HSH成立于1993年，原名“江西HSH烤卤有限公司”，2004年名称变更为“江西HSH集团食品有限公司”，2008年公司整体变更为江西HSH集团食品股份有限公司。总部位于江西南昌，由徐桂芬家族实际控制，2012年9月5日在深交所挂牌上市，成为酱卤肉制品行业第一家上市公司。

HSH产业涵盖畜禽肉制品加工、油脂加工、酒店餐饮、温泉旅游度假、房地产开发、海外投资、文旅产业、冷链物流等八大板块。公司集肉鸭养殖、屠宰加工、肉制品深加工、连锁销售、科研开发于一体，产品包括鸭、鸡、鹅、猪、羊、牛等快捷消费酱卤肉制品、蔬菜、水产、豆制品等佐餐冷盘以及麻薯、粽子、青团、方便粥、八宝饭、月饼等米制品，产品种类达200多种，依据主营产品销售额占比，公司以鲜货产品和米制品业务为主。区别于绝味食品的“麻辣”、周黑鸭的“甜辣”，HSH主要以酱香口味为主。

在2015年以前，HSH与大多卤制食品企业一样，以门店销售模式为主，而2015年以后HSH向网络零售和互联网营销发力，正式步入了线上线下相融合的全渠道销售模式。2020年，HSH线上销售占比达到18.55%，几乎能与主打网售的周黑鸭相媲美。线下门店方面，截至2020年12月，公司销售网已涵盖26个省或直辖市、235个地级市，总共4 627家门店，其中江西已拥有1 400家门店，广东已拥有914家门店。2020年，公司在全国各地共开设1 206家新店，关闭285家老店，门店净增921家，甘肃、云南、海南、重庆、山东等地增长显著，净增率分别达到2 000%、533.33%、177.42%、200%、162.22%，具体情况见表1-1。

表1-1 2020年门店增长情况

序号	地区	2020年初门店数量	2020年末门店数量	净增率
1	江西	1 262	1 400	10.94%
2	广东	806	914	13.4%
3	广西	126	150	19.05%
4	福建	303	292	-3.63%

续表

序号	地区	2020年初门店数量	2020年末门店数量	净增率
5	辽宁	217	277	27.65%
6	北京	37	60	62.16%
7	陕西	96	101	5.21%
8	甘肃	1	21	2 000%
9	山西	15	35	133.33%
10	上海	31	55	77.42%
11	浙江	183	253	38.25%
12	河南	84	129	53.57%
13	河北	19	36	89.47%
14	天津	18	29	61.11%
15	江苏	59	115	94.92%
16	安徽	47	54	14.89%
17	山东	45	118	162.22%
18	湖南	134	163	21.64%
19	湖北	25	40	60%
20	内蒙古	14	18	28.57%
21	贵州	61	92	50.82%
22	黑龙江	25	36	44%
23	吉林	42	58	38.1%
24	云南	6	38	533.33%
25	重庆	19	57	200%
26	海南	31	86	177.42%
总计		3 706	4 627	24.85%

资料来源：HSH2020年年报。

三、HSH商业模式及其优势

（一）HSH商业模式

李总提议先为各位股东介绍一下HSH的商业模式，便于大家的理解，于是滔滔不绝地讲解起来近些年来公司进行的商业变革。近年来，HSH无论是门店数量还是线上销售都均衡发展，且公司2015年开始正式向B2C领域发力，2018年实施了“互联网+”行动计划，线下方面这几年一直致力于门店的拓展，在2020年9月制定了“千城万店”战略规划。公司在2015年以后由单一的线上销售模式转变为线上线下相融合的商业模式，为配合这种全新的商业模式，HSH不断调整公司战略，如今实施的是"品牌升级、产品升级、信息化升级和人才发展"四大发展战略。从组织结构到营销模式、产品服务，再到成本管理、品牌升级，公司主动求变，创新经营模式，全面推进战略实施。

1.组织结构变革+混合经营模式

HSH加快推进组织结构变革，实行中心垂直管理，实现组织扁平化，同时优化管理职级，明确岗位职责定位，共同参与经营管理，建立有效应对变革的敏捷型组织。与此同时，HSH的经营模式也在变革，自2017年增加经销商模式后变为"直营+加盟+特许经销商"的混合经营模式。

2.借助互联网拓展营销渠道

公司大力促使传统营销向互联网营销转型升级，与天猫、京东、拼多多等各大电商平台合作，建立网上旗舰店，也持续加快企业数字化转型的推动力度，打造"两微一抖"、饿了么、O2O、网红直销、社区电商、无人零售等互联网智能平台，向线上销售全面发力。同时，HSH打造了"线上+线下+物流"模式，即"线上订单、门店配送"或"线上订单、线下自提"，实现线上线下互相引流，进而全方位地接触顾客。

3.产品服务以研发设计为核心

HSH的研发投入主要用于新产品、新技术的研发以及研发综合水平的提升，2020年，HSH研发项目包括提升酱鸭酱制汤料浓度均匀性的研究、提升酱鸭烘烤效率及节能技术的研究、速卤速酱关键技术的研究、酱鸭发酵可视化及环境控制关键技术研究、鄱阳湖酱卤鸭肉精深加工研究、蒜香无骨凤爪开发研究等19个应用项目。

4.多维度实现成本控制

一方面，公司持续贯彻主要原材料战略储备管理机制，密切跟踪原材料市场价格的变化，在行情低位时加大采购力度做好储备，逐步拉低主要原材料的加权平均成本。另一方面，HSH采用"公司+合作社+农户"的供应链模式，不仅保证了原材料来源的稳定性，而且将质量监管也掌握在自己手中，更重要的是降低了采购成本，不受市场价格波动的过多影响。另外，公司加大在技术改造上的研发投入，实现节能降耗，提产增效。

5.打造品牌效应

HSH一方面不断升级品牌理念，从"爱·分享"的理念升级到"好味道，匠心造"的全新品牌定位；另一方面加大并购重组力度，2015年HSH成功并购了以粽子等米制品为主业的嘉兴市真真老老食品有限公司（简称真真老老公司），带领该子公司年销售额从1亿元发展至4亿元。另外，近年来与百事可乐和可口可乐的跨界营销也产生了品牌协同效应。

（二）HSH商业模式优势分析

那么，HSH商业模式究竟有什么优势呢？且听李总娓娓道来：HSH由原先单一的线下为主的商业模式转变为线上线下相融合的商业模式。李总团队将其总结为以下五个方面：

1.品牌优势

休闲卤制品行业已经踏入品牌竞争时代，商业模式的转型使HSH更加注重自身的品牌建设，尤其是通过在行业内牵头建设"HSH酱卤文化馆"、大力推动工业旅游等，不断提升品牌知名度。公司及名下产品获得中国制造业企业500强、国家酱卤肉制品工程研究中心、国家高新技术企业、江西民营企业10强等荣誉称号。

2.产业化优势

随着公司发展成熟化和市场需求的广泛化，公司秉持“生态养殖、健康养殖”的理念，通过“公司+合作社+农户”的模式培育了肉鸭养殖专业合作社27个。凭借肉鸭屠宰加工项目，建造了国内数一数二的、规范的现代禽类食品加工基地。HSH对传统烤卤工艺进行了一系列重大改革和创新，引进世界一流的食品加工技术和设备，率先在同行业开展自动化流水线生产加工。

3.渠道优势

伴随着新零售的兴起以及线上线下渠道融合的进一步加深，“线上下单+线下配送”的外卖渠道也成为HSH线下销售的新兴渠道，既能通过线上渠道引流，又能通过线下连锁门店或加盟商满足休闲卤制品的消费即时性。

4.运营体系优势

经过多年的经营和发展，公司形成了一整套行之有效的、适合自身特点的运营体系。从三支团队的培训晋升、门店的标准化作业流程、一线店员店长的管理激励、加盟商筛选、门店选址、新店装修等，公司都构建了完备的运营体系，确保门店规范化经营、公司稳健发展。

5.产品工艺研发优势

HSH拥有包装产品、气调装产品、生鲜产品三大系列，形成了200余个SKU的产品组合，在不同地区和渠道可任意选择适销对路的组合。公司始终高度重视新产品的研发，领先在同行业对夹层蒸汽锅进行变革升级，告别传统煤球炉。公司陆续创办院士工作站和博士后创新实践基地，并和江西农业大学食品科学与工程学院等专业院校维系着牢固的合作关系，每年开发30多种不同口味、品种、包装的产品，不断优化产品组合。

四、HSH商业模式对企业价值的影响路径分析

（一）组织结构调整以提升发展能力

HSH实行线上线下相融合的新型商业模式后，为了保障公司战略和业务的发展，其从不同维度对组织架构进行调整。HSH的组织结构大体为事业部制，着力于实现总部职能中心下沉垂直管理省区，打造扁平、专业、高效的管理团队，如图1-1所示。

1.实施人力资源战略

（1）竭力打造优秀的人才队伍来提高组织效能。

（2）注重薪酬体系的建设，采取边实施、边完善的方法逐步推进，使企业的发展更具潜力。

（3）通过人才调动协调的方式优化管理布局，将具有丰富管理经验、实战经验的区域管理人员调回到总部，增强总部中坚力量。

2.夯实营销管理基础

（1）营销中心。HSH在2021年将营销总部搬迁至上海，发挥长三角地区的资源、人才、信息等优势。

（2）市场布局。一是加大对省外门店的拓展和全国布局的逐渐开展。二是持续推进机场、高铁、高速公路、火车站、CBD等高潜力门店核心布局，通过优选黄金展位，加速商超综合体渠道布局。

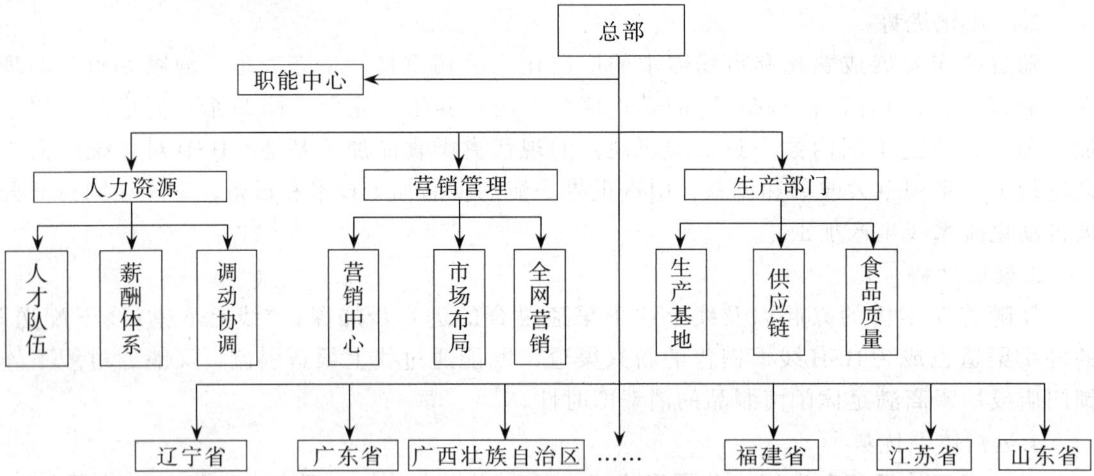

图1-1 HSH的组织架构调整方向

资料来源：根据年报整理。

（3）全网营销。HSH投入巨资打造CRM系统，实现客户细分精准营销，落实会员制，培养会员忠诚度。

3.推进生产基地建设

生产基地的建设不仅能够解决公司供应、配送、产品质量问题，最重要的是降低公司生产成本，进而使产品销售获得更大的利润空间。根据销售网络建设的需要，HSH从2016年的四大生产基地发展到2022年的七大生产基地（见表1-2），同时对已有的基地进行优化，计划筹建海南、山东、京津冀生产基地，最终形成覆盖全国的连锁销售网络以及贴近市场生产基地的全国布局。

表1-2 HSH 2016—2022年生产基地分布

年份	生产基地分布
2016	江西、广东、福建、辽宁
2017	江西、广东、福建、辽宁、河南
2018	江西、广东、福建、辽宁、广西、河南
2019	江西、广东、福建、辽宁、广西、河南
2020	江西、广东、福建、辽宁、广西、河南、陕西（在建）、重庆（在建）
2021	江西、广东、福建、辽宁、河南、陕西（在建）、重庆（在建）、浙江（在建）
2022	江西、广东、福建、辽宁、陕西、重庆（在建）、浙江（在建）
未来预计	海南、山东、京津冀（筹建）

资料来源：HSH 2016—2022年年报。

（二）营销模式转型以提高市场占有率

推动传统营销向互联网营销转型升级，HSH竭力打造一个“互联网+卤味”的营商环境。公司管理层审时度势，加大互联网营销力度，目前主要线上销售平台包括淘宝、阿里巴巴、京东、拼多多、有赞商城、抖音、快手小店、云集、唯品会以及其他自营店铺等，平台上销售的产品包括乐鲜装、高温包装酱卤制品（主要为煌家酱鸭、卤鸭锁骨、卤鸭脖、麻辣牛肉、猪肉脯等）和米制品（主要为粽子、粥、青团等）等。

同时，在互联网营销转型过程中，公司始终不忘优化信息化管理水平，建立了食品行业的ERP系统、可视化项目、POS项目、数云CRM、MES系统、BI系统、物流实时监控系统等，连通OA、HR、支付平台、Cloud、电子发票等现代电子信息管理系统，为公司线上线下相融合的“混合营销网络”构建了一整套成熟管理体系，有效地保障了公司线上平台的维护和扩展，公司的信息管理水平处于卤制品行业一流水平。

此外，公司对外卖平台系统也加以完善，打造线上线下一体化会员系统，依托微信小程序，助力电子商务销售发展，促进线上、线下互助销售，利用大数据平台精准定位消费人群，经营业绩逆势反弹。而且，HSH的米制品主要销售渠道为线上销售，2020年米制品营收增长达到29.60%，毛利增长达28.92%，可见互联网营销渠道的拓展为公司米制品带来更大的盈利空间，见表1-3。虽然直播带货、电商平台等互联网营销渠道的兴起给休闲食品企业带来了巨大的商机，但由于鸭脖等卤制品保质期较短，因此HSH也没有忽视线下门店的管理运营，主动适应线上线下相融合的新零售业态模式，从而带动市场占有率的进一步提升。

表1-3 2020年HSH的盈利情况

产品类别	营业收入（万元）	占比	毛利（万元）	占比	毛利率	营收同比增长	毛利同比增长
鲜货产品	183 611.04	75.36%	73 039.02	79.30%	39.78%	13.60%	13.68%
包装产品	7 615.11	3.13%	2 627.64	2.85%	34.51%	7.93%	10.28%
屠宰加工	2 828.49	1.16%	640.63	0.70%	22.65%	28.66%	37.89%
米制品业务	43 439.44	17.83%	12 363.16	13.42%	28.46%	29.60%	28.92%
检测业务	184.04	0.08%	100.76	0.11%	54.75%	22.37%	28.08%
其他	5 959.79	2.45%	3 331.28	3.62%	55.90%	-16.55%	18.22%
合计	243 637.90	100.00%	92 102.48	100.00%	37.80%	15.09%	15.73%

资料来源：HSH2020年年报。

在营销模式方面，HSH近几年呈现多样化的发展趋势。2016年，HSH相继推出了门店团购业务和移动售卖车两种营销模式，提高了门店销售额。随着情感消费时代的到来，消费者逐渐从理性消费转向感性消费，HSH把握住这一趋势，综合运用情感营销、氛围营销的方式，营造了一个和谐、温馨、充满情感的营销环境，强调与消费者之间的情感交流，吸引了更多的品牌忠诚者。2019年，HSH与可口可乐合作跨界联合传播；2020年8月，该跨界营销案例获得了ADMEN国际大奖“品牌年轻化案例大奖”，其以“乐煌驾到”为主题举办的跨界活动也成了大家讨论的焦点。之后，HSH又借势广东卫视综艺IP资源，开展娱乐营销抢占市场制高点。HSH与百事可乐联名打造“玩味概念店”，借百事可乐的影响力和号召力推动销售的达成。这些“饮+食”的组合赢得了更多年轻群体的喜爱。具体营销模式见表1-4。

表1-4　　2016—2020年HSH的主要营销模式

年份	主要营销模式
2016	门店团购业务、移动售卖车模式
2018	"互联网+"行动计划、氛围营销、情感营销
2019	HSH+可口可乐跨界营销，外卖、社区团购等新零售渠道
2020	HSH+百事可乐跨界营销、娱乐营销、新零售

资料来源：根据HSH年年报整理。

（三）产品服务升级以扩大客户群体

1.口味升级

为了吸引更多的消费群体，HSH对应本土口味偏好，不断在口味上做调整升级，结合江南口味偏好改进了咸辣口味，现以酱香口味为主。

2.重视产品质量

全产业链环节都高度遵循食品安全国家标准，投资2 000余万元建成"食品质量安全检验与研发工程技术中心"、九州检测公司。HSH本着"为顾客提供有价值的服务"的原则，不断研发出新鲜、低糖、低热、低脂、低盐等健康型酱卤制品，与消费者的健康追求相契合。这种健康型卤制品的推广，对于担心卤制品不健康、不安全的消费者而言是一种福利，将吸引这类消费群体开始购买健康型卤制品，并且增加原有消费群体的购买频次，意味着会有更大的市场空间。

3.满足多元消费场景

公司围绕消费者的每个生活场景，不断提供丰富多元的需求解决方案，从出行旅行、休闲逛街，到好友小聚、夜宵食堂等，将美味佳肴融入消费者生活的每个环节。

（四）成本管理优化以提升盈利能力

HSH 2016—2020年每百元主营业务收入中的成本分别为66.76元、65.34元、65.53元、62.41元、62.20元，整体呈现大幅下降趋势，每百元主营业务收入所支付的成本越来越低，成本管控到位。尤其是2019年在成本管理与控制方面取得较好成效，每百元主营业务收入的成本直接下降了3元，主要考虑因素为2019年公司在推进机械化生产，技术改造及产、供、销信息化管理方面成效显著，且提高了主要原材料的安全库存储备，逐步降低企业生产成本，如图1-2所示。

HSH主营活动营业利润率与成本费用利润率变化趋势同步，除2018年有所下降外，整体呈稳步上升趋势。主营活动营业利润率的提高说明公司盈利能力增强。成本费用利润率的上升表明企业为获取利润所付出的代价越来越小，获利能力强，而且HSH近年公司规模的增大并没有导致成本费用利润率下降，反而稳定上升，说明公司经过长时间的运营，成本费用已经能控制在一个稳定的水平，公司发展较为成熟。

（五）打造品牌效应以增强核心竞争力

HSH的核心竞争力归根到底与其品牌有关，企业品牌深入人心，企业知名度提高，能给企业带来长久订单，HSH提升品牌竞争力的主要策略如下：

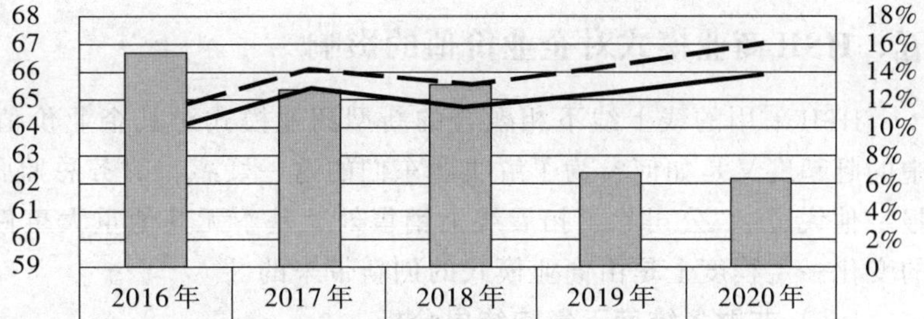

	2016年	2017年	2018年	2019年	2020年
每百元主营业务收入中的成本（元）	66.76	65.34	65.53	62.41	62.20
主营活动营业利润率	9.79%	12.68%	11.51%	12.46%	13.78%
成本费用利润率	11.11%	14.33%	13.11%	14.52%	16.02%

图1-2 2016—2020年HSH每百元主营业务收入中的成本与利润率

资料来源：根据HSH各年年报整理。

1.“品牌占位”策略

“品牌占位”其实就是占领用户心智，成为用户首选，先占位就意味着先拥有。品牌占位可以包括名字占位、资源占位、概念占位、网页占位等。

2.升级品牌理念

2016年，HSH推出了“爱·分享”的品牌理念，以此来更好地创造品牌效应，树立品牌形象。2018年，HSH开启“好味道，匠心造”的全新品牌定位，推动全国化、年轻化、匠心战略，通过视觉识别（VI）、空间识别（SI）、休闲包装、吉祥物等一连串的品牌感官，以及投放新闻广告，完善门店形象等来加速品牌宣传和塑造标准化门店。2019年，HSH开启了品牌体育营销元年，以参加国际知名体育赛事的形式扩大品牌知名度，比如环鄱阳湖自行车赛、国际马拉松赛、WCBA总决赛等，HSH都分别参与了其中多个项目，最后借助央视、上星卫视的影响力增加品牌曝光度。

3.收购兼并，品牌互补

2015年，HSH运用一部分超募资金并购了嘉兴市真真老老食品有限公司67%的股权，实现控股，并朝三年业绩翻番的目标前进，从而实现食品加工主业生产经营规模的不断扩大。米制品营业收入占比达到18.28%（2020年），真真老老公司“真真老老”粽子品牌先后荣获“中华名小吃”“嘉兴市著名商标”等荣誉，且连续多次荣获中国粽子文化节金奖。2018年，HSH加大了兼并收购力度，主要兼并与公司有产品互补关系的企业。2019年，HSH启动“品牌+”计划，通过资本市场的实力，收购、兼并2～3家串串或餐饮类品牌，充分发挥公司强大的产业链资源优势与上市公司的资本实力优势，通过产品与品牌资源的互补与结合，形成多品牌发展战略。

4.加大企业文化的推广

HSH近年加大了文化创新力度，与优秀企业进行交流，走访学习先进经验；通过各类企业文化活动的开展，结合培训、竞赛等方式，以及新媒体的运用，大力加强企业文化的宣传力度，全力打造具有“HSH文化气息”的企业文化，为企业的核心竞争力添砖加瓦。

五、HSH商业模式对企业价值的影响

HSH采用的线上线下相融合的新型商业模式对其企业价值的影响结果如何？在行业中的赶超度又是如何？为了解决股东们的这一疑惑，财务总监张总从专业的角度进行了汇报。他说道："公司除了拓展线上销售外，基本无其他重大事件产生，因此公司企业价值的变化一定程度上是由商业模式的创新带来的。"

（一）非财务维度下影响结果分析

首先从非财务维度角度，也就是市场占有率和销售方式两个方面进行分析，从张总分发的汇报材料中可以看到如下结果：

1.市场占有率提高

2018年和2019年我国休闲卤制品行业行业集中度指数（CR5）为20.2%，前五名分别为绝味食品、周黑鸭、HSH、紫燕和久久丫，2020年CR5指数为19.23%，占比分别为8.60%、3.32%、3.15%、4.16%，其余企业占比为80.77%，因此从市场占有率来看，绝味食品、周黑鸭、HSH为我国休闲卤制品主要生产和销售企业。观察表1-5和图1-3可以发现，2018—2020年HSH的市场占有率分别为2.50%、2.60%、3.15%，呈现直线上升的趋势。

表1-5　　2018—2020年休闲卤制品市场占有率

市场占有率	2018年	2019年	2020年
绝味食品	8.50%	8.50%	8.60%
周黑鸭	4.60%	4.60%	3.32%
HSH	2.50%	2.60%	3.15%
紫燕、久久丫	4.60%	4.50%	4.16%
其他	79.80%	79.80%	80.77%

资料来源：Frost & Sullivan。

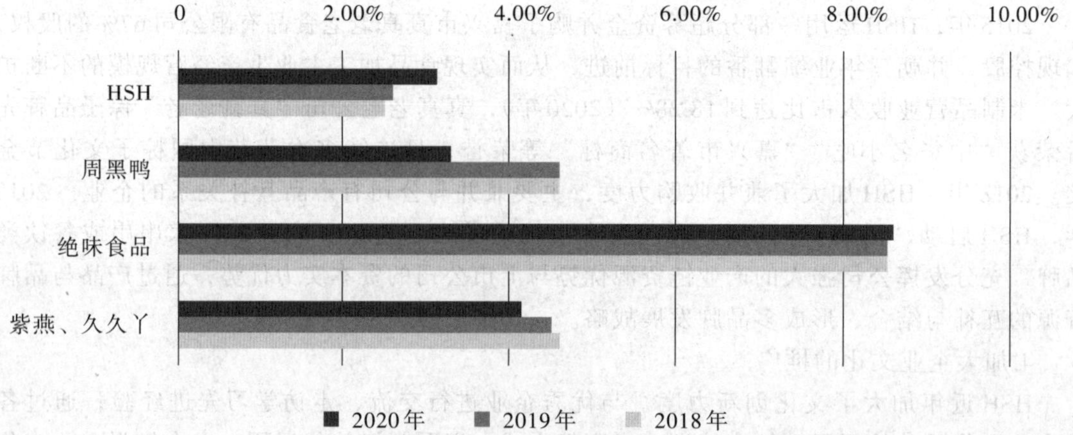

图1-3　2018—2020年休闲卤制品市场占有率

2.销售方式更加契合年轻群体需求

HSH管理层紧紧抓住年轻消费群体的特点和潜力，通过口味的变化与升级、提供健康型酱卤产品、设定新型消费场景等方式吸引顾客，很好地契合了当下年轻消费群体对酱卤肉制品新型的消费需求，体现了对波特"集中化战略"的运用。HSH管理层深知餐桌文化已不足以代表公司未来的发展方向，故选择向休闲零食方向发展，将产品定位为"佐餐+休闲"卤味，这有利于公司拓展年轻的消费者基础，同时也解决了餐桌化、散装称重毛利偏低等问题。

（二）财务维度下影响结果分析

当然，仅从非财务角度进行分析是不全面的，因此，张总也向大家展示了财务维度下的分析结果，主要是从市值、盈利能力、偿债能力、经济增加值四个方面进行说明。

1.市值趋势向好

股票价格和市值是市场反应的直接体现，图1-4显示，HSH的年末市值和股价在2016—2018年直线下降，而在2018—2020年直线上升，两个指标变动趋势一致，说明市值的变化主要是由股价带来的。表1-6显示2016年的市值增长率达到了1 110.70%，如此大幅度的增长，说明2016年的变革之年对HSH市值产生巨大的积极影响，2018年市值陷入低谷可能是由于企业转型未稳定产生的余波，尽管2018年之前市值表现不佳，但2018年正式实施"互联网+"行动计划之后走上正轨，市值趋势良好，说明市场维度下HSH的企业价值向好发展。

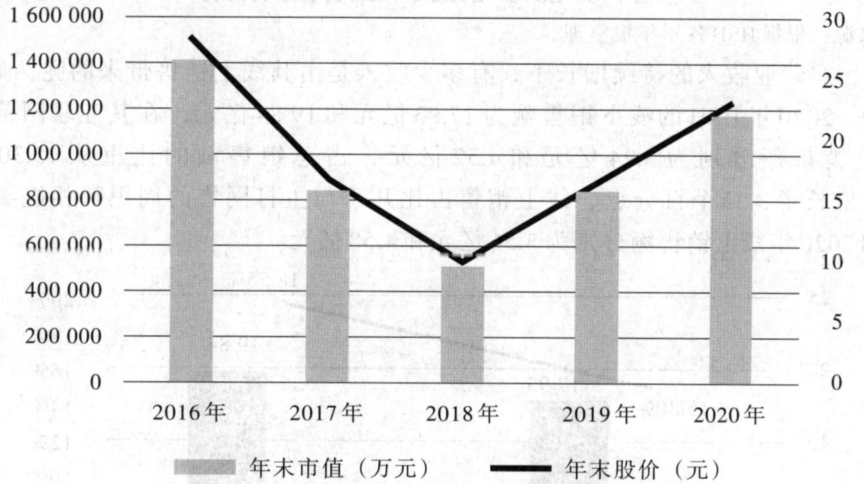

图1-4 2016—2020年HSH年末股价与市值

表1-6 **2016—2020年HSH年末股价与市值**

项目	2016年	2017年	2018年	2019年	2020年
年末股价（元）	28.31	16.98	9.94	16.4	22.9
年末市值（万元）	1 415 378.63	848 927.2	510 799.83	841 940.57	1 174 279.78
市值增长率	1 110.70%	−40.02%	−39.83%	64.83%	39.47%

注：年末市值为每年最后一个交易日收盘价乘以股数。

资料来源：根据巨潮资讯网和HSH各年年报计算。

2.盈利能力增强

由图1-5可以看出，HSH自2016年大变革开始，营业收入和净利润均向好发展，呈现急速上升的趋势，HSH成为三公司中唯一一家连续五年保持营业收入、净利润双增长的企业。

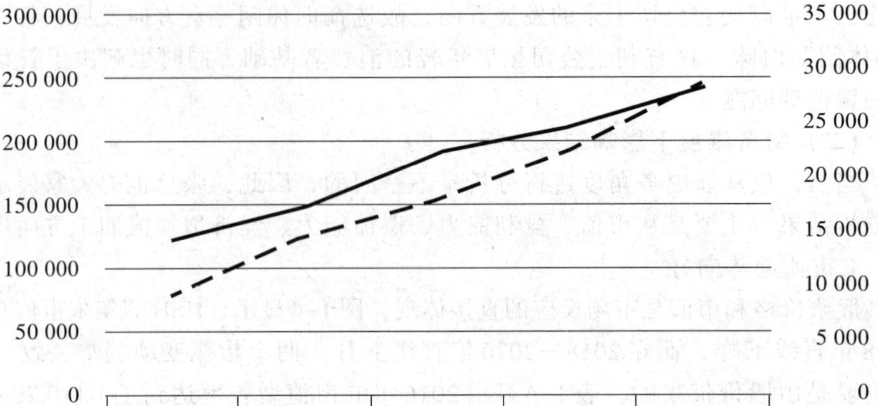

	2016年	2017年	2018年	2019年	2020年
—— 营业收入（万元）	121 782.16	147 778.02	189 757.87	211 691.57	243 637.90
------ 净利润（万元）	9 317.80	14 681.48	17 994.17	22 626.60	28 607.11

图1-5　2016—2020年HSH营收净利情况

资料来源：根据HSH各年年报整理。

那么，在营业收入的持续增长下，有多少收入是由其线上销售带来的呢？如图1-6所示，2019—2020年HSH的线下销售额为17.93亿元和19.84亿元，在其互联网营销的推动下，线上销售额分别为3.24亿元和4.52亿元，占总销售额的比重从15.30%增长到18.55%，增长了3.25个百分点，线上销售占比几乎与主打网售的周黑鸭相媲美，周黑鸭2019年和2020年线上销售额分别为3.56亿元和4.58亿元。

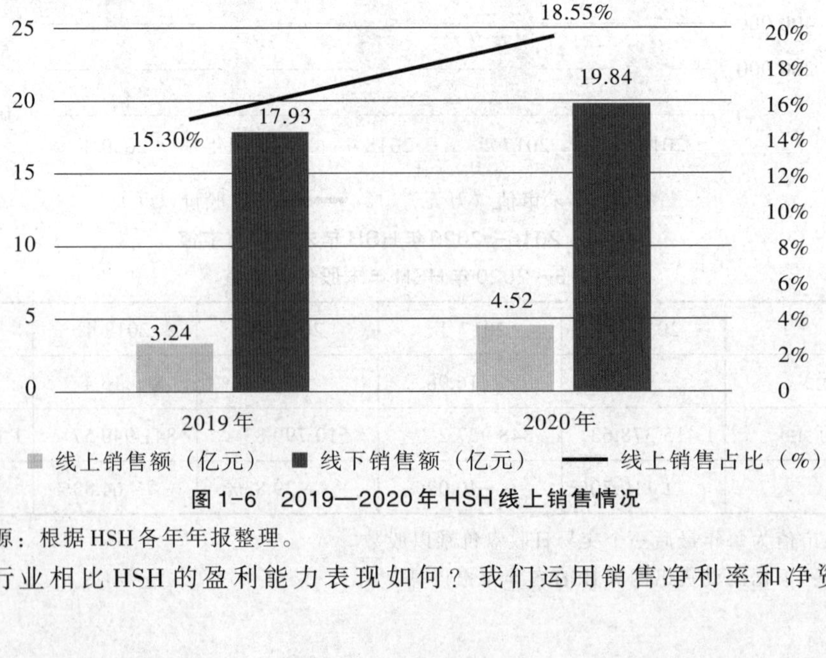

图1-6　2019—2020年HSH线上销售情况

资料来源：根据HSH各年年报整理。

与同行业相比HSH的盈利能力表现如何？我们运用销售净利率和净资产收益率

(ROE)来评价。销售净利率越高表明营业收入的收益水平越高，企业获取净利润的能力越强；净资产收益率具有极强的综合性，越高表明股东和债权人的利益保障程度越高。如表1-7所示，周黑鸭两个指标都出现大幅下降，盈利能力出现大幅倒退；即便是龙头企业绝味食品的ROE也在持续倒退；而HSH无论是销售净利率还是ROE都呈现持续增长的趋势，销售净利率从2016年的7.65%增长到2020年的11.74%，ROE则从5.66%增长到12.34%。采用杜邦分析法分解ROE后发现，HSH该指标的增长是由权益乘数、总资产周转率、销售净利率三个指标分别增长综合带来的，说明HSH的成本管理带来了良好效果，原材料战略储备工作和生产技术的研发改进，使公司获得了更大的盈利空间。综上所述，HSH两个指标的持续增长不但反超了周黑鸭，更缩小了其与绝味食品的差距，盈利能力不断增强，在三家公司中表现较佳。

表1-7 “三巨头”销售净利率和净资产收益率对比

公司	项目	2016年	2017年	2018年	2019年	2020年
HSH	销售净利率	7.65%	9.93%	9.48%	10.69%	11.74%
	ROE	5.66%	8.52%	9.56%	10.89%	12.34%
周黑鸭	销售净利率	25.41%	23.44%	16.82%	12.79%	6.93%
	ROE	35.96%	20.05%	13.29%	9.74%	3.63%
绝味食品	销售净利率	11.62%	12.92%	14.44%	15.29%	13.12%
	ROE	28.73%	24.86%	22.89%	21.11%	14.72%

资料来源：Wind数据库。

3.偿债能力较强

衡量企业的偿债能力一般需要分别对短期偿债能力和长期偿债能力进行度量。衡量企业短期债务的偿还能力一般对流动比率和速动比率结合分析，这两个比率越高，说明企业资产的获现能力越强，一般认为流动比率应在2∶1以上，速动比率应在1∶1以上。从表1-8可以看出HSH的两个比率是极高的，为公司的运营发展提供了保障，但尽管实施了原材料储备战略，流动资产或速动资产也过于高出流动负债。图1-7显示，三家公司中，只有绝味食品的流动比率保持在较合理的水平，周黑鸭虽然在2018年及以前流动比率较高，但2018年以后逐渐下降，向合理比例靠拢，而HSH的比率一直维持在高位，且近年也有上升的趋势，表明HSH在维持较强的短期偿债能力的同时，忽视了高效利用流动资产的重要性，造成资源浪费。

表1-8 2016—2020年HSH偿债能力指标

项目	2016年	2017年	2018年	2019年	2020年
流动比率	4.72	4.84	4.11	4.47	5.18
速动比率	3.31	3.23	2.79	2.95	3.24
资产负债率	15.76%	15.59%	22.56%	20.59%	18.34%

资料来源：新浪财经。

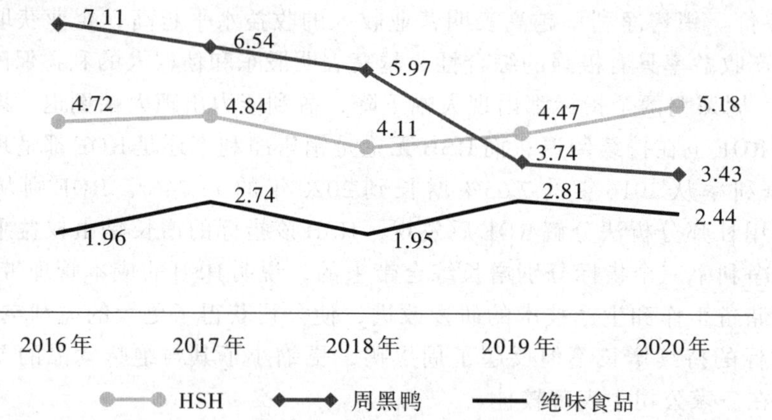

图1-7 2016—2020年“三巨头”流动比率对比

资料来源：新浪财经。

相对于短期偿债能力来说，长期偿债能力才是辨别公司资本结构合理性和资金来源稳定性的重要指标，主要用资产负债率来衡量，一般认为适宜水平在40%～60%，根据不同行业可以适当调整，如果过高就说明债权人的权益缺乏保障。从表1-8可以看出，HSH的资产负债率为20%左右，长期偿债能力较强。图1-8显示，HSH的资产负债率与同行业企业不相上下，除了周黑鸭在2020年资产负债率为40.70%的异常状态，三公司都维持在30%以下，表明该行业负债比重较小，对借款的依赖性不强，这可能与卤制品行业快产快销的特点有关。综上所述，HSH的短期财务风险和长期财务风险均很小，即使近年大规模拓展门店，也未产生较多的长期债务，说明公司基本依赖自有资金进行发展。

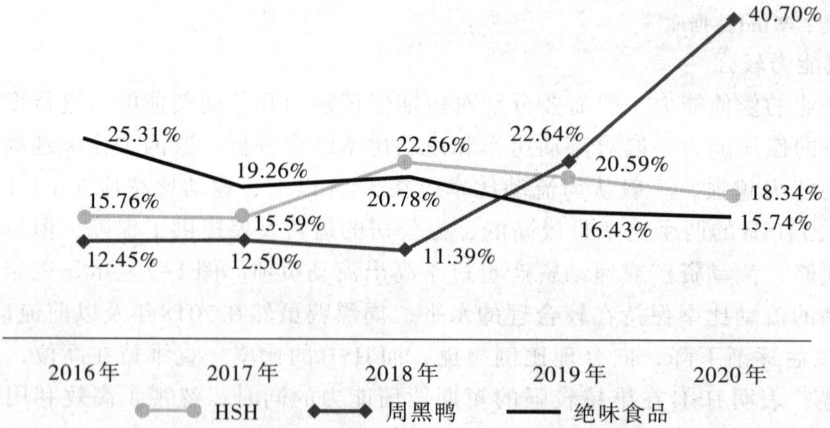

图1-8 2016—2020年“三巨头”资产负债率对比

4.经济增加值转负为正

如图1-9所示，2014—2016年HSH的经济增加值（EVA）一直为负，公司管理层审时度势，抓住身处互联网时代的机遇，与可口可乐等知名企业加强合作，更与天猫、京东等电商平台深度合作，开展线上营销，往线上线下相融合的商业模式发展，在此之后EVA有所好转，转负为正。随着该种商业模式的逐渐深入，2020年HSH的EVA更是达到了4 004.03万元，为多年来最高值。由于绝味食品上市时间较晚，因此只有2017年以后的数据，绝味食品的EVA比较稳定且持续上涨，从2017年的19 127.18万元发展到了2020年的28 114.58万元，虽然HSH的EVA无法与绝味食品相比，但2014—2020年HSH的EVA转负为正，整体呈现上涨趋势，足以见得其企业价值的发展趋势向好。

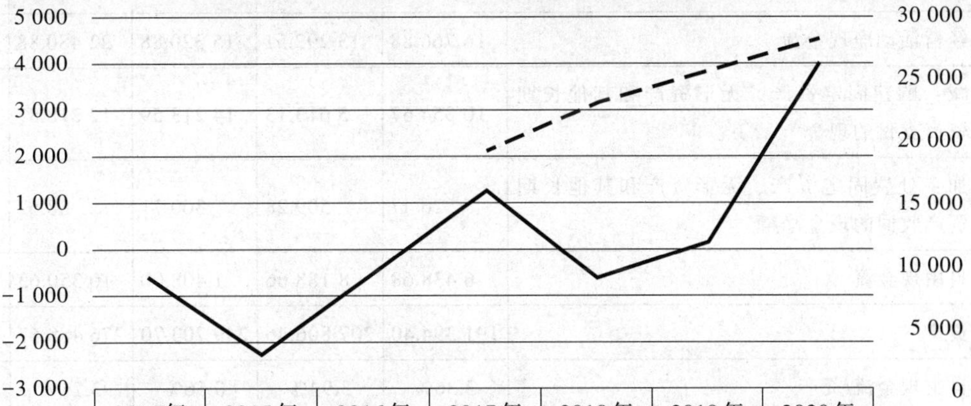

	2014年	2015年	2016年	2017年	2018年	2019年	2020年
HSH	−627.81	−2 248.67	−504.66	1 260.2	−593.35	204.97	4 004.03
绝味食品				19 127.18	23 052.26	25 635.81	28 114.58

图1-9　HSH和绝味食品2014—2020年EVA（万元）

资料来源：CSMAR数据库。

（三）HSH企业价值的戈登模型分析

“下面结合企业价值衡量指标以及借鉴企业估值模型中的戈登模型，对HSH的企业价值进行分析。”张总接着汇报。戈登模型原理图如图1-10所示，该部分以自由现金流量衡量企业是否获得足额回报，以发展能力指标衡量企业成长性，以加权平均资本成本衡量企业的风险。

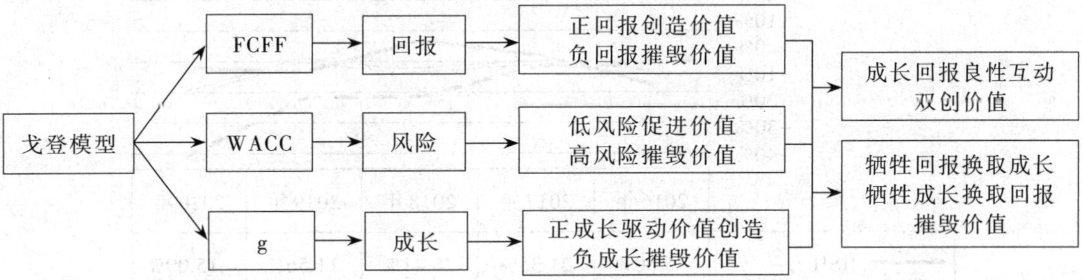

图1-10　戈登模型原理图

1.自由现金流持续为正

从表1-9可以看出，2016—2020年HSH的自由现金流持续为正，基本都维持在10 000万元以内，对于快消食品企业来说较为充足。另外，观察自由现金流与资产之比，连续五年均不高，是由HSH这几年扩大市场规模、企业资产稳步增加导致的。因此，HSH的自由现金流虽有波动但持续为正，即企业规模扩大所获得的回报较为稳定乐观，HSH大量持续的正现金流量证明了其企业价值在不断攀升。

表1-9　　2016—2020年HSH自由现金流　　金额单位：万元

年份	2016年	2017年	2018年	2019年	2020年
经营活动净现金流	16 766.88	13 292.51	15 320.88	22 480.88	12 531.92
减：购建固定资产、无形资产和其他长期资产支付的现金	10 354.67	5 613.13	14 213.59	12 218.87	9 034.56
加：处置固定资产、无形资产和其他长期资产收回的现金净额	26.47	509.28	300.71	88.62	107.02
自由现金流	6 438.68	8 188.66	1 408.00	10 350.63	3 604.38
资产	191 394.40	207 806.46	249 703.70	276 488.67	302 674.42
自由现金流/资产	3.36%	3.94%	0.56%	3.74%	1.19%

注：自由现金流（FCFF）=经营活动净现金流量（CFFO）-资本性支出（CE）。

资料来源：根据HSH各年年报计算。

2.成长性表现较好

根据戈登模型，评估企业价值的第二要素是企业成长性，选用主营业务收入增长率、净利润增长率、资产增长率来揭示成长状况。2016—2020年，HSH的主营业务收入增长率一直呈现正增长，基本维持在10%以上，2017—2018年的增长率分别达到了21.35%、28.41%（如图1-11所示）。一般来说，主营业务收入增长率超过10%属于成长期公司的表现，而且该公司将以较好的势头继续增长。

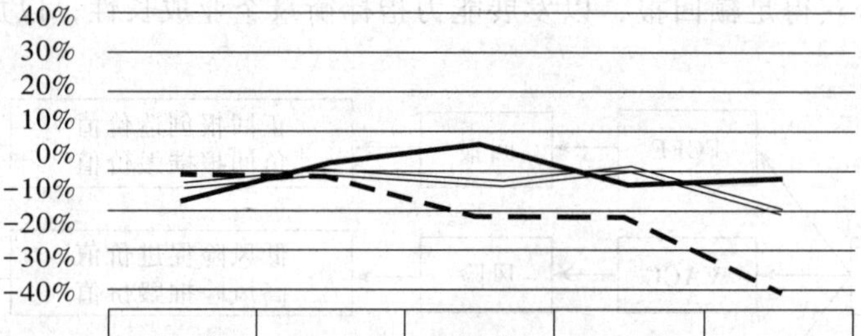

	2016年	2017年	2018年	2019年	2020年
HSH	5.80%	21.35%	28.41%	11.56%	15.09%
周黑鸭	15.81%	15.35%	-1.15%	-0.79%	-31.53%
绝味食品	12.08%	17.59%	13.45%	18.41%	2.01%

图1-11　2016—2020年卤味“三巨头”主营业务收入增长率对比

通过整理“鸭脖三兄弟”的净利润增长率，我们发现HSH的净利润增长率远超绝味食品和周黑鸭，经营效益较好（如图1-12所示）。2016—2020年HSH的净利润增长率一直保持在20%以上。HSH将2016年列为变革之年，本着“变革才能新生”的理念，净利润增长率直逼50%，2017年净利润增长率更是达到了57.56%。

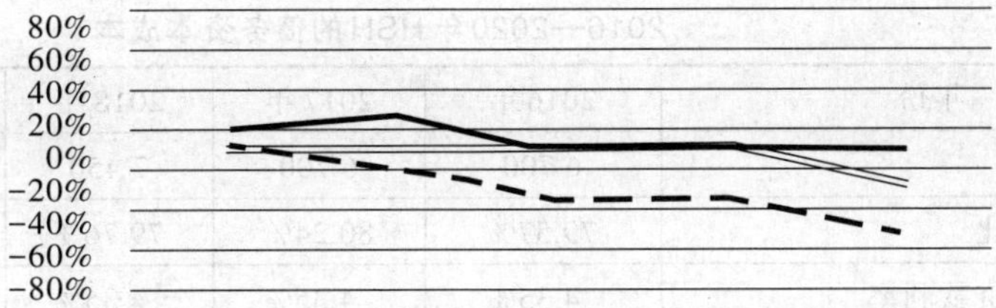

	2016年	2017年	2018年	2019年	2020年
HSH	43.72%	57.56%	22.56%	25.74%	26.43%
周黑鸭	29.47%	6.43%	−29.09%	−24.56%	−62.89%
绝味食品	26.42%	30.76%	26.81%	25.43%	−12.45%

图1-12　2016—2020年卤味“三巨头”净利润增长率对比

资料来源：根据三公司各年年报计算。

评价公司的发展能力往往需要对主营业务收入、资产、净利润三者的增长率进行综合分析，若总资产增长率较好，资产规模扩大，而主营业务收入和净利润的增长率却不如总资产增长率，说明这种增长并非良性增长；相反，若总资产增长率表现较好，同时主营业务收入和净利润的增长率超过了总资产增长率，说明主营业务收入和净利润的增长主要是由规模的扩大带来的，这种增长才是良性增长。“为了清晰明了地展示结果，我们将三家公司的主营业务收入增长率、净利润增长率、总资产增长率放在一张图上，如图1-13所示。可以大致判断三家公司中只有HSH保持良性增长，竞争力较强，成长性较好。”李总补充道。通过比较可以看出HSH这种线上线下相融合的全渠道销售模式更有利于企业的发展。

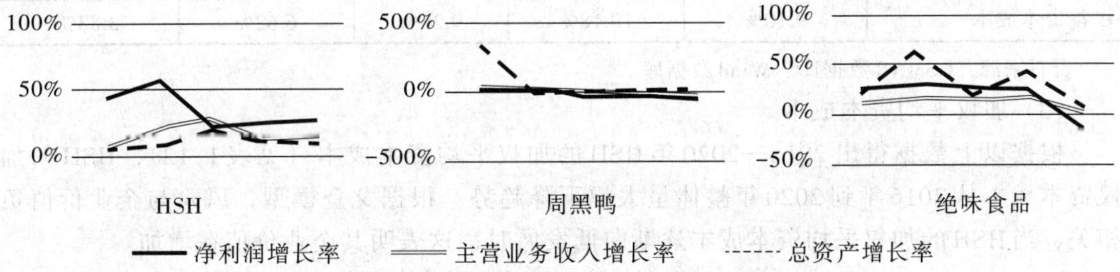

图1-13　2016—2020年“三巨头”三增长率对比

3.加权平均资本成本降低

（1）债务资本成本

一般而言，债务资本成本选用银行短期或长期贷款利率，考虑到企业长短期债务不一，选用一年期银行贷款利率作为短期债务资本成本，长期债务资本成本选择五年期银行贷款利率，企业所得税税率选用国家规定的税率25%，经过计算得出2016—2020年HSH的税后债务资本成本，见表1-10。

（2）权益资本成本

权益资本成本主要是投资者投资本企业所要求的最低报酬率，且能反映风险和报酬之间的关系，因此选择CAPM模型来确定权益资本成本。表1-11为2016—2020年HSH权益资本成本计算的具体结果。

表 1-10　　2016—2020 年 HSH 的债务资本成本　　金额单位：万元

年份	2016年	2017年	2018年	2019年	2020年
短期借款	6 700	6 700	7 450	9 250	10 512.35
短期借款占比	79.57%	80.24%	79.76%	86.13%	92.26%
一年期银行贷款利率	4.35%	4.35%	4.35%	4.35%	4.35%
一年内到期的非流动负债	—	—	400	500	—
长期借款	1 720	1 650	1 490	990	881.59
应付债券	—	—	—	—	—
长期债务占比	20.43%	19.76%	20.24%	13.87%	7.74%
五年期银行贷款利率	4.75%	4.75%	4.75%	4.75%	4.75%
合计负债	8 420	8 350	9 340	10 740	11 393.94
税前债务资本成本	4.43%	4.43%	4.43%	4.41%	4.38%
所得税税率	25%	25%	25%	25%	25%
税后债务资本成本	3.32%	3.32%	3.32%	3.30%	3.29%

资料来源：CSMAR 数据库、公司年报。

表 1-11　　2016—2020 年 HSH 的权益资本成本

年份	2016年	2017年	2018年	2019年	2020年
无风险利率	1.50%	1.50%	1.50%	1.50%	1.50%
风险溢价	6.85%	6.95%	6.75%	5.95%	2.62%
β系数	1.11	1.25	1.15	0.86	0.89
权益资本成本	9.10%	10.18%	9.26%	6.62%	3.83%

资料来源：CSMAR 数据库、Wind 数据库。

（3）加权平均资本成本

根据以上数据得出 2016—2020 年 HSH 的加权平均资本成本（见表 1-12），HSH 的加权资本成本从 2016 年到 2020 年整体呈大幅下降趋势。根据戈登模型，风险与企业价值负相关，当 HSH 的加权平均资本成本逐渐向低发展时，这表明其企业价值在增加。

表 1-12　　2016—2020 年 HSH 的加权平均资本成本　　金额单位：万元

年份	2016年	2017年	2018年	2019年	2020年
债务总额	30 162.84	32 393.38	56 344.64	56 923.45	55 501.3
权益总额	161 231.55	175 413.07	193 359.05	219 565.22	247 173.11
资本总额	191 394.39	207 806.45	249 703.69	276 488.67	302 674.41
债务融资比例	15.76%	15.59%	22.56%	20.59%	18.34%
权益融资比例	84.24%	84.41%	77.44%	79.41%	81.66%
债务资本成本	3.32%	3.32%	3.32%	3.30%	3.29%
权益资本成本	9.10%	10.18%	9.26%	6.62%	3.83%
加权平均资本成本	8.19%	9.11%	7.92%	5.94%	3.73%

资料来源：CSMAR 数据库、公司年报。

将戈登模型下三要素表现情况汇总为表1-13，2016—2020年HSH自由现金流量基本维持在10 000万元以内，虽不多但都保持着正现金流，表明HSH商业模式给企业带来了正回报。根据成长性的分析，HSH无论是主营业务收入还是净利润都保持正增长，且增长率不低，正增长是驱动企业价值创造的。另外，加权平均资本成本逐渐降低，这意味着企业未来现金流量折现的风险降低，企业价值增大。综合三要素的表现，证明了HSH商业模式创新带来的企业价值表现较佳。

表1-13 戈登模型下HSH企业价值表现

戈登模型计算		总体评价	2016年	2017年	2018年	2019年	2020年
自由现金流量（万元）		正回报	6 438.68	8 188.66	1 408.00	10 350.63	3 604.38
成长性	主营业务收入增长率	波动上升	5.80%	21.35%	28.41%	11.56%	15.09%
	净利润增长率		43.70%	57.56%	22.56%	25.74%	26.43%
加权平均资本成本		波动下降	8.19%	9.11%	7.92%	5.94%	3.73%

六、尾声

“HSH自成立以来，一直坚信商业模式创新是提升企业绩效和企业转型升级的关键，尤其是2015年以后加速了商业模式变革的步伐，实行线上线下相融合的商业模式，从经营模式、供应模式、营销模式等各个维度进行商业模式的改良。”张总的话音刚落，李总接着说道：“事实证明咱们HSH的商业模式创新能够提升企业价值，不断创新商业模式，走出适合HSH的特色之路。”

案例使用说明

一、教学目的与用途

1.本案例主要适用于“管理会计”课程。

2.本案例是一篇描述HSH商业模式对企业价值影响的教学案例，其教学目的在于使学生对“互联网+”背景下商业模式的变革有深刻的理解，对正确衡量企业价值这一问题进行深入的思考，能根据公司的实际情况提出提升企业价值的方案。

3.通过本案例引导学生认识“互联网+”对企业商业模式带来的冲击和挑战，进而启发学生讨论如何创新企业商业模式应对网上购物环境带来的危机，实现企业的价值增值。同时也启发学生思考：面对商业环境的改变，如何具备风险意识适时而变，通过供给侧结构性改革实现企业的成长和发展。

二、启发思考题

1.商业模式的概念及构成要素有哪些？

2.企业价值的概念及驱动因素是什么？

3.在分析HSH商业模式对企业价值的影响时还会用到哪些相关理论？

4.HSH商业模式的核心竞争力主要有哪些？你对于提升HSH的企业价值能否提出几点建议？

三、分析思路

（一）总体思路

面对商业环境的改变，尤其是“互联网+”以及新冠肺炎疫情的影响，很多企业传统的商业模式受到了非常严重的影响甚至是毁灭性的打击，导致陷入生存困境。这无疑体现出很多企业的商业模式还不能适应社会环境的变革。如何具备风险意识并适时而变，通过供给侧结构性改革实现企业的价值增值和可持续发展，成为一个不得不深思的问题。

（二）思考引导要点

在具体分析各思考题时建议的思考引导要点如下：

1.价值创造；顾客、价值主张、资源和能力、盈利模式、渠道等。

2.未来预期收益的折现；增长、回报、风险。

3.竞争战略理论，核心竞争力理论，企业价值最大化理论。

4.企业由原先单一的线下为主的商业模式转变为线上线下相融合的商业模式，具体包括品牌优势、产业化优势、渠道优势、运营体系优势和产品工艺研发优势；商业模式的创新，引流等宣传方式，控制成本与费用。

四、理论依据及分析

教师可以根据自己的教学目标（目的）来灵活使用本案例。这里提出本案例的理论依据及分析思路，仅供参考。

1.商业模式的概念及构成要素有哪些？

（1）商业模式的概念

学者们在商业模式的概念界定上尚未达成一致，总体来看，商业模式被定义为一种价值创造方法、一种服务体系、一种盈利模式、一种交易结构、一个企业活动系统、一种利益关系。实际上，商业模式的包含内容十分广泛，因此其分类方法也不唯一。虽然对商业模式的分类无法达成一致意见，但共性是趋向于从“价值创造”的角度提出新的商业模式的分类方法，即只要某种商业模式的前后变化驱动了企业价值创造，便可作为一种分类方法。本案例公司近年来最显著的变化是由线下销售为主转变为线上线下全渠道销售，与同行业公司也形成了明显区别，因此基于销售渠道的不同也可以是一种分类方法，HSH采用的是线上线下相融合的商业模式。

（2）商业模式构成要素

对于商业模式理论模型来说，定义和构成要素分别是其“内涵”和“外延”。综合来看，之前（1998—2004年）的研究主要集中于什么是商业模式的构成要素，对哪些是核心要素、要素之间的关联关系并不太涉及，而后期的研究不仅分析包括哪些要素，还会研究这些要素之间的钩稽关系，建立系统模型。商业模式构成要素模型典型代表如图1-14所示，可以发现学者们对商业模式构成要素的认识有一定趋同性，如顾客、价值主张、资源和能力、盈利模式、渠道等构成要素反复出现。

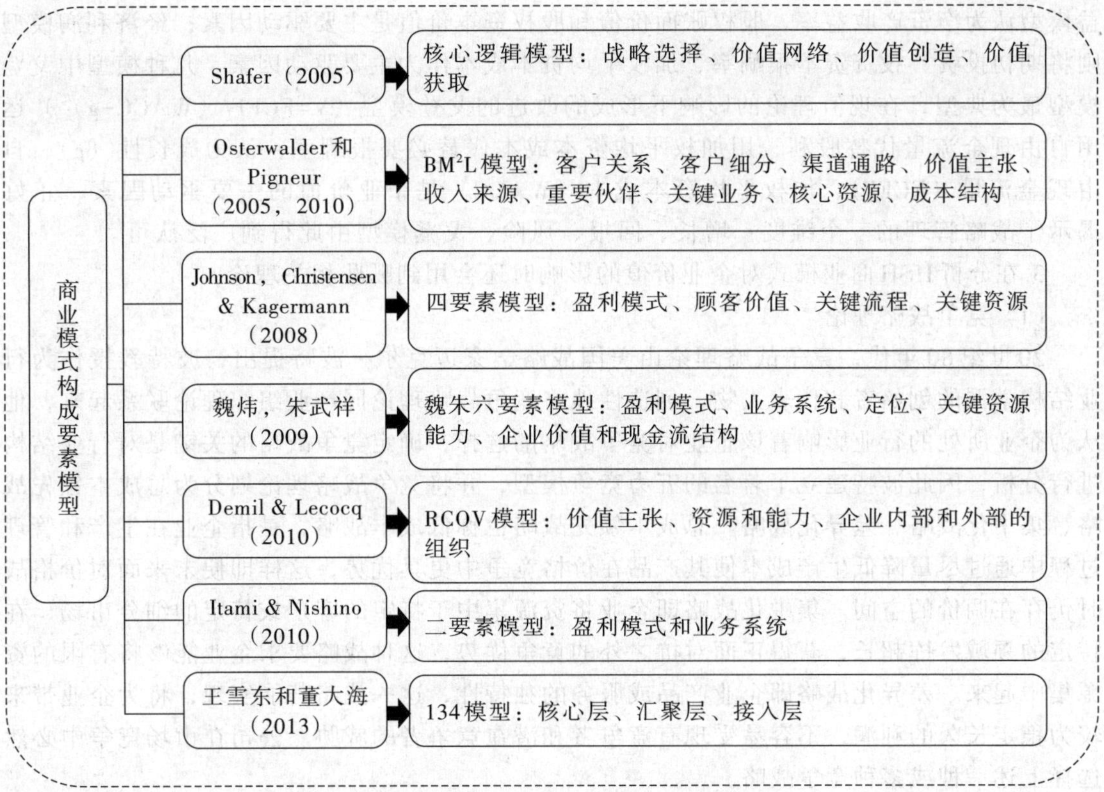

图1-14 商业模式构成要素模型典型代表

2.企业价值的概念及驱动因素是什么？

（1）企业价值的概念

企业价值一直是企业经济研究中重点关注的对象之一，是企业有形资产价值与无形资产价值的总和。企业的价值越高，投资者所能获得的回报越多，公司支付利益相关者报酬的能力就越强。企业价值来源于目标企业中的员工共同创造的劳动成果，基于主体的不同，企业价值具有不同的定义，如股票持有者将其定义为股票市场上物价的波动，投资者将其定义为投资主体的所获利益。基于研究视角的不同，人们对企业价值的定义也有所不同，具体可分为账面价值、内在价值、市场价值。账面价值是以企业资产负债表反映的全部资产与全部负债的差额，最初只包括股东收益，具有一定的狭隘性，后期发展为包括权益价值、债务价值、少数股东权益。内在价值反映了企业综合经营成果，综合考虑了企业的发展潜力，除了企业的现有价值外，企业未来的投资机会价值也包括在内，因而部分学者认为企业内在价值是对未来预期收益的折现，亦有学者认为应该在对未来现金净流量贴现的基础上减去资本成本。市场价值是企业现有资产的获现能力，并且会受到企业经营状况、经营环境、企业在社会上的影响力、企业信誉度、未来发展情况等多方面的影响。

（2）企业价值驱动因素

企业价值的驱动因素与企业价值的计算息息相关。对于价值如何计算这个问题，学术界至今未形成统一答案，目前比较有代表性的企业价值计算模型包括拉巴波特模型、戈登模型、剩余收益模型、经济利润模型等，不同的模型产生了不同的驱动因素。如剩余收益模型认为净资产收益率、股权账面价值和股权资本价值是主要驱动因素；经济利润模型则将期初投资、投资资本报酬率、加权平均资本成本作为主要驱动因素。几种模型中戈登模型最为典型，在现值理论的影响下形成的改进的戈登模型（V=FCFF/（WACC-g））运用自由现金流量代替股利，用加权平均资本成本代替必要报酬率，认为成长性（g）、自由现金流量（FCFF）、加权平均资本成本（WACC）是企业价值的主要驱动因素，正好揭示了战略管理的三个维度：增长、回报、风险，戈登模型由此得到广泛认可。

3.在分析HSH商业模式对企业价值的影响时还会用到哪些相关理论？

（1）竞争战略理论

20世纪80年代，竞争战略理论由美国战略学家迈克尔·波特提出，波特教授作为行业结构学派的创始者和代表人物，创造性地将竞争战略理论同产业组织理论联系起来，他认为企业所处的行业影响着该企业对竞争战略的选择，确定竞争战略的关键是对行业结构进行分析，因此波特建立了著名的五力竞争模型，并将竞争战略理论划分为总成本领先战略、集中化战略、差异化战略。总成本领先战略也称低成本战略，是指企业在生产和管理过程中通过尽量降低生产成本使其产品在价格竞争中更具优势，这样即便未来面对价格战时仍存在调价的空间。集中化战略即企业将资源集中于特定的客户或特定的细分市场，在特定的领域发挥超长，获得正面对抗之外的竞争优势，这种战略要求企业能够将有限的资源集中起来。差异化战略即企业产品或服务的独特性，这一战略若能实现，将为企业带来较为稳定长久的利润，不容易受现有竞争者和潜在竞争者的威胁。公司在市场竞争中必然选择上述一种或多种竞争战略。

（2）核心竞争力理论

加里·哈默尔和普拉哈拉德于1990年提出“核心竞争力”概念，他们前瞻性地指出，公司产品的性能及质量只能从短期决定公司是否具有竞争力，但从长远来看，公司孕育新产品的能力才是关键，这种能力被他们称为核心竞争力。普拉哈拉德形象地用“树型”理论来描述核心竞争力理论，即将公司比作大树，树干和主枝是核心产品，分支是业务种类，花朵、果实、树叶是最终产品，核心竞争力“树干和主枝”不断为公司提供养分。哈默和普拉哈拉德认为核心竞争力有三大特征：方便企业进入新市场、对产品的最终结果有巨大贡献、难以被模仿。随着时代的变化和研究的深入，核心竞争力特征有了一定发展，学者们认为核心竞争力应具备使企业进入各种市场的潜力性、为最终产品提供重大贡献的增值性、保持长久竞争优势的难模仿性、需要一点一滴积累而成的渐进性、与社会进步同步的动态性、体现企业各方面软硬实力的整体性，这种能力应是独特的异质资源。卤制品企业对核心竞争力理论的应用主要体现在两个方面：首先，在案例公司商业模式分析中，发现企业注重自有品牌的建设与升级，强强合作增强品牌影响力，这种全资产的投入，帮助企业创造区别于其他企业的独特资源。其次，企业通过对内提高核心产品质量、对外加强宣传，以及互联网销售渠道的运用，将企业内、外部资源最大限度地整合利用起来。因此，企业核心竞争力包括高效的经营能力、良好的品牌影响力和优质的资本战略能力等。

（3）企业价值最大化理论

企业价值最大化是指通过有效协调组合企业的内外部资源和能力，不断提高企业的财务价值、股权价值和持续经营价值，最终实现企业整体价值最大化。这一理论强调企业在实现自身价值最大化的同时，应顾及相关各方的利益，共同实现可持续增长。在数量上，企业价值最大化是指企业债务资本与权益资本市场价值的和最大化，未来所获收益现值的最大化。企业价值最大化在财务方面的表现是具备优异的财务绩效，如较低的运营成本、良好的盈利能力、较小的财务风险、足够的现金流量等；在非财务方面的表现是优良的客户关系、较广的企业知名度、较强的品牌影响力等。财务方面与非财务方面双向促使企业价值最大化。本案例研究商业模式对企业价值的影响，商业模式的设计是基础，影响的路径是过程，企业价值最大化是最终目标。在分析企业价值时，本案例借鉴了企业价值最大化理论在财务和非财务方面的思想。

4.HSH商业模式的核心竞争力主要有哪些？你对提升HSH的企业价值能否提出几点建议？

（1）HSH自2015年开始向网络零售发力以及2018年正式实施“互联网+”行动计划后，由原先单一的线下为主的商业模式转变为线上线下相融合的商业模式。该种商业模式使其掌握更多的客户群体，辐射面积更加广泛，获得了多方位的竞争优势。对于李总团队总结的五个方面，我们做了进一步挖掘：

①品牌优势。经过长年累月的发展，公司名下的“HSH”品牌已深入民心。公司不止一年取得“浙江省农业科技研究开发中心”“嘉兴市农业龙头企业”“浙江省农业科技型企业”等奖项，且连续多次获得“中国粽子文化节金奖”。另外，公司并购的真真老老公司粽子品牌“真真老老”获得的主要荣誉有“嘉兴市著名商标”“中华名小吃”。

②产业化优势。在新产品的开发和食品质量监管方面，公司与相关科研机构和专业院校携手，形成了“源头无忧、加工无忧、销售无忧”的绿色安全供产销渠道。如图1-15所示，公司从养殖到连锁销售的产业化流程使公司获取了重要的竞争优势，为提高市场占有率打下了坚实的基础。

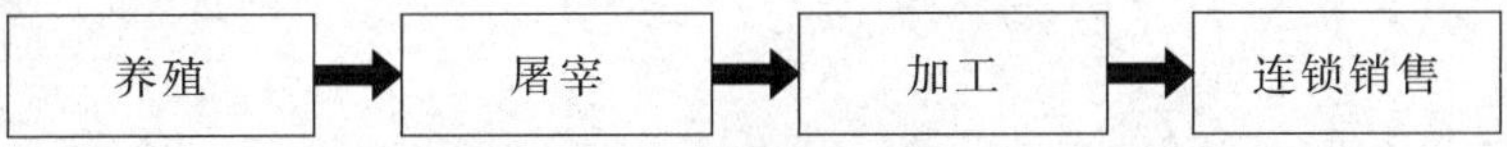

图1-15　卤制品产业化流程

③渠道优势。公司还拓展其他新零售渠道，如小程序、电商、直播、社区电商等，以实现全网覆盖、全渠道营销，建成门店为主、各类渠道为辅的“1+N”渠道经营模式。

④运营体系优势。公司始终将产品质量视为企业生命，在原材料采购、养殖、屠宰、加工、产品配送和销售的每一步骤都严格贯彻国家安全标准和食品质量标准，如采购阶段的主要供应商均是反复筛选的国内知名厂商；产品配送和销售环节实施全程“冷链”配送，产品到货后马上存放在专用冷柜中进行销售。

⑤产品工艺研发优势。公司开发承接的“传统禽鸭酱卤制品的现代化绿色加工和综合利用的关键技术与示范项目”和“传统酱卤禽肉制品的现代化绿色加工技术与产业化示范项目”都被赋予科技进步奖项。

（2）提出建议。

虽然HSH近些年企业价值表现趋势向好，但和龙头企业绝味食品相比，仍存在某些方面的差距，并且在商业模式变革的过程中仍应向周黑鸭和绝味食品多加学习。具体体现在以下几个方面：第一，线上销售占比虽提高，但与管理层定下的30%的目标相差较大，而且企业知名度也还需进一步提高。根据本案例的分析，广告宣传费的投入是能提升企业搜索指数进而提高企业知名度的，但HSH后期却大大降低了广告费的投入，线上推广能力较弱，因此在网络营销和推广上应多向周黑鸭学习。第二，市场份额虽然提高，但占比较低，这与企业门店拓展速度较慢有一定关系，而绝味食品用更少的时间实现了千城万店，因此在门店的拓展上应多向绝味食品学习经验。第三，主营业务成本虽低于同行业，但期间费用的控制有待加强。第四，流动比率、速动比率和资产负债率反映出企业过于依赖自由资金进行发展，忽视适当负债的重要性。

根据HSH存在的不足，对同行业企业提出以下建议：

①商业模式创新能提升企业价值，企业应重视商业模式的创新，具体路径有引进人才、掌握先进技术、降低交易成本、提高收益能力、扩充盈利增长点、创造顾客价值等方面来进行企业价值的提升。

②目前，线下客流量将不如以往，线上交易将迎来进一步增长，企业应把握大智移云时代的契机，重视电商渠道的传播效益，特别是加大广宣费的投入，通过"两微一抖"、直播带货、活动促销等方式吸引线上流量，带动企业知名度的提高。

③对于卤制品行业而言，存在保质期较短的特点，消费动机以即时性和冲动性消费为主，因此线下门店销售仍是卤制品行业的重要销售渠道，在行业集中度较低的当下，提高市场占有率的关键是扩大门店覆盖范围，从小作坊向卤味连锁品牌、商场超市、便利店等渠道转移，为企业提供新的发展机遇。绝味食品借新冠肺炎疫情带来的阶段性行业洗牌机会，及时调整市场策略，全面支持优秀加盟商逆势开店，加速开店节奏，值得HSH和其他企业竞相学习。

④合理控制主营业务成本和期间费用，创造更大的盈利空间。可以通过原材料战略储备工作、生产技术改造、"公司+合作社+农户"模式等节约生产成本，对于卤制品行业而言，期间费用应做合理调整，加大销售费用和研发费用的比重，减少办公费用和财务费用的比重。

五、关键要点

卤制品行业是"互联网+"背景下商业模式变革的典型代表之一，本案例的研究回答了"卤制品行业商业模式变革如何影响企业价值"这一问题。本案例分析了HSH商业模式的特点、优势，并讨论其商业模式的变革是否对企业价值产生正向影响，具有一定的理论意义，对同行业企业具有借鉴价值。

六、建议课堂计划

本案例可以作为专门的案例讨论课来进行。以下是按照时间进度提供的课堂计划建议，仅供参考。

整个案例课的课堂时间可以控制在80～90分钟。

1.课前计划

提出启发思考题，请同学们在课前完成阅读和初步思考。

2.课中计划

简要的课堂前言，明确主题（2～5分钟）；

小组讨论及形成总体意见，告知发言要求（30分钟）；

小组意见交流共享（每组5分钟，控制在30分钟）；

引导全班进一步讨论，并进行归纳总结（15～20分钟）。

3.课后计划

如有必要，请同学们采用报告形式呈现小组讨论成果，提出更有针对性、更合理的商业模式改进建议，以及对现有措施在实施后可能会出现的问题进行思考。

案例2

谋定成长：AG超市集团的战略地图应如何制定

摘　要

本案例描述了AG超市集团为配合公司发展需要，提高企业经营业绩，解决长期以来管理层的战略不明晰、执行不到位、激励效果平平等难题，公司拟以战略地图为抓手，强化战略落地，打造适合智能化连锁超市的绩效评价管理系统。本案例旨在为超市连锁企业的绩效评价体系设计提供一些参考。

关键词

战略地图　战略中心组织　绩效评价

案例正文

一、引言

2020年初，在乌鲁木齐当地最繁华地带的城市中心广场写字楼的21楼，AG超市集团的职能管理部门人员都在有条不紊地工作着。AG超市集团的财务总监吕云飞西装革履，脸上挂着优雅的微笑，迈着稳健的步伐在办公大厅里巡视着员工们的日常工作。吕云飞虽然表面上云淡风轻，但是心里早已乌云密布，如同外面的气温一般寒气逼人，心急如焚地思索着：最近受到万众期待的天猫“双十一”活动在今天零点终于拉开序幕，同时天猫后台阿里巴巴也在紧锣密鼓地进行交易数据统计，在开场以后的短短一小时之内，天猫交易额就已超过1 000多亿元，相比上年的交易额呈直线式增长。随着宏观经济形势下行和电子商务的蓬勃发展，传统零售业面临着前所未有的寒冬，处于传统零售业的AG超市集团的营业利润也受到了影响，尤其是此次天猫“双十一”活动，天猫超市也参与了满减活动，吸引了大部分市民的目光，市民开始在天猫超市疯狂购物，不再选择在寒风凛冽的冬天去AG超市进行每日采购。这对于AG超市来说是一个巨大的威胁，这导致本月AG超市的业绩下滑，AG超市这个月业绩不达标是板上钉钉的事情了，员工们虽然在有条不紊地工作着，其实早已没有了往日的激情和动力，并且这种营业利润下滑、员工懈怠的现象并不是只有AG超市存在，与AG超市相同的传统线下零售商都存在这种问题，那么问题到底出现在哪里了呢？吕云飞在办公大厅来回徘徊思索了好久，也没有找到答案，头疼的他暂时放下问题，走向了员工休息室，想冲杯咖啡提提神使自己能全身心地投入到工作当中去。

二、公司简介与财务状况

（一）AG超市集团介绍

AG超市集团成立于2001年，是连锁经营企业，它的旗下有13家门店，是一家以超市、百货运营为主要业务，同时兼有商业地产开发、矿产加工、对外投资业务的区域性、多元化民营企业。

（二）财务状况

AG超市集团在多元化的战略规划下，通过多年的发展已形成了规模化经营，集团的总资产达14亿元。首先，资产总额变化不大，固定资产却不断减少，说明企业正调整资产结构，使之更加轻资产。其次，根据AG超市集团的年报，2019年营业收入和营业成本下降，但其他业务收入增加，利润总额呈增加趋势。这说明AG超市主营业务收入虽然下降，但其他业务收入能够弥补。

综上，AG超市集团通过多元化战略分散风险的效果显著，在主营业务受到经济形式和电子商务的影响时，也能够保证企业总体的利润。

三、行业困境

自2019年以来我国GDP总体呈下行趋势，我国经济总体也受到影响，我国正处在产业转型的关键时期，由于宏观经济形势和电子商务的影响，传统零售业面临前所未有的挑战。

（一）零售业概况——整体低迷

从日用生活必需品到家具、家电、小电器，再到柴米油盐、生鲜、果蔬、肉品，越来越多的消费者选择网购这一新兴消费模式。电子商务给消费者带来购买习惯的改变，使零售超市的低迷现象日渐显现。移动互联网改变了人们的消费习惯和消费方式，实体店铺的吸引力在慢慢减弱。

由于我国零售业集中度较低，地区发展不平衡，传统分销模式仍然是主流，但传统分销进入微利时代，渠道效率下降。同时，一、二线城市由于网络零售及移动购物的高速发展，传统分销模式受到严重冲击，对传统零售终端的影响巨大，如百货联营模式备受挑战，亟待转型；以连锁经营模式迅速扩张占据市场的企业的地位受到严重威胁，面临转型的艰难抉择。随着O2O的推进和全渠道模式的到来，分销渠道的变革将更为深入，网络零售将促使分销模式重构。除了通过价格杠杆来凝聚人气，供应贴合消费者需求的优质商品也是制胜法宝，不断提高商品质量标准，满足不同层次的消费需求，零售百货才会保有竞争力。

（二）宏观分析——PEST分析（见表1-14）

表1-14 PEST分析

Political（政治）	Economic（经济）	Social（社会）	Technological（科技）
为了拉动内需，国家给予家电下乡补贴；消费者保护、食品安全一直是法律和舆论关注的热点	宏观经济下行；区域经济发展不平衡	人均收入增加，人们消费能力提高；人口老龄化；贫富差距加大；消费能力区域不平衡	互联网、物联网发展迅速；支付方式改变，收银效率提高

（三）微观分析——SWOT分析（如图1-16所示）

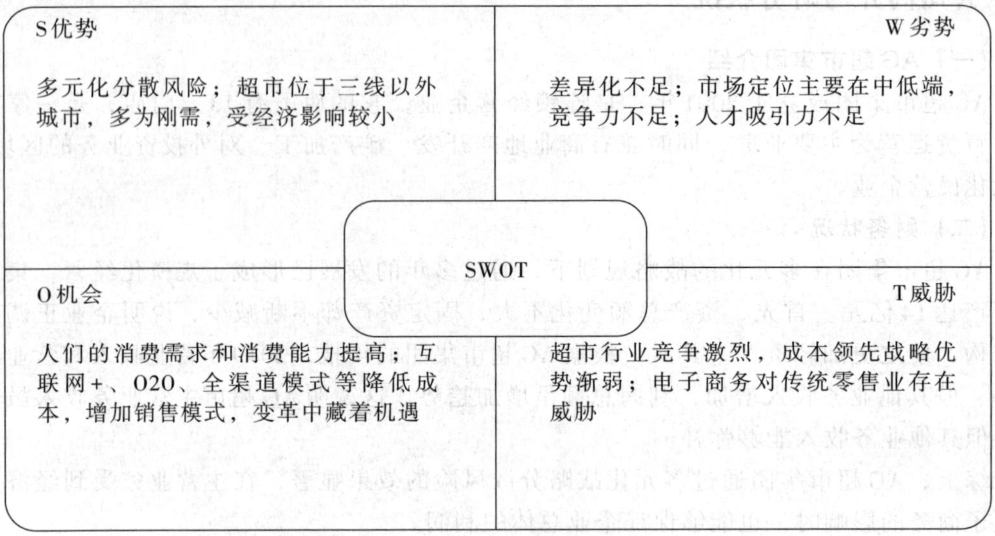

图1-16　SWOT分析

（四）波特五力模型分析（如图1-17所示）

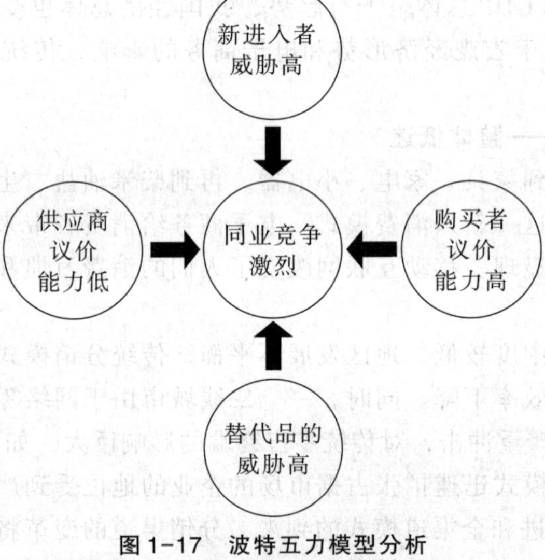

图1-17　波特五力模型分析

超市零售行业进入门槛低，有资本能力的企业都可以进入，而且没有技术壁垒。超市是销售平台，有能力筛选供应商，为了降低成本，超市会要求搞活动配合营销和对供应商进行压价，供应商议价能力较弱。购买者可选择的平台和商品有很多，所以购买者议价能力很强。对于零售业来说，电子商务的威胁也很大。随着物流配送速度的加快，对送货速度要求很高的商品都可以实现网上销售，所以传统零售业实体超市面临的威胁较大。

四、追溯亏损缘由

吕云飞从卖场回到自己的办公室后，综合办的小张就急急忙忙跟了进来，说：“吕总，董事会刚刚下发了通知，要召开紧急会议。”吕云飞立马放下手中的咖啡杯和小张一起走向了走廊尽头的会议室。吕云飞刚在自己的位置上坐下来，董事长王志鹏就走了进来，原本喧哗的会议室瞬间安静了下来，众人都在猜测召开紧急会议的原因。会议正式开始，首先由各个代表依次汇报工作。

汇报完毕后，董事长王志鹏扫视了一圈，将目光落在总经理刘东身上，说道："刘东呀，你来说说我们公司目前绩效考核的方案吧。我刚看了你上报的近期公司的财务业绩报告，发现我们公司近期利润在不断地下降，你是公司元老级员工，自公司成立以来就在办公室从事绩效方面的工作，从底层员工到公司老总，你对公司的绩效评价一清二楚。为什么按照考核方法，公司业绩却年年达不了标呢？"刘东听到董事长的问题后立马紧张起来，说道："目前AG超市的绩效评价是关键绩效指标法，主要的指标有销售收入、净利润、来客数增长率、报表报送及时准确率、缺品率、配送差异率、维修完成率、岗位满意率、采购及时率、资产/耗材管理规范性等。咱们公司根据指标完成度设置八个级别，并且根据级别设置了相应的奖金激励机制，具体情况还是由财务部经理来说说吧。"

众人将目光投向吕云飞身上，他拿着公司的绩效考核资料，认真地说道："王总，我最近也在分析公司近期业绩下滑的原因，最后认为业绩下滑主要的原因是AG超市绩效管理系统的设计没有与战略结合，战略不明晰。我们最头疼的不是绩效评价体系设计的问题，而是设计得挺好的绩效评价体系如何有效执行的问题，最终并没有调动员工的积极性，激励效果不理想。"

董事长王志鹏点了点头问道："那你能具体地说说我们公司在绩效评价方面主要存在哪些问题吗？"吕云飞道："我认为主要存在三个方面的问题，第一，该方法与战略联系不足，导致战略不明晰，易造成短期性；第二，一些岗位难以确定关键指标；第三，缺乏对无形资产、创新能力、顾客导向性等指标的评价。在实际调研中我们发现除了绩效管理方法的问题之外，最重要的是设计的方案是否能够有效地执行。AG超市的绩效评价方案有些因为难以执行而被搁置，主要还是组织结构和其他内部管理不匹配、不协调造成的。"

总经理刘东继续问道："那你能针对这些问题提出一些实质性的解决办法吗？"吕云飞翻了翻手中的资料说道："绩效管理系统建立在工作流程、工作分析、组织结构等基础之上，因此，若这些基础未建立好，再好的绩效管理都不能发挥应有的作用，反而成为企业发展的阻碍。所以，我们应重新设置战略中心组织结构、设计流程、优化流程管理，以满足平衡计分卡的实施要求。如果仅从绩效评价方法上设计平衡计分卡，则难免遇到难以有效执行的问题，要以战略中心组织+战略地图+平衡计分卡形成一套完整的绩效管理系统，只有这样才能充分发挥平衡计分卡的优势与作用，为管理者服务。"

董事长王志鹏说道："既然这样，那我们接受你们所说的绩效评价有问题的意见。这次年度工作会议结束后，AG超市管理层就联合其他各区子公司的管理层去调查目前的绩效评价体系中具体存在的问题并实施你提出的建议。等到一个月后，各子公司把实施的效果汇报上来，散会。"众人背负着巨大的压力陆续离开了会议室，全力以赴地为接下来的任务做进一步的规划。

五、寻求对策

（一）战略中心组织结构的设计

会议结束后，吕云飞刚回到自己的办公室，A区子公司的负责人胡总与B区负责人朱总紧跟而来，胡总愁云满面地对吕云飞抱怨道："吕总呀，你可要帮帮我，当今的零售市场竞争越来越激烈，消费者的需求也越来越个性化和多样化，零售企业要生存与发展，就必须基于顾客价值科学地制定公司发展战略，并通过组织设计与职能优化的手段，建立起运作高效、反应敏捷、结构柔性的组织结构与运作流程，我们AG超市现在的组织结构仍采用零售企业惯用的金字塔结构。在这种结构中，总经理下设财务部、人事部、采购部、营运部等部门，对应有部门经理，并对总经理负责。AG超市的这种组织结构还不尽合理，各部门职能还不够优化，这就需要基于AG超市的发展战略对公司的组织职能进行系统梳理、科学定位和职能优化。"

朱总接着说道："AG超市关于组织结构的两个问题，一是组织中变化和复杂的程度对信息需求的影响，并因此产生了组织的不确定性。二是关于物质和财务资源的稀缺性。在谋求上述资源的过程中，一个组织越是依赖于其他组织，与这些组织建立良好关系或者对进入的领域进行控制就变得越重要。AG超市规模包括数量规模和空间规模。企业数量规模扩大直接增加了组织结构的复杂性，表现在两个方面：一是分工细化，部门和岗位的数量增加，增大了协调的工作量；二是管理层次也会增加，导致分权增多。连锁企业所辐射的空间规模也对组织结构有直接的影响，一个区域性的连锁企业与全国性连锁企业或跨国连锁企业在组织结构上会有较大的不同。"

朱总望着吕云飞说道："吕总你说，我的流程设计应该具体从哪里开始实施呢?"吕云飞笑了笑道："两位老总啊，你们对公司的情况可以说了解得十分全面了，分析得也很到位，至于你说的流程设计我有几个想法，我建议AG超市以战略为导向，通过战略地图的形式，改进当前的绩效评价与激励机制。至于你说的流程设计我有几个想法：

第一是以业务流程为中心改造组织结构，变金字塔结构为扁平化组织结构。信息技术的发展，使管理信息的下达和获取均不需要通过中间层，从而将金字塔结构变成扁平化的组织结构。

第二是组织内外流程设计。流程设计应从组织内外着手，使组织边界模糊化、组织形式网络化。传统的组织设计是针对组织内部的，并且认为组织的边界是清晰和固定的。企业间单纯竞争的时代已经结束，取而代之的是以共享信息资源为基础的、以合作协同为主导的企业战略联盟。在进行流程设计时，既要注意内部流程的设计，还要使流程具有外延性，只有这样才能使整个流程顺畅并具有灵活性。

第三是搭建适合多业态、多业种的组织平台，并使该组织平台具有一定的延伸性和包容性，能适应未来多业态、多业种的发展趋势。在进行组织设计时，有必要找出不同业态、业种的共性，使组织资源能共享，减少组织资源的浪费，提高组织效率。

第四是建立以顾客为导向的信息平台。技术平台的建立是以顾客为导向的，并为战略实施和流程设计提供技术手段。零售企业在选择采取何种技术时需要考虑，该技术是否能够满足顾客现时或未来、现在或潜在的需求。同时，战略目标与技术平台相互作用，战略影响技术的选择，而技术又对战略的建立与实施起反作用。这是我根据连锁企业的行业、规模、技术、战略等方面的组织架构维度的分析，结合组织结构设计流程，设计出来的组织架构图（如图1-18所示）。"

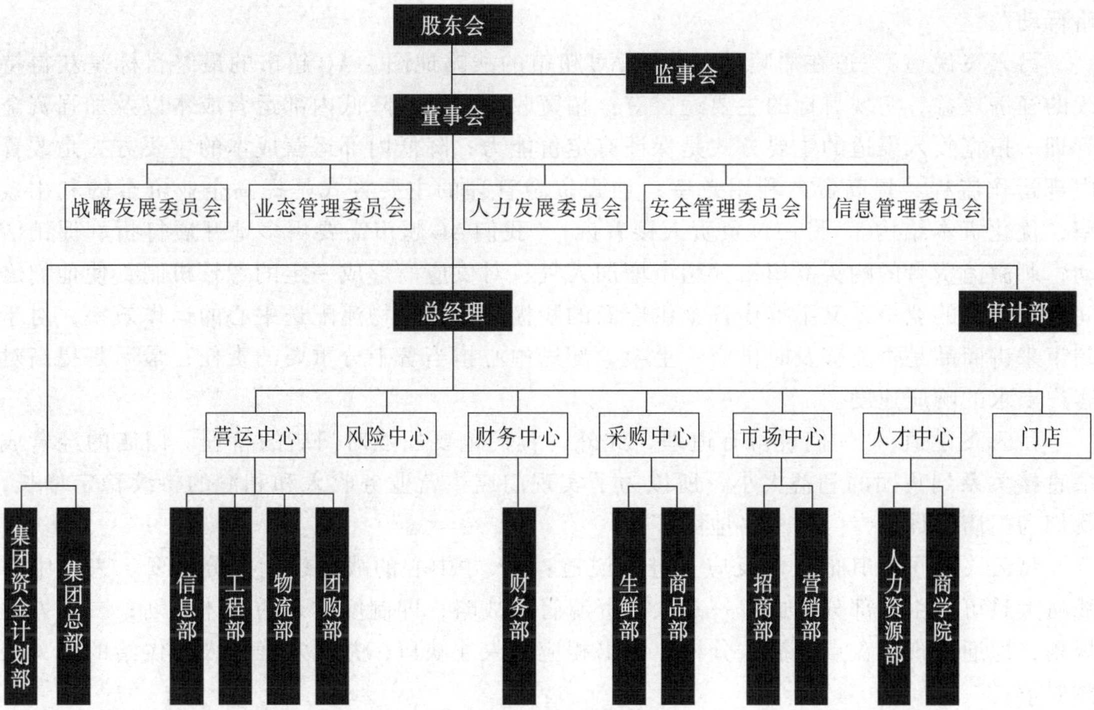

图1-18 组织架构图

吕云飞真诚地看着两位老总接着说道："你们都是公司的元老级领导了，我建议AG超市以战略为导向，通过战略中心组织+战略地图+平衡计分卡的形式，改进当前的绩效评价与激励机制。这个图是我在原有组织结构的基础上设计的战略中心组织结构，并且根据职能和战略进行了组织结构的调整。胡总你可以参考一下。"

（二）设计战略地图

时间已经过去了好久，员工们已经下班，但是像吕云飞一样的领导们的办公室仍然灯火通明。吕云飞对各个负责人说："我们AG超市的战略地图与平衡计分卡相比，它增加了两个层次的东西，一是颗粒层，每一个层次下都可以分解为很多要素；二是动态层，也就是说战略地图是动态的，可以结合战略规划过程来调整。"其他各区负责人表示同意，吕云飞继续说："战略地图是以平衡计分卡的四个层面目标（财务层面、客户层面、内部流程层面、学习与成长层面）为核心，通过分析这四个层面目标的相互关系而绘制的企业战略因果关系图。战略地图的核心内容包括：企业通过运用人力资本、信息资本和组织资本等无形资产，创新和建立战略优势和效率，进而使公司把特定价值带给市场，从而实现股东价值。"

B区负责人朱总问道："那我们具体要如何解决我们AG超市的战略执行问题呢？"吕云飞回答道："对于AG超市的战略执行问题，在现实中，面面俱到的战略是不可能成功的。目前AG超市的主要问题就是执行力不佳，在战略规划的组织实施中高层决策者始终如一的参与和重视是企业成功的关键要素，而且公司高层要注意保持和各个部门之间的沟通交流，以尽快对公司的战略目标和举措达成共识。同时，战略性的衡量指标的选择不能贪多求全，而是要贯彻执行、落实到实处，AG超市应该运用战略地图解释战略、宣传战略，将战略目标与团队、个人的目标挂钩，将公司的战略目标很好地转化为全员参与的战略行动”。

吕云飞说道：“迫在眉睫的是形成AG超市的战略地图。AG超市的最终目标是获得持续的经济效益，实现目标的主要途径有：拓宽收入渠道、降低内部运营成本以及加强资金管理。拓宽收入渠道的主要方式是保证有定价能力；降低内部运营成本的主要方式是改善内部运作流程，提高资产利用效率；加强资金管理的主要方式是提高企业资金的利用效率，优化资本结构。”另一位负责人接着说：“我们AG超市需要更多地开展打折、促销活动，刺激消费者的购买欲望，为超市增加人气；对供应商形成一定的考核机制，使他们之间既有合理的竞争，又不挫伤各个供应商的积极性；提高物流配送中心的运作效率，对于超市来讲商品是否能够及时供应、上架，配送中心担当着十分重要的责任；最后是提高对客户要求的响应速度。”

吕云飞说道：“你们说得有道理，此外，我们也要加强对门店的管理。门店的经营成果直接关系到集团的利益大小，所以为了实现门店主营业务收入和利润的持续稳定增长，我们为门店设计了专门的战略地图。”

吕云飞看了看其他人的反应，继续说道：“人才中心的战略设计十分重要。人才中心战略大致可以由两部分构成：一是人力资源管理战略，即制度体系的整体规划；二是人才规划，即通过现状盘点、需求分析，找出相应的人才缺口，并制定确保人才供给的相关整体对策。

市场中心也是设计战略地图时需要考虑的问题。在我国，超市通常是采取自选方式，以销售食品为主，生鲜品占一定比重，满足人们日常生活需要的零售店。随着我国零售业的不断开放以及外资企业的进入，给我国零售行业市场的发展带来了新型的零售业态，也带来了先进的现代化服务理念、零售技术、管理经验以及营销技术，但同时也带来了严峻的考验和挑战。

此外，我们还应考虑风险管理中心、营运中心、财务中心问题。战略地图在AG超市全面风险管理中的作用在于及时识别和规避风险，以减少不必要的财产损失，同时，构建基于战略地图的AG超市全面风险管理体系可将风险防患于未然。营运中心战略地图提供了一个框架，用以说明战略如何将企业资产与价值创造流程联系起来，包括财务、顾客、内部流程和学习与成长四个层面。四个层面的目标通过因果关系联系在一起。财务战略是指为符合企业发展与竞争战略设计的资本结构与资金计划，包括与计划相关的财务决策。所以，设计财务中心战略地图意义重大。”

（三）平衡计分卡

时间飞逝，吕云飞与A、B区负责人逐渐感到疲惫，他们一起走向了员工休息室，在休息室里，吕云飞一边吃着糕点一边说道：“根据之前讨论的对AG超市整体情况的概述以及现有的绩效评价体系的优劣分析，我们可以采用平衡计分卡对AG超市现有绩效评价体系出现的问题进行改进。”胡总这时抬起头说道：“那先由我来说一下平衡计分卡的概念吧，平衡计分卡，简单来说就是一种将传统的财务分析与非财务指标结合来评价组织绩效的方法，它改变了以前绩效考核只是从财务入手的片面性，改而从四个方面——财务维度、顾客维度、内部流程维度、学习与成长维度来设定具体的目标，在此基础上再将这种战略目标分解为具体的目标，然后为之设计绩效考核指标，形成一种系统的方法。那么具体应该如何基于平衡计分卡对AG超市绩效考核体系进行设计呢？”众人再次陷入沉思，朱总清了清嗓子说道："第一是建立平衡计分卡指标的原则；第二是确定平衡计分卡绩效设计步骤，先对企业愿景和战略目标进行分析，然后确定成功的关键因素；第三是设计平衡计分卡四个维度指标；第四是确定绩效考核指标权重；第五是具体实施。"胡总说道："那么四个维度具体应该怎么设计呢？"

吕云飞说："首先是财务维度，一是库存周转天数；二是成本收入比，即主营业务成本与主营业务收入之比；三是可比店铺销售增长率，即可比店铺本期销售额与可比店铺上期销售额之差除以可比店铺上期销售额；四是客户交易次数；五是销售毛利率。其次是顾客维度，一是独家产品销售比，即独家产品的销售额占总体销售额的比例；二是店铺改造比，即最近店铺的装修数量占店铺总数的比例；三是顾客满意程度；四是顾客投诉解决率。接着是内部流程维度指标，一是缺货率；二是店铺内审得分；三是店铺会员的购买比例；四是店铺客户的满意情况；五是自有品牌的销售比例，即自有品牌的销售额占销售总额的比例；六是产品合格率。最后一个维度是学习与成长维度指标，一是关键员工的流失情况；二是人才需求的满足程度；三是员工的培训合格率；四是员工满意程度；五是信息需求满意程度；六是企业文化的认同程度。然后根据财务、顾客、内部流程、学习与成长四个维度，结合战略中心组织结构和战略地图确定四个维度的KPI，并确定各个KPI的权重，在确定的过程中设计调查问卷，最终形成平衡计分卡。"众人纷纷点了点头，向吕总投去了欣赏的目光。

胡总也抢着说道："最近我也读了很多关于绩效评价的书籍，我们还要设立相应的激励机制。通过绩效考核，传递组织目标和压力，引导员工提高工作绩效，培养和提高员工的工作能力，遵循一定的原则，明确适用范围，建立阳光门店、阳光采购奖励制度，然后制定相关的核算办法与考核时间。"

朱总听完胡总的想法后也有所感悟："AG超市作为劳动密集型企业，工作范围涉及采购、理货、仓管、收银、财务、领班、咨询、防损、促销、质监、电脑维护等多个方面，企业销售额和利润最大化来源于不同岗位员工所创造的价值。但是，AG超市在绩效考核制度中仍然存在以下几个问题：（1）AG超市的工作一般比较单一，超市员工的文化水平普遍较低。（2）AG超市缺乏全面到位的绩效实施方案，奖励也只是针对门店和部门，缺乏对员工薪资调整、绩效奖金发放、职务晋升等人事决策的详细说明。（3）AG超市对于绩效考核的反馈还仅仅限于硬性规定的奖惩，缺乏员工绩效改进计划。"

吕云飞拿起手中的咖啡说道，"那你有什么好的建议吗？"朱总补充道："我们可以从以下几点来完善：一是制订明确具体的绩效计划、职责分工；二是构建全面到位的绩效实施过程；三是建立科学合理的绩效考核体系；四是重视及时的绩效反馈与应用。"吕云飞说道："你们今天说得都很有道理，大家都说出了自己的想法，下面就要开始具体的实施，然后看看效果如何吧。不早了，大家早点回去休息吧。"

六、尾声

会议结束一个月后，各区负责人又集聚在AG超市总部的会议室中，这一次会议的氛围较上次轻松了许多，在各区负责人汇报完绩效管理的实施情况后，财务总监吕云飞放下手中的会议资料说道："针对AG超市业绩下滑，上次会议我们探讨了AG超市绩效管理存在的种种问题，并提出了解决措施，在平衡计分卡的基础上引入战略中心组织，进而使所有的部门、人员都为企业的战略服务，平衡计分卡只是战略组织的方法。从全局把握整个企业的绩效管理系统，弥补了平衡计分卡的微观性。”AG超市集团董事长王志鹏望了望众人，欣慰地说道：“大家付出的努力都是有目共睹的，AG超市集团能否化战略为动力来实现绩效管理的优化，以及通过战略中心组织+战略地图+平衡计分卡的解决方法能取得怎样的效果，还有待实践和检验，现在外部的竞争环境依然十分激烈，公司变化也很快，我们还有很长的路要走。推行战略中心组织+战略地图+平衡计分卡有再大的困难、再多的困惑，也要坚决推行，进而使AG超市的绩效管理更加高效，提升AG超市的实力使其能够与线上零售业相抗衡。各位都辛苦了，散会！”众人听完董事长的发言后，都为自己的努力鼓掌，对AG超市集团的未来发展满怀信心，愉快地走出了会议室。

案例使用说明

一、教学目的与用途

1.适用课程

高级管理会计理论与实务、管理会计、战略与绩效评价。

2.适用对象

本案例主要为会计专业与财务管理专业本科生、 EMBA、MBA 和 MPAcc 设计，适合具有一定工作经验的学生和管理者学习，也适用于具有预算管理理论知识的企业高管进行深入学习。

3.教学目的

本案例以AG超市集团如何设计与建设绩效管理中的战略管理体系为主线，通过对案例的深入分析，使学生理解、掌握和思考以下四方面内容，使学生具有运用西方先进管理工具并结合中国企业实践分析问题和解决问题的能力：

（1）加深学生对平衡计分卡、战略地图、战略中心组织以战略为导向的认知，更深入地认识到平衡计分卡在实施时需要因地制宜的特性；

（2）了解绩效管理方面的常见问题和解决办法，在设计绩效管理体系时要与公司战略规划结合起来；

（3）掌握战略执行方面存在的常见问题和解决办法；

（4）思考在中国情境下企业运用西方先进管理工具时所面临的困惑，并探讨可行的解决方案。

二、启发思考题

1.平衡计分卡的实施步骤有哪些？AG超市集团的现有绩效评价体系有哪些问题？

2.如何诠释企业战略？AG超市集团的战略是什么？

3.如何设计流程分析？AG超市的现有组织结构是什么？

4.如何诠释战略地图？如何设计AG超市的战略地图？

5.如何诠释SWOT分析方法？SWOT分析方法在AG超市的应用情况如何？

三、分析思路

（一）总体思路

教师可以根据自己的教学目标（目的）来灵活使用本案例。这里提出本案例的分析思路，仅供参考。

本案例以AG超市集团的绩效管理为切入点，通过董事会上反映的各种意见与问题，分析AG超市的现状以及行业内部的困境。目前AG超市的绩效评价方法是关键绩效指标法（KPI），AG超市在绩效评价方面主要存在三个问题：第一，该方法与战略联系不足，导致战略不明晰，易造成短期性；第二，一些岗位难以确定关键指标；第三，缺乏对无形资产、创新能力、顾客导向性等指标的评价。以“战略中心组织+战略地图+平衡计分卡”形成一套完整的绩效管理系统，进而充分发挥平衡计分卡的优势与作用，为管理者服务。启发学生思考AG超市集团绩效管理存在的问题并提出相应的解决方案，使平衡计分卡在企业战略决策中发挥重要的作用。

（二）思考引导要点

在具体分析各思考题时建议的思考引导要点如下：

1.平衡计分卡的原理、实施步骤，传统绩效评价的不足。

2.战略、战略制定、战略类型。

3.组织类型、责任分工、岗位职责。

4.战略地图的含义、战略地图与组织绩效、绩效执行。

5.理解SWOT分析方法，AG超市集团的优势、劣势、机会与挑战。

四、理论依据及分析

1.平衡计分卡的实施步骤有哪些？AG超市集团的现有绩效评价体系有哪些问题？

平衡计分卡的实施步骤有：

（1）建立企业的战略目标。企业首先要基于市场环境与自身情况建立长期发展战略，也可以为各部门制定细分战略。这样，各部门都可以采取相应的措施，为达到企业的整体战略而努力。

（2）解释企业战略。企业可以建立平衡计分卡委员会解释总体战略，并将细化后的战略目标与平衡计分卡的财务、顾客、内部流程、学习与成长四个方面相匹配。

（3）建立绩效指标体系。依据企业的总体战略目标及细分战略目标，结合企业的长短期发展的需要，为四类具体的指标找出其最具有意义的绩效衡量指标，并对所设计的指标进行自上而下、从内部到外部的交流，征询各方面的意见，吸收各方面、各层次的建议。这种沟通与协调完成之后，使所设计的指标体系达到平衡，从而能全面反映和代表企业的战略目标。

（4）加强企业内部沟通与教育。利用各种沟通渠道，如定期或不定期的刊物、信件、公告栏、标语、会议等让各层管理人员知道公司的愿景、战略、目标与绩效衡量指标。

（5）确定每年、每季、每月的绩效衡量指标的具体数字，并与企业的计划和预算相结合。注意各类指标间的因果关系、驱动关系与连接关系。

（6）绩效指标体系的完善与提高。改正绩效评价体系指标设计的不合理之处，删除与当期战略不合适的指标，增加缺失指标，达到持续优化绩效评价指标体系的目的。

AG超市在绩效评价方法方面主要有三个问题：

（1）该方法与战略联系不足，导致战略不明晰，易造成短期性；

（2）一些岗位难以确定关键指标；

（3）缺乏对无形资产、创新能力、顾客导向性等指标的评价。

2.如何诠释企业战略？AG超市集团的战略是什么？

企业战略是对企业各种战略的统称，其中既包括竞争战略，也包括营销战略、发展战略、品牌战略、融资战略、技术开发战略、人才开发战略、资源开发战略等。企业战略是层出不穷的，例如信息化就是一个全新的战略。企业战略虽然有多种，但基本属性是相同的，都是对企业的谋略，都是针对企业整体性、长期性、基本性问题的策略。

AG超市集团的战略属于企业战略中的发展战略，旨在提高企业的营业利润。当今的零售市场竞争越来越激烈，消费者的需求也越来越个性化和多样化，零售企业要生存与发展，就必须基于顾客价值，科学地制定公司的发展战略，并通过组织设计与职能优化的手段，建立起运作高效、反应敏捷、结构柔性的组织结构与运作流程以应对越来越激烈的竞争，以满足客户需求，并获取竞争优势。

对于AG超市集团而言，公司发展战略是其组织设计、运作、考核和管控的依据，组织是其发展战略实施的载体、抓手和保障。没有公司的发展战略作为先导，公司的组织设计与运作将失去依据和方向；没有公司的组织作保障，公司的发展战略将会成为纸上谈兵而最终落空。

（1）AG超市集团战略涵盖了企业的经营宗旨、市场定位、基本竞争战略和发展战略等一系列要素，每一要素都会对组织结构产生影响。企业的宗旨决定了企业业务类型。连锁企业不同的竞争战略对企业组织的集权程度、规范化程度、标准化程度、考核激励及组织文化有不同的要求。

（2）连锁企业发展战略包括经营形态和发展方向。企业的连锁经营形态有直营、特许、自由连锁三种，如何选择将会影响企业的组织结构的设计。例如，拓展策略在直营中一般以开新店为主；在特许连锁中可以建新店，也可以吸收老店；在自由连锁中，只能吸收老店加入。连锁企业发展的方向有专业化发展和多元化发展。专业化发展的连锁企业组织结构通常采取集权的直线制形式，有利于控制和降低成本；多样化发展的连锁企业组织结构通常采用分权的事业部制，有利于发挥各业务模块的积极性。

3.如何设计流程分析？AG超市的现有组织结构是什么？

流程分析可以主要从以下几个方面进行设计：

（1）以业务流程为中心改造组织结构。扁平化的组织结构灵活、富有弹性，增加了组织对顾客、竞争对手的敏感程度，能对市场需求迅速做出反应，并能及时抓住机会，符合建立快速反应的商品供应链的要求。

（2）流程设计时，应注重业财融合的理念，在流程优化中，注重业务流程的合理性，通过流程优化，降低业务风险。

（3）连锁型组织架构具有包容大多数业态的特点，超市、便利店、百货店、折扣店等绝大部分业态都可以以连锁的形式存在，因此连锁型组织成为零售企业组织设计新的发展趋势。

（4）搭建以顾客为导向的信息平台，使战略目标与技术平台相互作用，战略影响技术的选择，而技术又对战略的建立与实施具有反作用力。

AG超市的组织结构仍采用零售企业惯用的直线型即金字塔结构。通过流程分析，可以使AG超市的员工明确工作职责、工作流程和工作目标，即不仅明白“做什么”，而且清楚“怎么做”和“做到什么程度”，避免工作的缺位和越位，使AG超市的管理工作由无序变为有序，由有序提升为体系，不断延伸，为AG超市的持续、快速和健康发展奠定坚实的组织保障。

4.如何诠释战略地图？如何设计AG超市的战略地图？

战略地图与平衡计分卡相比，增加了两个层次的内容：一是颗粒层，每一个层面下都可以分解为很多要素；二是动态层面，也就是说战略地图是动态的，可以结合战略规划过程来绘制。

（1）AG超市集团

AG超市的经营战略是立足民生，为顾客提供优质服务以保持优良的客户关系，维护企业的形象。

AG超市的战略目标是“以变应变，创新营销”，除常规的打折促销策略外，还应做到以下几点：创新营销方式，吸引客流，增加对客户的增值服务；对供应商形成一定的考核机制；提高物流配送中心的运作效率；提高对客户要求的响应速度。

“强化员工培训”是AG超市的战略管理理念，对其来说，具有专业知识和熟练操作技术的员工是很宝贵的，提高员工对现有信息系统操作的熟练程度十分重要，并且对现有信息系统软硬件的优化升级也是不可或缺的。

（2）门店

连锁超市是指以连锁方式经营的超级市场。以连锁超市为主体的连锁商务，形成于20世纪中期，它是零售业迄今为止最重要的经营形式。门店战略地图如图1-19所示。

（3）人才中心

AG超市集团的理念就是立足民生，在全体员工的共同努力下实现公司价值最大化；为了支持集团战略，为核心业务的发展提供充足的战略性人才；为员工提供健康成长的平台以提升员工能力，并从财务层面、顾客层面、内部流程层面和学习与成长层面对人才中心设计战略地图。

（4）市场中心

市场中心战略地图是强化AG超市集团市场营销的有效策略，对于客户精准定位，提高消费者的满意度和忠诚度，进而提升营销活动的投入回报率具有重要作用。市场中心战略地图如图1-20所示。

（5）风险管理中心

基于战略地图视角，以企业战略目标为出发点，在对企业内外部资源和外部环境进行综合分析的基础上，对企业未来经营活动进行风险识别、风险评估、风险应对和监督改进，是企业实施内部控制和实现战略目标的重要保障手段。识别和规避风险，减少不必要的经营风险，是构建风险管理体系的重中之重。

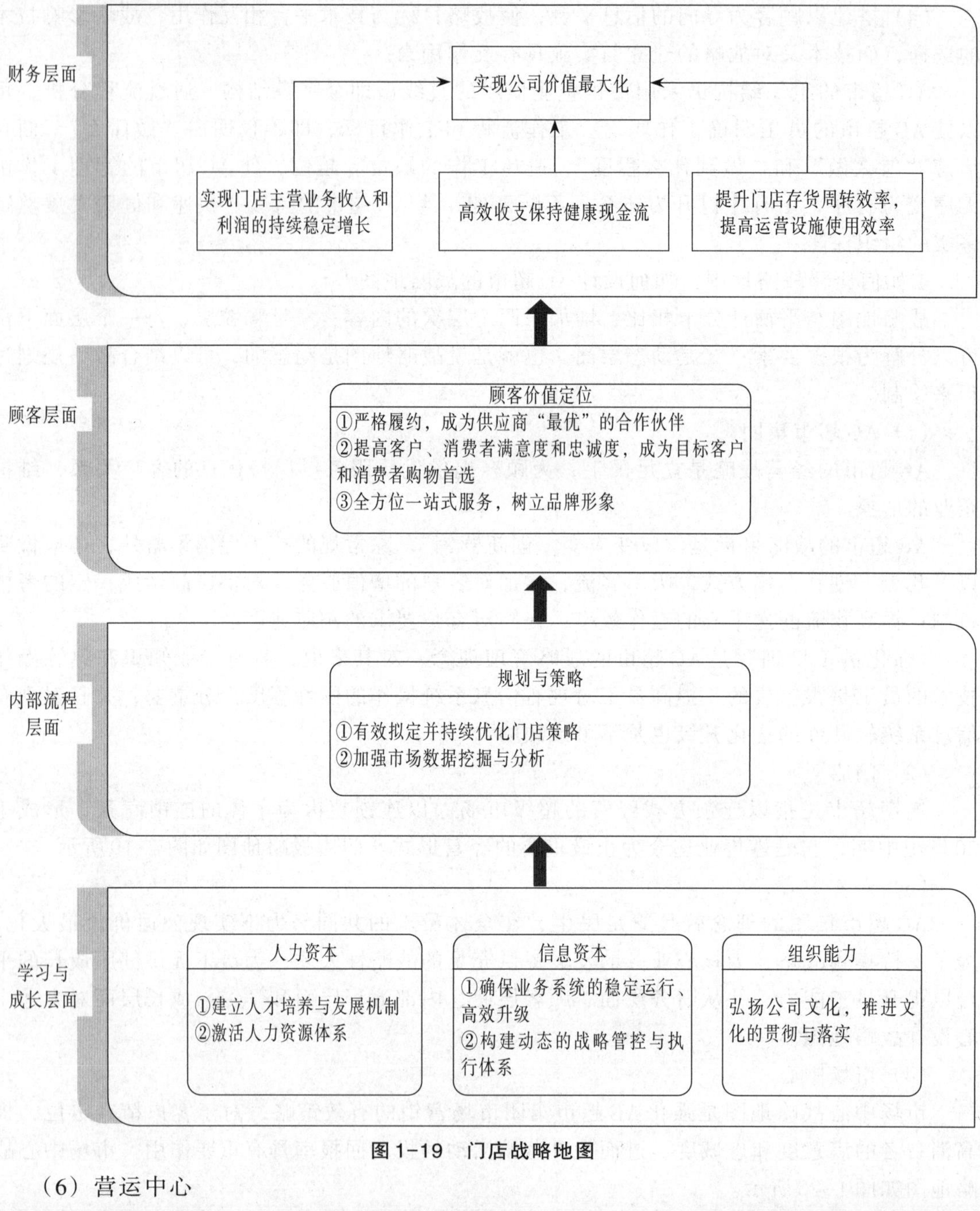

图 1-19　门店战略地图

（6）营运中心

各个超市集团面对行业激烈的竞争，需要认真审视自身的运营问题，应该注重民生和价值经营，将“立足民生”、“效益第一”和“实现公司价值最大化”作为运营的基本理念，并逐步反映和固化到考核评价体系之中，也成为留用、选拔人才的核心指标；要加强企业核心竞争力和差异化竞争优势建设，提升企业内涵式发展和可持续价值增长的能力、深入理解市场和客户以及为目标细分客户提供独特价值主张的能力。“资产有效利用、内控严密、运营安全、服务和效益良好”这一现代企业的基本发展要求成为业界运营管理的共识和目标，运营管理观念的转变有效推动了企业运营管理方式的转变。营运中心战略地图如图 1-21 所示。

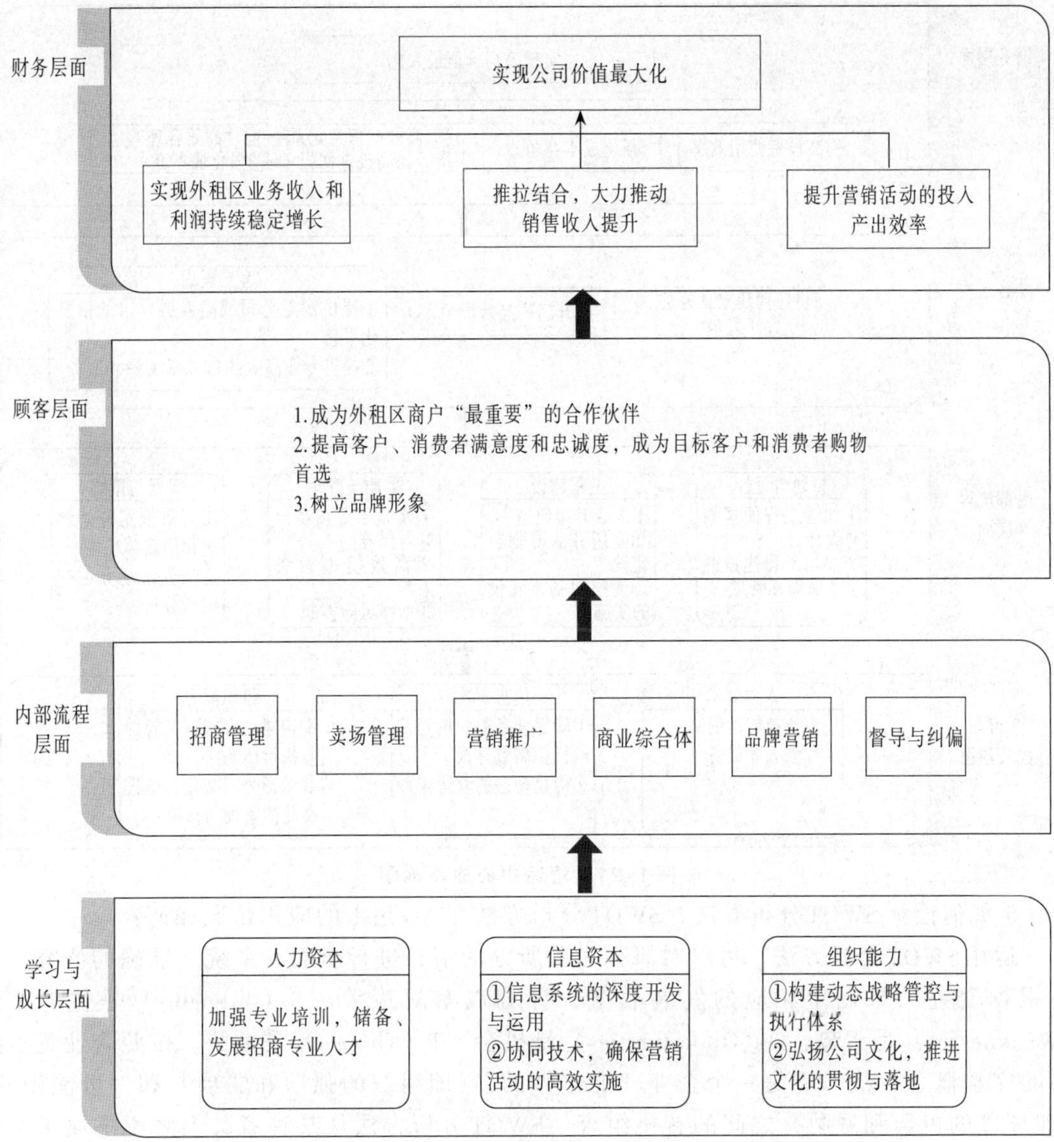

图1-20　市场中心战略地图

（7）财务中心

通过对企业内外环境分析并结合企业整体战略的要求，设计财务中心战略地图有利于提高企业的财务能力，既提高了企业财务系统对环境的适应性，也提高了企业的整体协调性，从而提高了企业的协同效应。其着眼于长远利益与整体绩效，有助于创造并维持企业的财务优势，进而创造并保持企业的竞争优势。所以，设计财务中心战略地图意义重大。

（8）审计部

审计部的主要工作就是对营销措施效果、质量管理措施效果、员工管理措施效果、公共关系措施效果、关键设备管理措施效果、成本费用管理措施效果、物资管理措施效果及收益管理措施效果等实施审计，看其是否合法合规，并通过建立风险预警机制防范经营风险给企业带来的损失。对本企业审计部设计战略地图，有助于审计部从财务、顾客、内部流程和学习与成长等四个维度全方面辅助企业实现战略目标。

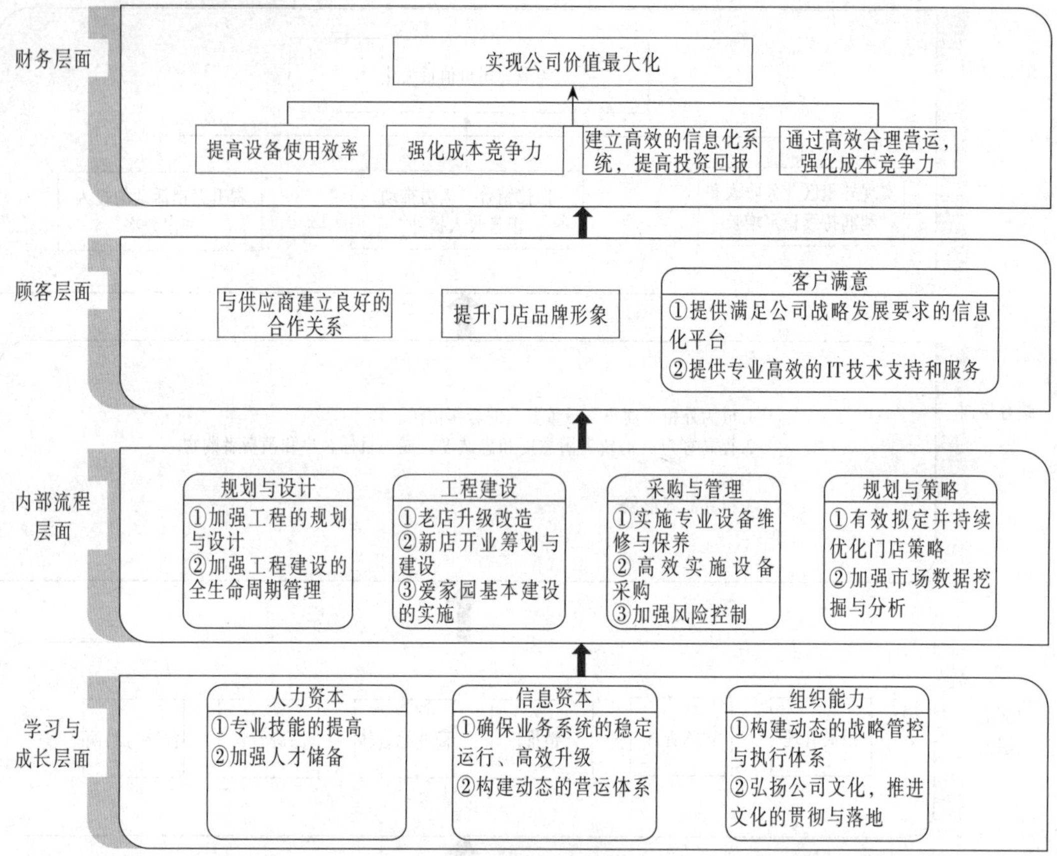

图1-21　营运中心战略地图

5.如何诠释SWOT分析方法？SWOT分析方法在AG超市的应用情况如何？

运用SWOT分析方法，可以对研究对象所处的情景进行全面、系统、准确的研究，从而根据研究结果制定相应的发展战略、计划以及对策等。S（Strengths）是优势，W（Weaknesses）是劣势，O（Opportunities）是机会，T（Threats）是威胁。按照企业竞争战略的完整概念，战略应是一个企业“能够做的”（即组织的强项和弱项）和“可能做的”（即环境的机会和威胁）之间的有机组合。SWOT分析方法从某种意义上来说隶属于企业内部分析方法，即根据企业自身的条件在既定内部进行分析。SWOT分析方法有其形成的基础。“竞争战略之父”迈克尔·波特提出的竞争理论从产业结构入手对一个企业“可能做的”方面进行了透彻的分析和说明，而能力学派管理学家则运用价值链解构企业的价值创造过程，注重对公司的资源和能力的分析。

AG超市的优势在于多元化分散风险，超市商品多为刚需，受经济环境影响较小；AG超市的劣势在于差异化不足，市场定位主要在中低端，竞争力不足；AG超市的发展机会是人们消费需求和消费能力的提高；互联网+、O2O、全渠道模式等降低成本、扩宽销售模式，变革中藏着机遇；AG超市面临的威胁是超市行业竞争激烈，成本领先战略优势减弱，电子商务对传统零售行业产生威胁。

五、关键要点

1.围绕公司绩效管理过程中碰到的困惑，运用平衡计分卡、战略地图、战略中心组织、PEST分析模型、SWOT分析模型等理论提高分析问题和解决问题的能力。

2.掌握绩效管理理论，本案例需要学员识别的关键知识点包括：绩效管理的功能；绩效管理的体系和内容；绩效管理目标如何同公司的战略规划相结合；绩效管理的方式；什么情况下绩效管理实践要同理论结合起来；战略调整的情况以及战略管理的方式和重要性。

3.具备分析与综合能力、批判性思维能力和解决实际问题的能力。

六、建议课堂计划

本案例可以作为专门的案例讨论课来进行。以下是按照时间进度提供的课堂计划建议，仅供参考。

整个案例课的课堂时间控制在 90 分钟。

1.课前计划

提前发放案例，并提出启发思考题，请学员在课前完成阅读和初步思考，并了解全面预算管理理论知识。

2.课中计划

（1）课堂前言：教师简要介绍案例主题（5 分钟）。

（2）案例故事回顾：对学生进行随机提问，将案例故事全貌做一回顾，使学生“热身”案例事件要点，为下一步讨论打好基础（10~15分钟）。

（3）案例分析与讨论：按照启发思考题的顺序逐个提出问题并进行理论的讲解和引导分析；提问可以以小组出代表或随机点名或二者结合的方式来调动全体学生参与（55~60分钟）。

（4）案例总结：教师对讨论进行归纳总结，并进一步启发大家从文化差异视角对中国式管理进行课后探讨（10 分钟）。

3.课后计划

请学员结合课堂中的讨论学习，完成案例分析报告，对案例中存在的问题给出自己的观点和意见。

第2章 管理会计工具在成本管理中的应用案例

案例3

2元冰淇淋如何撬起200亿元估值的价格秘密

摘要

"你爱我，我爱你，蜜雪冰城甜蜜蜜"，这首"魔性"的歌曲最近传遍了大街小巷，占领了各大短视频平台，蜜雪冰城凭借这首歌占尽了风头。蜜雪冰城是以新鲜冰淇淋和茶饮为主的全国知名饮品连锁品牌。自创立以来，始终坚持高质平价原则，茶真果粒，蜜雪甜蜜蜜，真人真心真产品，不走捷径不骗人。经过二十多年的发展与规划，蜜雪冰城的茶饮店面已经覆盖了全国多个省（自治区、直辖市），共计万余家店面。在茶饮行业中，蜜雪冰城占领了很大的市场份额。2021年，蜜雪冰城公布其营业收入为104亿元，净利润为19亿元。

在竞争如此激烈的茶饮行业中脱颖而出，蜜雪冰城的定价策略和加盟收入是其关键制胜点。与其他行业相比较来说，茶饮业是一个对价格非常敏感的行业。蜜雪冰城深知这个道理，并将其运用到产品的定价策略当中，一直以建立完整供应链为目标，然后以其完整的纵向供应链为基础，极度地压低制作成本，以较低的售卖价格和低价不低质的美味品质吸引消费者，最终从同行业竞争者中脱颖而出，在竞争激烈的饮品市场占领了一席之地。

本案例以一个加盟者视角对蜜雪冰城的发展历史、销售策略和价格影响因素展开调查，分析与对比蜜雪冰城与行业内其他竞争对手的各方面差别，从而更好地理解蜜雪冰城定价战略的选择与实施行为，详细地了解蜜雪冰城压低成本并因此走上成功之路的方法，也可以更好地理解为什么最低价仅为2元的冰淇淋和均价6元的奶茶可以使得蜜雪冰城即将成为为数不多的茶饮行业上市公司，也可以理解蜜雪冰城为什么可以通过定价策略占领市场而撑起其将近200亿元的企业估值。

关键词

蜜雪冰城　定价策略　本量利分析　敏感性分析

案例正文

一、引言

由于所在公司资金链断裂造成破产，小刘很不幸地失去了工作，失去工作的他感到身心疲惫，心里想着自己与公司这么多年的感情，心中万般不舍却也无可奈何，生活还要继续向前。嗡嗡嗡……小刘独自一人坐在出租屋里伤感的时候，电话响了起来，小刘接起电话后对面传来了熟悉的声音，是小刘的妈妈。“喂，儿子，最近过得怎么样？吃得好不好啊……”母亲的关心让小刘感到心里舒服了一点，小刘想到自己很久没有回家看望过父母了，反正现在自己也没有工作，正好可以回家待上一段时间并且陪一陪已经年迈的父母。

小刘思考一阵后决定先回县城老家休息几个月，陪一陪父母，调整好自己的状态后再回来继续找工作。小刘回到家后，父母并没有问及他工作的事情，这让小刘倍感轻松。在回到家的一星期后，在家待着无聊的小刘叫上好友准备去街上逛逛，放松一下。他们在饭店吃完饭后，在城里商业中心转了一圈，突然感到有点口渴，但他发现人流如此多的商业中心却没有几家茶饮店，细心的小刘将这件事情记在了心上。晚上，回到家的小刘躺在床上，此时窗外万籁俱寂，而小刘的内心却迟迟平静不下来，他觉得自己发现了一个商机。小刘脑海中产生了一个想法：既然他所在的这个县城商业中心里茶饮店这么少，他为什么不考虑开一家茶饮店呢？如果茶饮店开起来，那么人流量一定不小，而且这份工作离家近，也方便随时照顾父母。小刘这晚激动得没有睡着觉，在征询了父母的意见并得到认可后，小刘准备践行这个想法。小刘开始研究近些年茶饮行业的情况和数据，并进行了一些具体的调查，有了以下发现。

二、茶饮行业基本情况

小刘通过调查发现，由于近几年我国的饮茶文化热度急速上升，各类消费群体对新式茶饮的偏好不断增强，2015—2020年我国新式茶饮行业市场规模由422亿元增长至1 136亿元，复合年增长率为21.9%，2021年中国新式茶饮市场规模为2 795.9亿元，预计2025年新式茶饮市场规模达到3 749.3亿元（艾媒咨询，2022）。对于商家而言，茶饮行业的利润率着实可观，可高达30%～50%。券商报告显示，如今成熟的新式茶饮门店盈利能力非常可观，成熟门店的前台净利率能达到10%～15%。如果在客单量800单、客单价40元、毛利率50%的情况下，年销售收入达千万元左右，净利润达百万元左右，较为可观。现在，茶饮已经成为众多年轻消费者生活中不可替代的必需品，各式新式茶饮层出不穷，喜茶、蜜雪冰城、一点点、奈雪的茶等茶饮品牌随处可见。三四线城市青年对奶茶的热爱，其实不逊于一二线城市的消费者。根据CBNData和奈雪的茶发布的《2020新式茶饮白皮书》，目前，我国有近一半的线下新式茶饮外卖消费者来自三线及以下的城市（如图2-1所示）。

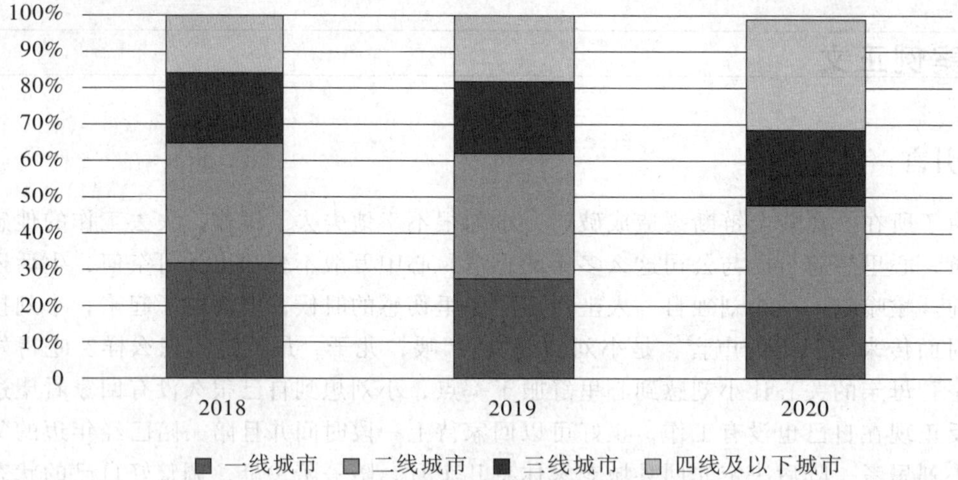

图2-1 2018—2020年饿了么新式茶饮用户城市分布

资料来源：饿了么、CBNData。

小刘认为，茶饮行业之所以如此火热，主要是因为我国的经济增长所带来的消费升级、技术增强和国家的政策扶持。随着我国经济持续向好发展，居民人均收入与消费水平持续提升，如图2-2所示，2013—2020年中国居民人均可支配收入由18 311元增长至32 189元，中国居民人均消费支出由13 220元增长至21 210元，必然会带来消费升级，助力消费市场发展。

图2-2 2013—2020年中国居民人均可支配收入、消费支出情况

资料来源：国家统计局。

我国正在历经第三次消费结构升级，使得我国国民的消费需求发生了变化。历经几十年的经济发展，我国人民的基本物质需求得到满足，在温饱已经不是问题之后，自然而然地，就会对更好的事物产生新的追求。并且，迅速增长的消费能力带来多元化、品质化的消费升级需求，利好整体消费行业，成为支撑茶饮行业消费的基本盘。新式茶饮恰好迎合了正处在消费升级，同时健康意识不断增强的消费者诉求。

另外，相关技术的进步也让我国的茶饮行业有了新的发展。有关技术取得快速进步，广泛应用于茶饮的生产之中，茶饮制作受益于技术发展所带来的消费发展，茶饮行业才有了现在这样火热的市场局面。例如，交通与物流的畅通保证了新式茶饮中重要原料供应及时与便利。新的茶饮制作技术的出现，加快了茶饮制作的速度，提高了其便捷性，这也让众多茶饮品牌如雨后春笋般冒出，让茶饮产品拥有了更多的品种和更丰富的口感。

除此之外，近年来国家推出了一系列相关政策来推进茶饮行业快速发展，尤其是“十四五”期间，提出要把全面深化改革和产业结构优化升级作为推动我国茶饮行业发展的重点，服务方式向“标准化、精细化、智能化、多元化”方向转变，并强化行业标准体系建设、提升品牌核心竞争优势、促进线上线下深度融合、加强市场营销创新手段等。

“茶饮行业现在的状况大好，我可以放心地准备开店了。”小刘高兴地说道。

三、几大茶饮品牌的较量

在对茶饮行业进行分析调查之后，小刘获得了如上不错的结果。对行业大致情况进行了解之后，小刘准备更加深入地了解一下市面上流行的几个茶饮品牌并准备投资，他认为自己毫无茶饮行业的经验，所以最好是选择具有知名度的品牌，这样对以后的开店运营比较有利。所以，接下来小刘调查了市面上几个比较知名的品牌，并进行了大致的对比与分析。

近几年，茶饮已然成为餐饮业最火热的宠儿之一，品牌众多，门店广布，资本纷纷涌入。根据美团发布的《2019年中国饮品行业趋势发展报告》，截至2018年第三季度，全国现制门店数达到41万家，全国茶叶市场呈现爆发之势。单价较高的喜茶、奈雪的茶等品牌处于高端市场，几十元一杯的茶饮接近星巴克等饮品的价格，截至2020年6月，喜茶在全国拥有521家门店，奈雪的茶拥有323家门店。沪上阿姨、一点点、快乐柠檬等中端茶饮价格也在十几元到二十几元之间一杯。而处于下沉市场的蜜雪冰城等茶饮价格在6~10元，凭借其“低价策略”开始走俏，深受年轻消费者喜爱。这些茶饮店的开店方式均为直营或加盟。市场上主要新式茶饮品牌见表2-1。

表2-1 **市场上主要新式茶饮品牌**

类型	品牌
直营新式茶饮品牌	奈雪的茶、喜茶、乐乐茶
加盟新式茶饮品牌	蜜雪冰城、CoCo都可茶饮、一点点
直营+加盟新式茶饮品牌	沪上阿姨、古茗茶饮、茶颜悦色

四、最终的选择：蜜雪冰城

总体来说，小刘所在县城人口较多，经济不发达，人均收入不高。小刘的家乡是所在省份的人口大县，一共有5个镇、9个乡、3个街道办事处、273个建制村，总人口将近50万，位居所在省份人口排行榜的第四名。根据近些年已公布的统计数据，2018年，该县城人均地区生产总值为22 720元，排名为所在行政市的最后一名，2019年和2020年的人均地区生产总值也是全市区县中的末位。事实上，这种状况持续已久，早在20世纪五六十年代，当其他县市开始全力建设时，该县城的开发因缺少资金而慢了一拍，所以该县城就一直处于比较落后的位置。

小刘在调查研究之后发现并认识到所在县城人口多、经济不发达、收入少等特点，因此，对于茶饮店品牌小刘决定加盟蜜雪冰城。小刘认为蜜雪冰城的价格几乎是茶饮品牌里最低的，相比于喜茶和奈雪的茶几十元一杯的价格，蜜雪冰城均价6~10元的奶茶可谓是狠狠地抓住了消费者的心。蜜雪冰城的销售策略和定价策略与小刘所在县城的基本特点相吻合，相较于其他品牌高昂的价格，蜜雪冰城的价格似乎更容易为县城人们所接受。蜜雪冰城的产品种类丰富，有不同口味的美味茶饮可以选择，蜜雪冰城每一个系列产品的价格都比较便宜，符合县城的消费水平，并且蜜雪冰城的味道很好，广受消费者欢迎，为销量提供了一定的保证。有关数据显示，在我国三四线城市和小县城，蜜雪冰城占领了绝大部分市场，这也从侧面印证了选择蜜雪冰城是正确的，增强了小刘的信心。新式茶饮消费者偏好调查如图2-3所示。

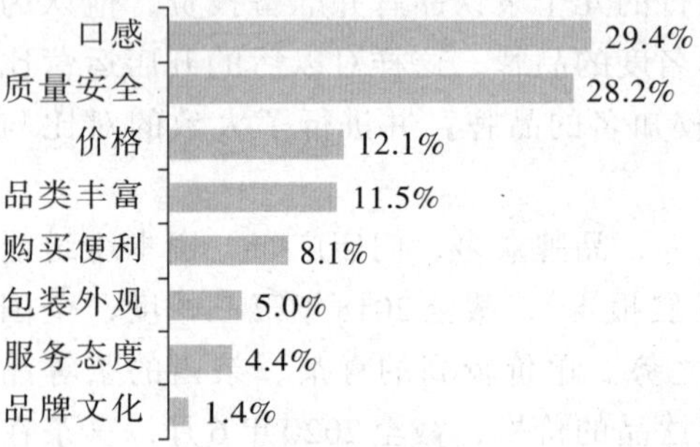

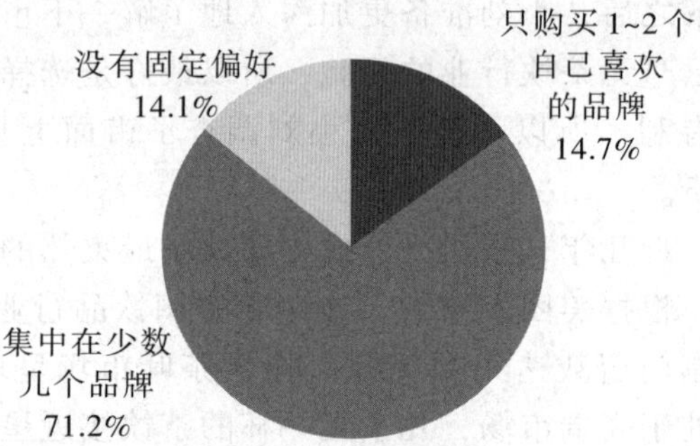

样本量：N=1 569；调研时间：2022年5月

图2-3 新式茶饮消费者偏好调查

五、蜜雪冰城的产品定价

（一）小刘的好奇心

在开店品牌确定为蜜雪冰城后，小刘又产生了新的问题。面对蜜雪冰城“质优价廉”的饮品，再将其价格与同行业的其他茶饮品牌进行对比，如喜茶、一点点和奈雪的茶，小刘发现蜜雪冰城茶饮的平均价格与同行业品牌的平均价格相差好几倍。小刘很诧异，蜜雪冰城为何将价格定得如此之低？而且，更令人感到好奇的是面对大致一样的材料及成本，蜜雪冰城是怎么做到将价格定得如此低廉的？一个产品的价格定得如此低廉，不是其成本低，就是其极大地压缩了利润，为了满足自己的好奇心，小刘开始研究起了蜜雪冰城这家公司。

（二）蜜雪冰城的历史发展

蜜雪冰城是一家以新鲜冰淇淋以及茶饮为主的连锁机构，早在1997年就已经成立，直到现在已经有了二十几年的发展史。这家企业致力于打造中国新鲜冰淇淋茶饮第一品牌，蜜雪冰城的店面现已遍布全国各地，销量领先同行业其他品牌。蜜雪冰城还致力于打造全新的连锁形态，将高品质低价格与健康新鲜融于一体，为消费者提供更健康、物超所值的特色产品。如今，蜜雪冰城继续致力于开发适合大众消费的美味产品，致力于为加盟商、店面顾客提供更好的、物超所值的产品与服务，始终把企业的利益放在第二位，蜜雪冰城坚信一分耕耘、一分收获。目前，蜜雪冰城拥有为年轻人提供实惠低价中餐的“蜜雪冰城家常菜馆”，为所有消费群体提供美味、时尚、低价之奶油冰淇淋的“蜜雪冰城冰打垒”，以及冬日经典又时尚的传统名吃“蜜雪冰城天津大糖堆”等多种产品类别，同时，蜜雪冰城坚持提高产品质量，争取做好每一个子品牌。

在1997年，蜜雪冰城的创始人张红超还是一个学生，就读于河南财经学院（现河南财经政法大学）。极具商业头脑的他在暑假期间打造了“寒流刨冰”小吃并正式售卖，“寒流刨冰”便是现在蜜雪冰城的前身。2000年左右，在亲人的资助下，张红超的刨冰摊子升级成为店铺，加入新产品后正式改名为“蜜雪冰城”。在2006年，受到当时正流行的一款“彩虹帽”冰激凌启发，张红超依照“彩虹帽”的配料成分，自己购买原料和机器，研制出了口感与品质相近的冰淇淋产品，并将初始售价定在了一支2元，这个价格受到了消费者的欢迎，排队购买的人们将店面围了个里三层外三层，蜜雪冰城自此一炮而红。在2008年，已经红火两年的蜜雪冰城正式在河南注册蜜雪冰城商贸有限公司。当时的蜜雪冰城的规模已经开始渐渐扩大，分店已经开了180多家，分布在我国的浙江省、安徽省、河北省、陕西省、山西省、湖南省等地区。2008年3月，蜜雪冰城紧跟时事，在其基础产品冰淇淋的蛋托纸套上连续投放关于人文奥运系列的公益广告。2008年5月，蜜雪冰城又带领着全体员工及社会同仁向受苦受难的汶川同胞捐款赠物，两个月后，蜜雪冰城又投放了以保护环境为主题的第二版冰淇淋蛋托纸套上的公益广告，尽显作为一个中国企业的社会责任感。在2012年左右，在获得了2006年因为“彩虹帽”冰淇淋带来的经济效益，也就是成本优化带来的第一次红利之后，蜜雪冰城继续制造爆款并且坚持低价，创始人张红超抓住了从“瓶装饮料到现制饮料”的升级消费需求，蜜雪冰城推出了大杯装的柠檬水饮料，大约容量为700毫升，定价3元。低价又好喝的柠檬水又一次“击穿”了消费者的心智，这款产品成为蜜雪冰城第二个火爆的产品。在2020年新冠肺炎疫情期间，蜜雪冰城捐款700万元用于抗击疫情，是所有茶饮品牌中捐款最多的企业，又一次体现了企业的社会责任。2021年，获得各方资本青睐后，蜜雪冰城开始走上了IPO之路。蜜雪冰城在2021年1月完成了首轮融资，美团龙珠和高瓴各投10亿元进行领投，CPE源峰等机构跟投。一位创投圈人士表示：“这次竞争十分激烈，各家为抢占蜜雪冰城份额都派出了最强的团队，最终高瓴、美团龙珠、CPE源峰等机构如愿。”在这一次的融资完成之后，蜜雪冰城这家企业的估值高达200亿元。2022年，蜜雪冰城公布A股招股说明书：2021年营业收入104亿元，净利润19亿元。2022年9月中国证监会官网显示，蜜雪冰城的A股上市申请已获受理并正式预披露招股书，显示A股市场或有望迎来“新茶饮连锁第一股”。

（三）蜜雪冰城的定价策略

网络媒介的发展让蜜雪冰城打开了知名度，销量也得到了提升。根据《2020年中国饮品行业趋势发展报告》，自2017年起，在社交媒体中提及“网红”“打卡”“种草”“奶茶”等关键词，其用户评论均呈现上升趋势，在小红书上搜索“奶茶”二字就有超过100万篇关于各大茶饮品牌的测评和简单攻略，而关于奶茶的视频在抖音上的播放量就达到了9.5亿次。在近两年的短视频平台中，蜜雪冰城的身影随处可见，广大消费者受到“你爱我，我爱你，蜜雪冰城甜蜜蜜”这首“魔性”的宣传歌曲的影响，纷纷都去蜜雪冰城的各门店进行打卡活动。网络短视频的宣传与蜜雪冰城的宣传策略相结合，再加上价格低廉的竞争优势，使蜜雪冰城的销量节节上升。

蜜雪冰城的销量和品牌知名度是建立在其低廉的产品价格基础上的，大部分消费者都是看中了其“低价不低质”的良好特性。蜜雪冰城成立二十多年以来，受其发展进程中的竞争策略影响，同时也是为了获得更多消费者的喜爱并继续扩大市场份额，蜜雪冰城坚持把低价做到极致。

在对其产品定价时，蜜雪冰城遵循了自己的一套商业原则：通过对产品成本的精准核算与控制，加上微量的毛利润，倒推出产品的定价，并不赚取更多的品牌溢价。通过对原料成本的核算与控制，即便在当年将冰淇淋的售价降为1元时，依然有少量利润。刚开始，蜜雪冰城的总部和主要发展地区在河南省，河南省相对于东南部沿海地区而言，虽然经济不发达，但是其人口数量对于蜜雪冰城来说是一个绝佳的营销环境，蜜雪冰城因地制宜地采取了薄利多销的销售策略。薄利多销的销售策略让蜜雪冰城能够快速地占领市场，连锁经营模式及规模化采购的优势又能降低采购费用以及产品价格，增强其在供应商面前的话语权。

这种薄利多销的销售策略主打“高性价比”的定价原则，成为蜜雪冰城重要的品牌基因之一，也是其发展到现在的重要策略。根据《2020新式茶饮深度报告》的数据，从性别来看，在茶饮行业中，女性消费者和90后、00后消费者占据着主导地位，且愿意为新式茶饮一掷千金，并且86%的消费者每周至少购买一次，品牌忠诚度较高。由于蜜雪冰城定位的人群就是学生等年轻的消费群体，产品的价格定位比较低，所以主要是为了薄利多销。学生、初入社会的年轻人是茶饮的主要消费群体，他们年纪虽然不大，但是回购率较高，对于低廉的价格来说也有足够的消费能力。蜜雪冰城的营销战略主要是专攻下沉市场，其薄利多销的销售策略让蜜雪冰城的品牌传播度在年轻消费者中能够急速地扩散。蜜雪冰城的茶饮价格为其以后进入全国中小县城并站稳脚跟打下了很好的基础。小刘认为，这种低价的营销策略，对价格超级敏感的新式茶饮行业来说无疑是占领市场的绝佳手段。

蜜雪冰城重视产品成本的控制和管理，自建工厂、自建供应链并且自产核心原材料，借助压低产品成本的优势来实现经济效益，加强市场竞争力，在众多的竞争对手中脱颖而出。蜜雪冰城的价格策略也符合“飞轮效应”（如图2-4所示），即通过降低成本带来企业产品的高性价比，而高性价比使得消费者更加满意，消费者的满意度带来更高的销量，销量又带来了规模效应，使得成本降低。

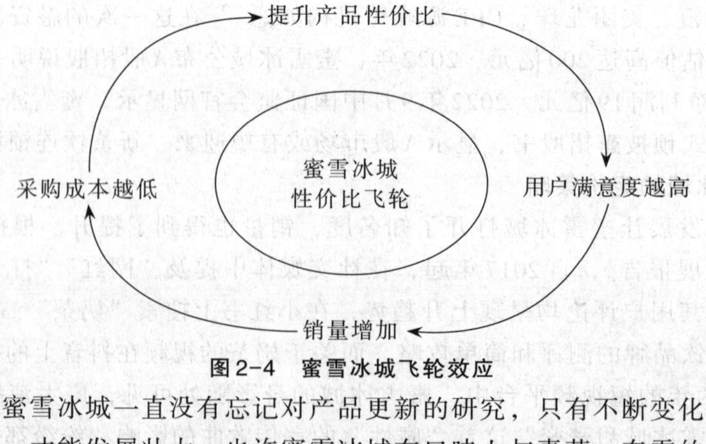

图2-4　蜜雪冰城飞轮效应

除此之外，蜜雪冰城一直没有忘记对产品更新的研究，只有不断变化创新才能适应年轻消费者的需求，才能发展壮大。也许蜜雪冰城在口味上与喜茶、奈雪的茶等网红品牌有着一定差距，但是在产品的独特性和口感研发上，蜜雪冰城尽了最大努力，满足消费者的基本需求。现在，尤其是在奶茶行业，视觉设计也是非常重要的一环。年轻消费者们对于品牌形象、产品包装等的重视度越来越高，可以说谁能抓住年轻人的眼球，谁就能更快与消费者建立密切联系。此前，品牌营销基本都是以品牌为中心、以产品为中心，在形象塑造这方面是明显缺失的。蜜雪冰城打造特色IP形象，活泼可爱的雪人设计迅速拉近了与消费者的距离，让人亲切感十足，也让品牌变得更有温度，从而利于稳固更多忠实粉丝。

完整安全的纵向供应链是蜜雪冰城能开店万家，价格却依旧低廉的底气所在。蜜雪冰城之所以能实现超低价，是因为蜜雪冰城有自身完善的供应链体系。蜜雪冰城自建工厂把核心的原材料成本压低到完全不敢想象的程度，门面密度和仓储物流体系则降低了物流配送成本。在确保总部盈利的情况下，实现原材料的低成本运输。走低价路线时，没有如此强大供应链的加持，无异于自己把自己逼上绝路。2008年，因为三聚氰胺事件爆发而产生的消极影响，使多家冰激凌粉供应商被关停，原材料的供应产生较大波动，这对于茶饮行业来说是一场灾难，对蜜雪冰城的供应链也产生了较大影响。此时的蜜雪冰城，面临着连锁餐饮业的重要难题：供应链。如果供应链出差错，蜜雪冰城不仅无法保证原材料的安全，市场上的任何微小变动都有可能会终止蜜雪冰城的商业之路。自此，蜜雪冰城花了数年时间来“吃透”供应链，实现规模化的成本摊薄。

蜜雪冰城股份有限公司100%控股大咖国际食品有限公司和郑州宝岛商贸有限公司（如图2-5所示），其中，蜜雪冰城股份有限公司主导和负责管理运营，大咖国际食品有限公司主导和负责研发生产，而郑州宝岛商贸有限公司负责提供仓储物流服务。蜜雪冰城股份有限公司对其他两家公司都是100%控股，说明其对这两家企业的控制力极强，蜜雪冰城核心价值链的安全性得到了一定保证。

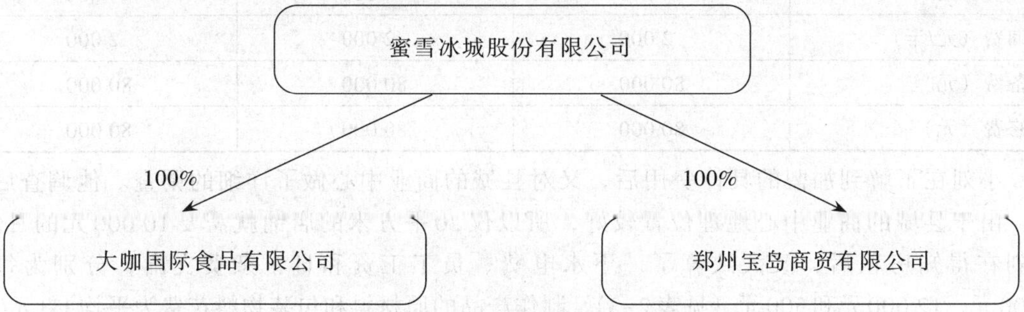

图2-5 蜜雪冰城股权控制图

蜜雪冰城建造了工厂和研发中心，这在很大程度上节省了原料的成本，掌握了议价权。不仅如此，蜜雪冰城还在东、南、西、北、中五大方向建立物流分仓，尽可能提高物流效率，减少中间商流通环节，大规模降低了成本。同时，蜜雪冰城建立了标准化和机械化的生产流程，从而实现了原料的大规模批量生产，降低了产品的固定成本，生产产品产量越多，单个产品中分摊的固定成本就越低，单个产品的利润空间也就越大，从而形成了规模经济。

通过研究和调查得到的这些信息使得小刘更加了解了蜜雪冰城这家企业，也坚定了他创业加盟的决心与信心。

六、最后一步

小刘在详细地了解了蜜雪冰城的定价策略和原因之后，理解了其如此定价的必然性和必要性，也觉得蜜雪冰城具有社会责任感，是一家可以信赖的企业。由此，小刘很快地向蜜雪冰城申请了加盟，并从工作人员那里得到了一份加盟费用单。加盟费是所有申请加盟合作的人必须花费的费用，之前从事会计工作的小刘是一个对费用比较敏感的人，因此，他开始了对加盟费和具体店面的费用分析。

小刘通过电话与蜜雪冰城总部人员联系与沟通之后被告知：想要开一家蜜雪冰城的店面需要成为其加盟商，需要通过提交申请、参加面试、审核门店、签约、装修门店和培训开业等步骤。其中，加盟费根据城市规模划分为三个等级：省会城市11 000元/年，地级城市9 000元/年，县级城市7 000元/年，小刘认为这样的划分比较合理。除了加盟费之外，还有其他费用，蜜雪冰城收取加盟商保证金，即合同履约保证金，如果不遵守公司制度拒不缴纳罚款或费用的，会将保证金扣除，保证金费用为20 000元；管理费一年4 800元，咨询费一年2 000元，用于蜜雪冰城对加盟商的日常管理和营运指导，以及提供关于生产流程和经营方法的咨询服务；蜜雪冰城给加盟商提供所有设备，大到冰淇淋机器，小到保温桶等，需要80 000元；店面的装修费用为80 000元。小刘进行了大致规划，并将店铺营业期暂定为三年，三年后无净残值。总部发过来的加盟费用具体见表2-2。

表2-2 **蜜雪冰城加盟费用表**

加盟级别	省会城市	地级城市	县级城市
加盟费（元/年）	11 000	9 000	7 000
保证金（元）	20 000	20 000	20 000
管理费（元/年）	4 800	4 800	4 800
咨询费（元/年）	2 000	2 000	2 000
设备费（元）	80 000	80 000	80 000
装修费（元）	80 000	80 000	80 000

小刘在了解到加盟的具体费用后，又对县城的商业中心做了详细的调查。他调查后发现，由于县城的商业中心地理位置较好，所以仅20平方米的店铺就需要10 000元的月租。小刘在得知房租后，又大致算了一下水电费、员工工资和日常杂费支出，分别为每月3 000元、12 000元和500元（见表2-3）。制作产品的原材料和包装物料花费为平均1.3元/份，人均消费为3.5元，小刘的茶饮店铺位于商业中心，人流量比较大，预计每日客流量为1 000人左右。月客流量见表2-4。

表2-3 **茶饮店面成本费用表**

项目	数据
房租（元/月）	10 000
水电（元/月）	3 000
员工工资（元/月）	12 000
日常杂费支出（元/月）	500
原材料（元/份）	1.1
包装物料（元/份）	0.2
预计日平均客流量（人）	1 000
人均消费（元）	3.5

表2-4　　茶饮店月客流量表　　单位：人

月份	预计日客流量
1月份	500
2月份	500
3月份	600
4月份	800
5月份	1 000
6月份	1 300
7月份	1 500
8月份	1 600
9月份	1 300
10月份	1 200
11月份	1 000
12月份	700

案例使用说明

一、教学目的与用途

1.本案例适用于"管理会计理论与实务"课程的案例教学。

2.本案例反映的是创业者视角下的蜜雪冰城定价策略，贴近社会，贴近学生所学的"管理会计理论与实务"课程内容。通过本案例的学习研究，可以使学生理论联系实际，加深对理论的理解；也可以培养实战能力与感觉，扩展知识面，锻炼分析问题、交流沟通能力和合作意识。

二、启发思考题

1.根据上述资料，思考蜜雪冰城的定价策略是什么？

2.根据上述资料，分析影响蜜雪冰城定价的因素都有哪些？

3.根据上述资料，在变动成本法的基础上，使用本量利模型分析一下，小刘应不应该投资蜜雪冰城开一家属于自己的茶饮店。

4.应用敏感性分析，分析一下如果小刘想要更好、更迅速地增加店铺的利润，需要在哪些方面下功夫？

5.冬天是茶饮业淡季，小刘如果想在淡季盈利，则每月销量需要达到多少？

6.由于绿色生态理念的兴起，考虑碳减排与消费者社会责任共担问题时，茶饮行业定价决策还应考虑哪些因素？

三、分析思路

（一）总体思路

分析本案例时，首先，应该对蜜雪冰城这家企业的基本情况有所了解；其次，查找定价决策和本量利分析的知识点并做出相应的理解；最后，将知识点和蜜雪冰城结合起来进行分析，对蜜雪冰城的具体定价策略和影响其选择的原因提出自己的看法，通过变动成本、固定成本及敏感性分析计算数据，进行决策分析。

（二）思考引导要点

在具体分析各思考题时建议的思考引导要点如下：

1.经济定价策略、生命周期定价策略、成本定价策略等，结合蜜雪冰城的运营特点进行分析。

2.宏观因素、行业因素及企业自身特点等。

3.利用本量利分析模型对小刘的开店行为进行分析，计算出其销售收入能否弥补其各项成本，具体计算如下：

加盟的固定成本=加盟费+保证金+管理费+咨询费+设备费+装修费

按照三年分配固定成本：

每年固定成本=7 000+4 800+2 000+（20 000+80 000+80 000）÷3=73 800（元）

每月固定成本=73 800÷12=6 150（元）

具体的店面成本=房租+水电+员工工资+杂费支出

=10 000+3 000+12 000+500

=25 500（元）

由此可知：

每月支出的固定成本总额=6 150+25 500=31 650（元）

每份产品的变动成本=原材料+包装物料=1.1+0.2=1.3（元）

单位产品贡献毛益=单位售价-单位变动成本=3.5-1.3=2.2（元）

保本点销售量=固定成本÷单位产品贡献毛益=31 650÷2.2=14 386.36（份）< 30×1 000

由上述计算结果可知，如果小刘的蜜雪冰城每月产品的销售量在14 386.36份之上即可盈利，而该店铺的月客流量在30 000人左右，因此，小刘的店铺可以盈利，他选择开这个店铺是正确的选择。

4.利用利润的敏感性分析，对成本和销量等对利润产生影响的因素进行分析，看哪个因素对利润的影响程度最大，则更加注重对这个因素的管理与运用。

小刘在准备经营店铺的过程中，对利润产生影响的主要有固定成本、变动成本和销售量，因此我们对这三个因素进行利润的敏感性分析，假设这三个因素均上涨了10%，由于每月固定成本为31 650元，单位变动成本为每份1.3元，日平均客流量为1 000人，所以设定目标利润为：

目标利润=1 000×30×3.5-31 650-1 000×30×1.3=34 350（元）

假设其他因素不变，固定成本上涨10%，则：

每月固定成本=31 650×（1+10%）=34 815（元）

销售利润=1 000×30×3.5-34 815-1 000×30×1.3=31 185（元）

利润总额变动百分比=（34 350-31 185）÷34 350×100%=9.21%

利润总额变动百分比÷固定成本总额变动百分比=9.21%÷10%=0.921

所以，固定成本总额的敏感系数为0.921。

单位变动成本：

假设其他因素不变，单位变动成本上涨10%，则：

每份产品的变动成本=1.3×（1+10%）=1.43（元）

销售利润=1 000×30×3.5−31 650−1 000×30×1.43=30 450（元）

利润总额变动百分比=（34 350−30 450）÷34 350×100%=11.35%

利润总额变动百分比÷单位变动成本变动百分比=11.35%÷10%=1.135

所以，单位变动成本的敏感系数为1.135。

月销售量：

月销售量=月平均客流量=30×1 000=30 000（份）

假设其他因素不变，月销售量上涨10%，则：

月销售量=30 000×（1+10%）=33 000（份）

销售利润=33 000×3.5−31 650−33 000×1.3=40 950（元）

利润总额变动百分比=（40 950−34 350）÷34 350×100%=19.21%

利润总额变动百分比÷月销售量变动百分比=19.21%÷10%=1.921

所以，月销售量的敏感系数为1.921。

综上所述，固定成本总额、单位变动成本、月销售量的敏感系数分别为0.921、1.135、1.921，月销售量的敏感系数最高，所以，月销售量的微小变化可以引起利润的大幅度变化。小刘如果想提升利润，关注月销售量，提升客流量是最快、最容易的方式。

5.利用本量利分析模型对小刘的店铺淡季保本点销售量进行分析，计算出其销售收入能否弥补其各项成本。根据上文的计算可知，保本点销售量为14 386.36份。

淡季中1—2月客流量最少，为500人/天，其销售量最少。

2月份客流量=30×500=15 000（人）

由上述计算结果可知，如果小刘的蜜雪冰城淡季月销售量在14 386.36份之上即可盈利，而该店铺淡季的月客流量在15 000人左右，因此，即使是在淡季，小刘依旧可以盈利。

6.分析茶饮行业对“双碳”目标的影响路径；加强低碳理念的宣传与倡导；提倡环保包装、消费者DIY行动，以及对环保行动给予优惠等。

四、理论依据及分析

（一）定价的影响因素

定价决策是企业管理者经常面临的一个重要决策。产品的价格是企业获取收入和利润的最直接和最主要方式，因此产品的定价在大多数企业中与其生存与发展紧紧联系在一起，有着很重要的战略地位。一般来说，企业在制定产品定价时不仅要考虑其生产成本，还要综合其他因素进行考量，并且充分挖掘市场需求，以利润最大化为目标，推动企业的定价决策科学化。在进行定价决策时，要考虑到很多因素，主要包括：

1.顾客的需求

定价的最终目的就是将产品销售到顾客的手中，所以顾客的需求是影响企业定价决策的最主要因素。顾客的价格敏感度、经济收入、消费能力，经济环境，商品的类别和特性，产品的预期价格以及顾客对替代品的选择都会对顾客的最终选择产生影响。有些顾客消费能力高，对价格敏感度就比较低，他们更关心商品或者服务的质量和水平，而对于某些消费者而言，价格对其购买欲望会有很大影响，因为比起质量他们更注重价格。所以，如果某个企业的主要消费者都是价格敏感者，则其产品销量就会受到价格的限制。

在经济繁荣期，消费者可能会更注重产品的性能和外观等，而在经济不景气的时候，消费者的收入下降，则其就会更加注重性价比，尤其是产品的价格。不同的产品也会根据人们的收入变化而发生相应的变化。产品替代品的价格变化也会影响到产品的需求，例如菠菜价格上涨，消费者会放弃菠菜转向白菜等替代品；飞机票价格高，消费者会更多地选择乘坐火车和高铁。因此，面对如此众多和繁杂的影响因素，企业管理者要对顾客具体的需求进行认真的分析，从而做出科学的定价决策。

2.竞争对手的行动

知己知彼，百战不殆。随着经济的发展和全球化的逐步推进，企业之间的竞争愈演愈烈，企业如果想生存并获得市场，就必须了解其竞争对手，才能提高成功的概率。对于大多数企业而言，企业的行业特性和竞争对手都会对其最终的定价决策产生影响。所以，当企业的竞争对手调整定价战略时，企业也要做出相对应的对策。例如，企业和其竞争对手的产品在相同质量的情况下，企业可以降低产品的价格以获取更多的销量；企业和其竞争对手的产品在相同价格的情况下，企业可以提高产品的质量；企业和其竞争对手的产品在价格和质量相同的情况下可以提升产品创意。

3.行业地位

企业的定价决策在大多数情况下会被行业和市场环境所影响。如果一个企业处于某行业的领先地位或垄断地位，则该企业就可以作为价格的制定者而制定产品的市场价格，其他企业则是该产品价格的接受者，只能被动地接受该产品的市场价格。如果一个企业处于其行业的末端位置，规模不大，则其只能作为价格的接受者，按照市场上的平均价格作为产品的定价，只有尽力地压低产品的成本来获取利润，因为高于市场平均水平的价格可能会导致产品的滞销，为企业带来巨大的风险。

4.企业的成本

产品成本是指企业为了生产产品而发生的各种耗费，可以指一定时期为生产一定数量产品而发生的成本总额，也可以指一定时期生产产品的单位成本。在所有企业里，价格受到成本的影响，企业无论做出怎样的定价决策，其都是在考虑企业的利益之上进行的，因此产品的定价会考虑到企业的成本和利润空间。产品成本是影响企业定价的重要因素之一，如果定价过高，会影响其销量和企业长久的发展；如果产品的定价过低，则又会挤压企业获得利润的空间，让企业无法承担。因此，及时地掌握企业产品的成本结构和具体信息是企业定价的基础。企业通过一定的方式降低产品的制造成本，会为定价提供一定的空间，也会给企业的竞争力带来一定程度的积极影响。因此，为了做出科学合理的定价决策，企业应当重视产品成本的控制和管理，借助压低产品成本的优势来实现市场经济效益，加强市场竞争力，在众多竞争对手中脱颖而出。

5.五因素

按照波特的理论，价格还受到新竞争者的进入、替代品的威胁、买方的议价能力、卖方的议价能力和现有竞争者之间的竞争程度这五种因素的影响。新竞争者的加入会破坏市场平衡，企业的产品定价会产生波动，会使企业投入新的竞争资源，产品的定价空间受到限制。替代品的威胁是指一旦产品的定价过高，消费者会放弃购买该企业的产品，转而购买该产品的替代品，这会影响企业的产品销售规模，这时企业不得不考虑产品的替代品对产品的销售和定价的影响，以保证企业的利润获取。买方的议价能力和卖方的议价能力也同样会影响企业的定价，买方的议价能力强，则产品的定价会低一些，企业的利润空间会受到挤压；卖方的议价能力强，则产品的定价会高一些，企业的利润也会多。企业如果处于激烈的市场竞争中，尤其是竞争者们使用低价策略时，企业的产品定价必然会受到很大程度的影响。

（二）渗透定价法

渗透定价法是以一个较低的产品价格打入市场，目的是在短期内加速市场成长，牺牲高毛利以期获得较高的销售量及市场占有率，进而产生显著的成本经济效益，使成本和价格得以不断降低。渗透价格并不意味着绝对的便宜，而是相对于价值来讲价格比较低。在渗透定价法下，企业先把产品的价格定为大多消费者所能接受的低价，从而获得广大消费者的喜爱并吸引大量的购买，以迅速地占领市场份额，通过促销的良性竞争把竞争者驱除出目标市场，也阻止了其他竞争者的进入。在以下情况下，企业可以使用渗透定价法来获取市场：行业特性为价格敏感性行业，或者市场对于价格比较敏感，降低产品价格就可以招揽顾客；有足够大的市场需求；大量生产能产生显著的成本经济效益。渗透定价法确定的价格低，所以企业只能获取微利。采用渗透定价法风险较大，因为如果销售量没有达到预期水平，企业将会遭受巨大的损失。

（三）成本加成定价法

成本加成定价法是指在企业的产品价格弥补产品制造成本和销售成本的同时得到合理的利润空间。企业在使用产品成本加成定价法时需主要考虑三个因素：①产品的成本基础，如完全成本基础、变动成本基础或作业成本基础。根据成本基础的不同，成本加成定价法可分为完全成本加成定价法、变动成本加成定价法和作业成本加成定价法。②业务量水平。企业的固定成本和变动成本随业务量的不同而发生变化，即单位成本随不同的业务量水平发生变化。③加成率。不同行业、不同产品、不同季节产品的利润率有很大不同，动态、合理、浮动的加成率可增强企业价格的竞争力和获利能力。

（四）飞轮效应

飞轮效应在吉姆·柯林斯的《从优秀到卓越》中首次被提出，之后吉姆·柯林斯又将其单独写成新书《飞轮效应》，在新书中，吉姆·柯林斯进一步地阐释了它的价值。飞轮效应是指为使静止的飞轮转动，一开始必须花费比较大的力气，一圈一圈反复地用力推，但每一圈的努力都是有用的，为后面的转动打下了基础，后面的飞轮会转动得越来越快。飞轮效应让我们看到胜利的曙光，只要我们坚持不懈地推动事业的飞轮，终有一天，它会自己飞快地旋转起来，而无须费多大力气。飞轮效应实际上也大致描述了一个公司从好到卓越的转变过程。例如，亚马逊公司就是使用了飞轮效应，亚马逊的商品越多，客户选择就越多；客户选择越多，购买会员服务的就越多；购买会员服务的越多，大家消费的频次和额度就越多；消费的频次和额度越多，亚马逊对供应商的压价就越多；亚马逊压价越多，客户的获利也就越多……这个飞轮不断旋转，也成就了多年来蒸蒸日上的亚马逊。

（五）本量利分析

本量利分析（CVP分析），也叫作保本点分析或盈亏平衡分析，是一种研究作业量变化和销售单价、单位变动成本、固定成本、品种结构及利润之间的相互关系的系统方法。

这个分析方法建立在成本性态分析和变动成本法计算的基础上，可以简化现实生活中所遇到的问题。本量利分析可以通过掌握盈亏变化规律和分析不同作业量的财务结果，使得管理者了解其决策可能产生的财务结果，从而让管理者得以进行科学的决策。

确定盈亏临界点，是进行本量利分析的关键点。所谓盈亏临界点，就是指使得贡献毛益与固定成本恰好相等时的销售量。此时，企业达到保本点，处于不盈不亏的状态。盈亏临界点可以采用下列两种方法进行计算：第一种方法是计算盈亏临界点的销售量，盈亏临界点的销售量等于固定成本总额与单位产品贡献毛益的比值，其中，单位产品贡献毛益是单位产品销售收入与单位产品变动成本的差值。第二种方法是计算盈亏临界点的销售金额，盈亏临界点的销售金额等于固定成本总额与贡献毛益率的比值，其中，贡献毛益率等于销售收入与变动成本的差值比上销售收入。

从本量利分析模型中我们可以认识这些基本关系：在总成本既定的情况下，盈亏临界点的高低取决于产品单价的高低，产品的单位定价越高，则盈亏临界点就会越低；产品的单位定价越低，则盈亏临界点就会越高。在产品的销售总收入既定的情况下，盈亏临界点的高低取决于产品固定成本总额或产品单位变动成本的高低，产品的固定成本总额越高，或产品的单位变动成本越高，则其盈亏临界点就会越高，反之其盈亏临界点就会越低。在盈亏临界点不变的前提下，产品的销售量越大，则企业可以获取的利润便越多，销售量越小则企业可以获取的利润就会越少。

（六）完全成本法和变动成本法

按照成本性态，成本可以分为固定成本和变动成本，成本核算方法又可以分为完全成本法和变动成本法。相比较于变动成本法，完全成本法是比较传统的成本核算方法。完全成本法是指在计算产品成本时，将直接人工、直接材料、变动性制造费用和固定性制造费用完全计入产品成本。在使用完全成本法时，产品的单位成本会比较高，在产量高、销量少的情况下会导致利润虚高。变动成本法是指在计算成本时，将直接人工、直接材料、变动性制造费用计入产品成本，不将固定性制造费用计入产品成本，而是直接计入当期损益，在这种情况下，产品的销量会引起企业的真实利润发生变化。

（七）敏感性分析

敏感性分析是指通过逐一地改变某一相关变量的方法来解释目标指标是如何受这些因素变动影响，并计算出其影响幅度大小的方法。在敏感性分析中，一般可选择进行分析的主要参数有产品的销售收入、销售量、制造成本、寿命期、初始投资等。如果某一参数的微小变化可以引起经济效果的较大变化，例如小部分的销售量带动利润额的大幅度变动，则称此要素为敏感性因素。如果某一参数的变动无法带来经济效果的变化，则称此要素为非敏感性因素。敏感性分析通常基于一些假设，如线性关系、独立性等，这些假设可能与实际情况存在差异，影响结果的准确性。敏感性分析一般只能分析单一因素对战略的影响，无法考虑多个因素的相互作用和复杂关系。敏感性分析对输入数据的准确性要求较高，但在实际应用中，数据往往存在不确定性和不可预测性，可能导致结果的不确定性。利润的敏感性分析是指通过研究可能会影响利润的有关因素，看这些因素在特定条件下发生变化时，对利润所产生影响的一种敏感性分析方法。

进行敏感性分析的目的在于找出对经济效果产生重大影响的敏感性因素，分析其原因并为进一步进行不确定性分析提供依据，研究经济效果可能发生的最好情况和最坏情况的具体值，分析和判断该项目可能会产生的风险。比较多个经济效果的敏感性因素，选择敏感性因素少的项目，以降低项目的风险。在一般情况下，企业可以利用敏感性分析帮助管理者了解哪些因素对利润的影响程度比较强，还有哪些因素对利润的影响程度比较弱，以便于管理者可以分清主次，采取适当的措施，把握和控制生产经营活动，确保企业目标利润的完成。但是由于敏感性分析不是完美的，有其一定的局限性，所以，企业的管理者们也要避免过于机械地认定或遵循利用敏感性分析得出的结论。

（八）消费升级

消费升级，一般指消费结构的升级，是各类消费支出在消费总支出中的结构升级和层次提高，它直接反映了消费水平和发展趋势。消费升级包括消费内容升级、消费方式升级和消费者主权维护三个层面的内容。在一定程度上，消费升级可以扩大内需，进而可以拉动经济增长。自改革开放以来，我国一共出现了三次消费升级，这三次消费升级推动了经济的高速增长。第一次消费升级发生在改革开放刚开始的时候，生活水平的提高使我国的粮食消费下降、轻工产品消费上升，同时也带动了相关产业和经济迅速发展。第二次消费升级发生在20世纪后期，在这一阶段，我国的家用电器消费快速增长，耐用消费品向高档化方向发展，带动了相关产业和我国的第二轮经济增长。正在进行的第三次消费升级是我国教育、娱乐、文化、交通、通信、医疗保健、住宅、旅游等方面的消费，尤其是与IT产业、汽车产业以及房地产业相联系的消费增长最为迅速。

（九）IPO

IPO（首次公开发行），是指一家公司首次向公众发行股票并在证券交易所上市交易的过程。简单说，IPO上市就是指企业首次公开发行股票并上市交易。这是企业迈向资本市场、吸引投资者、增加融资渠道的重要一步，也是企业扩大规模和提升影响力的重要途径。通过上市企业可以获得更多的资金支持，扩大企业的规模和影响力；可以使企业建立起现代化的公司治理结构，提高企业的经营效率和管理水平；还可以提高企业的知名度和声誉，吸引更多的人才和企业合作伙伴。不容忽视的是，IPO上市也存在着一些风险和挑战。总的来说，IPO上市是一个复杂而重要的过程，对于企业来说既是机遇也是挑战。企业需要充分了解和评估自身的条件和能力，制订出合理的上市计划和策略，以实现企业的长期发展和成功。

五、关键要点

1.案例分析中的关键所在是理解蜜雪冰城的发展情况、影响蜜雪冰城产品定价的因素、定价策略和降低成本的方法。

2.案例教学中的关键知识点、能力点在于如何将管理会计中的相关决策、本量利分析与蜜雪冰城的定价策略、加盟商选择加盟是否盈利相结合，将知识应用到真实的管理决策当中。

六、建议课堂计划

本案例建议教学时间安排2课时。

本案例是根据相关真实信息编写而成，可以结合实际来启发学生的思维。在讨论的过程中，教师要始终让学生能置身于财务报告分析的环境中，使学生对案例所给出的资料能够积极地思考、保持对信息的敏感度和关注程度，并提出自己的分析方案。

对于本案例的教学，建议采取以下方式：

1.讨论开始前，由教师带动学生全面回顾“管理会计理论与实务”课程中有关知识点的方法、技巧以及需要注意的关键问题。

2.由教师带动学生分析本案例的具体信息，找出需要注意的地方，注意适当记录。

3.讨论开始时，可将学生分成若干个小组（每组不应少于5人），进行小组内部的讨论，鼓励每个人都发表自己的看法，集思广益，以便发现更多的问题。

4.由每个小组推荐出一名代表，分别阐述自己的观点，并要求本组成员至少还有两人发表观点，以补充或完善本组的观点。

5.允许各组之间进行观点的辩驳。

6.教师应当对此案例进行总结。本案例涉及的定价决策影响因素较多，若不给出一定的启发式结论，学生获得的效用可能会有所降低。

7.鼓励学生谈一下通过学习本案例而获得的启发，交流心得，真正起到理论和实践相结合的效果。

案例4

BX蜂业公司战略成本管理革新之路

摘　要

本案例描述了在企业发展的新政策及新法规陆续出台、产业链各环节的竞争加剧、出口市场萎缩背景下，BX蜂业公司为了保持可持续的竞争力，解决面临的财务困境、成本浪费等问题，针对多变的市场环境以及消费者需求，适时改变成本管理观念和成本管理方法，走向了企业战略成本的“革新之路”。本案例描述了生产加工型企业根据自身经营特点逐步完善成本核算管理的各阶段，消除不增值作业的历程，呈现了一段真实的管理实践。

关键词

战略成本管理　作业中心　成本核算

案例正文

一、引言

2020年1月初，企业年会上，董事长王刚对企业近两年的绩效指标与利润增长情况进行了总结，并对为企业做出了巨大贡献的员工进行了嘉奖，年会中充斥着一片欢乐与和谐的氛围。表彰后，结束王总与生产总监李斌、销售总监黄跃、总经理张曦林以及常务副总经理马跃民坐在一起聊天：“王总，还记得我们2018年因为当时成本战略转型的事情争得面红耳赤的吗”？王总哈哈大笑了起来：“怎么会不记得，那次我们几个人争得都快打起来了。”看着欢乐的职工们，这几位领导又想起了2018年那个对他们或者说对这个企业来说最煎熬的夏季……

二、公司简介

（一）BX蜂业公司简介

BX蜂业公司创立于2000年，注册资本金600万元，是新疆兄弟联盟有限公司控股的一家公司。BX蜂业公司是一家集蜜蜂养殖与蜂产品研究开发、生产、销售于一体的股份制民营企业，也是新疆维吾尔自治区蜂产品行业首家农业产业化重点龙头企业。

BX蜂业公司地处新疆天山北部腹地，依托独特的野生蜂业资源，制定了“品牌修身、科技兴业”的战略，经营的主要产品范围包括：风味饮品——格瓦奇、蜂胶红花籽油软胶囊的生产、批发、零售以及蜜蜂的养殖和蜂蜜产品的加工零售，如今，BX蜂业公司下辖

1 000余家蜂场，已发展成为新疆乃至西北地区特色蜂业加工行业的领跑者。BX蜂业公司的蜂胶红花籽油软胶囊获“健”字批号，成为新疆蜂产品行业首个保健产品，2014年BX蜂业公司进入中国蜂业三十强。其公司组织架构如图2-6所示。

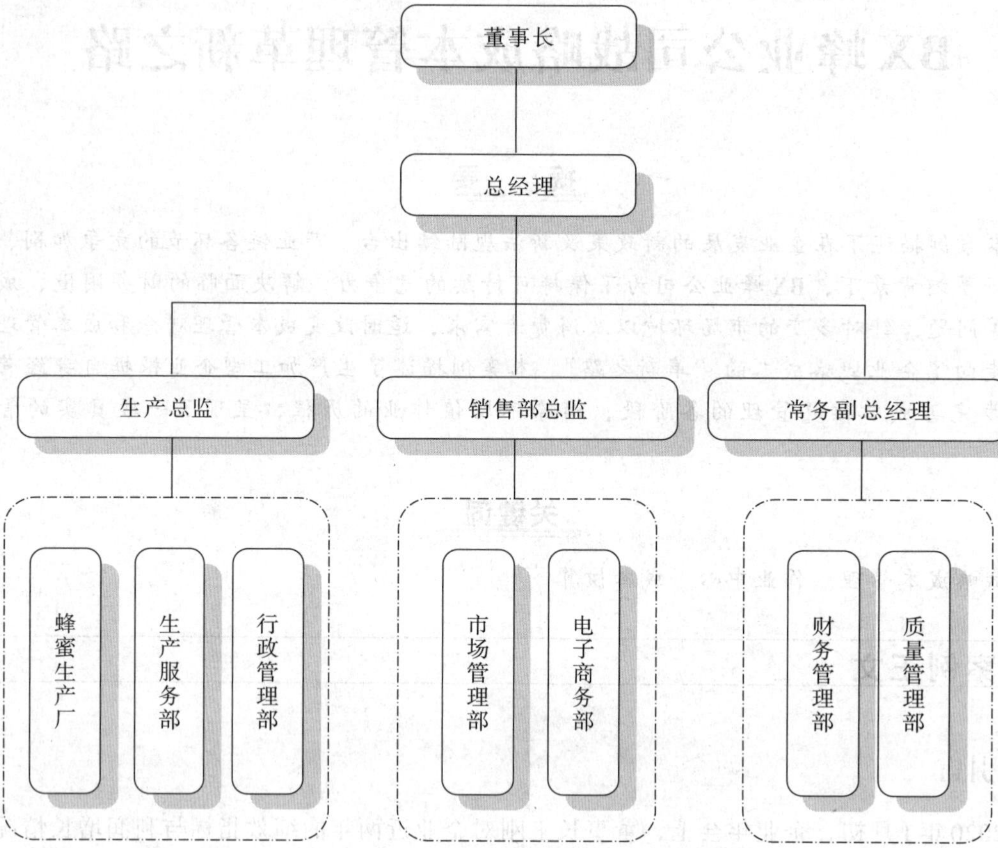

图2-6　BX蜂业公司组织架构图

（二）BX蜂业公司财务状况

随着市场的竞争加剧、竞争对手的不断增加以及自身内部管理的缺陷，BX蜂业公司2015—2017年处在一个发展缓慢的时期，营业成本增加的比率大于营业收入增加的比率，公司年年亏损（见表2-5）。

表2-5　　BX蜂业公司2015—2017年营业收入、营业成本、毛利润情况　　单位：元

年份	2015年	2016年	2017年
营业收入	12 546 113.16	14 896 563.65	15 753 262.23
营业成本	12 675 221.11	15 219 231.67	16 431 221.26
毛利润	−129 107.95	−322 668.02	−677 959.03

三、行业进入“冰冻期”，管理层争执不休

（一）行业持续低迷，亏损状况无法好转

BX蜂业公司已经连续四年关键指标不达标了，虽然往年指标情况也不乐观，但2018

年亏损更加严重，并且，企业绩效不达标也直接影响到员工的稳定性，前四年因为绩效不达标，公司高层管理人员的薪酬已经有所下降，管理层工作的热度也因此有所降低。这直接影响到生产、销售等部门中层和基层员工的工作积极性。这样的情况已经对公司的整个工作氛围产生不利影响。

同时，2018年是蜂蜜行业发展过程中关键的一年，外部宏观环境的变化，影响企业发展的新政策、新法规陆续出台，转变了行业的经济增长方式。产业链各环节的竞争加剧、出口市场的萎缩、销售市场的日益变化，都给企业的发展带来了许多的困难。在这种情形下，公司为了保持长久发展、拥有可持续的竞争力，必须站在战略的高度，针对多变的环境、市场以及消费者需求，适时改变成本管理观念和成本管理方法。

（二）管理层激烈的争吵

由于财务状况不断恶化，2018年夏季的一个下午管理层召开了紧急会议。参加会议的有生产总监李斌、销售总监黄跃、总经理张曦林、常务副总经理马跃民以及董事长王刚。王总率先发言："大家也知道现在蜂业市场前景不太好，不仅假货多，而且低端产品已经受到来自周边俄罗斯等国家进口产品的冲击，公司已经连亏了四年，不能再这样下去了，必须想办法扭转现状，而真正的解决办法就在你们之间，因为你们都是各个产业价值链终端的负责人，我们不能坐以待毙祈求市场状况逐渐转好，而必须从自身做出根本性改变，也只有你们才能做到。为何我们公司现在的成本费用越来越高，收入越来越低？我想听听你们的看法。"

李斌率先发言："王总，这个成本费用问题，您真怨不得我，采购部门采购的产品在进入生产线前就已经非常贵了，我们生产部都是依据上报的入库单做的成本记录，我们也……"李斌话还没说完，负责采购和销售的黄跃一听就不高兴了，拍案而起："李总，你什么意思，啥叫你们没责任，责任都在采购部，现在市场原材料价格就是这样，并且我们的供应商都是多年合作的固定伙伴，我们一直都是拿得相对较低的价格，这个大家都是知道的，这个采购价格我们根本无法控制，反倒是你们生产部，才是成本控制的源头。你们的工人流动性大不说，还动不动设备就坏了，动辄可能一两天都没有办法正常生产，老李你可不能这么推卸责任呀。"

李斌听了皱着眉头说："这个我们生产部也没办法控制呀，这几年公司效益不好，好多老技术人员都走了，新进来的又得重新培训，现在市场商品淘汰那么严重，我们所占的市场份额越来越小，不得不寻求创新，我们光换产品就更新了几次生产线，新生产线就需要新流程，新流程就需要新技术，我们都在尽全力做了，在新工艺不熟练的时候残次品自然就多，这个时候就需要质量管理部配合把关呀"。

常务副总经理马跃民紧接着说："现在质量管理部每批产品报告检出的次品率越来越高，你们生产部如果不把这个问题解决，就会影响好几个部门。"李斌听了之后表情更严肃了，反驳道："马总，我知道我们生产部有问题，但是你们不要把所有问题都推给我们生产部。"马总一听更不乐意了，刚想说话，被总经理张曦林挥手示意一下，只能把火又压了下去。张总顿了一下，说："行了，大家都别吵了，每个部门都有自己的问题，成本浪费绝对不是一个部门造成的，今天会议就到这儿了，董事长都听你们吵累了，我们现在要想的是各自管理的部门到底存在什么问题，给公司造成什么样的影响，最主要的是解决措施是什么！吵有用吗？回去都好好想想，后面我们再好好讨论。"

四、来自管理层的深入思考

（一）来自生产总监的思考

尽管发生了激烈的争吵，BX蜂业公司几位高管还是冷静了下来，如果成本控制得不到解决，发现不了浪费途径，公司业绩只能不断恶化下去，如果公司解散大家都得失业，他们各自心里都明白其实他们都是“一根绳上的蚂蚱”，只能去找问题，去解决问题。

生产部总监李斌坐在自己的办公室里，心情烦躁，坐立难安，生产部被当成了众矢之的，他其实心里清楚生产部是有很多问题的，但是这些问题都是短时间内难以解决的，这才是他最生气的地方。但是为了公司的发展，他还是决定到各部门去走走。这次检查还真发现了不少问题（见表2-6）。

表2-6　**BX蜂业公司生产总监发现的相关成本问题**

部门	相关成本问题
采购部	原材料价格居高不下； 供应商考核不规范，原材料质量不稳定； 采购权限零散，各部门都有采购权
生产部	订单和原材料采购不协调； 订单生产安排不均衡； 人员流动性大，技术熟练程度差； 由于设备、材料、人员的原因造成次品； 换生产线时浪费严重； 对产品的材料工时缺乏标准
设备部	人员编制较少； 对维修人员没有绩效考核； 机器故障和运转不正常发生频率高； 设备及零件采购自主化，价格偏高
仓库	材料未按效期摆放，造成过期浪费； 出入库系统混乱，导致账实不符； 库存场地混乱，导致不必要的损坏和发错货； 物料的进出控制不严格，导致原材料和产成品有丢失现象

李总在仔细看了这几个部门的流程管理后，发现他管理的这几个部门确实是成本管理中最关键的部分，必须寻求“成本革新”才有出路。

（二）来自销售总监的思考

BX蜂业公司的销售总监黄跃一心为公司着想，所以他也对他管理的两个部门进行了分析，尽可能发现部门中存在的问题（见表2-7）。他发现最大的问题来源于销售部，因为大部分费用、支出都源自销售部门的花费。

表2-7　BX蜂业公司销售总监发现的相关成本问题

部门	相关成本问题
销售部	销售费用高，如差旅费等； 销售规划不详细，物流成本高； 开拓新市场的宣传费高； 各销售渠道的维护费高； 出于个人业绩考虑，销售人员压低价格

随即黄总叫来了销售部经理进行了询问：“小邢，为什么你们销售部费用这么高？你给我解释一下！本来公司利润空间就不大，你们销售部费用开支这么大，公司还赚什么钱！”小邢委屈地说道：“黄总，难呐，市场份额总是在萎缩，我们宣传新产品需要钱，维系客户需要钱，什么都需要钱……”黄总直接发火了：“狡辩！你告诉我，你们一个部门哪来那么高的差旅费，把你们近一年的定价表和交易订单做好详细的数据分析给我拿过来，我就不信钱都长翅膀飞了，运营收支比越来越大，我看看到底是怎么回事！”通过数据分析黄跃发现，销售管理体系的成本花销是极大的，企业成本浪费不仅仅是生产部门的责任，销售部门也摆脱不了干系，必须优化成本管理，调整管理制度。

（三）来自常务副总经理的思考

经过昨天的会议，马跃民也是一晚上没有睡好，他亲自带人去了质量管理部，又去了趟财务部，分别组织了座谈会，也发现了很多问题（见表2-8）。

表2-8　BX蜂业公司常务副总经理发现的相关成本问题

部门	相关成本问题
质量管理部	缺少相应人员，质量检验工作不到位； 原材料入库把关不严； 新产品的标准把关不严； 生产流程质量管控不严格造成浪费
财务部	成本预算及控制力差； 成本管理滞后； 成本分配粗糙不准确
人力资源部	人力资源的薪酬制度不健全，员工流失大； 挑选员工不能够做到按需招聘
技术部	技术部的高技术人才匮乏； 开发新技术理念落后，研发实力薄弱

五、重新定位企业战略，助力革新战略管理成本

在头脑风暴会上，面对问题，各个部门主管从不同的角度对BX蜂业公司的成本管理进行了诊断，重新对公司战略进行定位，对价值链分析与应用进行深入探讨，为成功走出成本管理“新路程”与华丽蜕变开始了变革。

（一）一步走：重新定位BX蜂业公司战略

1.BX蜂业公司SWOT分析

BX蜂业公司管理层的第一步工作是进行SWOT分析，那一个月的忙碌和疲惫可能是这些高管层和中管层从未有过的经历。他们对各个部门的情况做了汇总，结合市场信息与市场反应，分析公司的行业地位以及所占的市场份额，进一步完善了BX蜂业公司的SWOT分析。

利用SWOT分析法，详细分析BX蜂业公司的内部优势和劣势，并在此基础上针对企业所处行业的内外部环境分析其存在的机会和威胁。如何在激烈的市场竞争中获得长久的竞争优势，BX蜂业公司必须认真分析企业所处的内外部竞争环境，根据企业的优势、劣势、机会和威胁来制定长期、准确的发展战略。

SWOT分析有显著的结构化和系统性特征，将表面独立的因素相互匹配，用系统的想法进行综合分析，使得企业战略策划的制定更加全面、科学。BX蜂业公司SWOT分析表见表2-9。

表2-9 BX蜂业公司SWOT分析表

	优势S ●品牌效应 ●区域市场占有率 ●质量优 ●蜜源丰富	劣势W ●行业竞争大、秩序混乱 ●专业人才缺乏 ●机械化程度低 ●蜜源的退化 ●原材料涨价
机会O ●西部大开发 ●蜂产品文化 ●市场秩序逐步规范	SO战略 （1）巩固品牌优势； （2）开发新市场带来新增长	WO战略 （1）政府提高市场规范； （2）加大科研的投入； （3）与客户和供应商建立良好关系
威胁T ●竞争对手多 ●现有市场混乱 ●出口壁垒 ●多数产品属于低加工	ST战略 （1）通过第三方品牌与竞争对手联合发展； （2）树立品牌形象	OT战略 （1）加强团队建设； （2）实施差异化战略； （3）整合产业链，开发新产品

2.BX蜂业公司差异化竞争战略分析

SWOT分析只能对公司现有优势、劣势、机会、威胁做以汇总，而公司未来要怎么走，怎么发展，怎么定位，需要深入探讨。

BX蜂业公司各位高管提出根据公司自身的特点，BX蜂业公司在蜂蜜行业要坚持走“品牌修身”的产业发展之路，加强研发设计和产品多元化，成为新疆维吾尔自治区蜂业的领跑者。BX蜂业公司生产的玉蜜晶砖、巢蜜晶砖等，在蜂蜜的性状、质量、制作方法及食用方法等方面都不同于行业中普通蜂蜜。其突破原始蜂蜜的加工流程，将蜜蜂分泌物、蜂胶、蜂蜜、蜂蜡、花粉多种营养成分结合于一体，营养价值丰富、口感醇馥鲜美，工艺保持了独特的领先优势，该产品的竞争对手少，定价高，企业能从中获得产品溢价，获得超过行业平均水平的利润率，实现差异化收入。

结合新疆当地的资源特点和居民口味，用蜂蜜酿制了体现新疆民族文化的饮品——格瓦奇。在科技快速发展的今天，人们崇尚健康绿色的饮品，格瓦奇作为纯天然的神奇饮品脱颖而出。格瓦奇采用纯天然的原材料制成，富含氨基酸、维生素等多种营养物质，老少皆宜，获得百姓的偏爱。格瓦奇使BX蜂业公司在蜂蜜行业中独树一帜，这一目标集中战略实施的成功，使BX蜂业公司获得了竞争优势。

因此，最后马总、李总、黄总以及张总认为在战略成本的管理中，BX蜂业公司的目标是实现企业差异化战略，以客户的需求为导向，发挥企业某一方面的特长，做专做强，在行业内独树一帜，做行业的领跑者，占领更大的市场份额。BX蜂业公司科学地实施差异化战略进行成本管理，将自身的优势与外部的机会完美结合，有效抵制外部的威胁。BX蜂业公司不断加强企业的研发，利用新产品引导顾客消费，用新产品的溢价撬动企业的盈利空间，不断加强企业质量管理，树立企业品牌，获得口碑效应。BX蜂业公司坚持自身的差异化成本的竞争优势，实施差异化成本战略。

（二）两步走：BX蜂业公司价值链分析与应用

1.BX蜂业公司行业价值链应用

那个夏天，是一个充满紧张气氛的夏天，又是决定BX蜂业公司是否能涅槃重生的一个夏天，BX蜂业公司高管层依旧激烈地讨论着。他们就企业整体的价值链进行了十分详细的分析。他们认为企业应处于该行业价值链的中间，在价值链的运作过程中，从供应商处购买原材料，经过研发设计和生产将产成品进行销售，并对售后的产品进行相关的服务。

BX蜂业公司的行业价值链如图2-7所示。

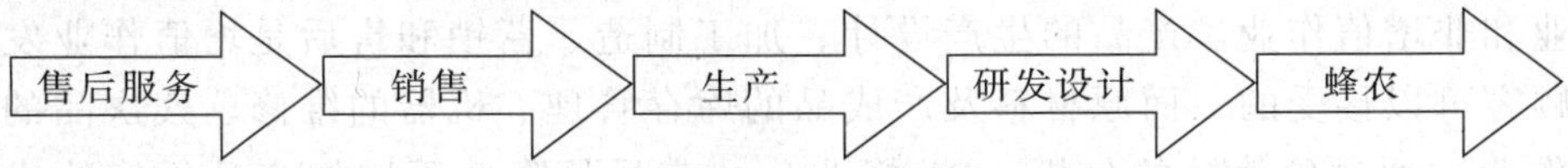

图2-7　BX蜂业公司的行业价值链

（1）上游价值链分析。蜂产品作为传统农副产品，从蜂农的采集到蜂产品的生产加工包装，再到零售商，最后到消费者手中。在这个生产消费环节中形成稳定的上下游供应链。供应链中供应链伙伴关系更多的是一种竞争博弈关系。蜂产品加工厂，有较强的议价控制力，能影响蜂农，施加压力以降低价格。双方都试图通过交易获取尽可能多的收益。这种博弈关系，导致供应链上的伙伴们都从短期利益出发。蜂农为了获得收益，在短期利益的驱使下在蜂蜜中掺糖作假。收购公司为了获取利润，在蜂蜜中加水或者以次充好，每个环节的重点都放在如何通过降低成本、提高价格以获取利益。蜂蜜生产厂收购到不合格的原材料，在进行生产加工时势必会加大成本的投入和浪费。这种恶性循环慢慢腐蚀了蜂产品供应链上的供货质量，各环节上的所有参与者都是受害者。

（2）下游价值链分析。公司与下游客户的关系、公司产品的品质和价位决定了它的大部分消费群体。为此，公司应加强质量控制，赢得消费者的支持和信任，提高他们的品牌忠诚度，从而提升企业的竞争力；不断加强研发，提升产品的口感、质量及增加产品的多样性；适时在自己的官方平台宣传相关的品牌概念、理念及相关产品的保健功效，使消费者对该品牌产生依赖度，在购买决策中出现偏向性；运用多元化的销售渠道降低顾客的购买成本；与制造企业的下游客户建立良好的信息沟通机制，使之了解企业的生产工艺流程，配合公司做好产品需求的分析，减少不必要的成本支出，互相了解双方的存货情况，避免因缺货造成的损失，价格及相关信息发生变动提早做好沟通，建立友好的合作关系。

战略成本管理下供应链的上下游关系发生了从相互竞争到合作共赢的模式转变。通过构建战略联盟的合作伙伴关系，保持信息沟通畅通有效，配送及时，不断更新适合生产商产品工艺的原材料。这种模式使供应链上的各方从长远利益出发，加强沟通，不断降低交易成本，获得更多利润，将供应链推向良性循环，提高了企业的盈利能力，提升了公司的竞争力。

2.BX蜂业公司内部价值链应用

马总、黄总以及李总盯着他们所整理出的价值链条半晌，沉默和沉重的气氛围绕着他们。这个时候李斌率先打破了平静："我们必须将价值链当作桥梁，找出衔接之处进行调整和完善，消除不增值作业，减少不必要流程，重新改进核算办法。"黄总眼前一亮："老李说得对，不愧管了这么多年的生产，一语中的，现在我们要做的就是将目标集中于企业价值链，消除不增值作业，做好优化措施。"

（1）完善内部成本管理

将成本管理的范围扩大到全生命周期，在相关成本中进行具体分析、管理。在产品设计阶段不仅考虑设计成本，将其他相关部门的成员也纳入到设计小组中，实施产品全产业链分析，对各工序进行优化，全面降低成本。

（2）内部价值链再造

在企业各环节，找出不同价值链活动间的联系，根据各自的重要性、生产的效率以及对成本的影响进行权衡、调整和取舍，为降低成本提供机会。价值链中的活动可以分增值作业和非增值作业。产品的生产设计、加工制造、营销和售后是增值作业发生的成本，是顾客可以接受的，而原材料及产成品的库存管理、机器的维修、残次品的损失是非增值作业。通过价值链的分析，BX蜂业公司应尽量降低不增加产品价值的成本，提高生产效率。

（3）改进核算办法

在成本核算方面，BX蜂业公司采用作业成本法替代目前的传统成本法进行成本核算。

①作业中心的确立。根据BX蜂业公司的生产流程，BX蜂业公司有以下几个成本作业中心：融蜜中心、杀菌中心、灌装中心、旋盖中心、灯检及装箱中心。

②资源合理分配。确立各作业中心后，考核分析各中心资源消耗情况，企业非直接成本费用有以下几项：固定资产折旧、办公及劳保费、管理费、公共物料消耗、水电费等。

③确立成本动因。选择符合生产的最佳成本动因，依据工艺的复杂程度或生产的时间长度来进行总成本费用的动因分配。

④计算单位成本动因率。用总成本动因除以相关产品数量，即可得单位作业所负担的资源耗费成本。

⑤根据产品消耗作业动因数量和成本分配率得出产品作业成本。

3.BX蜂业公司竞争对手价值链应用

BX蜂业公司面临的外部环境复杂，竞争对手较多，层次参差不齐，应了解公司的主要竞争对手的产品种类、生产流程工艺及销售渠道的构建情况。BX蜂业公司与竞争对手的内部价值链对比见表2-10。

表2-10　　BX蜂业公司与竞争对手的内部价值链对比表

公司	材料采购	设计研发	生产制造	质量管控	销售
BX蜂业公司	单个合同采购	设计人员少，研发能力弱	设备多国产化	质量控制体系完善，执行力差	多数被动获取订单
B公司	集中采购	研发人员多，有多项专利	设备大部分进口	质量控制体系完善，执行力较好	与主要客户建立战略联盟

分析竞争对手内部价值链发现：B公司在行业价值链中与上下游建立了战略伙伴关系，生产设计研发有较大的优势，质量控制体系完善且执行力好。BX蜂业公司应通过价值链的优化不断提高自己的竞争能力。

六、成本管理走向“革新之路”

（一）成本动因分析，识别重点作业

战略成本管理价值链应用的重要目标就是通过对价值链的各个环节的分析识别找出增值作业和非增值作业，并对非增值作业进行相关改进。对BX蜂业公司的成本占比进行分析（见表2-11），就可以找出成本消耗过多的非增值的部分。

表2-11　　BX蜂业公司成本占比分析表　　金额单位：百万元

成本项目	采购成本	搬运成本	生产成本	管理成本	销售成本	总成本
成本额	38.1	3.64	23.8	3.98	4.54	74.06
成本占比	51.44%	4.91%	32.14%	5.37%	6.14%	100%

由表2-11看出，BX蜂业公司成本按大小排列依次是：采购成本51.44%、生产成本32.14%、销售成本6.14%、管理成本5.37%、搬运成本4.91%。由此得出价值链的成本管理重点应该放在采购成本和生产成本上，在这两项成本中剔除不增值的成本作业。

（二）原材料采购管理，实现原材料零库存

上述的数据计算和BX蜂业公司的成本分析显示原材料采购成本的占比最高，为51.44%，通过进一步的研究和分析，发现BX蜂业公司的原材料采购过于集中，管理不到位，造成原材料损失和产生大量的库存管理费。

基于上述出现的问题，BX蜂业公司可以通过电子商务模式进行采购，降低原材料的资金成本的占用和管理费用的耗费。企业对原材料的管理和改进应做到及时采购和生产，从而降低成本，提高企业的竞争力。

（三）作业成本动因，成本更精确

基于生产情况选择成本动因，可以根据工艺的复杂程度或是生产的时间长度来进行成本费用的分配。分配作业成本到产品确定作业后，计算作业动因分配率，根据消耗作业动因数量和单个作业的成本分配率就可以相对精确得出产品的作业成本。有助于算出不同种类的蜂蜜分担的成本，继而准确计算每种蜂蜜的单位成本，可以更合理制定产品价格，提升企业的竞争力。

（四）企业战略成本管理高效落地，提升竞争力

BX蜂业公司战略成本管理与企业战略高度配合，加强价值链的优化与完善，构建了

与上下游价值链的战略伙伴关系，优化了内部经营的流程。

BX蜂业公司以系统性思维从公司产品的战略定位、新兴技术的支持、人才的引进及培养、全员化的培训及激励机制等方面剖析分解战略成本管理，结合企业的战略成本文化，促进全员战略意识达成一致，促使企业既定目标的圆满完成，实现成本优化。

战略成本管理突破传统成本管理的理念和管理范围的束缚，对公司的内外部结构进行成本规划，先于同行业的其他竞争者，从源头上改变企业成本结构，在公司规模扩大和资源整合方面获得成本优势，从而使公司在同行业中具备了明显、持久的竞争优势。

七、后续进展

BX蜂业公司实施战略成本管理以来，在经营各环节的成本管控方面起到了很大的作用。从产品制造成本来看，推行价值链分析方法后，减少了非增值部分的成本作业，并且可以清晰地看出各项成本费用的归属，根据作业成本动因方法来确定不同作业的资源消耗，找出不增值的超正常耗费，进行价值链的改进。采用价值链分析以及成本动因分析方法之后，BX蜂业公司产量和销量最大的两个产品——百信蜂蜜和浓缩蜂蜜占蜂蜜的总成本较上一年度分别下降5%和8%，充分反映出战略成本管理方法带来了良好效果。此外，通过价值链的分析和优化，BX蜂业公司对产品的研发设计进行了改善，采用厂房设置、生产流程的重新排序等方法提高效率，降低成本。BX蜂业公司通过电子商务模式进行采购，降低4.7%的原材料资本成本占用、减少8.8%的资金成本占用、减少5%的管理费用。BX蜂业公司结合蜂产品行业的特点及外部激烈竞争的环境，推广应用战略成本管理，不仅提升了企业的盈利能力，还使得企业在行业内获得和保持了持久竞争力。

八、尾声

时间又回到了2019年的夏天，同样是一个炎热的上午，这一次会议室里的气氛却轻松了许多。董事长脸上挂满了笑容，生产、销售总监以及常务副总经理的脸上也是掩藏不住的笑意。总经理张总率先发言："首先感谢大家这一年的辛苦，我们的企业业绩以及绩效由于我们的共同努力，不断地在提升，我们大家艰苦攻关，重新实现切实的企业战略定位，联系企业价值链，进行成本管理分析，消除了不增值作业，完善了成本核算方法和过程动态管控，突破了发展的瓶颈和障碍，打破了传统成本管理模式，在竞争激烈的市场环境下扩大了市场占有率！但是我们不能自满，这是企业无尽征程中的阶段性胜利，这仅仅是一个良好的开端，接下来咱们再接再厉，战略成本管理是永无止境的，让我们在未来的光明大道上走得更稳更好！"

"革新之路"带领BX蜂业公司在战略成本管理的道路上越走越远，越来越好。大家在会议桌前会心地微笑，愉快地分享着属于他们的阶段性胜利的成果与喜悦……

案例使用说明

一、教学目的与用途

1.本案例主要适用于"管理会计"课程中的战略成本管理等章节，适用于会计专业本科生、MPAcc、MBA及财务工作者等使用。

2.本案例的教学目的在于，使学生理解运用战略成本管理的工具，分析在激烈的市场竞争环境下，为保持可持续发展的态势，企业必须站在战略的高度，分析企业的战略定位、成本动因以及价值链，从而能够更好地做好成本分析，改变成本管理理念和成本管理方法。本案例通过对BX蜂业公司的成本管理方法进行全面详细的研究分析后，引导学生运用战略成本理论方法，对出现的问题进行优化和改善，进一步讨论如何帮助BX蜂业公司获得成本优势和核心竞争力。对于拥有实际工作经验的学生来说，可重点引导学生不局限于成本管理，而是基于企业的自身特点从全方面、全角度、全产业链提高企业的效率。

二、启发思考题

1.BX蜂业公司在成本管理方面有什么问题？产生问题的原因是什么？

2.战略成本管理对企业的生存和发展有何重要意义？

3.价值链分析对BX蜂业公司战略目标的制定有何帮助？

4.如何运用成本动因分析法对BX蜂业公司的成本管理进行梳理和分析？

5.预计BX蜂业公司引入战略成本管理之后会取得怎样的效果？

三、分析思路

（一）总体思路

本案例具有多方面的启发性，教师可以根据自己的教学目标灵活使用本案例。基于本案例主要内容以及涉及的相关理论，在此提出案例分析思路，仅供参考。

首先，本案例以BX蜂业公司的战略成本管理为切入点，通过生产部总监、销售部总监以及常务副总经理等高管层激烈的探讨，针对各部门成本管理的现状及问题进行分析，引导学生进行BX蜂业公司战略成本管理的可行性和必要性研究，引入战略成本管理体系。

其次，对BX蜂业公司的行业价值链、内部价值链以及竞争对手价值链进行分析，制定战略管理的目标。

再次，通过上述铺垫，进一步运用成本动因分析方法细化成本管理的重点，提高战略成本管理的有效性，达成战略目标。

最后，启发学生思考在BX蜂业公司引入战略成本管理的过程中存在的问题并提出相应的解决方案，使得战略成本管理发挥其应有的作用。

（二）思考引导要点

在具体分析各思考题时建议的思考引导要点如下：

1.传统成本管理的不足、精细化管理需求。

2.战略成本管理与传统成本管理的区别、战略成本管理的具体方法、价值链分析、成本动因分析、战略定位分析等。

3.价值链分析的含义、内部价值链、外部价值链、竞争对手价值链分析。

4.通过成本动因分析，找出案例公司实施价值链管理的优势。

四、理论依据及分析

（一）理论依据

本案例所涉及的战略成本管理的相关概念及分析工具简介如下：

1.战略成本管理的概念

战略成本管理运用产品成本客观数据、财务及非财务信息，对企业自身及其竞争对手进行分析，使企业能够掌控更多的有效信息，做出准确的评价，快速调整企业的内部管理以适应外部不断变化的环境，从而促使公司获得最优战略。战略成本管理是在以战略思想为导向、战略环境为依据、战略分析方法为手段的模式下，企业不断分析自身及内外部存在的问题、竞争对手的优劣势，不断改进成本管理的理念、优化成本管理的方法及制定提高核心竞争力的措施。

战略成本管理与传统成本管理的区别见表2-12。

表2-12　**战略成本管理与传统成本管理的区别**

项目	战略成本管理	传统成本管理
管理的高度	站在企业战略高度	单纯针对企业生产成本
管理的立足点	长期持久的竞争力	短期利润成本的降低
管理的出发点	企业内外部环境管理全局	仅限于企业的内部
管理的控制时间	在成本发生的早期开始预防	事中和事后
管理的信息范围	财务、非财务的成本	仅财务成本

2.战略成本管理的分析工具

战略成本管理有三种分析工具：战略定位、价值链分析、成本动因分析。企业在决策前应进行充分和周密的分析，根据企业自身发展战略来选择企业成本管理战略，确定企业未来发展方向。

（1）战略定位

战略定位是以企业的未来发展为重点，为企业获得持久的核心竞争力而做出的重大筹划和谋略。战略定位是企业在激烈的竞争中所采取的发展战略，选择匹配的竞争战略是企业成本管理的必要条件。战略定位分析是企业用不同的方法对企业所处的内外部环境进行分析，帮助企业找到适合自身发展的战略方法，以确定重点，制定与战略相符的战略成本管理措施。为企业动态变化的战略匹配相适应的战略成本管理，使它在管理方法、管理重心以及分析方法方面与企业的战略定位相吻合。

战略定位的分类如图2-8所示。

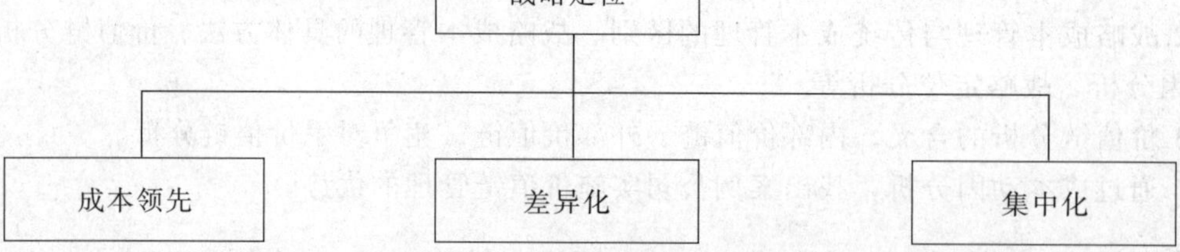

图2-8　战略定位的分类

成本领先是最基本也是最明确的一种战略，企业在所处的行业中提供相同的产品或服务，在质量性能差别不大的情况下，通过采取各种手段致力于降低产品的成本，来获得相对的价格竞争优势。在与对手价格相当或者略低时，能获得优于平均水平的经营业绩。成本领先战略要求企业积极建立有效规模的基础设施和生产设备，达到规模经济，可以做到单位产品成本最低。企业也可根据自身发展积累的经验对产品成本和管理费用进行严格的管理和限制，降低不必要的成本，达到成本领先的目标。

差异化战略是企业在成本差距不太大的情况下，能生产出给消费者提供更大效用价值的产品，或能够在某一方面标新立异。差异化的增值价值就是可以得到溢价的收益。实施差异化战略的企业具有很强的研究开发、市场推广能力，能够不断创造新产品，开发新市场和服务。差异化的产品由于需要投入研发费用，前期成本通常都很高，企业虽不能通过低成本来获得竞争优势，但可以通过提升顾客的效用度来增加企业的溢价收入，扩大销售，提高企业的收益。

企业同时拥有差异化、成本领先两种战略，那么企业的溢价效果是叠加的，但是由于各种因素的限制，企业想长久地采用差异化和成本领先战略也是不现实的。在集中化战略下，企业在现有市场中细分出一个市场，针对特殊的消费群体，企业通过高效的资源为这一狭窄的战略对象服务。集中化战略并不是一个独立的战略，可以通过差异化战略来实现，也可以通过成本领先战略来实现。

战略定位的分析方法有两种，分别为PEST分析法和SWOT分析法。简介如下：

PEST是外部环境的分析方法：P是政治（Political）、E是经济（Economic）、S是社会（Social）、T是技术（Technological）。PEST分析法是对企业所处的外部宏观环境进行分析时所用的方法。政治：指国家法律法规、宏观经济政策、企业在生产经营过程中与政府的关系。经济：经济周期、货币政策、汇率、利率等。社会：人们的价值观、生活习惯等。技术：新技术研究、开发、传播速度以及政府的投入、支持。PEST分析法帮助企业进行战略定位分析时考虑外部环境因素，以及分析这些因素对企业未来发展的重大战略影响。

SWOT分析法：S是优势（Strengths）、W是弱势（Weaknesses）、O是机会（Opportunities）、T是威胁（Threats）。SWOT分析法帮助企业获得准确的定位，它可以详细分析企业所处环境的外部机会、威胁及自身的优势、劣势，并将这些因素进行综合分析。SO战略是最理想的，企业有外部机会又有内部的优势，可以采用发展和扩张的战略，充分利用内部的优势并抓住外部机会。ST战略是企业利用自身的优势回避外部的威胁，应采用分散战略，利用优势谋求市场机会，并尽量将外部的威胁降到最低。WO战略是企业内部有较大的弱势但企业外部存在机会，企业在密切关注外部存在的大量机会的同时注重减少企业的弱势。WT战略是最不满意的组合，内外不利相互交加，企业可能会面临破产或重组的风险，此时企业应选择回避的战略。

（2）价值链分析

迈克尔·波特提出了价值链理论，在企业管理等各领域得到广泛运用。价值链分析可以使企业明确自身和竞争对手在价值链中所处的位置；采用及时的成本管理，降低商品的库存成本；建立先进的网络信息系统，对库存的原材料及产成品进行实时监测，确保最低的库存成本；运用大数据对顾客和商品的点击率进行统计和分析，预测商品的未来需求，以此来制订相关的生产和销售计划。通过这种模式可减少库存，降低存货的占用成本。

企业价值的体现是客户对企业生产的产品和提供的服务的认可。企业从价值链角度构建完整的成本体系，目的是为客户提供成本最小化且价值最大化的产品或服务。价值链以多种形式存在于企业的内外部，贯穿于上游的供应商、企业自身、下游客户的整个价值链中。这些因素是相互依存、相互联系的。

价值链的战略成本管理的目的是强化供应链的竞争地位和降低成本，在竞争的环境中给企业带来成本优势和价值优势，成本优势可以利用低成本给企业带来高利润，价值优势是为顾客提供更多符合顾客效用价值的服务或产品，从而提高顾客的忠诚度，提高产品的市场占有率。

价值链分类如图2-9所示。

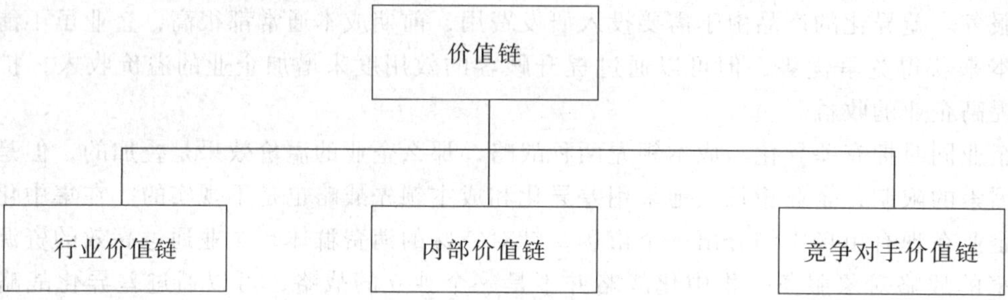

图2-9 价值链分类

①行业价值链的分析，是从企业价值增值、提高企业的竞争优势和外部价值的角度，在考虑企业内部所存在的价值链之外，还应关注从原材料采购到产成品售出等所有环节，将企业与供应商和客户的关系看作是内部价值链的延伸。企业应同外部的合作企业建立战略合作伙伴关系，使供应链中各个节点的企业都能共享利益，实现“多赢”。行业价值链是指在一行业内，企业的上下游供应链之间的关系。从原材料的买入、投入生产加工、产成品交到客户的手里，经历了许多价值链，企业只是这一价值链的其中某一个环节，应提高其在价值链中的地位，加强与供应商及客户的关系，随时调整和制定新的竞争战略。行业价值链的分析包括：供应商价值链的分析和客户价值链的分析。

实现成本领先的重要环节是降低采购成本，对供应商进行分析，选择优质供应商，不断沟通以建立伙伴关系，通过提高采购材料的质量和降低价格来实现差异化战略。通过有效沟通使供应商的原材料工艺更符合企业的需求，减少加工成本以降低产品成本。企业也可通过后项整合降低原材料的价格和风险。

与客户加强交流提升相互关系，从而了解客户的真实需求，通过改良产品的设计，更好地满足客户的需求，增加客户的价值和消费者的忠诚度。良好的客户关系可以减少许多不必要的成本开支，能提高供需双方的效益。了解客户的产品使用方法，开展具有针对性的服务指导，降低企业的销售和售后服务费用，从而降低企业的成本。

②内部价值链的分析，是企业根据自身实际情况制定战略目标，将价值链分解为各项单一作业，对每项作业进行独立分析和选择。企业的内部价值链中的作业可以分为增值作业（研发设计、售后服务、包装等）和非增值作业（仓储、返工、搬运、设备维护等）两大类。优化价值链的作用是在提高增值作业效率的同时降低直至消除非增值作业，提升企业产品和服务的客户价值，通过改善工艺流程来降低非增值作业的消耗，提升企业的竞争优势。内部价值链的分析主要运用价值工程分析法和作业成本法。

价值工程分析也叫成本分析，目标是使总成本最低。企业的内部价值链包含多种活动，每一项目并不是单独存在的，不仅对自己的活动成本有影响，还会对其他项目产生影响。价值工程分析法分析企业价值链中的所有价值活动，并将各价值活动所做的贡献与消耗的资源进行比对，发现各价值活动的实际效率，针对各价值活动的问题制定改善措施。为适应激烈的市场竞争，优化企业的内部价值，应运用先进的管理理念，尽量消除非增值作业。企业的内部价值链通过分析和评价各项作业的成本和创造的价值，以及各个作业之间的相互关系来优化企业的价值链，降低成本，增加企业产品的附加价值，提升产品的竞争优势。

作业成本法的动因就是成本的“驱动”因素，是价值链在企业内部成本管理中的运用，通过作业消耗资源的原理，对企业的每项作业进行分析。在企业的产品生产过程中，有作业必然有资源的消耗，就会产生直接成本和间接成本。作业成本法将成本的消耗和对应的作业相联系，轻易识别有效作业和无效作业。

作业成本法使企业战略目标与成本管理相一致，用作业成本法分析和改造数据，优化企业的价值链，改变成本分配标准，使产品的成本更精细化。根据各种动因区分不同的作业，提高增值作业，从而提高企业的生产效率。

③竞争对手的价值链分析，行业竞争不可避免，我们可以通过价值链分析来确定企业与竞争对手的相对成本地位，对每个竞争对手进行成本比较，进而分析企业自身的竞争优势和劣势，为改善企业的成本竞争地位提供参考。根据对竞争对手的分析，选择不同的策略，如采用低成本竞争策略、差异化竞争策略等，增加企业的研发创新能力，细化市场分类，提高服务和产品的独特性，强化优势的不可替代性。

（3）成本动因分析

成本动因分析是从企业全局的角度，全面分析内外部环境，识别各项活动的成本动因，为企业制定战略提供信息参考。在企业价值链的生产活动中，成本动因包含多种因素：企业规模、生产力、员工的凝聚力等。多种因素在经营活动中相互作用并对成本产生影响，这些因素之间是相互关联相互影响的，不能准确确定哪一项是企业生产成本的单一决定性因素。将企业的各项活动进行分解，对各项活动加以识别、分析和掌握，以此有效控制企业的成本。

战略成本动因分类如图2-10所示。

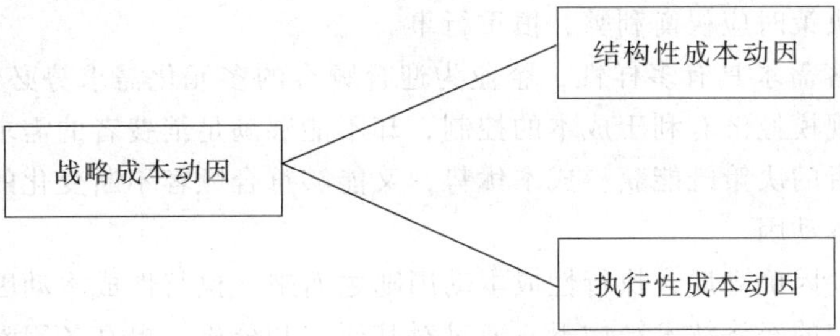

图2-10 战略成本动因分类

①结构性成本动因

要了解企业成本发生的推动力以及推动因素就需要对企业的成本动因进行深入分析。结构性成本动因顾名思义就是经济结构的成本动因，其在企业生产之前发生，形成时间长且不易变动，必须进行详尽的评估和分析。结构性成本动因分为企业规模、整合范围、学习与溢出、技术、地理位置及多样性。

企业规模：规模经济为企业提供高效率、大范围、不同方式的活动。在适度范围内扩大企业的规模，形成规模经济，有助于降低成本。过度扩张规模，会带来生产的复杂性、产品非直接成本急剧增加，导致规模的不经济。不同的企业，最有利的规模类型不尽相同，应选择敏感性最强的规模类型，充分发挥规模优势，降低企业的生产成本。企业规模对成本的影响，包括积极影响与消极影响，在企业临界点时适度扩大规模，会带来高效率、高质量、收入增加，增加成本分摊能力，成本下降，实现规模效益；反之，规模扩张过度，超越临界点，就可能导致固定成本非降反升，产销量不能成比例地扩大，反而带来单位成本上升，出现规模不经济。

整合范围：企业在价值链的上下游进行整合能促进企业的发展，后向整合获得原材料的价格优势从而规避原材料风险，前向整合扩展销售领域从而获得销售收入。整合的提高能降低市场外部成本，将企业的外部利润转入企业内部。整合带来无形资源的积累，为企业的决策带来有力的支持。过度的整合会耗费企业的大量现金，固定成本的提高使企业丧失弹性和灵活性，不利于企业适应外部环境的变化，过高的企业内部制造成本会抑制企业选择竞争策略的灵活性。

学习与溢出：学习曲线是通过实践和时间的积累获得技能和知识的增加，随着产量的增加带来单位成本的降低。加强学习和内部积累，优化生产流程，完善产品设计，提高生产效率，高效完成任务。学习的溢出效应是通过学习提高企业在整个行业中的竞争优势。企业管理者不仅要有意识地抓住学习的利益，而且要有意识地留住人才，避免其成为竞争对手的风险。

技术：随着同质化竞争程度的不断加深，加强科学技术创新就显得尤为重要。产品技术变革并不是单纯的成本降低，而是通过创新变革给企业带来竞争对手无法效仿和超越的技术，给企业的产品带来溢价效应，使企业获得超额利润，再次进入更深层次的技术变革，以此形成一种良性循环，获得持久的技术领先优势。

地理位置：地理位置的选择对企业的影响是多方面的。所处环境的不同影响着企业的劳动力成本，交通的便利、路途的远近影响着企业的物流运输成本，所处人文环境改变着企业的经营理念，最重要的是地理位置决定着企业人才的引进。对于地理位置的重要性，企业在进行选址决策时应权衡利弊，慎重行事。

多样性：顾客需求具有多样性，企业为迎合顾客的多元化需求势必带来成本的提高，单一产品带来的规模经济有利于成本的控制，却不能够满足消费者的需求。多样化成本动因需要企业领导者的决策既能获得成本优势，又能够符合顾客不断变化的多元化需求。

②执行性成本动因

结构性成本动因确立后，执行性成本动因随之而来。执行性成本动因对作业程序起决定性作用，在既定的经济技术结构下，通过对其研究和分析，提高各因素的动能并优化组合。执行性成本动因包括劳动参与、全面质量管理、生产能力利用率以及它们之间的联系。

基于对两种成本动因的分析和研究，运用结构性成本动因重在把握适度，配比合理的模式才能够发挥作用，如规模经济在与企业产销适度模式下才能发挥最大作用。而执行性成本动因强调的是程度越高越好，应提高员工的参与度，企业要进行全面质量管理。动因的运用对企业的战略发展有着重要的意义，每一动因都可以成为企业独特竞争优势的来源，为企业的发展、增强竞争力提供契机。

（二）分析提示

本部分给出启发思考题的引导性分析，具体分析思路及方式由授课教师根据学员层次、课堂情况、授课方式等灵活选择。

1.BX蜂业公司在成本管理方面有什么问题？产生问题的原因是什么？（涉及理论知识：战略成本管理概念及特点）

BX蜂业公司战略成本管理由董事长负责，总经理及内部相关部门按分工职责实施成本管理责任制。董事长在总经理及成本责任经理的协助下制定成本管理总策略以保障各项成本管理措施的执行，各部门负责人对相关部门成本负责，并组织相关人员做好成本管理工作。

BX蜂业公司的销售量及销售收入近几年呈递增趋势，但增幅连年下降，成本费用却逐渐升高，增幅一直超过销售收入的增幅。成本费用的上升体现了BX蜂业公司在管理水平、资源使用效率、劳动生产率等方面存在问题。公司虽采用战略成本管理，但没有建立相关完善的成本管理制度，实际生产管理中先进管理方法运用较少，各部门之间衔接不到位，公司各个部门均存在成本管理不到位的现象。

2.战略成本管理对企业的生存和发展有何重要意义？（涉及理论知识：战略成本管理的目标、基本内容）

战略成本管理理论的研究工作有利于增强企业的成本管理能力，从战略的高度对全企业范围的成本管理进行改进。企业战略与成本管理的有机结合，是企业提升自身竞争力的必经之路。

战略成本管理理论的研究工作有利于企业增强产品的市场竞争力，帮助企业从全方面、全角度、全产业链控制成本，提高企业的效率，使BX蜂业公司从容面对行业的竞争。

实施战略成本管理使企业的战略与成本管理相结合，构建自身的战略成本管理体系，这需要在不断变化的内外部环境中深入分析，使各项成本管理策略更加完善，用高效的策略切实解决企业成本管理中的不足，提高企业自身的竞争力。

3.价值链分析对BX蜂业公司战略目标的制定有何帮助？（涉及理论知识：价值链分析法）

结合本案例内容，在BX蜂业公司的上游价值链分析中，蜂产品的收购涉及原材料的价格及质量，应与供应商构建和谐关系，保证采购原材料的物美价廉。在众多蜂农中选择签约蜂农，当年收购的蜜源应标注标签、分开储存，分别评定出蜂蜜的优劣，对优质供应商进行积分奖励或通过来年提高采购价格的方式给予奖励。在下游价值链分析中，BX蜂业公司应致力于改善与下游客户的关系，提升公司产品的品质和价位。从相互竞争转为合作共赢，从而将供应链推向良性循环，提升公司的竞争力。

在内部价值链的运用中，BX蜂业公司在成本核算方面，采用作业成本法替代目前的传统成本法进行成本核算。具体改进如下：确立作业中心；合理分配资源；确立成本动因；计算单位成本动因率；根据产品消耗作业动因数量和成本分配率计算得出产品作业成本。

对于竞争对手的分析就是揭示公司与竞争对手的相对成本地位，明确企业的优势（原材料、生产环节、销售渠道等）、竞争对手企业的优势。对优劣势、成本差异进行详细分析，得出差异形成的原因，从保持优势消除劣势入手，制订在行业竞争中获胜的战略计划。

4.如何运用成本动因分析法对BX蜂业公司的成本管理进行梳理和分析？（涉及理论知识：成本动因分析法）

通过战略定位和价值链分析，BX蜂业公司确立了成本管理战略，进一步细化成本管理的重点，通过驱动因素分析，找出关键节点，细化成本控制，提高战略成本管理的有效性，以达成战略目标。在此环节成本动因发挥积极作用，既能准确揭示成本动因因素，还能为企业指出控制这些因素应采取的方法。

成本发生的原因——成本动因，既定成本包含多个成本动因，公司所处行业不同、特点不同、内外部环境不同，企业战略地位的成本动因也就有所不同。公司要清楚识别每项价值活动的成本动因，明确价值活动的成本地位及变化原因，这样有利于改善价值活动，增强成本控制。成本动因不是单一存在的，各因素之间相互制约、相互影响。

通过结构性成本动因分析与应用，BX蜂业公司加大对百信蜂蜜这一品种的促销，使销量增加，并扩大产量，提高生产效率，降低了单位成本，提高百信蜂蜜的成本竞争力。BX蜂业公司大力发展后向整合，对于原材料蜜蜂的养殖基地，采用自建、并购和参股的方式，考虑到养殖的风险和季节工的招聘难度及成本，建立战略合作伙伴关系。由于公司的产品销售区域大，考虑到销售成本和人员管理费用，采取经销商、各地代理和电子商务平台等方式降低销售成本。

由于BX蜂业公司所处的外部大环境，人才流失比较多，有公司精英流到竞争对手企业，溢出效应明显。为避免此类事情的频繁发生，BX蜂业公司深化学习效应，注重和完善人员的技术培养，完善人才梯队的建设，推动公司技术创新，以提升企业的核心竞争力，提高学习边际效应。

BX蜂业公司近几年固定资产的扩大带来了生产效率的提高，企业的销量也随之有所提高。这种生产能力模式所带来的影响是积极的，起到了降低单位成本的作用。通过加强各上下游部门之间的工作协调，减少半成品的转移成本，优化工作流程，提高工作品质和生产效率，降低成本。BX蜂业公司在上下游构建战略合作伙伴，积极协调沟通，降低仓储、销售、缺货成本。BX蜂业公司还推行全面质量管理，做到全员参与，公司制定了质量方针、质量目标、质量标准，通过推出优质产品来降低成本。

5.预计BX蜂业公司在引入战略成本管理之后会取得怎样的效果？

BX蜂业公司运用作业成本动因法，使成本更精确，由此促使BX蜂业公司战略成本管理与企业战略高度协同，加强了价值链的优化与完善，优化了内部经营流程。BX蜂业公司从公司的内外部进行成本规划，从源头上改变企业成本结构，做好业财融合的成本管理工作，实现成本优化。

五、关键要点

在案例分析中，教师教授的关键在于两点：一是务必将理论与案例材料紧密结合，确保学生充分理解并实际运用成本管理的相关理论；二是在讲解案例的全过程中，务必由浅入深、层层递进，引导学生积极主动地思索问题。

案例的关键知识点包括：

1.战略成本管理的目标及特点；

2.战略成本管理的基本内容；

3.价值链分析方法的运用；

4.成本动因分析法的运用；

在本案例中，学生需要掌握的能力点包括：

1.理解战略成本管理的内涵及目标；

2.明确价值链分析方法的运用对战略目标制定的作用；

3.结合产品工艺特点和相关理论，对成本控制提出自己的见解；

4.培养学生具备进行战略成本管理的能力。

六、建议课堂计划

本案例可以作为专门的案例讨论课来进行，也可以随课堂内容作为讲解案例。以下是按照时间进度提供的课堂计划建议，仅供参考。

1.教学课程时间

整个案例讨论课的时间控制在两个课时（每个课时 45 分钟）。

2.课堂讲授思路

（1）课前教学准备

①提前一周将案例资料下发给所有学生，并提出 5 个启发思考题，请学生在课前完成案例的阅读，并查找相关的资料，进行初步思考。

②根据班级人数，将学生进行分组，并让同学站在本案例主人公的角度进行思考，每一个小组按规定主讲一个启发思考题，发言人在课上随机产生。

（2）课中讨论阶段

①教师做简要的引导发言，明确学员发言的要求和重点（2～5 分钟）。

②开展小组分组讨论，让每个小组聚集在一起，按案例的发展过程进行角色扮演，之后针对启发思考题进行讨论，并形成各个小组的具体看法和结论（15 分钟）。

③随机选取第一组的学员针对课前承担的问题进行主题发言（5 分钟），其余小组进行提问和交流（5 分钟）。

④根据各小组的发言，引导全班深入讨论，并进行归纳总结，教师就学员讨论情况进行点评，就如何运用恰当的理论知识和理论观点去分析和解决实际问题提供建议（10～15 分钟）。

3.课后学习计划

针对企业混合所有制改革，要求每个学生结合自己所在行业或企业，将本案例的学习心得进行书面总结，独立完成一份案例分析报告。

案例5

白糖变形记　中粮翻身路

摘　要

本案例阐述了中粮糖业在面对利润逐年下降所衍生出的一系列反思与对策。针对当前营业收入稳定上升，而利润却逐渐下降的局面，中粮糖业的总经理王总与财务经理小李产生了极大的疑惑与不解。他俩对此问题进行深入探讨，查找原因，发现问题出在企业成本费用增幅过大上，就此重新进行企业战略成本管理与价值链分析。本案例旨在指导学生学习和掌握基于价值链分析进行有效的成本管理，掌握价值链成本分析的实际应用。

关键词

价值链成本分析　结构性成本动因　执行性成本动因　品种决策

案例正文

一、引言

“灯火万家城四畔，星河一道水中央”。晚上王总回到家，在家人关爱的目光中，默默无言地抚慰自己，修复着打拼了一天的疲惫的心灵。家，这个小港，风平浪静，没有灯红酒绿的浮躁，只有温情，只有安宁。正当王总沉溺在自我治愈的寂静中时，家里的“小神兽”突然打破了这份宁静，爬到王总的腿上说：“爸爸，陪我玩。”王总看着他天真无邪的眼神，默默责备自己：我不应该把工作中的负面情绪带给家人，这是对家庭的不负责。于是王总一把抱起小宝，说：“好啊，宝贝，爸爸陪你玩捉迷藏，你赢了爸爸奖励你棒棒糖。”在一阵嬉戏玩闹之后，王总拗不过这个小家伙，就去柜子里给他拿糖果，看着他吧唧吧唧吃糖的样子，那一刻真的很幸福。这时小宝突然来了一句：“爸爸，你以后会一直给我带好吃的糖果回来，对吗？”王总说：“那当然啦，你可是爸爸的小宝贝。”可就在那么一瞬间，王总的脑海中再次萦绕着：糖糖糖，糖业糖业糖业，中粮糖业啊，你会振作起来吗？你会让我的生活也像吃了糖一样甜蜜吗？可是你现在的状态真的让我很担忧啊……“小宝，不要打扰爸爸啦，该去睡觉啦。”妻子的话把王总从遐想中拉了回来。王总走到阳台，看着这个城市万家灯火交相辉映的景色，他的内心变得更加落寞……

1.风雨欲来

俯瞰着阳光明媚、和风徐徐的街道，王总的心却如冰窖一般寒冷。手里拿着财务处新出具的报表，真不知该如何汇报。“王总，王总，董事长请您去办公室一趟”，果然，该来的还是来了。

"嘭!"合上报表的张总捏了捏眉头，面色凝重。

"小王啊，我在中粮也有20余年了，看着它从无到有，由幼至长，就像我的孩子一样，没想到啊，今年的制糖业是怎么了，公司运营13家蔗糖企业，运营装备精良、加工工艺先进，年产糖70万吨；我们在进口及炼糖环节一直是国内最大的食糖进口贸易商之一啊！河北唐山曹妃甸的炼糖厂拥有每年50万吨的炼糖能力，辽宁营口的炼糖厂拥有每年100万吨的炼糖能力，这么大规模的公司，利润怎么能下降这么多?""张总，今年全球的白糖价格骤跌，我们也始料未及，再加上现在市场白糖供大于求，我们销售的难度较往常更大了。""我明白你们的难处，只是再这样下去我们就支撑不下去了。我们一定要想想办法!"

张总激动地继续说道："既然白糖价格骤跌，那咱们降低成本，薄利多销；既然白糖市场趋于饱和，那咱们就另辟蹊径，开发新产品以及副产品，引导消费需求，增加市场购买力，一定要让公司度过这个难关。""我明白了，张总!"

2.摩拳擦掌

张总的这些话深深地鼓舞了王总。是的，没什么难关是过不去的，事在人为。想到这里，王总一刻也不敢耽误，很快就调整好心情，重新思考公司前进的方向应该是什么，并开始构思接下来需要做什么。王总迅速召集了各部门负责人召开会议，随后财务经理小李来到了王总的办公室。

王总说："新的年报已经出来了，我也看过了，公司的经营状况如何，大家心里应该也是有数的。咱们在中粮待了也有十来年了，近几年市场波动较大，但我们的企业管理没有跟上市场的变化，运作流程固化，灵活性不足，我们需要更新管理理念，更好地应对市场变化。"

小李皱起眉头小声地抱怨道："王总，您不知道啊，公司的营业收入其实是处于增长状态的，虽然白糖产品价格下跌，但咱们的市场份额还是继续保持的。""那利润逐年下降又是怎么回事？现在的市场份额又能持续多久?"王总反问道。

3.自查自省

中粮糖业控股股份有限公司（简称中粮糖业）前身为"新疆屯河集团有限责任公司"，系1993年7月1日经新疆维吾尔自治区经济体制改革委员会以新体改批准，由新疆屯河集团有限责任公司（原新疆屯河工贸（集团）公司）、新疆八一钢铁有限责任公司(原新疆八一钢铁总厂)、新疆昌吉金汇实业发展公司、新疆石油管理局、广州市海珠区穗海物资公司共同发起，以定向募集方式设立的股份有限公司，正式成立于1993年9月18日，并于1996年7月31日在上海证券交易所上市，在2020年11月，公司名称从"中粮屯河糖业股份有限公司"变更为"中粮糖业控股股份有限公司"，公司经营范围包括国内外制糖、食糖进口、港口炼糖、国内食糖销售及贸易、食糖仓储及物流以及番茄加工。中粮糖业是我国最大的食糖生产和贸易商之一，拥有国内外制糖、进口及港口炼糖、国内外食糖销售及贸易、仓储物流的全产业链运营体系，在国内食糖贸易和仓储物流环节，公司托管运营分布在国内重要交通枢纽和主要食糖消费市场的22个食糖仓储库，总计200万吨库容；公司食糖业务年经营量达300万吨以上，占全国消费总量的21%，并且终端市场的占比不断提高。公司在糖源掌控能力方面持续加强，位于行业前列。公司在国内甘蔗糖、甜菜糖领域，自有70万吨/年的制糖能力；在国内港口炼糖领域，自有190万吨/年的炼糖能力；在国外，自有30万吨/年的制糖能力。同时，公司是国内食糖进口的主要渠道，掌控超200万吨的仓储物流网点，建立了覆盖全国主要干支线节点的物流服务体系，有效地服务终端客户。公司食糖产品包括精制白砂糖、白砂糖、绵白糖、赤砂糖等，主要客户包括亿滋、嘉吉、可口可乐、蒙牛、玛氏、雀巢、伊利等国内外知名企业。

中粮糖业旗下的中粮番茄是目前国内最大、世界第二的番茄加工企业，主要从事大包装番茄酱的生产及出口业务，构建了集种子、种植、初加工、深加工、销售等于一体的番茄制品全产业链运营体系，在中国最优良的番茄产区新疆、内蒙古等地拥有30万亩番茄种植基地和18家番茄公司，在种子研发、种植管理、加工技术等各个方面均处于国内领先水平。目前，公司年产大包装番茄酱25万吨左右，占全国总产量的30%以上，主要出口日韩、欧洲、美洲等多个国家和地区，客户包括亨氏、联合利华、可果美、地扪、味可美、李锦记、海天等国内外知名企业。近些年，中粮糖业剥离亏损业务，优化产业结构，进一步实现了资源优化配置，同时提高了有效资源的利用率。另外，随着人们饮食习惯的逐渐改变，对健康食品的需求增加，番茄制品的消费总量也在不断上升，中粮糖业的番茄业务通过不断地开发新客户，带动产量、销量的增加，同时也保证企业产品的质量，并且市场所给予的反馈超过了预期，但为什么会出现利润下降的情况呢？

王总和财务经理小李又拿起了往年的财务报表（见表2-13）再次陷入了沉思中。

表2-13 **利润情况比较表** 金额单位：元

项目	2018年	2019年
营业收入	17 514 899 049.69	18 424 834 764.08
较上年变动情况	−8.57%	5.20%
营业成本	14 962 886 753.34	16 138 918 052.27
较上年变动情况	−6.83%	7.86%
利润	2 552 012 296	2 285 916 712

正如小李所言，公司2018—2019年的营业收入是稳步上升的，那为何利润却不尽如人意呢？再仔细一看，成本的变动幅度引起了两人的重视。从产品成本分析表（见表2-14）可以看出，中粮糖业本期自产糖业务和番茄酱业务中的原材料、直接人工、制造费用与上年同期相比均有所增加，并且成本的增长幅度高于收入增幅2.66个百分点，就此，王总明白了为何在公司营业收入上涨的情况下，利润却呈下降的趋势，原来最大的问题就出在成本的控制上，那成本为何会出现如此大幅度的增长呢？王总与小李展开了一系列的调查，随后他们发现公司成本骤增是由内外两部分原因引起的。

表2-14 **产品成本分析表** 单位：元

产品	成本构成项目	本期金额	上年同期金额
自产糖	原材料	2 829 288 308.30	2 154 891 381.36
	直接人工	126 323 017.03	106 698 198.30
	制造费用	219 945 539.10	180 953 925.51
番茄酱	原材料	562 628 266.58	556 624 695.92
	直接人工	24 206 961.72	22 891 380.46
	制造费用	118 983 681.91	113 687 185.61

二、外部原因

1.2019年“厄尔尼诺”现象再度出现。从萌发到爆发，仅仅几个月的时间，“厄尔尼诺”现象使得全球糖业原材料甘蔗产量下降约7.3%，糖业更是因为原材料的稀缺而导致材料采购成本骤增。同时，由于恶劣天气的原因，原材料的运输费用上升，运输成本也随之增加，采购成本、运输成本的增加最终导致原材料总成本上升。

2.由于政府对糖价的指导政策、公司的信誉形象以及消费者对糖价的敏感程度等原因，为保持原有的市场份额，以及几十年老字号企业的信誉，中粮糖业无法通过提高销售价格保持原有的利润空间，从而导致公司2019年利润出现大幅下滑。

3.由于原材料价格以及外部劳动力成本的上升，使中国的番茄行业市场逐渐失去成本优势，导致整个番茄市场处于低谷期。

三、内部原因

1.原材料价格骤增导致利润结构改变，从而影响企业利润。由于公司制糖所用的原材料多为甘蔗和甜菜等集中在3—4月以及9—11月成熟的农产品原材料，采购季节受到限制，使得加工时间也受到限制；再加上由甘蔗、甜菜加工出的白糖容易出现结块、变质等现象，加大了白糖的储存难度，增加了公司的仓储费用；同时，为了减少在路上因运输时间过长使白糖变质产生的损耗，运输的成本费用增加。这些都在一定程度上增加了企业的现有成本。

2.中粮糖业现有的内外部价值链还不够优化。①产品价值链不够优化。中粮糖业很重视直接生产活动的资源耗费，即“增值作业”，主要体现在白糖的加工技术、白糖产销渠道等方面，但对于一些间接活动和质量保证活动等“不增值作业”耗费的成本还不够重视，而“不增值作业”和非直接成本在总成本中的比重有越来越大的趋势，这恰恰是引起中粮糖业成本增加的主要原因。企业应更加重视精细化管理，进一步降低白糖的分类、整理、维护、仓储等费用，进一步优化现有产品的生产流程，优化辅助作业和基本作业的管理流程，尽量降低甚至消除“不增值作业”的资源耗费。②顾客价值链不够优化。中粮糖业的主要业务集中在最基础的白糖制造、销售上，然而中粮糖业现有的白糖市场正在逐渐趋于饱和，单一化的业务使得其无法满足顾客的更多诉求，新兴市场有待开发，顾客价值链还有待提升。③中粮糖业对利润池的运用还不够深入。相对于定性分析价值链的视角，基于定量分析视角的价值链分析——利润池分析法更适合当前的中粮糖业。利润池是指行业价值链上各节点所产生的利润总和。运用利润池分析法的目的是研究行业总利润在价值链各节点的分布情况，并为企业的战略决策提供依据。对该方法应用越独到的公司，越有可能得到行业最大利润。然而在制定公司战略时，很多管理者只关注营业收入的增长，认为利润会随之而来。但这种制定战略的方法是极其危险的，今天的收入池完全有可能变为明日的枯水池。为了制定出带来高利润的战略，管理者必须通过收入视角，深入了解本行业利润池的真正形态。企业不论处于行业价值链的某一链节，还是跨越若干链节，均应从利润池的分布情况出发，并结合自身在行业价值链中所处的位置及拥有的利润池份额，研究行业价值链中其他有利可图的价值活动，寻找发展的机会，做出放弃或开发其他链节的决策。企业还可以通过分析和预测行业利润池的变迁，确定企业未来的发展战略。

四、对症下药

针对以上问题，王总和小李展开了激烈的讨论，主要集中在企业战略成本管理和价值链成本分析上，并形成了一些可行建议。

对于一个企业来说，创造和维持全面成本领先战略至关重要，那就得分析研究从原材料供应商起直至最终产品消费者的相关价值链作业之间的联系，提高企业创造价值的效率，从战略角度进行成本控制，提升竞争优势。

经过一番探讨，王总和小李决定对症下药，通过实施战略成本管理和价值链成本分析来提高企业的生产效率和产品质量，进而取得成本优势。

（一）行业价值链分析

价值链的起点和终点并不是某个企业，供应商与顾客的联系也不仅存在于企业内部，它还存在于企业价值链和供应商及顾客的价值链之间，甚至延伸到供应商的供应商，以及顾客的顾客。要取得并保持竞争优势，企业不仅要了解其自身的价值链，而且要对企业所在行业的价值链进行分析，因为最终顾客所支付的价值包含了整个价值链的利润。将企业价值链分析扩大到行业价值链，可以站在战略的高度上，考虑是否可以利用上、下游价值链进一步降低成本或调整企业在行业价值链中的位置及范围，以取得成本优势。

1.结构性成本动因分析

成本是企业在创造价值过程中所付出的一种代价，是多重成本动因共同作用的结果。成本动因是指引起产品成本发生的原因。结构性成本动因是指决定组织基础经济结构的成本驱动因素，体现了企业在行业和市场中的定位。

（1）建立稳定的原材料生产基地。中粮糖业在选择价值链范围时，要考虑地理位置因素，如制造厂靠近原材料产地，甘蔗、甜菜等原材料供应充足，水源有保证，气候适宜，运输成本相对低，人力资源分布，接近消费市场等，还要考虑社会文化习俗、教学科研机构的分布等因素。同时，还要积极参与国家的扶农政策，加快发展农民专业合作社，增加对农户的扶持力度，从而得到稳定的较低价格的原材料。

（2）采用新的生产技术。在既定条件下，成本改善具有局限性，要进一步降低成本，必须依赖新的技术和新的观念，改变成本发生的基础条件，这是成本持续降低的潜力所在，也是战略成本管理中的重点。相较于过去的甘蔗及甜菜的生长周期局限，公司可以考虑采用精炼糖厂制糖，这种新技术利用回溶、饱充、蒸馏、重结晶等不受限制的原材料产糖，能做到全年生产，以此来提高生产效率，而且与传统制糖方式所生产的白砂糖存在色值升高、结块等现象相比，精炼糖厂即产即销有助于保持产品的新鲜度，提升了产品质量；公司可以根据市场的变化，合理地安排生产规划，提升产品的议价能力。

2.价值链延伸

中粮糖业处于一个竞争激烈的行业，需要通过采取和竞争对手有显著差异的价值链来发现满足顾客需求的新方式，进一步拓展制糖种类，延伸至烘焙糖、液体糖以及最近比较流行的咖啡糖、药用辅料糖等产品的生产，将产生的糖蜜用于水产养殖、特产养殖，将制糖过程中产生的滤泥售卖给当地农户用于肥田，进一步增加副产品的增值能力。对于子公司的番茄业务，应聚焦资源优势，加强风险防控及安全管理，上游做强做优现有大包装业务，保持长期稳定增长，下游发展以番茄制品为主的多元化调味料品，抓住国内终端产品市场机会，进一步提高品牌占有率，通过上、下游双轮驱动，推动番茄业务高质量发展。

（二）企业内部价值链成本动因分析

在竞争市场上，获得成功的企业必须是善于为顾客创造价值的企业。价值是顾客从产品或服务中所获得的好处，通过企业的作业链和价值链创造实现。价值链分析研究从原材料供应商起直至最终产品消费者的相关活动的整合，通过改变价值链作业之间的联系而改变成本，并进而影响企业的成本地位和竞争优势，这是从战略角度进行的成本控制，其目的是确定企业的价值链，明确各价值活动之间的联系，提高企业创造价值的效率，加大企业降低成本的可能性，为企业取得成本优势和竞争优势提供条件。

1.执行性成本动因分析

（1）中粮糖业的现有产品在目前既定的经济规模、技术条件、质量标准下，要充分利用当地的人力、物力资源，通过建立责任成本制度和持续的业绩改进来降低消耗、提高劳动生产率以进行成本控制。中粮糖业因地制宜分别在华北及东北地区等原材料丰富的地区设立了制糖工厂，有效地降低了白糖的生产成本，也扩展了企业的生产销售规模，节约了运输成本。中粮糖业在生产和加工环节通过引入高新技术和科学先进的加工设备，不仅提高了企业的产品质量和生产效率，同时将人工成本从2019年的126 323 017.03元降到2020年的121 953 149.83元。

（2）对于中粮糖业的番茄业务，可以从以下几个方面降低成本：首先，进行适时、合理投入，既要降低成本，又能满足番茄的正常生长、开花结果所必需的肥料及药物，以达到高产高效。其次，选用优质、高产、生长健壮、高抗性、经济寿命长的番茄品种可显著提高产量、增加收入，减少农药、肥料等农用物资的投入。再次，企业应做好种植面积规划，加紧培育番茄原料基地，用合理的产业布局解决企业的原料问题。另外，加强科技攻关，培育和引进优良品种，加强田间管理，提高单产，解决番茄生长周期短、成熟太集中的问题，提前化解企业与农户之间的矛盾。与此同时，企业也需要合理调节价格，通过“公司+农户”等形式建立工农协作和稳定的价格关系，确立原料保障、奖励、风险共担机制；最后，企业应安排好番茄的摘收和运输，避免番茄成熟高峰期存货积压，减少发生霉烂的损失。

2.竞争优势分析

企业通过将产品转移给企业外部的顾客，企业凝聚在产品上的价值转化为顾客的认知价值，可简称为“顾客价值”，具体表现为顾客对所取得的产品愿意支付的代价，由此形成企业的收入。收入是补偿企业为完成各有关作业占用和消耗的资源的代价之和后的余额，正数为企业从“顾客价值”中获得的利润，负数为发生的亏损。企业的相对竞争地位可从这一最终结果同企业的竞争对手相对比综合地反映出来。

中粮糖业需要进一步优化价值链，加强和供应商、销售渠道的合作，通过控制成本动因实施精益生产，加强快速反应，消减作业成本，消除不增值作业，从而强化买方价值链，扩大竞争优势。

3.生命周期的视角

生命周期在不同的角度下常常有着不同的理解。就中粮糖业来看，它是从生产者的角度进行审查，包括产品设计、策划、开发、制造、物流配送、销售等一系列过程。生命周期成本计算法则是在开发设计和生产阶段对产品生命周期成本进行管理的工具。

对产品生命周期成本有狭义与广义两种认识。狭义的产品生命周期成本是指在企业内部及其关联方发生的由生产者负担的成本，具体指产品策划、开发、设计制造、营销与物流等过程中的成本；广义的产品生命周期成本不仅包括生产方发生的成本，而且要把消费者购入产品后发生的使用成本、废弃处置成本等也包括在内。企业为了取得竞争优势，要满足用户在质量、价格、交货期等方面的要求，必须力求使用户的使用成本、废弃处置成本达到最低，因此，必须重视整个生命周期的成本计算。生命周期成本计算法提供了一个长期的视角，它考虑了产品或服务整个生命周期的成本，因而提供了关于产品成本和产品盈利性目的更为全面的视角。例如，一个被快速而草率地设计出来的产品，尽管其设计成本方面的投资比较少，但生命周期中后期可能需要花费非常高的营销成本和服务成本。经理人员需要对整个生命周期的总成本进行分析，而不仅仅对制造成本进行分析。由此可见，产品生命周期成本既受企业新产品开发战略的影响（R&D成本），又受企业营销战略的影响（营销成本与分销成本）；既受企业经营战略的影响（设计成本与顾客服务成本），也受产品生命周期的影响。

产品的生命周期分为生产与消费两个阶段，生命周期成本也相应地区分为生产者成本与消费者成本两个部分。生产成本包括了狭义生命周期成本的含义，在本案例中表现为：中粮糖业旗下产品白糖的生产成本、销售成本、设计成本、制造成本、营销成本。而消费者成本包括产品的使用成本、维护保养成本、废弃处置成本。

在产品设计阶段应用生命周期成本计算法，有助于企业在早期控制成本，发现降低成本的机会。例如，通过早期规划与设计，可能降低生产成本、后勤支持成本，或是降低消费者的使用成本。为此，需要编制生命周期成本预算，即对产品生命周期的收入和成本进行规划。通过生命周期成本计算法，可以在产品大规模开发和生产之前评估产品的盈利能力，在产品生产制造之前就放弃没有市场前景的产品；或是在生产制造之后，利用各种方法降低生命周期的成本，或是在投产前确定产品定价策略，同时关注研究阶段和开发阶段的成本，并尽快将产品推向市场，从而使企业获得较多的利润。

五、尾声

两人带着连夜整理出的公司内外部问题分析及思考出的相应解决方案，一大早就迫不及待地敲响了董事长办公室的门。

“咚咚咚！”两人喜悦的心情让敲门声都透露着一丝丝的轻快。神情严肃的张总在听完两人的汇报后，凝重的眉头终于有所舒展，这段时间的疑虑终于得以解开。

利润下降的最主要原因就是成本的上升，成本资料得到具体分析后，企业由此可以改善产品的战略成本管理，从而使确定的产品价格更具有市场竞争力。

张总立刻找到相关的销售部门、管理部门进行协商。在张总的积极督促下，公司很快就制定了未来产品发展的战略规划，并撰写了一份面向中粮糖业全体股东与员工的调整企业战略成本管理的详细说明。

果不其然，改用成本领先战略和差异化战略后，2020年中粮糖业的营业收入同比增加14.68%，营业成本同比增加13.83%，企业利润同比增加20.63%。中粮企业由此转危为安，逆风翻盘。

案例使用说明

一、教学目的与用途

1.本案例适用于“管理会计”“成本与管理会计”“企业战略与风险管理”课程的案例教学。

2.本案例的教学目的旨在结合实际情况对企业进行战略成本管理及价值链成本分析。通过学习本案例，一方面，学员可以掌握成本管理战略规划的作用和重要性，并将成本管理会计信息贯穿到战略管理中来，将成本分析、成本信息与影响战略的相关要素结合起来，从战略高度对企业成本结构和成本行为进行全面了解、控制和改善；另一方面，可以锻炼、提高学员结合实际情况对企业价值链与成本间关系的掌握及分析的能力。

3.本案例主要是为本科会计学、财务管理等专业的学生开发，适用对象为学过基础会计的学员以及经济管理类研究生等，可作为教学案例使用。

二、启发思考题

1.企业为提高价值进行了价值链成本分析，什么是价值链成本分析？其核心是什么？优化价值链的意义在哪里？

2.价值链可分为哪两类？各自包含的内容是什么？

3.中粮糖业为降低成本和扩大规模各采用了什么战略管理进行改善？

4.在执行性成本动因与结构性成本动因中，有很多非量化的动因，但其对成本的影响更大，这些非量化动因主要从几方面考虑？这些动因对企业的成本动因起到了什么作用以及是如何影响的？

5.中粮糖业为了获取竞争优势所采用的差异化战略对企业成本管理有什么影响？

6.在绿色低碳的发展理念下，中粮糖业还需考虑哪些结构性成本动因？

三、分析思路

（一）总体思路

本案例以企业战略成本管理问题作为切入点。由于中粮糖业过去采用传统的成本管理策略，公司更重视直接活动产生的成本，对那些间接活动未予以重视。然而，未被重视的间接活动成本及质量保证成本之和，占总成本的比例大大地超过了公司的估计。随着公司的投入，这些间接活动成本的比重越来越大，这也就解释了为什么中粮糖业在营业收入增长的情况下，利润却在逐渐下降。

本案例讲解了中粮糖业在面对自身营业收入上增而利润却逐年下降的情况进行反思与检查，并对此制定出一系列解决办法。

首先，中粮糖业对企业财务报表利润下降的情况展开了调查，发现原因出现在内外部两方面。

从外部原因来看，无法控制恶劣天气，“厄尔尼诺”现象导致企业制糖原材料价格上涨，企业的采购成本上升。与此同时，由于政府对糖价的限制使制糖市场竞争较为激烈，企业无法通过提升价格来弥补原材料成本，从而大大地压缩了制糖的利润空间。因此，从企业的外部环境分析本案例时，应从以下三个角度进行：优化价值链、控制成本动因、价值链中的辅助作业。首先，应该了解企业价值链的价值表现、价值链同顾客价值之间的关系以及企业价值链上各个作业之间的成本关系，然后运用以上的理论知识来分析如何对企业的价值链进行优化；其次，分析本案例前要对中粮糖业的基本情况有所了解，探讨企业的辅助作业细分为哪些，并且分析其辅助作业对竞争优势起到哪些不同的影响；最后，对中粮糖业所存在的成本问题给出解决的建议。

从内部原因来看，中粮糖业业务价值链不够优化：一是产品价值链不够优化；二是顾客价值链不够优化。因此，从企业的内部环境来分析本案例时，应从以下三个角度进行：优化价值链、进行成本动因分析、提升竞争优势。要将企业的成本分析、成本信息与影响战略的相关要素结合在一起，从战略高度对企业成本结构和成本行为进行全面了解、控制与改善，进而对中粮糖业所存在的成本问题给出相应的对策及建议。

其次，针对上述原因，企业重新进行了战略成本管理，改用成本领先战略和差异化战略。

成本领先者的竞争优势是总成本比竞争对手要低。成本领先战略是要使企业的某项业务成本最低，这是因为任何一种战略之中都应当包含成本控制的内容，它是管理的任务，但并不是每种战略都要追求成为同行业的成本最低者。按照波特的思想，成本领先战略应该体现为相对于对手而言的低价格，但这并不意味着仅仅获得短期成本优势或仅仅是削减成本，而是一个“可控制成本领先”的概念。成本领先战略成功的关键在于在满足顾客认为最重要的产品特征与服务的前提下，实现相对于竞争对手的可持续性成本优势，换言之，实施低成本战略的企业必须找出成本优势的持续性来源，能够防止竞争对手模仿，这种低成本优势才长久。

差异化战略削弱购买商讨价还价的能力。一方面，企业通过差异化战略，使得购买商缺乏与之可比较的产品选择，降低了购买商对价格的敏感度。另一方面，通过产品差异化使购买商具有较高的转换成本，使其依赖于企业；企业利用差异化战略建立起顾客忠诚度，这使得替代品无法在性能上与之竞争。

对于任何企业来讲，要稳定、长久地发展，就得形成自身独特的差异性，而实际上企业形成差异化的方式有很多，如从市场、价格、功能、产品、包装等方面都可实现差异化，让企业在差异化战略中获胜。

（二）思考引导要点

在具体分析各思考题时建议的思考引导要点如下：

1.价值链即作业链（业务链），作业会消耗资源，可以从内部价值链与外部价值链视角分析价值提升中的资源耗费项目；关注核心是增值作业与非增值作业的划分与管理，优化“不增值作业”进而优化作业流程，节约资源耗费。

2.内部价值链与外部价值链。

3.成本领先战略和差异化战略。

4.结构性成本动因（战略、地域、规模、业务范围、技术、整合程度等）决定了企业成本发生的基础条件和地位；执行性成本动因是实施企业战略时的内部影响因素，如产品设计、生产流程、生产能力利用、质量管理、内部协同等。

5.独特差异的知识化成本上升，人力资本成本上升；降低价格敏感度，建立品牌忠诚度，提高转化成本等。

6.增加附加值、产品多样化、顾客参与等。

四、理论依据及分析

1.战略规划

战略规划是指一个组织决定其未来若干年内将采取的方案，以及为每一个方案应配备的资源的大致数额的过程。企业获取竞争优势的基本战略有成本领先战略和差异化战略。中粮糖业为降低成本，采用的是成本领先战略，首先通过控制企业主要作业链的生产成本，从而降低产品成本；其次，为了获得更多的市场份额，提升营业收入，企业采用差异化战略，通过生产新型产品或者具有特色的产品提升企业的收入。

2.价值链

价值链是指企业的生产经营可以看作是最终满足顾客需要的一系列“作业”的集合体，形成一个由此及彼、由内到外的作业链。作业的进行需要消耗并占用一定的资源，而作业的产出又包含了该作业创造的一定价值，直到把作业服务或提供给顾客，满足他们的需要。最终产品凝聚了各有关作业的价值，因而“作业链”也被称为“价值链”。

作业的推移表现为价值在企业内部逐步积累与转移，形成一个企业内部的“价值传递系统”，最后将产品转移给企业外部的顾客，企业凝聚在产品上的价值则转化为顾客的认知价值，为“顾客价值”，具体表现为顾客对所取得的产品愿意支付的代价，由此而形成企业的收入。企业必须通过比竞争对手创造更多的价值或更有效地创造价值，或以更低的成本创造价值才能提高企业的竞争优势，即前述的波特竞争战略中的差异化或低成本战略。

创造价值要从优化价值链入手，由于价值链是作业链的价值表现，因此，优化价值链要从优化作业链开始。从作业链同顾客价值的关系看，在企业生产经营中并不是所有作业的实施都能最终导致“顾客价值”的增加。

（1）“价值链”可被区分为两大部分：①增值作业，可增加顾客价值的作业（如产品的设计制造、加工、包装营销等）；②不增值作业，与企业存货形式有关的作业（包含存货的存储、维护、分类、整理等）。不增值作业的存在并不会对产品最终满足顾客需要产生任何影响。

（2）优化价值链，最重要的是体现在“不增值作业”的优化上，在消除所有“不增值作业”的同时，提高企业的运营生产效率，减少其资源的占用和消耗，有助于最大限度地优化作业链，从而使企业以最经济、最有效的方式满足顾客的需要，促进客户价值的提高。

（3）价值链模型，是价值链上各种作业的相互关系，通过价值链分析了解提高价值链创造价值的机会。

价值链分析的任务是要确定企业的价值链，明确各价值活动之间的联系，提高企业创造价值的效率，增加企业降低成本的可能性，为企业取得成本优势和竞争优势提供条件。

价值链分析是一种有效管理成本并提高顾客价值的战略手段。其包括三个步骤：其一是识别企业价值链与价值链成本计算；其二是分析每一价值链的成本动因；其三是比竞争对手更好地控制成本动因或重构价值链，即创造可持续的竞争优势。

①识别价值链。价值链概念最早由波特提出，指企业设计、生产、营销、交货和对产品提供支持的内部流程或一系列作业的集合。企业的价值链体现了企业的历史、战略、实现战略的方法和实施作业的经济性。企业的价值链包括了两大类作业：基本作业和辅助作业。

基本作业是将投入转为产出，交货和提供售后服务直接相关，一般由企业的生产部门执行。这类作业又可以细分为：材料的接收与仓储；将投入转化为最终产品；订单处理和配送；沟通、定价和渠道管理；安装、维修和零部件供应。

例如，中粮糖业为降低人力资源成本，选择将企业的制造厂建立在沿海发达地区、人口密度更大的地区、相对离产地和客户更近的地方，企业可以通过缩短距离降低运输成本，同时由于沿海地区人口密度大、客户较为集中、运输时间缩短，有利于企业减少因白糖结晶、变质产生的不必要损耗。

辅助作业则是为基本作业和其他辅助作业提供相关支持的，一般由企业的职能部门执行。例如，本案例中提到的辅助作业中的人力资源成本，当企业缩短运输距离时，所耗用的人力成本必然有所降低。同时，中粮糖业年报显示，中粮糖业一直积极响应国家的政策号召，扶农惠农，由此得到了价格较低的农产品原料，比如甘蔗、甜菜等，从而在一定程度上降低了原料的采购成本。

②重构价值链。企业可以通过采用和竞争对手有显著差异的价值链来降低成本。其原因在于：其一，重构和零星改进不同，要从根本上改变成本结构，产生更高的效率；其二，重构根据企业的情况改变了重要的成本动因，从而改变了其竞争基础。重构价值链的方式有很多，如采用不同的工艺、利用自动化差异、变间接销售为直接销售、采用新的分销渠道、前向（原料）或后向（产品）整合等。

企业重构价值链的机会如下：

第一，进行行业价值链重构。企业通过对现有的行业价值链进行分析，将有可能发现满足顾客需求的新方式，并同时增强企业的竞争力或形成新的能力。例如，戴尔计算机公司处于一个竞争激烈和多变的行业，其将顾客价值和成本结构进行了对比，得出库存、分销和零售成本对顾客价值增值甚少而成本甚多的结论，采取了与传统电脑产业不同的价值链模式——直销和顾客定制的方式，取得了引人注目的增长和财务回报。企业通过控制成本动因，消除不增值作业，实施精益生产、加强快速反应，以削减作业成本或增加作业价值，从而强化企业在当前价值链中的地位。企业可以通过重新评估其在行业价值链中的不同水平的投资密度，削减资产的占用，提高资产使用效率，从而提升市场竞争优势。

第二，通过强化买方价值链来扩大差异化优势。差异化战略是通过企业对买方价值链施加影响，而在为买方创造价值的过程中创造出来的。当企业降低买方成本或增加买方效益的时候，就能创造价值。企业通过降低发货成本、提供特殊或定制的产品来降低买方成本或增加买方效益，从而强化买方价值链，并扩大差异化优势。价值链分析让企业从关注收入进步到关注能否在价值链上实现成本优化或顾客价值的增加。为此，企业必须重视价值链成本的分析，并将传统的成本分析手段扩展到关注价值链之间的联系，以发现改进机会，并为自制或外购决策以及向前或向后的资源整合提供更加合理的决策依据。

3.成本动因

从价值链的角度看，每一个创造价值的活动都有一组特殊的成本动因。成本动因或多或少能够置于企业控制之下，控制成本不是控制成本本身，而是控制引起成本发生和变化的原因。识别和分析成本动因有助于认识企业相对的成本地位及其形成和变化的原因，为强化成本管理提供了有效途径。战略成本管理所强调的成本动因可以分为结构性成本动因和执行性成本动因两大类。

（1）结构性成本动因是指决定组织基础经济结构的成本驱动要素，这种动因决定了企业的长期决策，以及其在行业和市场中的定位，主要包括对研究开发、制造、营销等活动投资的规模；与企业业务范围相关的企业价值链纵向长度，以及与企业经济规模相关的横向宽度；企业具有生产该种产品的经验；企业在每一个价值链活动中所采取的技术处理方式；提供给客户的产品或劳务的种类。

（2）执行性成本动因是指企业执行作业程序相关的成本驱动因素，主要体现在如何利用资源以实现其目标的经营决策。这种成本动因是由管理政策、风格和文化所决定的，主要包括：员工在业绩改进和决策中的参与程度；员工和管理者对流程和产品的全面质量管理的认知与贡献程度；在既定企业建设规模下，生产能力运用的程度；工厂当前设计的效率、产品研究效率以及是否符合市场需求；充分利用上游供应商和下游顾客之间的价值链。

在结构性成本动因与执行性成本动因中，很多是非量化的动因，但其对产品成本的影响更大、更持久，因而也更应予以重视。在企业基础经济结构既定的条件下，通过执行性成本动因分析，可以提高生产各种执行性成本动因的能动性，并优化它们之间的组合，从而使价值链活动达到最佳效果；而对结构性成本动因，未必总是越多越好，如单纯扩大企业规模或运用高新技术，对管理水平有限的企业而言，就不一定是好事了。

企业通过比竞争对手更好地控制成本动因，可以降低成本。不同的成本动因有不同的控制方式。要控制规模，应通过兼并、扩展产品种类、增加市场营销活动等方式来扩大规模，以降低成本。在企业选择价值链范围时，要考虑地理位置因素。该因素在企业生产空间组织、原料和产品运输分配方面对成本产生影响，选择时应考虑靠近原料产地、能源供应充足、水源有保证、气候适宜、运输成本相对低、人力资源分布、接近消费市场、社会文化习俗影响、教学科研机构的分布等。在经验方面，可以利用学习曲线效应。企业应结合竞争战略制定学习战略目标，比较学习的速度，并突破地理和内部竞争的阻碍形成共享学习的机制。保持学习的专有性，降低向竞争对手的溢出，并同时向竞争对手学习。在技术方面，可以加强技术投资、开发低成本工艺、推动自动化，或进行低成本的产品设计，以降低成本。在联结关系方面，企业应当充分识别联系和恰当整合价值链内部的成本因素，以改变成本状况。加强和供应商、销售渠道的合作，利用纵向联系，使各自的价值链得以优化并共享收益。

4.竞争优势

企业要生存下去，就必须向顾客提供他们所需要的产品或服务，同时顶住竞争压力，这就要求企业必须拥有竞争优势。竞争优势来源于企业能否以同样的成本创造较多的顾客价值，或是以较低的成本创造同样的顾客价值。按照波特的理论，企业获取竞争优势的基本战略有成本领先战略和差异化战略。

（1）成本领先战略的核心是企业决定在所属行业中成为低成本生产的企业，应用一切可能的方式和手段，如规模经济、专用技术、原料优惠供应等，使其成本低于竞争对手，并以此取得超过其他厂家的竞争优势。如果企业能够创造和维持全面的成本领先地位，那它只要将价格控制在行业平均水平或接近平均的水平，就能获取优于平均水平的经营业绩，或者在与对手相当或相对较低的价位上，扩大市场份额，或者保持当前的盈利能力。

（2）差异化战略的核心是企业提供具有独特性的产品，从而和竞争对手区分开来，其特点是突出产品为客户所看重的某一方面的特定功能，力求在为客户所重视的产品性能的某一方面独树一帜，以便增强企业产品的竞争力。差异化可以通过及时送货、提供高质量产品或更多的产品和服务选择等方式来实现，但企业需要为此增加成本。判断差异化战略成败的标志是实现差异化所增加的溢价收入是否超过了为此而追加的成本。一旦形成了买方所希望或乐意接受的差异化优势，企业就可以得到价格溢价的报酬，并保持市场份额，或者可以在一定的价格下出售更多的产品，或在周期性、季节性市场萎缩期间获得诸如买方忠诚等相应的利益，从而扩大市场份额。实施差异化战略的企业并不排斥成本领先战略的重要性。它们必须通过降低不影响产品性能的成本，力图保持与竞争对手相近的成本，使企业能够以较低的成本维持产品的差异性。

不论企业采取何种战略，在企业战略制定、选择和实施过程中需要考虑的重点问题都是成本问题，而且不同的战略，将导致不同的成本管理方式。对于成熟的行业里采取成本领先战略的企业而言，采用先进的成本标准是控制的主要手段。而对于在快速多变的行业里采取差异化战略的企业而言，这种标准并不适用，它们更需要反映变革效果的手段。

企业要降低成本，可以采取以下两种方式：一是在既定的经济规模、技术条件、质量标准条件下，通过降低消耗、提高劳动生产率等措施降低成本。这种方式的成本降低以现有条件为前提，是日常成本管理的重点内容，主要通过建立责任成本制度等方式进行控制。二是改变成本发生的基础条件。

五、关键要点

该案例分析的关键要点是企业战略成本管理的选择及规划利用，以及对于各战略规划的适用场景、作用影响的掌握，结合价值链分析、成本动因分析，有效地解决企业现有问题与疑虑，从而帮助企业更好地进行经营决策，使其在行业内脱颖而出，最终实现企业的利润最大化的目标。总的来说，采用更加契合企业的战略规划，其所提供的成本信息就更加准确和可靠，从而帮助企业制定更优秀的产品方案，也更有助于企业的未来发展。

六、建议课堂计划

本案例可以作为专门的案例讨论课来进行。以下是按照时间进度提供的课堂计划建议，仅供参考。

整个案例课的课堂时间控制在90分钟。

1.课前计划

提前发放案例，并提出启发式考题，请学员在课前完成阅读和初步思考，并了解企业战略成本管理理论知识。

2.课中计划

(1) 课堂发言：教师简要介绍案例主题。(5分钟)

(2) 案例故事回顾：对学生进行随机提问，将案例故事全貌做一回顾，使学生“热身”案例事件要点，为下一步讨论打好基础。(10 ~ 15分钟)

(3) 案例分析与讨论：按照启发思考题的顺序逐个提出问题并进行理论的讲解和引导分析。提问可以以小组出代表或随机点名或二者结合的方式来调动全体学生参与的积极性；然后，由每个小组推荐出一名代表，分别阐述自己的观点，并要求本组成员至少还有两人发表观点，以补充或完善本组的观点。

(4) 允许各组之间进行观点的辩驳。教师应当提供互相解释的机会，鼓励相互间的辩驳。

(5) 教师应当对此案例进行引导、总结和拓展。

3.课后计划

请学员结合课堂中的讨论学习，完成案例分析报告，对案例中存在的问题给出自己的观点和意见，并鼓励学生谈一下通过学习本案例而获得的启发，交流心得，真正起到理论和实践相结合的效果。

第3章　管理会计工具在经营决策中的应用案例

案例6

科技创新助力企业存货管理——以京东为例

摘　要

本案例适用于本科“管理会计”课程中存货管理内容的案例教学。本案例选取电商零售行业中具有代表性的京东集团，案例材料重点阐述了京东集团在逐步发展及规模扩张的过程中自建物流，京东集团利用自身拥有的数据、信息和成熟的技术优势，并致力于实现智慧物流而持续不断进行科技创新，实现青龙系统的构建以及智能无人仓的投入使用，进而以智能平台和系统建设助力存货高效管理的过程。案例旨在引导学生理解和掌握存货管理的理论知识点，能够结合实际分析京东进行存货管理的必要性，以及京东存货管理的策略，最后重点分析科技创新对于京东存货管理的影响路径。

关键词

京东青龙系统　无人仓　存货管理

案例正文

一、引言

2022年11月10日23点50分，河南南部一个县城城郊的居民楼里灯还亮着，呼呼的北风疯了似的一个劲儿地往门缝儿和窗户缝儿里钻，老赵和媳妇小柳围坐在电暖扇前唠着家常。

老赵：这瓜子多香嘞，你咋不嗑？

小柳：冻手，懒得嗑。早早就让你买空调，等到现在了你也没买。唉！

老赵：别急，再等十分钟，“双十一”开始我就下单，别人家媳妇有的，我也必须给你安排。

小柳：“双十一”那么多人买东西，猴年马月才能送到？

老赵：哎，这你就不知道了吧？在京东自营买，物流很快，最多两天就到了。

小柳：两天就能到？你别胡咧咧。

老赵：真嘞，我骗你干啥呢，人家京东仓库都是机器人工作，快得很。

听完这些话，平日只在天猫和淘宝网购衣服以及化妆品的小柳心里有些嘀咕：真的两天就能到，这么快？那真挺好。心里不免对京东这个平台产生了好奇，想要了解一下，京东到底是一个怎样的平台。正想问，但抬头看了下老赵正忙着下单，肯定没时间理她，于是自己在浏览器搜索框里输入了：京东，然后按下了搜索键。

二、公司介绍

1998年，刘强东辞去了在外企的工作，在北京中关村租了个小柜台，创办了京东，开始了自己的创业生涯，公司最开始的主营业务是代理销售光磁产品，主要出售刻录机、压缩卡和光盘，生意越来越好，在短短两年内成为全国较具影响力的光磁产品代理商。刻录机毛利润的下滑使得刘强东对他的创业方向做出改变，这次他将目光锁定在了IT产品连锁店上，2001年刘强东的第一家零售店在中关村开张，取名“京东多媒体”，主要出售声卡、键盘、鼠标等电脑产品，刘强东开始了从代理商向零售商的转变。同样，京东的连锁店业务也做得风生水起，新的店面不断开张。2003年，正当刘强东踌躇满志地要把连锁店开到18家的时候，一场突如其来的天灾彻底打乱了刘强东的计划，“非典”使刘强东的业务大受影响，使其线下业务不断萎缩，刘强东为了连锁店的生存，不得不将其业务放到了网上，希望通过网络处理掉京东的库存。之后，正当刘强东打算逐步恢复线下业务的时候，让刘强东感到意外的是来自网上的订单越来越多，很快超过了线下连锁店的业务量，而且增长速度在不断加快。2004年，京东多媒体电子商务网站开始上线，京东的业务重心开始向电商转变。历经十年发展，京东于2014年5月在美国纳斯达克证券交易所正式挂牌上市，是中国首个成功赴美上市的综合型电商平台。2017年，京东开始进行全面技术转型，截至2021年底，京东已经在技术研发方面投入了近800亿元的资金。2020年6月，京东在我国香港地区二次上市，此次上市募集的约345.58亿港元主要用于与供应链有关的核心技术开发和创新。京东的发展历程如图3-1所示。

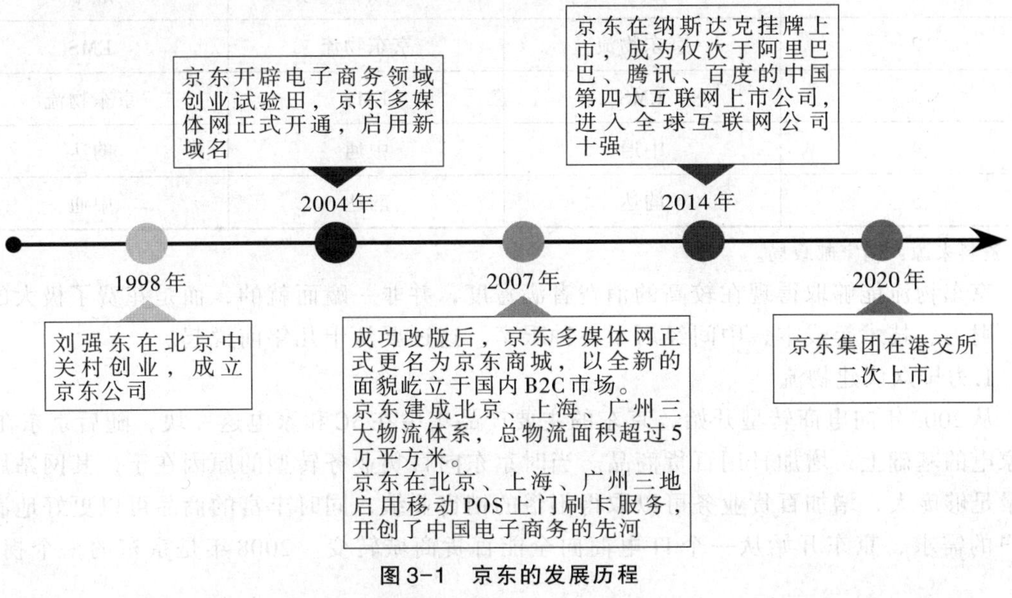

图3-1 京东的发展历程

目前，我国B2C电商行业经过数年发展已经形成较为稳定的局面，如图3-2所示，在2022年电商市场零售份额中，天猫名列第一，占比为63%：京东虽然是第二名，但是仅仅占领了31%的市场；第三名苏宁易购与第二名差距依旧明显，仅占3%，而剩余的企业，如唯品会、当当、亚马逊中国等电商平台共同占据3%的市场份额。整个电商行业两极分化严重，市场竞争激烈。如果企业没有特别突出的竞争优势，很难吃到这块蛋糕。

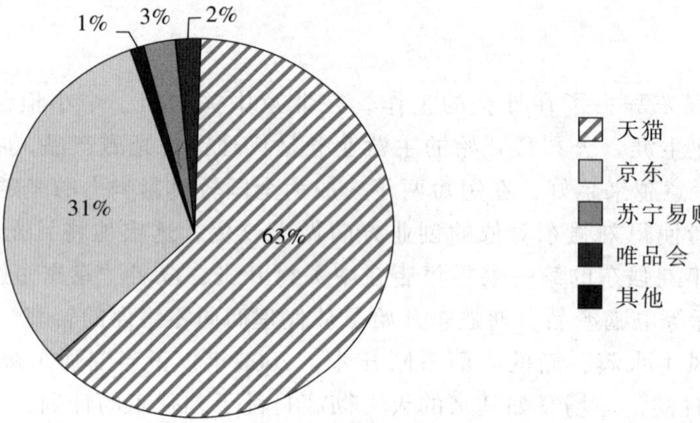

图3-2 2022年电商零售市场份额

三、相关背景介绍

目前，通过京东物流，京东90%的订单可以在当天或次日送达，消费者对京东物流形成了时效又快又稳的品牌认知。根据国家邮政局的数据，京东物流在2021年消费者满意度调查中超越EMS排名第二（见表3-1）。

表3-1 消费者物流满意度调查

排名	2021年	2020年	2019年
1	顺丰	顺丰	顺丰
2	京东物流	京东物流	EMS
3	EMS	EMS	京东物流
4	中通	中通	韵达
5	韵达	韵达	中通

资料来源：国家邮政局。

京东物流能够取得现在较高的消费者满意度，并非一蹴而就的，而是花费了极大的人力、财力、技术等成本，中间经历了各种艰辛。这还要从十几年前说起。

1.力排众议建物流

从2005年向电商转型开始，京东的主要产品集中在3C和家电这一块，随后京东在3C和家电的基础上，增加日用百货商品。当时京东向百货业务转型的原因在于，其网站用户流量足够庞大，增加百货业务可以取得不俗的销售业绩，同时丰富的商品可以更好地满足用户的需求，京东开始从一个IT电商向全能百货商城转变。2008年是京东的一个拐点，当年京东商城的销售额达到13亿元，首次超越当当、卓越亚马逊成为中国最大的自主式B2C网站，当然3C依然是其主营业务。问题也随之而来，同一时期，电商平台涉足此类业务的较少，大部分还仅限于销售服饰、图书等抗摔耐挤压的商品。第三方物流的服务质量极不稳定，消费者不信任物流，2008年有70%的客户投诉是因为物流问题，如送货慢、货物损坏严重等。于是在一次董事会上发生如下对话：

刘强东："只有自建物流，提升用户体验，才能解决这些问题。"

投资人："那你先做个预算吧。"

刘强东："大概需要花10亿美元。"

投资人："你连2 000万美元都没有融到，现在说要花10亿美元？"

最终以刘强东的执着力排众议使这一战略得以实施。2007年，京东开始自建物流，在集团旗下开设物流服务部，同年4月，京东设立了覆盖广西、湖南、福建、广东、江西、海南这六个地区的华南区。也是在这一年，京东开始组建自己的配送团队。

2.技术创新出青龙

青龙系统是京东物流体系的关键技术，2011年京东启动该项技术的研发，2012年在全国范围内实现1.0版本的应用。青龙系统在整个结构设计上涵盖了供应商、站点、分拣中心、配送人员以及车辆的全部资料信息，确保各子系统能够在完成各自分工任务的同时实现数据共享。下面以青龙2.0版本为例介绍其主要应用架构（如图3-3所示）。

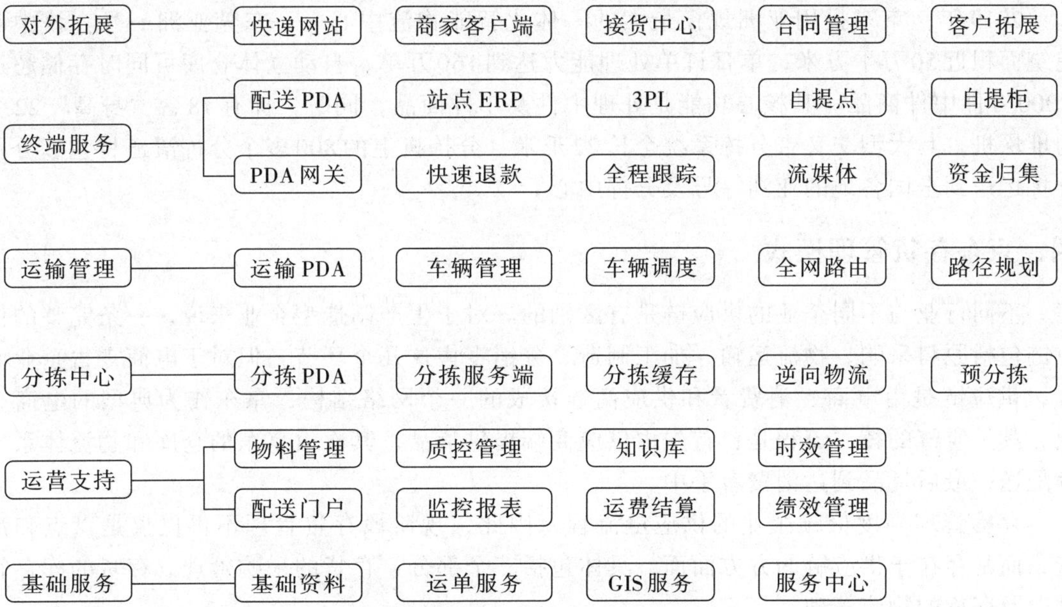

图3-3 青龙2.0版本核心子系统

青龙2.0版本涉及了PDA系统、预分拣系统、质控系统、运单系统、GIS系统、自提柜系统、车辆调度与管理等。

PDA是青龙系统的生成系统，主要用在分拣配送环节，很大程度上提升了分拣速度和配送人员效率。运单系统主要用于订单状态的全过程跟踪，可以对接PDA的实时数据，也可供外部系统调用。质控系统主要监控物流配送的异常状态，尽最大可能保证货物与配送服务质量。GIS助力于青龙系统配送网络的构建。自提柜系统解决了"最后一公里"的难题，使得物流末端的服务质量和效率大幅提高。

预分拣系统是该系统的关键，它的用途在于接收到订单传输给分拣中心，随后通过对订单的地址信息识别将订单分配给与之对应的站点，再经分拣中心开展智慧化分拣。在预分拣程序中，青龙系统利用大数据技术对地址、关键字等进行匹配，确保了订单自动分拣的高效精准。

京东物流配送整个流程由青龙系统核心驱动，较原有的配送系统大幅提升了整体效率和精准度，与智能仓储系统配合，实现订单处理能力的整体提高。青龙系统的核心技术即为大数据处理技术。其每天处理上亿级的数据量，日处理订单量达到百万级别，不但保证了京东物流的效率，也收获了很高的用户评价，极大提升了用户体验度。

3.再度创新无人仓

2014年，京东在上海启动首座亚洲一号智能仓库，当年10月正式投入使用，是国内最大、最先进的电商物流中心之一。在硬件方面，上海亚洲一号拥有自动化立体仓库、自动分拣机等先进设备；在软件方面，仓库管理、控制、分拣和配送信息系统等均由京东公司开发并拥有自主知识产权，整个系统均由京东公司总集成。自动入库运输机可实现托盘货物的自动出、入库。堆垛机可实现托盘货物的自动存货、取货和补货，运行速度达180米/分钟。在立体仓库拣货区，可实现自动补货，拣选货物后自动输送。自动分拣机可自动供包，分拣处理能力超过20 000件/小时，分拣准确率超过99.99%。

2019年，京东投用亚洲规模最大的一体化智能物流中心——东莞亚洲一号。该中心建筑面积近50万平方米，单日订单处理能力达到160万单，自动立体仓库可同时存储超过2 000万件中件商品。其核心功能是处理中件及小件商品，同时，拥有78台“身高”22米的堆垛机，其大型交叉带分拣系统全长22千米，分拣机上的800多个分拣滑道将包裹分别分拣运送到全国各地的亚洲一号及分拣中心。

四、京东存货管理模式

不同行业与不同企业的供应链是有区别的。对于生产制造型企业来说，一条完整的供应链包括原料采购、物流运输、加工制造、分销零售这几个环节。但对于电商零售企业而言，供应链是由电商、消费者和供应商连接成的一个网络结构，京东作为典型的电商企业，其供应链的核心流程是：首先由供应商端提供货品，其次由京东的仓库和物流体系发货配送，最后货品到达消费者手中。

存货管理高度依赖企业的供应链流程，因此，现阶段存货管理不再仅仅是盘点和清查，而是存在于供应链的方方面面，具体包括三个部分：存货的采购管理、存货的库存管理以及存货的物流管理。

（一）采购管理环节

京东集团依托青龙系统的技术优势，采用基于“以销定采”理念的智能化采购系统，并将采购系统拆解成“销量预测+智能补货系统”两部分。首先，通过大数据处理技术对历史的销售数据进行采集，经过分析预测出销量，智能补货系统依据预测的销量，确定合理的采购和库存规模，形成补货方案，采购部门根据补货方案实施采购；此外，京东的智能补货系统可以根据不同类型的产品匹配不同的补货模型，实现多级补货。比如，针对销售量持续稳定的产品可匹配基础安全库存模型，针对销量少但种类多并且总量巨大的产品可匹配连续补货模型，从而确定合理的库存结构，做到精准自动补货。

（二）库存管理环节

在存货的库存管理中，有智能无人仓技术支持，所有进库商品都会附上一个专有的条码，条码中包含商品的全部信息，通过识别条码，可以精准找到一一对应的商品，因此借助唯一对应的条码，结合无人仓的智能机器人，使得仓库中商品的上架、取货以及库存盘点均实现无人化，保证配货效率以及发货和退货的精确度。无人仓的智能化管理使得仓库资源合理配置，最大化地利用仓库空间，并且无人仓智能化技术的使用也大大降低了库存管理中的人工成本。

（三）物流管理环节

随着京东物流体系的持续投入，仓库数量及面积逐年增长。截至2020年底，京东运营仓库900个，仓储面积达2 100万平方米。仓库设施主要包括区域配送中心、前端配送中心和其他仓库，其中区域配送中心能够存储更多的SKU，为更大范围的客户提供服务。截至2020年12月31日，京东运营的区域配送中心超300个，覆盖中国的七大区域；前端配送中心规模较小，存储的SKU较少，存储在其附近地区需求量较大的商品，更靠近消费者。京东在配送环节拥有物流配送人员19.3万人，庞大的物流仓储配送体系用于支撑零售业务的高效运转。

从开始自建物流渠道以来，京东一直在持续投入大量资金用于提升物流分拣能力，扩大仓储规模（如图3-4所示）。从京东近年来公布的数据可以看到，截至2022年底，京东物流在全国拥有超过1 500个仓库和超过2 000个云仓，管理总面积超过3 000万平方米。总体来看，京东自建物流通过近年来的建设，已经形成了能够覆盖全国的巨大规模，但在建设期间的持续资源投入给京东营运资金流动造成巨大阻碍，同时重资产模式运行在未来会面临的大额摊销和折旧也会给京东持续造成较大的财务压力。

图3-4 2015—2022京东物流仓库数量（个）

智慧化的物流体系将电商平台、经销商以及B2B的所有库存信息全部集中共享在京东云仓中，由此可以实现电商销售渠道以及实体店面销售渠道均可从云仓中获取商品库存信息，进而快速地将商品配送给消费者，由此供应链系统在供货工厂、线下门店、云仓和消费者终端之间建立了一个无形的数据网络。青龙系统对海量商品订单信息可以及时快速的处理，经过智能仓库环节之后，最终通过自提柜、自提网点或配送人员完成订单的配送。在进行商品配送时，利用青龙系统中的GIS地理信息管理技术和RFID技术，能够让消费者实时追踪自己所购商品的运输全过程。京东物流运营模式如图3-5所示。

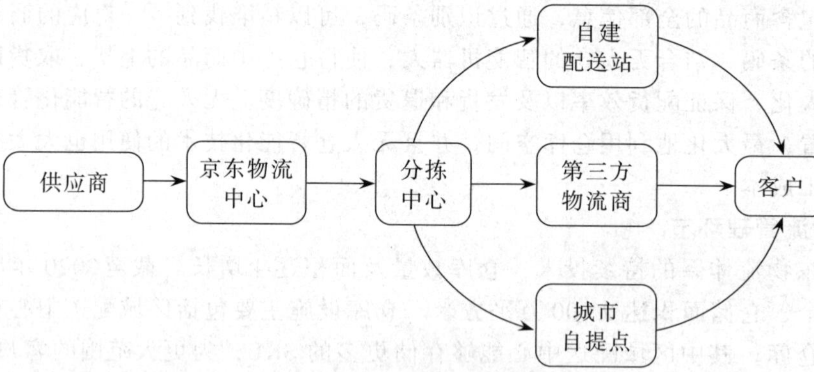

图3-5 京东物流运营模式

（四）京东存货管理情况列示

1.主要财务数据

如表3-2所示，京东自2014年以来，资产总额一直在不断增加，其中非流动资产和流动资产均有大幅度增加。截至2022年，非流动资产近2 442亿元，约是2014年非流动资产规模的15倍；流动资产近3 511亿元，约是2014年流动资产规模的7倍。同时，存货规模也在大幅增加；从2014年到2022年，9年的时间，存货增加了约658亿元。存货增加的同时，企业的营业收入和营业成本也在增加。综合来看，京东规模的逐年扩大与其资产以及存货的增加有紧密关系。

表3-2 京东2014—2022年资产负债表部分数据 单位：亿元

年份	2014	2015	2016	2017	2018	2019	2020	2021	2022
存货	121.91	205.4	289.1	417	440.3	579.32	589.33	756.01	779.49
流动资产	499.42	584.68	1 069.32	1 150.29	1 048.56	1 390.95	2 348.01	2 996.73	3 510.74
非流动资产	165.51	265. 47	534.41	690.26	1 043.09	1 206.29	1 874.86	1 968.35	2 441.76
总资产	664.93	850.15	1 603.74	1 840.55	2 091.65	2 597.24	4 222.87	4 965.08	5 952.5
营业收入	1 150.02	1 810.42	2 582.90	3 623.32	4 620.2	5 768.88	7 458	9 515.93	10 462.36
营业成本	1 016.31	1 589.6	2 229.35	3 115.17	3 960.66	4 924.67	6 380	8 240	8 991.6

资料来源：通过京东2014—2022年年报整理所得。

2.流动资产规模

从表3-3数据可以分析得出，2014年至2022年期间，京东流动资产除2018年外，其他年份均逐年增加，同时流动资产在总资产中的占比较大，连续9年比重均超过50%，但比重自2015年到2018年均呈现下降趋势（如图3-6所示）。在这期间，京东致力于自建物流体系，因此流动资产比重持续下降与京东大力投入资金布局物流体系的时间和状态吻合。

表3-3　京东2014—2022年流动资产在总资产中的占比情况　金额单位：亿元

年份	2014	2015	2016	2017	2018	2019	2020	2021	2022
流动资产	499.42	584.68	1 069.32	1 150.29	1 048.56	1 390.95	2 348.01	2 996.73	3 510.74
总资产	664.93	850.15	1 603.74	1 840.59	2 091.65	2 597.24	4 222.87	4 965.08	5 952.5
流动资产占比	75.11%	68.77%	66.68%	62.50%	50.13%	53.55%	55.60%	60.36%	58.98%

资料来源：通过京东2014—2022年年报整理所得。

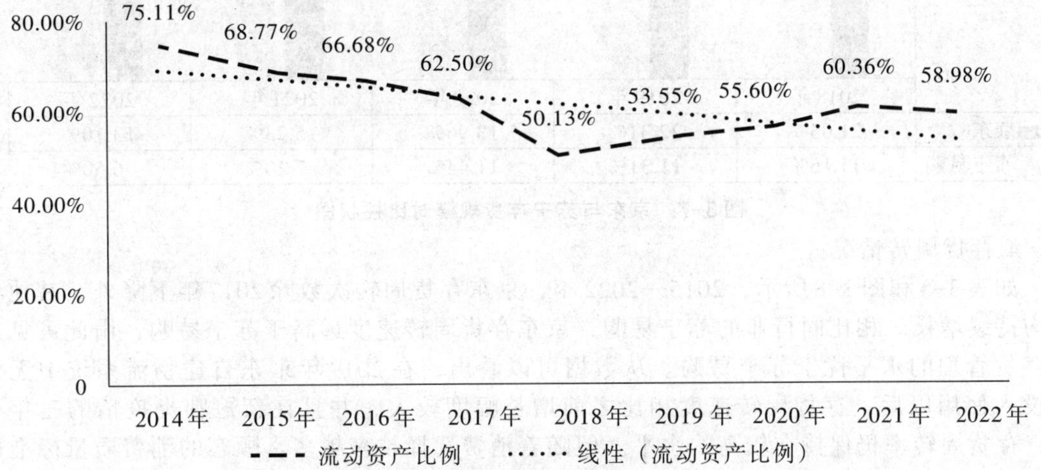

图3-6　2014—2022年京东流动资产规模变化趋势图

3.存货规模

根据表3-4数据可知，京东连续9年存货占流动资产比重维持在22%~42%，占总资产的比重为13%~25%。结合表3-2数据可知，京东在2014—2022年存货规模持续增长的同时，营业收入同样保持持续增长。

表3-4　京东2014—2022年存货占比情况

年份	2014	2015	2016	2017	2018	2019	2020	2021	2022
存货占流动资产比重	24.41%	35.13%	27.04%	36.25%	41.99%	41.65%	25.10%	25.23%	22.20%
存货占总资产比重	18.33%	24.16%	18.03%	22.66%	21.05%	22.31%	13.96%	15.23%	13.10%

资料来源：通过京东2014—2022年年报整理所得。

由图3-7数据可知，2018—2022年京东存货占总资产的比重与同行业的企业苏宁易购比较，虽然存货占比整体呈下降趋势，但存货规模远大于苏宁易购的存货规模，最高比例占到总资产的22.31%，由此可见存货企业中资产的“分量”，因此如何能够科学合理地进行存货管理，对企业的经营业绩以及健康发展的重要性不言而喻。

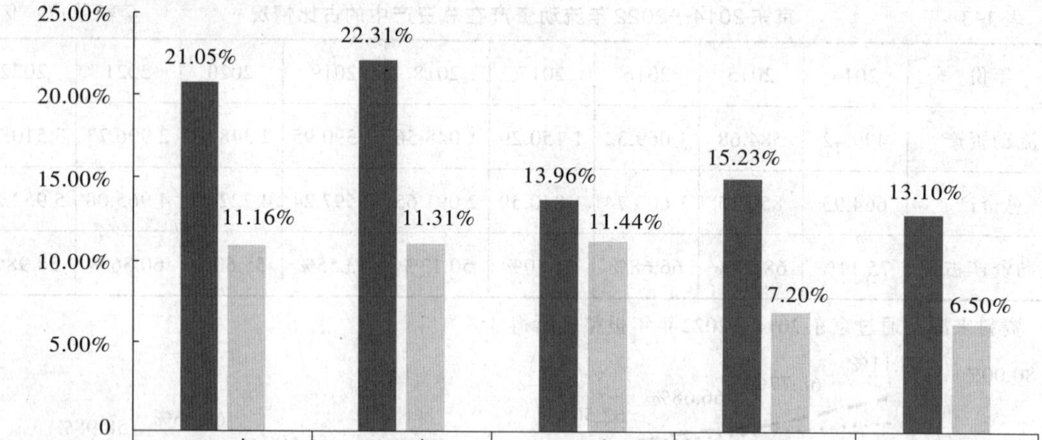

	2018年	2019年	2020年	2021年	2022年
京东	21.05%	22.31%	13.96%	15.23%	13.10%
苏宁易购	11.16%	11.31%	11.44%	7.20%	6.50%

图3-7　京东与苏宁存货规模对比柱状图

4.存货周转情况

如表3-5和图3-8所示，2015—2022年，京东存货周转次数除2017年下降外，其他年份均持续增长。相比同行业的苏宁易购，京东存货周转速度远高于苏宁易购，由此可见京东存货管理的水平优于苏宁易购。从数据可以看出，在2019年京东自建物流系统中无人仓投入使用以后，存货周转速度相比之前增长幅度较大，并且在新冠肺炎疫情的三年期间，存货周转率仍保持在较高的水平。但随着消费选择越来越多，顾客的消费质量标准也越来越高，而且消费者更在意消费体验，为提高顾客满意度，保证随时下单随时有货，因此电商企业的存货管理压力是持续增加的。

表3-5　京东与苏宁易购存货周转情况表

年份	2015	2016	2017	2018	2019	2020	2021	2022
京东	9.59	8.93	8.82	9.24	9.66	11.11	11.58	11.71
苏宁易购	7.72	8.96	9.8	10.2	9.38	8.8	7.1	6.14

资料来源：通过京东2014—2022年年报整理所得。

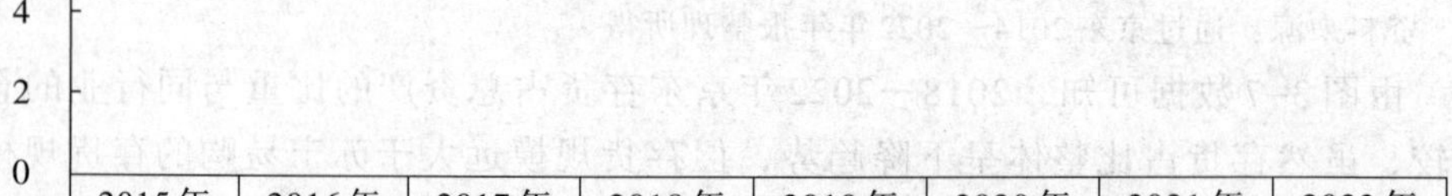

	2015年	2016年	2017年	2018年	2019年	2020年	2021年	2022年
京东	9.59	8.93	8.82	9.24	9.66	11.11	11.58	11.71
苏宁易购	7.72	8.96	9.8	10.2	9.38	8.8	7.1	6.14

图3-8　2015—2022年京东与苏宁易购存货周转情况对比图

五、未来发展

2021年春节，一位名叫王冠军的北京快递小哥因为返乡而被业主联名挽留的故事引发网友纷纷点赞，这一事件证明京东物流给予了客户满意的用户体验，得到众多消费者的认可。

1987年出生的王冠军是山东聊城人，2016年入职京东物流，来到京东物流北京金域国际营业部后，他为人热情、态度积极、工作踏实，与小区内所有人关系都很融洽，服务评价极高。

在公司组织的大型促销期间，他经常加班理货、配送到很晚，好多住户都收过他在凌晨放到家门口的快递。如果住户要寄快递，他也会提醒，如果不着急，就等第二天再寄会有优惠；到了第二天，他会准时到家门口来取包裹。如果快递员不能进入小区，那么，无论刮风下雨，他都会一直等在小区门口，直到住户将所有快递取走。

5年来，大家只要看到快递员是王冠军，心里就特别踏实。2021年春节，为社区服务了5年的王冠军打算回家探亲，因为返乡时间比较长，居民们以为王冠军要离开，于是建了专门的微信群，纷纷进行挽留。居民们把他称为"温暖我们的普通人""最棒的快递员，没有之一"。

据京东物流消息，王冠军春节返乡是因为家中有事情要处理，在处理完之后就将返回。

京东物流之于京东商城来说，就像水之于鱼，是其一张王牌。但目前这张王牌能不能一直强势打下去，还未有定论：

2021年10月底，极兔将百世国内快递业务一举收购的消息"炸"了全场。2017年，刘强东在接受采访时曾预言："未来我国物流行业或许只有两家快递公司能存活下来，一家是京东，另一家就是顺丰。"

面对极兔的突然搅局，京东物流如何应对竞争压力，抢占市场份额，实现未来快递行业只有京东和顺丰存在的预言？

另外，尽管京东物流在业界的口碑较好，但相比行业老大哥顺丰来说还是有些许望尘莫及的。仅从营收上而言，2019年京东物流的营收是498亿元，而顺丰的营收是1 122亿元，京东营收不足顺丰营收的一半。到了2020年，京东物流营收为734亿元，顺丰营收为1 517亿元，京东物流营收仍不足顺丰营收的一半。再看2021年，京东物流营收首次破千亿大关，实现1 047亿元，顺丰营收为2 072亿元，京东物流营收刚刚过了顺丰营收的一半，但差距甚远。

再从毛利率来看，2019—2021年三年间，京东物流的毛利率分别为6.9%、8.6%、5.5%，而顺丰的毛利率分别为17.4%、16.4%、12.37%。虽然顺丰的毛利率在逐年下降，但京东与之仍相差较远。未来如何与顺丰平分秋色，对于京东物流来说是一个关键又并不简单的问题。未来的竞争会更加残酷和激烈，未来企业的创新会成为一种常态，企业和个人都会体会到技术创新带来的福利。

六、回味时刻

京东无人仓研发工程师说："京东自建物流体系能够提供丰富的应用场景，满足复杂多变的用户需求。多样的机器人种类能够应用在仓内多个环节，必然提升仓储运行效率。省时省力是无人仓的优势所在，能达到标准化、模块化，可以和更复杂的物流系统对接，保证在仓储稳定高效运转的同时降低运营成本，这是无人仓的目标所在。”

京东无人仓正在通过具体的应用场景创新走向落地，而不仅仅停留在概念和构想层面，它兼具了实用性和先进性。

近年来，在国内工业机器人需求量激增以及《中国制造2025》、智慧物流等各项政策的保驾护航下，我国AGV机器人销售量持续增长。根据前瞻产业研究院《2018—2023年中国仓储物流行业市场前瞻与投资战略规划分析报告》数据，2013年我国AGV机器人销量为2 439台，2014年上升至3 150台，同比增长29.15%，而在仓储领域，2016年仓储AGV销量接近1 500台，占整体AGV销量的15%。根据前瞻产业研究院的统计，收益与消费升级和智能制造发展促使近年来我国自动化物流装备市场规模快速增长，2016年达到了758亿元，同比增长30.02%，2022年突破2 600亿元。AGV是实现自动化物流的重要设备之一，未来随着自动化物流的发展，仓储AGV市场将会有非常广阔的前景。

无人仓给智慧物流发展带来了很多想象力，无人仓背后的技术与创新代表着智能制造的未来，代表着《中国制造2025》第一阶段目标实现的必然性，预示着实现从中国制造向中国创造、中国速度向中国质量、中国产品向中国品牌转变的必然可能。

案例使用说明

一、教学目的与用途

1.适用的课程：管理会计

本案例的教学目标：本案例通过描述京东物流强化科技领先、打造智慧物流的过程，让学生了解京东进行科技创新的背景以及成果，从而激发学生对存货管理相关知识思考和学习的积极性，同时引发学生对京东通过科技力量作用于企业供应链管理进而助力企业存货管理的思考。具体达到以下教学目标；

（1）了解存货管理的特点和重要性。

（2）了解企业进行存货管理的关键点。

（3）了解技术创新影响企业存货管理的路径。

2.授课对象

本案例主要适用于开设“管理会计”课程的所有本科生课堂教学。

二、启发思考题

1.存货管理对于电商企业的重要性？

2.京东的存货管理水平如何？

3.青龙系统以及无人仓的应用如何影响京东存货管理的效率？

三、分析思路

（一）总体思路

教师可以根据自己的教学目标来灵活使用本案例，我们在这里提出本案例的分析思路，仅供参考。

首先，将学生引入到案例相关内容上来。在正式分析与讨论案例的核心问题之前，先向学生提出以下与案例背景相关的问题：同学们有过网购的经历吗？常用的网购平台有哪些？在网购的过程中你最看中的是商品的质量还是配送的速度？如果网购电子产品或者家用电器，你会选择京东还是天猫？为什么？这些问题有助于将学生引入到案例情景中，对案例所述公司形成初步了解，增加学生参与讨论的热情。

其次，讨论京东集团的发展历程以及自建物流的历程。京东为什么一定要搭建自己的物流体系而不依赖于第三方物流？在自建物流体系的过程中为什么要不惜高额的成本去投入研发？青龙系统和无人仓给京东带来的核心竞争力是什么？通过对这些问题的讨论和总结，进一步了解京东进行科技创新的背景以及成果。

再次，讨论青龙系统和无人仓提升了电商企业的什么效率？结合给出的历年数据分析青龙系统和无人仓对于存货管理的影响机制是什么？通过这些问题的讨论可以总结京东在物流上的科技创新对存货管理产生的影响效应。

最后，讨论科技创新给电商企业的整体发展带来的影响，归纳总结出该案例分析对相关企业未来发展的建议。

（二）思考引导要点

在具体分析各思考题时建议的思考引导要点如下：

1.电商企业的特征、存货的持有成本。

2.存货周转速度、存货储存成本。

3.技术创新对供应链采购、销售、库存方式的影响，进而影响存货管理效率。

四、理论依据及分析

1.理论依据

存货管理是为了保障企业进行正常的经营和运转而对企业的存货进行控制和管理的一种活动。企业开展存货管理的目的是平衡存货管理成本以及效益之间的关系，通过降低存货的各方面成本，进一步降低企业的总成本，最终达到增加企业营业收入的目的。不管是生产制造企业，还是商品流通企业，企业都是靠建立和维持库存来赢得客户关系。存货的水平关系到客户需求是否能够得到满足，也关系到企业的管理是否高效。假如把企业的存货比作一个水壶，顾客来了需要用水，餐厅就需要将水壶加满以满足顾客需求，餐厅的饮用水少了，就要想办法进行蓄水。但蓄水池的水也不能过满，否则溢出水池，得不偿失。所以，保证适量的存货储备，可以保障顾客来了“有水可饮”，缓解市场中因为各种特殊原因而导致供需脱节的矛盾。

（1）供应链管理理论

供应链是由供应商、制造商、仓库、配送中心和渠道商等构成的物流网络。同一企业可能构成这个网络中的不同节点，但更多的情况下是由不同的企业构成这个网络中的不同节点。供应链管理将上下游关联企业联合起来看作一个整体，以核心企业为中心，通过上下游之间的信息交互，把繁杂的存货管理信息进行整合，协调好企业之间的资源，最终达到更好地为企业服务的目的。作为一种集成化的管理系统，供应链管理为存货管理提供了一种新思路。

现阶段的供应链管理的最终目标是为了实现包括供应商、生产商以及销售商在内的供应链整个链条上的利益最大化，在尽可能地降低企业成本的基础上，生产出质优的商品，优化整个体系的管理。随着现代科学技术的持续进步，信息管理的重要性在供应链管理中也逐渐凸显了出来。企业间可以利用电子数据交换、互联网技术手段优化与客户和供应商之间的沟通，在这种情况下，企业与供应链上下游的供应商以及客户间的沟通也将会越频繁，相互之间的交流越多，也就越能了解到互相的需求，进而能够准确地从供应商那购进顾客想要的商品进行销售，减少由于信息不对称而产生的销售风险。从总体上看供应链管理，企业需要在信息共享的背景下，与供应链上下游环节的企业建立合作互赢的商业关系，才能够在最大限度上优化供应链管理水平。能否进行高效的供应链管理，决定了企业能否在市场中立足。

（2）零库存管理理论

零库存管理理论的基本理念是以需求确定供给，依据需求方提出的要求，将物品按照规定时间配送至指定地点，不多送也不少送，不早送也不晚送。它代表的是存货管理中的理想化状态，通过设立最高标准——零库存标准，以此给出一个陆续改进的途径：通过不断降低存货的储备量，发现在存货采购和管理中存在的问题，依次解决这些问题，最终达到零库存的完美状态。在供应链的视角下实现零库存管理模式，需要企业与下游供应商协调一致，如此，双方均能获益。对于供应商来说，通过即时获得订单信息，企业能够更为迅速地对市场做出反应，提高供应商的应变能力：对于需求企业来说，通过与供应商建立合作关系，可以提高企业的存货管理水平，并对产品的质量进行有效的控制。

（3）供应商管理库存理论

供应商管理库存模式是通过与供应商之间进行战略合作的方式进行存货管理。该模式为上下游企业搭建统一框架，运用一种系统的、集成化的模式来进行有效的存货管理。这种存货管理模式允许上游供应商对下游企业的库存策略和订货计划进行管理，并通过持续修正现有的框架，实现存货管理效率的提高。实施供应商管理库存模式，能够将原本属于自身的存货管理成本转移到供应商身上，从而有效地降低自身的库存量，提高存货管理效率。此外，这种存货管理模式也可以有效地缩短采购的提前期，改善企业缺货状况，并且双方基于互利互惠的原则，下游企业能够以较低的价格从供应商处取得商品，进一步提高服务水平。但是供应商管理库存模式可合作范围较小，这种模式的首要前提是可以找到能足够信赖的供应商，但这在现实中很难完全做到，并且完全由供应商来进行存货管理决策风险水平较高，一旦决策失误，下游企业很有可能损失惨重。因此，这种存货管理模式比较适合下游企业管理水平较弱而上游供应商实力雄厚的企业，企业之间通过建立销售网络系统、更新组织机构的方式来实现更好的存货管理。

2.具体分析

（1）存货管理对于电商企业的重要性？

企业进行良好的存货管理，充分发挥存货的功能，可以平衡企业的存货成本和效益的关系。相较于传统零售行业，电商环境下的网购消费者的流动性更强，市场更新更快，各个电商平台相互替代性较高，一旦出现缺货情况，消费者可以迅速打开其他电商APP购买。因此，企业要以最快的速度保证存货储备充足，减少缺货情况的出现，这样企业才能抢占市场份额。然而，这种做法会使企业面临着巨大的存货管理压力，因此企业的存货水平必须适当。如果电商企业持有存货过多，那么就会大量占用电商企业的运营资金，影响资金的流动性，一旦产品的销路不对，就会给企业的资金流带来威胁，甚至有资金链断裂的风险；如果电商企业储备的存货数量过少，后续供应又不能及时跟进，就会造成缺货和客户流失。延迟交货损失的不仅仅是眼前的利益，还会影响平台的信誉，如果总是缺货，消费者在选择电商平台时就不会再优先考虑本企业，就会影响以后的订单。

科学的存货管理模式和水平能够确定合理的经济订货批量，可以减少采购成本和缺货成本，使总的存货采购成本降低。企业应根据自身的需求来制订存货采购计划以及存货储备计划。存货的相关信息会在企业内部流动，企业应根据信息自行协调制订相关计划，但不会与其他关联企业共享这类信息。存货也不会在各家企业之间统筹管理、灵活流通，企业进行存货管理的目标只是在维持生产经营的同时降低成本，尽可能地产生更多盈利。因此，对于电商企业而言，存货管理一方面保证电商企业正常运营，获得消费者好评；另一方面可以降低存货持有成本。

（2）京东的存货管理水平如何？

依据供应链管理对存货管理的影响，从2015年到2022年，京东的存货周转率大多高于同年苏宁易购的存货周转率，这说明了京东的营运能力比苏宁易购更强，产生此种现象不足为奇，其中大部分原因归功于京东强大的物流体系，京东的物流体系对于提升存货周转的速度有着极大的促进作用。

①采购环节。京东凭借其利用物联网技术的科技系统预测各区域商品的销售情况，并根据预测量分配商品，更加科学合理，进而降低存货的订货成本。

②库存环节。京东无人仓的投入使用，使得整个库存管理智能化，库存环节的精准度大大提高；同时商品分拣速度提高，有利于企业快速地发出商品，从而降低了存货的储存成本。

③物流配送环节。消费者下单后，配送管理系统会自动处理订单，并将其与有相应存货的一个或多个仓库匹配。匹配完成后，仓库管理系统会自动生成条形码和运送单据，拣货员工依据库存管理系统生成的指示以及条形码和运送单据等信息进行分拣工作。分拣、打包工作完成后，与订单相对应的商品将被运送至消费者所在城市的配送站或自提点做进一步的处理和配送。订单发货完成后，库存管理系统会自动更新订单各产品的库存情况，与采购系统对接。

智能化的物流系统，一方面在面对海量的订单时，能够快速做出反应，根据仓库、分拣点以及配送站各环节完成订单的配送，提高了订单完成的效率，降低了存货的储存成本和缺货成本；另一方面在进行商品配送时，京东采用了GIS地理信息管理系统，通过RFID技术，让消费者能够清晰地看到自己购买的商品的运输过程，降低运输成本。

（3）青龙系统以及无人仓的应用如何影响京东存货管理的效率？

京东依托青龙系统和技术优势，采用了基于“以销定采”理念的智能化采购系统。系统首先对商品过往的销量数据进行采集，经过计算给出销量预测。智能补货系统根据销量预测，确定合理的库存和采购规模，形成补货建议和方案，采购人员可根据补货建议和方案进行采购。此外，京东的智能补货系统能够实现多级补货，根据不同的产品类型匹配不同的补货模型。

京东的商品入仓时，会借助无人仓的技术优势，将零售与仓储物流对接，提高了库存管理效率。供应商收到补货通知信息后，会将商品运送至京东在全国各地的仓库进行存放，等到用户下单之后再进行配送。从商品入仓到送达消费者所需的时间，被称为库存周转天数。商品被搬运的次数与运输产生的物流成本呈正向关系，与存货成本呈反向变动关系。履约系统要解决的问题包括商品应该什么时候入库、放入哪个仓库、何时出库、如何以最优的路径出仓送到消费者手中。

随着技术的创新，在采购环节、库存环节、物流环节，存货的采购和库存管理的效率都有了提升，最终实现存货管理效率的提升。

五、关键要点

1.案例关键点

本案例的关键点是理解京东在物流体系上的技术创新对企业存货管理产生的影响，从企业采购、仓储、物流管理三个环节的供应链视角对京东存货管理模式进行分析。

2.关键知识点

（1）掌握存货管理的特点以及对企业的重要性。

（2）掌握存货管理的方法。

（3）理解科技创新对存货管理产生的影响。

六、建议课堂计划

本案例作为专门的案例讨论课来进行，整个案例课的课堂时间控制在90分钟。以下是按照时间进度提供的课堂计划建议，仅供参考。

1.课前计划

发放案例企业相关资料，让学生课前对资料进行阅读和初步思考，熟悉企业相关背景。

2.课中计划

（1）进行简单的开场介绍，明确案例的主体。时间控制在5分钟以内。

（2）对该案例进行简要的回顾，找出案例内的相关线索，加深学生对整个案例情节的把握，并就本案例提出思考题。时间大约20分钟。

（3）开始分组讨论。将学生进行分组，每组4~6人，每组选定一个代表。规定讨论时间和发言的要求格式，在指定时间内每个小组应达成一致意见。时间控制在20分钟左右。

（4）各小组发言。每个小组对提出的思考题进行回答和总结，由小组代表进行发言，展示过程中可以由其他小组成员进行提问和补充。总时间控制在30分钟，根据小组的个数平均每组发言时间。

（5）老师总结。集体讨论及小组发言结束之后，教师通过PPT或者板书的形式对案例进行梳理、对关键问题进行深入分析，并对关键知识点进行归纳总结。老师对各个小组的回答进行综合梳理以及点评，明确案例的正确分析思路，同时讲授案例设计的主要理论以及关键点，并与现实情境相结合进行归纳总结。时间控制在15分钟。

3.课后计划

可安排学生课下继续深入了解京东关于成本管理的策略。

案例7

业财融合趋势下管理会计如何推动生产精益化——以A工厂为例

摘 要

20×2年，A工厂的生产无法满足产品交货期，销售将所有矛头都指向生产部，生产部不得不采用OEM方式来缓解巨大的生产压力，却也因此带来了难以管控的风险。OEM方式下的产品品质得不到保障，A工厂意识到必须不断优化自身管理，提高自制产品的产值产量以降低市场的风险。如何保质保量地交货，成了摆在全厂员工面前的一个难题。管理会计张子睿对车间生产过程中的各类现实场景进行了记录与分析，通过产能测算、生产作业计划原则、企业战略等理论，结合对车间一线实地调研，抓住了问题的主要矛盾，制定了一套最优的排产体系。她对每次所插订单进行综合评估，出具了插单综合评估方案，对是否插单、如何插单提供准确的决策依据，最终从源头上缓解了生产与销售的矛盾。

关键词

管理会计　生产精益化　制造企业　业财融合

案例正文

一、引言

夜已深，A工厂的办公楼和周边写字楼的灯一盏盏熄灭，忙碌的人们结束了一天的喧嚣，许多人恐怕都已进入甜蜜的梦乡，但Pow Ca车间哲主任的办公室里灯光明亮，他早已习惯了没日没夜地进行生产管理工作。此刻，跟往常一样，24小时不停运作的生产区轰轰地作响，衬托着这个城市愈发宁静了。各车间晚班的工人们正在紧张地劳作着，哲主任神情显得有些焦虑和落寞，没有丝毫睡意。从车间探班回来，看着桌子上的一沓催货报告，来不及喘气也顾不上叹息，开始在生产信息化系统上筹划着如何将这些紧急订单安排下去。大专一毕业，二十出头的小哲就来到这家工厂，尽管从操作工起步，意气风发的他心中编织着自己成长的美好未来，如今8年过去，他已晋升为A工厂的订单任务最重、产能最大的车间的主任，只是当梦想照进现实，年纪轻轻的他便已熬出了满头花白的头发。

二、背景简介

1.行业背景

20×2年，电缆市场需求量较以往年度有了明显增加的趋势，A工厂订单也随之增加，但其实际生产能力不足以满足订单需求。为了满足紧张的交货期，A工厂的技术专家先是在国内考察了一下有一定生产能力和技术资质的工厂，然后派出自己的技术人员和质检人员指导这些工厂进行OEM式生产，以缓解A工厂巨大的生产压力。但是考虑到这个行业在国内并不存在很高的技术壁垒，OEM式生产不仅存在客户避开A工厂直接寻找供应商的可能，质检和过程监督也存在人员紧缺的压力，OEM还会产生更难以控制的市场风险，最关键的是OEM利用的原本是品牌优势，而只有当产品具有了高于行业平均水平的品质时才存在这个品牌优势。考虑到今后要在市场中长期立于不败之地，A工厂还是觉得必须依靠自己先进的生产管理方式来解决紧急订单的问题。管理者们意识到：只有不断优化自身管理，才能巩固自己的品牌在市场中的地位；只有提高了自制品的产值和产量，才能从根本上解决风险订单的问题。而要从源头上减少风险订单的出现，企业生产计划的制订与执行工作成为解决问题的关键。如何根据市场需求制订合理的生产计划，并在生产过程中做好生产控制，保证交货的数量与质量，提高客户满意度，为企业营造一个良好的环境，成为A工厂员工们面对的一个难题。

2.公司简介

A工厂始建于1958年，是原电子工业部在XJ省定点生产电线电缆的厂家。工厂占地面积24万平方米，建筑面积20多万平方米。20×2年，A工厂实现产销7.22亿元，全员劳动生产率领先，产值、销售收入等各项指标位于全国同行业前列。A工厂是一家国家级高新技术企业和中国大型能源装备制造企业的全资子公司，集团是为全球能源事业提供系统解决方案的服务商，在全球24个国家有2万余名员工，拥有15个国内制造业工业园及多个海外基地。同时，尽管A工厂在国内外享有一定的知名度，但是所生产的电缆类型产品技术壁垒并不高，未涉足一些高端的电缆领域，如不能提供光纤光缆、特种通信线缆、海洋工程电缆等高端产品。

3.主要人物及矛盾冲突

9点20分，跟往常一样，A工厂的晨会会议室已经布置好了，各职能科室负责人及主管、销售经理、各生产车间主任等陆陆续续地快步走进了会议室。9点30分，大家已经围绕着会议桌整齐地坐好，紧张有序地开始汇报自己部门的工作进展，反馈之前所提问题的解决情况。外贸销售部的夏总经理开口道："郭厂长，关于出口塔吉克斯坦的这批电缆，塔吉克斯坦商务部已经给我们发催货函了，可我去了解了一下车间的进度，我真是着急，但没法说呀，这样子拖下去，我们可能会延迟发货，按时交货对我们工厂的信用来说有多重要呀，并且您知道的，这次出口光是退税又是一笔不少的利润呀，要不我说，把国内的订单先放放，先干我们部的吧。"接着，国内销售一部的肖总也开始向郭厂长寻求帮助，希望能利用厂长的特权实现自己一部订单的"插队"计划，他不紧不慢地说："郭厂长，您知道的，这个客户一直是我们的优质客户，货款向来都是按时支付的，但是现在普遍都延期了，要按照这个进度指定是不能按期交货，到时候我们的收款会成为难题，还是希望您对我们的优质客户优先考虑排产一下"……在销售部门纷纷将矛头指向了生产车间的时候，作为任务最大、问题也最多的生产车间的哲主任已经把头埋得很低很低。郭厂长一边点头，表达着对销售部门各负责人的理解，一边将目光转向了生产车间的哲主任，共情中竟有些不忍再催促他，于是干脆打断了销售部门各负责人的“插单”絮叨，说：“好了，各位老总们的情况，我基本已经了解了，一会儿我还有个重要接待，下午6点你们几个来我办公室，我们开会讨论一下怎么解决这些问题，现在先散会，大家赶紧各忙各的去吧。”

三、初来乍到，崭露头角

张子睿是受总部安排、从兄弟单位（同是总部的下属单位）调到A工厂来轮岗的一名管理会计，性格活泼开朗，思维缜密，爱学习和思考。因为月底扎账，财务部非常繁忙，主管会计就安排了张会计过去听会。会上，张会计了解到这些生产上的难题，激起了她强烈的好奇心和探索欲，回到办公室后就开始迫不及待地查阅各种关于精益生产的书籍和资料，并且向自己原单位的生产部同事咨询一些生产上的管理问题。每天一早她就兴高采烈地换上车间的工装，到哲主任的车间观察操作工们的工作，一有时间就向技术人员了解并且记录每台设备的功能、功率，学习并进入生产派单系统查看任务执行的进度。一周过去后，张子睿跟财务部同事讨论说：“目前我们工厂存在的这些问题，比如说严重的订单与产能不匹配的问题，各类未履约合同产品存在的严重晚交货的问题，生产上无法消化大量涌入的订单的问题，形成了恶性循环。但其实，我觉得这些并不是无底的黑洞，是可以通过产能理论、生产作业计划的一些知识，在一定程度上纾困的。”同事们开始纷纷被这个小姑娘的话吸引，“如果我们一起齐心协力深入到车间再调查和了解一下，或者我集中去车间跟踪学习一段时间，说不定能够制定出一套最优的排产体系”。财务部主管会计毛主管也不禁点头赞同，说道：“张会计，这样，我们财务部一直以来都是做常规的记账工作，你来轮岗的这段时间呢，常规工作还是我们做，你把主要精力放在最优排产方案的解决上，怎样？”张子睿几乎高兴得说不出话来，补充道：“嗯，我有信心，我会努力去做，其实我已经收集了每台设备运行的一些信息了，对派单系统也探索了一阵。接下来，我要对每次所插订单进行综合评估，出具插单综合评估方案，为厂领导对是否插单、如何插单提供准确的决策依据，希望今后销售部不再将矛头指向生产车间了。”

四、现象：订单充足但产能发挥不足且不稳定

A工厂产品规格繁多，属于小批量多批次多规格式的生产，生产系统中物料和产成品规格多达2万余种。经过在车间的一番学习，小张了解到，Pow Ca车间的理论产值可达到8 800万元，该车间仅仅“Power Cable”和“Control Cable”这两个工段的理论产值就可以达到4 081万元，可现实中每个月却出现了大量未完成的产值，这说明产值其实还有很大的上升空间的。同时，从Pow Ca车间截至20×2年7月25日的产值情况（见表3-6和图3-9）很容易发现，20×2年1月至7月车间的入库产成品产值的波动较大，时高时低。那么，这些波动是插单引起的，还是生产中的一些瓶颈所导致的呢？

表3-6　　Pow Ca车间截至20×2年7月25日产值情况　　金额：万元

月份	尚未下达产值	已下达产值	本月入库产成品产值	未完成合计
1月	607	6 330	1 848	5 089
2月	345	6 744	3 316	3 773
3月	1 568	5 702	3 676	3 594
4月	542	7 612	3 267	4 887
5月	585	8 785	4 065	5 305
6月	1 961	6 026	3 505	4 482
7月	896	6 797	3 698	3 995

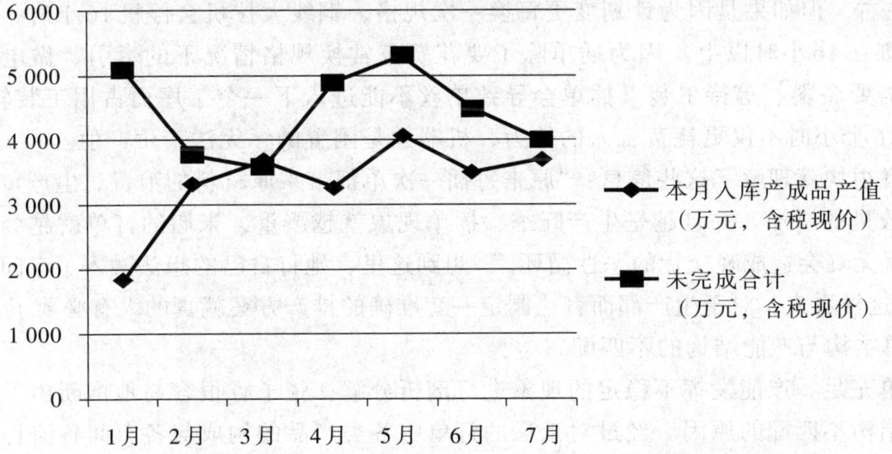

图3-9　Pow Ca车间截至20×2年7月25日产值趋势图

她看着货场上堆放着的成堆成堆的产成品，她不禁感到费解："这里有大量的库存，怎么还能缺货呢？"这时，在一旁的生产部孙主管一边整理生产计划表一边气冲冲地说："是呀，这样可笑的事情多着呢，我给你讲呀，小张，前段时间，安哥拉的这个货说是可着急了，销售人员把我催得紧呀，我们车间加班加点总算按期赶工完了，可是他们又说客户不着急要了。货物都堆在货场上了，也不发了。"

五、破冰之旅：分解现象看本质

1.生产计划的频繁变更极大地影响了生产效率

张子睿注意到，生产车间每天都会收到生产部下达的信息处理单，也常常收到工厂决策者签字批准的紧急交货报告。于是，她进一步去查看信息处理单的内容，主要是调减计划、暂停生产，或是关于紧急催货、插单的优先生产要求，还有关于线缆长度变更、恢复生产和更改产品工艺的报告。当下这个时期正是这个行业的生产旺季，原本就无比繁忙，而插单在计划变更中所占的比重很大，使得这种变更给生产环节带来了雪上加霜的压力。张会计看着这些"变更计划报告"，不由得思索："这每一次插单会给车间生产带来多大的影响呀？不光是时间上，还有对原材料的浪费。车间工人怎么看待这些变更报告呢……"想到这里，她马上跑到车间跟操作工交流了起来。

看到挤塑机的工人正在将一种白色的物料倒完放一旁，张子睿走到跟前问道："李师傅，这个物料是不要了吗?""是呀，这不是有紧急订单吗，我得换材料。""那这些被换下来的物料还能回收吗?""有些可以，有些不行，比如说，我们这台是1+2的机子，交联聚乙烯就是不能回收的。"为了更快、更广泛地搜集各种信息，她索性直接去找Pow Ca车间哲主任，通过他联系上几个工段长来听听大家对插单的看法，并将这些反馈信息一一记录下来：车间为处理这些紧急订单不得不频繁地打乱原先的排产计划，一旦计划发生变化，工人们不得不频繁更换绝缘、成缆和护套加工工序的模具，如果遇上所用原材料种类不同，挤塑工序还需要清理机头，经过重新排料和调试才能进行下一个规格的生产，给工人们增加了大量的工作量，且这部分工作量是不计算工时的，这极大地降低了工人的生产积极性，同时也造成物料的严重浪费，因为有些物料是不能回收的。计划变更下的更换规格比正常生产更换规格所花费的时间长，比如说铜线拉丝设备，正常情况下换一次规格只需要4小时左右，但如果是因为计划变更每换一次规格，铜线大拉机会停机16小时，绞线机停机时间则在16小时以上。因为插单除了要花费正常换规格情况下的牵引、做电阻的时间外，还需要备料、等待工装（插单会导致单丝不能进入下一个工序而占用工装轮），也就是说这16个小时不仅更耗费工人的体力，机器也是闲置的，无法产生产值。

张子睿很快就理解了这些信息："原来每插一次单都带来原材料的浪费、生产负荷以及风险订单数量的增加，并且越是生产旺季，插单现象就越严重，未履约订单就越会大幅度增加，这就无疑会造成晚交货的恶性循环。" 想到这里，她将自己的想法融入了车间的调查报告中："这样看来，对于生产部而言，制定一套准确的排产方案就真的太有必要了。"

2.订单结构与产能结构的不匹配

对订单充足、产能发挥不稳定的现象进行剖析分解，张子睿很容易地推断出了订单结构和产能结构不匹配的原因。经过对工厂的订单中各类产品的构成与各车间各流程的产能结构进行对比，从工厂已有的设备产能信息中，张子睿整理出最大产能，就是假设当订单均为长线且设备以最大速度运转时的理论产值，这就基本验证了自己关于结构不匹配的这一猜想。张子睿还注意到，有的车间是三班倒（8个小时换一次班），有的车间是二班倒（12个小时换一次班），每个车间的忙碌程度是不一样的，但是POW CA车间即便是三班倒的车间，却永远是赶工的状态，那就意味着各车间的产能是不一样的，每个车间内部的一些工段也会存在着生产瓶颈。这样一来，在订单充足的情况下，订单结构与产能结构的不匹配就引起了产能大幅度波动的情况。多个工段现有设备及最大产能见表3-7。

表3-7 **多个工段现有设备及最大产能**[①]

序号	设备名称	生产范围	设备生产速度（理论值）	设备辅助时间（12h/班）	最大生产能力（24h）
1	2.5MCL设备	4*50～300	7.3 m/min	4	9km/d
2	1.6MCL设备	3*50～120	6.3 m/min	4	16 km/d
3	1.25MCL设备	3*10～35	8. 3m/min	4	10 km/d
4	1.2MCL设备	3*6+1*4	8. 3m/min	4	8 km/d

① 由于企业保密的要求，对本案例中有关设备名称进行简化处理，对生产范围、速度等数据等做了必要的更改处理，下面涉及诸如此类信息的表亦是如此。

续表

序号	设备名称	生产范围	设备生产速度（理论值）	设备辅助时间（12h/班）	最大生产能力（24h）
5	1.0MCL设备	4*4～10	6.3m/min	4	6 km/d
6	30PCL设备	（2～30）*（1～4）	8.3m/min	3	9 km/d
7	702CL设备	（2～36）*（0.5～2.5）	6.3m/min	4	6 km/d
8	711ZK设备	（2～36）*（0.5～2.5）	3.7m/min	3	5 km/d
9	45JS设备	0.5～2.5	25 m/min	2	35 km/d
10	603JS设备	4～6	34 m/min	1	45 km/d
11	602JS设备	6～50	17 m/min	2	20 km/d
12	601JS设备	3*2.5～25	31m/min	4	30 km/d
13	1+2JS设备	6～500	48m/min	5	30 km/d
14	90JS设备	3*2.5～3*35	28m/min	3	30 km/d
15	150JS设备	3*35～300	31 m/min	4	30 km/d
16	40ZK设备	3*2.5～50	8.3m/min	4	8 km/d
17	GK设备	3*50～150	4.6m/min	3	5 km/d
19	24DPB设备	（2～36）*（0.5～2.5）	3.6m/min	4	3.5 km/d
20	2.5FR设备	50～300	37.2m/min	3	40 km/d
21	90FR设备	10～35	56m/min	3	70 km/d
22	45FR设备	0.5～6	76m/min	3	88 km/d

六、拨开迷雾：逐个攻克给建议

（一）关于生产计划频繁变更问题的建议

张子睿完成信息搜集后，拟好了报告，向工厂决策层汇报了自己的想法，她娓娓道来："咱们厂的插单具备很强的随意性，销售员以报告形式请示厂领导，要求车间优先生产某客户的产品，厂领导看到紧急产品的催货报告立即会批准，于是生产部计划员打乱原计划向车间下达插单指令。由于我们厂缺少订单排产优先级体系，无法为厂领导提供科学的决策依据。订单排产优先级顺序应该听取各部门的意见，不能只以销售员为准，我们要改变以往销售员向厂领导打报告，随后将催货报告下达生产部计划员的派工方式。对于企业整体来说，不仅要考虑交货期、成本、利润等因素，而且要考虑企业本身的生产能力和资源约束等因素。假如在这个关键时期企业对订单的排产管理不完善，会直接影响主生产计划制订的科学性和合理性。"说完这些，她便将自己设计的思路逐步展示在屏幕上。

建立订单排产优先级体系，通过综合考虑影响订单重要度的各因素（见表3-8），科学评价，为综合计划提供依据，减少综合计划的变动次数，使产能得以释放。

表3-8　订单等级排序的影响因素（指标）整理

部门	订单等级排序的影响因素（指标）
经营管理部	根据总部战略所制定的工厂各项任务指标执行情况
各销售部门	顾客的需求（如交货期）和订单金额
市场管理部	订单优质度（客户信用等级、付款方式、行业地位）
财务部	订单产生的收入、利润、成本
生产部	供应资源、设备能力、生产场地及人员
技术部	技术资源

张子睿还向大家介绍了订单排产优先级体系的设置及生产计划排程部署应注意的原则：

1.交货期先后原则：交货期越短，交货时间越紧迫，越应部署在最早的时间生产。A工厂货场上多达1亿元的成品库存，但仍出现晚交货现象。一方面，说明生产车间未按照交货的紧急顺序进行生产；另一方面，说明销售员担心自己的订单会晚交货，不给出真正的交货期限（尽管合同上会写明交货时间，但很多情况下并未严格按照合同条款执行），这就降低了排产计划的准确性。

2.客户分类原则：客户有重点客户和一般客户之分，越重点的客户，其排程应越受到重视。

3.产能平衡原则：各生产线生产应顺畅，半成品生产线与成品生产线的生产速度应相适应，机器负荷应合理，不能发生生产瓶颈或停线待料事件。Pow Ca车间设备停机并不是订单不饱和造成的停机，那么生产部与车间需要对设备的余力进行管理，通过制订生产计划尽量达到订单与产能相匹配的效果。

4.工艺流程原则：工序越多的产品，制作时间越长，应重点予以关注。

关于具体操作，她展示了以下步骤：

（1）确定优先级。

要确定订单的优先级，首先要确定订单排序的指标及其权重。通过综合分析，订单排产优先级体系的主要影响因素如下：订单交货期紧急程度、订单客户重要等级、技术资料完备程度、订单可生产周期（天）、订单关键工序负荷程度、订单经济优势。

（2）确定权重。

权重的设置需要根据实际情况自行调整，并参考该时期企业实行的发展战略。如果以占领市场份额为重点，则需要加大订单客户重要等级因素的权重；如果以提高利润为目的，则需要加大订单经济优势的权重。具体操作如下：

首先，利用SWOT分析、SPACE矩阵、QSPM等工具对企业进行战略分析。然后，根据采取的战略来设置各因素的权重。最后，按照表3-9对订单进行评价。

（3）利用Excel表格进行计算和排序（见表3-10）。

表3-9 订单排产前评价体系维度设计

评价因素		影响程度（可以设置1～5个等级分值）				因素权重（%）
		5分	3～4分	2分	1分	
订单交货期紧急程度		非常紧急	……	一般紧急（评判标准：如按正常排产可以完成）	不紧急（评判标准：如可以推后排产）	30
对客户重要性程度进行评估	客户资信因素	非常重要（评判标准：信誉度好）	……	重要（评判标准：信誉较好）	一般（评判标准：信誉一般）	10
	对市场份额的影响程度	非常重要（评判标准：订单量大）	……	重要（评判标准：订单量较大）	一般（评判标准：零星订单）	10
	合作的长期性	非常重要（评判标准：长期合作客户）	……	重要（评判标准：中长期合作客户）	一般（评判标准：零散合作）	10
技术资料完备程度		完备（评判标准：可直接排产）	……	趋于完备（评判标准：资料部分欠缺，但不影响排产）	欠缺（评判标准：存在隐患，不可排产）	10
订单生产周期		20天以上	……	10～20天	10天以下	10
订单对瓶颈设备占用程度		低	……	中	高	10
订单经济价值（订单收入、利润）		高	……	中	低	10

表3-10 具体订单评分汇总表

优先级	订单号	订单交货期紧急程度 0.3	订单客户重要等级 0.3	技术资料完备程度 0.1	订单生产周期（天） 0.1	订单关键工序符合程度 0.1	订单经济优势（订单利润） 0.1	评分汇总
1								
2								
3								
4								
5								

①该模块建议添加到ERP生产信息系统中，并由各部门提供数据。

②相关部门负责对相关信息的维护。例如，厂内高管层设定评价因素及权重；经营管理部负责对评判标准进行设置与维护；销售部负责对订单交货期和客户等级的维护；技术部负责对技术资料完备程度的维护；财务部负责对订单经济优势的判定及维护。

③生产部负责使用ERP生产信息系统及相关排产软件执行生产计划。

（4）根据企业的工序瓶颈、排产饱和度，限制插单次数，减少计划调整次数。在订单排产优先级体系基础上，对每次所插订单的各方面进行综合评估，为厂领导对是否插单提供决策依据。具体实现见表3-11。

表3-11 **根据订单等级评价结果设定可接受程度**

<table>
<tr><th>目前排产极限度</th><th colspan="2">影响程度</th><th>可接受程度</th><th>所插位置</th></tr>
<tr><td rowspan="3">订单排产异常饱和，已经达到最大生产极限，此时如果插单，将导致其他订单的违约，并承受违约罚款</td><td colspan="2">所插订单的利润小于其他订单的违约罚款</td><td>不可接受</td><td rowspan="5">对于可以接受的插单，根据当前的生产进度、瓶颈工序，将订单产品工艺流程插入产能缺口环节，使产能与订单相匹配</td></tr>
<tr><td rowspan="2">所插订单的利润大于其他订单的违约罚款，但该订单的插入会造成其他客户撤单</td><td>该订单的利润少于潜在撤单的利润</td><td>不可接受</td></tr>
<tr><td>该订单的利润大于潜在撤单的利润</td><td>可以接受</td></tr>
<tr><td rowspan="2">订单排产异常饱和，此时如果插单，将导致其他部分订单的违约，但不承受违约罚款</td><td colspan="2">该订单的利润少于潜在撤单的利润</td><td>不可接受</td></tr>
<tr><td colspan="2">该订单的利润大于潜在撤单的利润</td><td>可以接受</td></tr>
</table>

（二）针对订单结构与产能结构不匹配问题的建议

1.Pow Ca车间各计划员、各机台操作工需彻底执行ERP生产信息系统，将设备的实际生产情况反馈到ERP生产信息系统中，方便车间计划员及时了解计划的执行情况。虽然A工厂具备一套集成的ERP系统，但目前Pow Ca车间各机台的执行情况却不尽如人意，实际上在收集、整理、传递和处理信息数据时依然采用手工处理方式，导致生产部计划员无法通过ERP生产信息系统测算实际产能。信息公布不透明与信息传递不平衡，不仅增加了综合计划员制订生产计划的难度和工作量，也加大了计划下达与调整的不准确率。

2.在现有ERP生产信息系统中添加可自动生成的甘特图，方便计划员直观地获取数据，并为备料计划提供参考，提高排产的精准性。

3.定期组织专业人员和生产部门一起对产能进行分析和测算，为生产部制定适合产能结构的接单量和评估最佳产品订单结构比例的工作打下基础。针对Pow Ca车间多品种、小批次、短周期的生产类型，复杂的工序、不稳定的订单结构及人员配置情况会造成生产能力不均衡等问题，对产能测算的准确度也会产生一定程度的影响。产能发挥主要受到产品工艺、生产订单结构、设备能力、人员操作等因素影响。

4.建立有效的产能、负荷协调机制，确保生产计划的精度，从而维系高效生产体系的运转。给出后期每月自制产品订单的缺口，对于与车间自制产品生产不相匹配的订单可考虑进行外协。要做到订单与产能相匹配，需要分析产能、负荷并进行余力管理。生产线产能分析方法见表3-12。

表3-12 **每种产能类型对应的分析方法**

产能类型	分析方法
加工线产能	先分析加工线各机台的产能，再取各工作站中的最小产能为该线产能
装配线产能	可将作业编成表取各工作站中的最小产能为该线产能
混合方式组成的生产系统产能分析方法	一般生产工厂多为混合方式的生产形态，生产系统是由各工作站利用串联方式组合而成，串联方式与生产线产能分析方法相同，取最小产能为该串联方式的产能，而并联方式是以产能相加为并联线的总产能

负荷：根据订单计划及产品标准工时资料，计算订单所需工时，即为各批产品的负荷。余力=产能-负荷。当余力<0时，首先与顾客协商订单交货期延迟，其次是考虑外包。当余力>0时，需要对余力进行管理。

Pow Ca车间的控缆、Power Cable工段的绝大部分产能由低压交联电缆贡献，张子睿以低压交联电缆为例，说明如何利用统筹方法回避工艺瓶颈对产品订单进行排产。

先选取大中小规格的产品，线一、线二、线三需要的加工工序如图3-10所示，再列举各类规格的代表型号在变更前后生产能力的变化（见表3-13）。

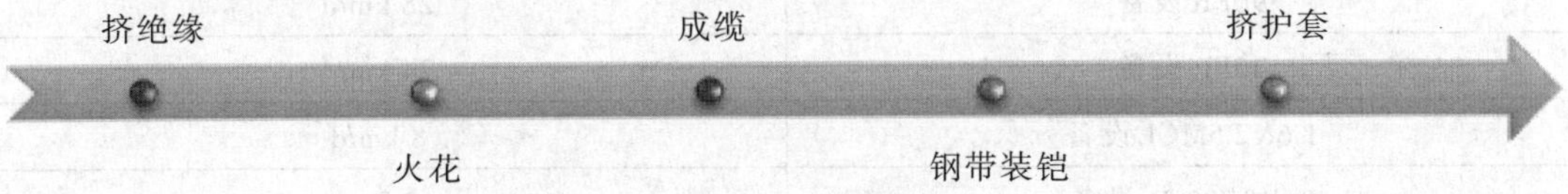

图3-10 加工工序

表3-13 列举各类规格的代表型号在变更前后生产能力的变化

规格型号	作业名称	设备名称	生产能力	转换规格
大规格 线一	绝缘工序	1+2JS设备	40 km/d	10 km/d
	火花工序	2.5FR设备	40 km/d	10 km/d
	成缆	1.6M/2.5MCL设备	13 km/d	
	装铠工序	GK设备	5 km/d	
	护套	150JS设备	30 km/d	
中等规格 线二	绝缘工序	1+2JS/90JS设备	40 km/d	10 km/d
	火花工序	90FS设备	60 km/d	15 km/d
	成缆	1.25MCL设备	8 km/d	
	装铠工序	40ZK设备	8 km/d	
	护套	601JS设备	30 km/d	
小规格 线三	绝缘工序	90JS设备	8 km/d	2 km/d
	火花工序	45FR设备	82 km/d	20.5 km/d
	成缆	30P/ 702CL设备	15 km/d	
	装铠工序	711ZK设备	4 km/d	
	护套	601JS设备	22 km/d	

我们可以利用甘特图对产能进行余力管理，通过ERP生产信息系统测算剩余产能（见表3-14）。

可用于交联电缆绝缘工序的1+2JS与90JS设备产能已经达到完全发挥，此时，2.5FR设备、90FR设备、1.6&2.5MCL设备、150JS设备的剩余产能成为闲置产能，可以生产塑力缆及部分控制电缆。装铠为瓶颈工序，可以选择类似于ZR-VV22-0.6/1kV 4*2.5这类线（线四）。规避瓶颈线四的产能在转换规格前后的产能情况见表3-15。

表 3-14 **根据ERP和甘特图估计出每台设备的余力**

设备	余力测算
603JS设备	45 km/d
602JS设备	40 km/d
45JS设备	30 km/d
2.5FR设备	20 km/d
90FR设备	28 km/d
45FR设备	74 km/d
1.6&2.5MCL设备	8 km/d
30P&702CL设备	13 km/d
1MCL设备	6 km/d
1.2MCL设备	8 km/d
711ZK设备	2 km/d
150JS设备	25 km/d
601JS设备	22 km/d

表 3-15 **规避瓶颈线四的产能在转换规格前后的产能情况**

规格型号	作业名称	设备名称	剩余产能	转换规格
塑力缆\控缆规格（线四）	绝缘工序	45JS机	30 km/d	7.5 km/d
	火花工序	45FR机	74 km/d	18.5 km/d
	成缆	30P/702CL机	13 km/d	
	装铠工序	711ZK机	2 km/d	
	护套	601JS机	22 km/d	

分析这些设备的剩余产能（见表3-16），所有装铠机的产能已经达到完全发挥，此时可选取生产不需要进行装铠的塑力缆，比如ZR-BVV-300/500V 3*4（线五）以及ZR-VVR-0.6/1kV 3*2.5（线六），其加工工序如图3-11所示。

表 3-16 **相应设备的剩余产能测算**

设备	剩余产能
603JS设备	45 km/d
602JS设备	40 km/d
45JS设备	22 km/d
45FR设备	66 km/d
30P&702CL设备	11 km/d
1MCL设备	6 km/d
1.2MCL设备	8 km/d
601JS设备	20km/d

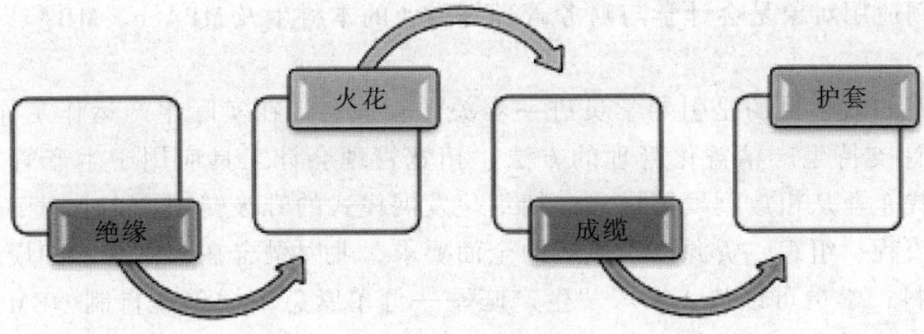

图3-11 加工工序

各机台将实际生产情况录入ERP生产信息系统后，生产部可运用甘特图避开每个时间段的瓶颈设备、充分利用产能余力，就可以精确测算出此时生产哪种产品可使产能得以充分释放。订单等级排序的影响因素指标整理见表3-17。

表3-17 订单等级排序的影响因素指标整理

规格型号	作业名称	设备名称	生产能力（剩余产能）	转换规格
线五	绝缘工序	603JS设备	45 km/d	15 km/d
	火花工序	45FR设备	66 km/d	22 km/d
	成缆	30P/1M成缆设备	17 km/d	
	护套	601JS设备	22 km/d	
线六	绝缘工序	45JS设备	22 km/d	7 km/d
	火花工序	45FR设备	21 km/d	7 km/d
	成缆	1.2MCL设备	8 km/d	
	护套	601JS设备	7 km/d	

七、尾声：预期效果

张子睿还对可能产生的预期效果进行了估计：

第一，针对产能评估、ERP生产信息系统设计生产计划进度直观图，将大大提高生产计划的编排效率。

第二，针对订单排产优先级体系缺失问题，提出了评价体系因素确定思路与实现方法，用Excel实现功能求解模型的运算，为综合计划提供了依据，减少综合计划的变动次数，使产能得以释放。

经过这番生产流程分析，张子睿分享的结论和建议方案得到了郭厂长、销售部门、生产部以及各车间的认可。他们佩服财务部端本正源的职业本领，也纷纷感叹管理会计工作人员拨开迷雾、看清本质的专业修为。

案例使用说明

一、教学目的与用途

1.本案例主要适用于“管理会计”“财务管理”等课程的教学。

2.本案例适用对象是会计学与财务管理等专业的本科生及MPAcc、MBA、企业管理会计人员。

3.本案例的教学目的是引导学员进一步关注管理会计在实际生产运作工作中的应用，掌握管理会计支持生产精益化管理的方法，拓宽管理会计工具应用于生产管理领域的思路。随着现代企业从粗放型发展模式向精细化发展模式的升级转型，企业对财务人员提出了懂信息、流程、组织、资源以及风险的全面要求，业财融合在时代要求中应运而生。根据本案例资料，学员可以从A工厂“生产旺季—订单紧急—插单—自制/OEM—排产体系建立”管理中的困惑，了解其破解之道。通过对案例的分析与研讨，帮助学员理解以下重要知识点：（1）业财融合背景下，管理会计是否应该走出办公室，了解生产一线；（2）管理会计如何为企业创造价值；（3）管理会计如何支持经营决策，推动业财一体化；（4）A工厂为什么无法采用最佳库存管理模式来解决订单交货问题。

二、启发思考题

从A工厂一方面面临着时间紧任务重的交货压力，另一方面现场还出现了大量的货物存放的情况，最终管理会计通过优化排产体系在一定程度上缓解了这一矛盾，重点思考如下问题：

1.你认为业财融合会成为现代企业发展的必然趋势吗？管理会计是否应该走向生产一线了解业务？在业财融合趋势下，财务人员还会面临什么？财务人员应该如何转型以适应时代的发展？谈谈你对业财融合的理解。

2.本案例中管理会计张子睿为了解决销售和生产的矛盾，她采取了哪些办法？涉及哪些知识和原理，请进行说明。你认为一名优秀的管理会计应该具备什么能力？

3.从企业的内部沟通方式来看，你认为A工厂存在哪些问题？请从信息化角度和管理结构角度进行说明。你认为A工厂的组织结构属于哪种类型？它有哪些特点？你认为这种组织结构给生产和销售之间的矛盾带来了什么样的影响？可以如何优化？

4.本案例中，管理会计在订单等级排序中采用了多项影响因素，请对各项影响因素指标进行解释，如为什么要根据总部战略所制定的工厂各项任务指标来排产。你认为除了这些因素以外，还有被忽略的其他影响因素吗？

5.A工厂为什么无法采用最佳库存管理模式来解决订单交货问题？ABC控制和适时制库存控制这两种典型的存货控制系统大大提高了企业的整体运作效率。你认为哪种更适合A工厂？为什么？

6.业财融合下管理会计推动生产精益化有利于中国式现代化目标的实现吗？企业生产精益化与中国式现代化之间有什么关系？企业生产精益化如何推进中国式现代化？

三、分析思路

（一）总体思路

本案例需要学员识别的主要知识点包括：企业管理会计解决生产与销售之间矛盾的方法、如何将生产运作与管理会计知识相结合解决实际工作中的问题。教师可以根据自己的教学目标来灵活使用本案例。这里提出本案例的分析思路，仅供参考。

1.随着企业生产模式由批量生产向个性化需求的实时化生产转变，管理模式也由标准机械管理式转变为精准异质性的智能管理式，智能时代财务工作正朝着共享服务与管理会计方向转变，业财融合是企业发展过程中的必经之路。以区块链、人工智能、万物互联为代表的智能时代的到来，使管理型会计人才需求持续递增，大数据时代使“业财融合”成为管理型会计人才的必备能力。在传统的企业价值链中生产、销售、设计、研发、售后等业务部门是产生效益的部门，财务部门仅仅是负责内部管理的辅助性部门。财务部门依据历史数据所编制的资产负债表、现金流量表、利润表等，是以国家会计准则为标准出具的报告，并不以业务式思维呈现，不能实时提供有价值的精准信息，无法识别经营过程中的异常点。高校要顺应时代的变化，助力企业的高质量发展，就需要培养具备业财融合思维的管理会计人才。

2.当企业出现生产节奏无法满足市场需求的问题时，作为一名管理人员，不能仅就生产方面头疼医头脚疼医脚，要了解企业在行业中的地位、战略定位、产品生产的特点，结合企业战略、行业特点、生产运作方式等对企业进行全方位的诊断，从而抓住生产与销售之间的根本矛盾。在企业战略定位方面，我们需要考虑的是，OEM生产方式虽然可以缓解交货困难的问题，但OEM生产的产品在品质上并没有自制品可靠。值得一提的是，该公司完全是靠产品品质才走到了今天：“尽管A工厂在国内外享有一定的知名度，但是所生产的电缆类型产品技术壁垒并不高，未涉足一些高端的电缆领域，如不能提供光纤光缆、特种通信线缆、海洋工程电缆等高端产品。”这样一来，唯有依靠自制品才能在市场上赢得一席之地。在该产品的生产特征方面，产品批次多、品种杂、规格繁，无法提前预估出市场需求，即提前储备库存难以满足客户个性化需求。可对于这种订单式生产，对客户并没有进行精细化管理，就不难理解大量库存未发货而堆放在货场的奇怪现象。销售一味向生产施压，不将客户真实要货信息“透底”，使得整个生产系统在经营各环节中处于“低端”地位。生产环节一直处于紧绷的状态，不停赶工，加班加点却依然满足不了交货期。由此，管理会计提出了优化排产体系的方案，新的排产体系综合考虑了经营环节中各项因素。

（二）思考引导要点

在具体分析各思考题时建议的思考引导要点如下：

1.业财融合的内涵及发展趋势。

2.管理会计的工作职能、内容。

3.企业组织结构、种类及各自的优缺点。

4.管理会计在生产领域的工作实践。

5.最佳库存管理模式、ABC控制和适时制库存控制。

6.企业的高质量发展内涵、与生产精益化的联系。

四、理论依据及分析

教师可以根据自己的教学目标（目的）来灵活使用本案例，此处提出案例所包含的教学目标、理论依据和分析思路。

1.你认为业财融合会成为现代企业发展的必然趋势吗？管理会计是否应该走向生产一线了解业务？在业财融合趋势下，财务人员还会面临什么？财务人员应该如何转型以适应时代的发展？谈谈你对业财融合的理解。

首先，教师可以向学生们解读业财融合的教学内涵。业财融合指业务与财务在信息、流程、组织、资源以及风险多维度等方面的全面有机融合。这意味着财务人员除了需要具备财务知识与技能外，还需要掌握业务信息、挖掘业务数据、了解业务流程。它打破了以往财务与业务各职能部门之间的壁垒，它们在IT技术支持、流程再造等工作基础上，以共同提升企业价值与管理效率为目的，业务与财务不再是相互独立的部门。本案例通过对概念进行梳理，可以将其内涵概括成表3-18，这将为学生们更好地理解案例中随着企业提出业财一体化的发展需求，管理会计走进车间一线，服务生产，推动精益化管理等内容做铺垫。

表3-18 业财融合教学内涵解读

融合维度	融合动因	未融合的后果	融合需解决的问题	融合后的效应
业财信息融合	视角矛盾：财务重视规范、业务重视业绩	数据滞后、数据遗漏、数据虚假等	缓解信息不对称	采购、生产、销售等管控环节从事后向事前、事中转移；财务部门通过实际数据更好地助力于业务发展
业财流程融合	企业可以通过企业价值链分析，将目标锁定于企业价值的创造活动中	传统财务在企业价值链中仅为辅助性部门	以提升企业价值为目的，优化流程或流程再造	由原先仅外部价值链产生价值，变成现在内部价值链也可创造价值效益
业财组织融合	财务人员没有下沉到业务，缺乏现场实际作战的业务能力	如：不能为生产部门实现降本增效的目的、不能解决降低产品退市时的报废成本问题	调整组织架构，让财务人员走出办公室，走到业务现场，成为业务好帮手	安排财务工作人员到采购、生产及市场部门中进行沟通和协调，制定各经营环节标准流程，并将标准进行细化，在各业务环节实现降本增效
业财资源融合	财务管理成本随着企业规模扩张、业务多元化而增高	资源不共享、财务管理效率低	资源共享，提高管理效率	建立资源共享平台，从战略、咨询、IT、外包、培训等多方面提供整体解决方案
业财风险融合	通过业务与财务的融合，实现企业全面风险的管控，减少人为干预	财务往往为日常运营中最后环节，各类风险最终都到了财务，如坏账、偿债、存货积压等风险	业财向前融合，将财务规范内嵌到业务中，实现风控的全面融合	在业务流程中设计财务控制关键点，通过财务控制的约束，帮助业务部门增强风控意识与能力

关于业财融合的必要性方面，教师可以做如下剖析：当今随着大数据的普及以及人工智能时代的来临，业财融合成为时代发展不可阻挡的趋势，实现业务和财务的深度融合统一是会计人才转型成功的重要标志。财政部在2014年颁布了《关于全面推进管理会计体系建设的指导意见》，明确指出，应加强高等院校对管理会计课程体系以及师资队伍的建设，加强管理会计专业方向的建设和高端人才的培养。高职院校应积极响应国家的号召，创新学习观念以及学习思路，以引导提升会计专业学生的职业素养，培养“业财融合”管

理型会计人才。2016年6月财政部颁布的《管理会计基本指引》第八条提出："单位应准确分析和把握价值创造模式，推动财务与业务等的有机融合。"

2.本案例中管理会计张子睿为了解决销售和生产的矛盾，她采取了哪些办法？涉及哪些知识和原理，请进行说明。你认为一名优秀的管理会计应该具备什么能力？

张子睿首先搜集与整理了生产与销售数据，了解了生产与销售之间的突出矛盾，并对矛盾表象进行分解，抓住问题的根本，解决主要矛盾，最终达到了逐一突破的目的。她用到了产能测算、各生产工序流程图绘制等生产运作的知识，还运用了关于排产的漏斗模型。漏斗模型（Funnel Model）的基本原则是：工作中心的输入永远不能超过工作中心的输出。当工作中心的输入超过输出时，就会拖欠订单，结果将会出现作业推迟、客户不满、下游作业或相关作业的延期。根据漏斗模型的基本原则，在安排计划时需在充分考虑技术资源、供应资源、设备能力、生产人员等诸多因素下实施输入不超过输出的生产计划，但是这些数据都是呈离散化反馈的，需要靠一套完整的信息系统来收集。通过运用生产运作的相关知识和原理，张子睿提出了具体优化建议。同时，现代企业不仅需要科学精细的日常管理，更需要有高瞻远瞩的全局发展观和透过现象看本质的业务敏锐度，要适应管理理念从"财务职能管理"向"业务管理"的转变。

3.从企业的内部沟通方式来看，你认为A工厂存在哪些问题？请从信息化角度和管理结构角度进行说明。你认为A工厂的组织结构属于哪种类型？它有哪些特点？你认为这种组织结构给生产和销售之间的矛盾带来了什么样的影响？可以如何优化？

从企业的内部沟通方式来看，这是一家比较传统的工厂，在工业从3.0迈向4.0的信息化时代，该工厂依然采用了一些比较传统的方式进行信息的传递。比如，所有中层及以上人员每日早晨聚集在一起开晨会汇报和讨论、销售部门给工厂决策者打催货或者订单规格变更报告，决策者同意后再将纸质版报告转给生产部及各车间等。实际上，这样的沟通方式无意中浪费很多时间。从管理结构角度来说，这家公司的管理方式过于集权，任何问题都要等厂长拍板定夺，大家似乎都等着工厂最高决策者的认可，说明该企业是以直线职能结构为主导的家长式领导类型。

企业的管理结构，也叫组织结构，指的是对工作任务如何进行分工、分组和协调合作。相对于直线职能结构，矩阵结构更为灵活，呈现扁平化特点，矩阵式组织结构不仅继承了直线职能结构的领导优势，还弥补了直线职能结构在管理上的僵硬。这家企业在管理上既有按职能划分的垂直领导，又有按产品或项目划分的横向领导，不妨适当将企业朝着矩阵式组织结构方向优化。

直线职能结构的主要特点是：（1）按照管理职能划分部门和设置机构，实行专业分工，但由厂长统一指挥。（2）把企业的管理机构和人员分成两类：一类是直线指挥机构和人员；一类是职能机构和人员。其中，直线指挥机构和人员在自己的职权范围内有相应的决定权，对其所属下级有指挥和命令的权力，对自己所管工作负全部责任，而职能机构和人员则是直线指挥人员的参谋，对下级没有指挥和命令的权力，只能提供建议和在业务上进行指导。（3）决策权集中于最高层。（4）组织层次多，呈垂直化。

矩阵式组织结构的特点是：（1）条块结合，每个成员既受纵向领导，又有横向关系；（2）组织固定，人员更换。在完成任务过程中，不是把项目（产品）从一个部门转移到另一个部门，而是不断变更人员。每一专门小组的负责人直接向企业主要行政负责人负责。

项目完成后，项目组织即行撤销。

4.本案例中，管理会计在订单等级排序中采用了多项影响因素，请对各项影响因素指标进行解释，如为什么要根据总部战略所制定的工厂各项任务指标来排产。你认为除了这些因素以外，还有被忽略的其他影响因素吗？

管理会计在订单等级排序中采用了多项影响因素。经营管理部要将根据总部战略所制定的工厂各项任务指标作为排产的重要依据，并设计一定权重，因为计划是对战略的分解，生产是对计划的执行。生产计划来源于总部战略，生产的终极目的是实现企业的目标任务。企业在不同时期，会有不同的战略导向和计划安排。例如，在差异化营销的市场战略下，企业必须生产出具有明显优势或特质的产品，提高技术壁垒，才能在市场中拥有定价的话语权，此时的客户定位是优质客户，单笔订单的盈利要求也非常高；如果企业在某时期采用低成本战略，需要靠薄利多销提高产品的周转率来提高整体的盈利能力，这就需要批量生产以减少更换规格带来的时间和物料成本，这时销售需要给生产一定程度上的让步，销售需要考虑生产的供应资源、设备能力、生产场地、生产人员及技术资源等因素，否则将无法通过大量生产来获得低成本利润。当然，在很多情况下，企业采用差异化战略和低成本战略之间的混合战略，就需要各职能部门从各资源维度来充分评估订单的优质性，如销售部门需要提供顾客的需求（如交货期）和订单金额等信息，市场管理部需要提供订单优质度（如客户信用等级、付款方式、行业地位）等信息，财务部需要计算订单产生的收入、利润、成本，生产部需要评估供应资源、设备能力、生产场地及人员，以及技术部提供的技术资源等信息。当然，实际中，企业会根据自身的现实情况增加或者减少一些因素。

本题为开放式问题，除了这些因素以外，还可以鼓励学生从更多视角去思考是否还有被忽略的因素。比如，我们还可以考虑将工厂的存货管理方式（工厂是根据ABC控制系统还是适时制库存控制系统）作为影响因素，给出5%的权重，判断所排产订单的优质性。

5.A工厂为什么无法采用最佳库存管理模式来解决订单交货问题？ABC控制和适时制库存控制这两种典型的存货控制系统大大提高了企业的整体运作效率。你认为哪种更适合A工厂？为什么？

在财务管理中，我们学过最优存货量的确定，经济订货基本模型是建立在一系列严格的假设基础之上的，这些假设包括：（1）存货的总需求量是已知常数；（2）不存在订货提前期，即可以随时补充存货；（3）货物是一次性入库；（4）单位货物成本为常数，无批量折扣；（5）库存储存成本与库存水平呈线性关系；（6）货物是一种独立需求的物品，不受其他货物影响；（7）不允许缺货，即无缺货成本。这些假设条件对企业来说是相当苛刻的，在现实生产中基本不存在，就A工厂而言，产品规格繁多，属于小批量、多批次、多规格式的生产，生产系统中物料和产成品规格多达2万余种，显然无法采用这种最佳库存管理模式来解决订单交货问题。

在库存控制系统中有定量控制系统和定时控制系统，随着ERP、柔性制造、供应链管理等管理方法的快速发展，ABC控制和适时制库存控制这两种典型的存货控制系统大大提高了企业的整体运作效率。ABC控制系统是根据重要程度、价值大小或者资金占用等标准将存货分为A、B、C三类，针对不同类别的存货分别采用一种管理方法。适时制库存控制系统（JIT）是建立在优质稳定供应商基础上的零库存管理，相比于ABC控制系统对减少库存浪费更为有效，但同时对供应商要求更高。A工厂是一家在海内外享有一定声誉的企业，在行业中也具备一定的品牌优势，采用JIT管理方法，具有一定要素禀赋，且运用成功会有更佳的库存管理效果。JIT系统是一种管理会计工具，它通过准时生产来帮助企业实现高效的生产管理。该系统可以记录和跟踪产品的生产情况，包括原材料的投入、生产线的运行情况等。通过JIT系统，企业可以及时了解产品的生产情况，做出及时的调整和改进，提高生产效率和产品质量。此外，JIT系统还可以帮助企业进行库存管理和成本控制，通过追踪生产进度和成本控制，确保企业的经营稳定。

6.业财融合下管理会计推动生产精益化有利于中国式现代化目标的实现吗？企业生产精益化与中国式现代化之间有什么关系？企业生产精益化如何推进中国式现代化？

党的二十大报告指出："中国共产党的中心任务就是团结带领全国各族人民全面建成社会主义现代化强国、实现第二个百年奋斗目标，以中国式现代化全面推进中华民族伟大复兴。"全面建设社会主义现代化国家涉及经济社会发展的方方面面。其中，产业体系的现代化是现代化的核心，企业现代化是产业体系现代化的基础。我们在推进中国式现代化的过程中，企业要紧紧把握新一轮科技革命和产业变革的历史机遇，扎实推进管理创新驱动发展。企业精益化生产是企业管理模式创新的重要内容，在提高企业运营效率、推动高质量发展中发挥着重要作用。

高质量发展内涵十分丰富，从经济发展理念看，高质量发展是完整、准确、全面贯彻新发展理念的发展。党的十九大报告提出，我国经济已由高速增长阶段转向高质量发展阶段，要实现经济增长从要素驱动转向效率驱动，通过加强科技创新、优化经济结构、推进改革开放等途径，提高全要素生产率。管理会计通过业财融合推动生产精益化，是提升企业全要素生产率极为有效的方式。

从高质量发展的过程来看，高质量发展是质的有效提升和量的合理增长辩证统一的发展。"质"通常是指经济发展的结构、效益，"量"通常是指经济发展的规模和速度。一方面，精益生产通过质量变革、发展方式转变实现了质的提升；另一方面，企业生产精益化通过效率提升也推动了量的增长。量的增长为质的提升提供重要基础，如果没有质的有效提升，量的合理增长将不可持续；如果没有量的合理增长，经济结构优化、产业转型升级、区域协调发展都将是无本之木。

五、关键要点

1.学生们不仅需要具备一定的财务知识，还要有下基层一线了解业务的意识，培养解决现实问题的能力。大数据的普及与人工智能的发展促使财务人员向精通业务与财务的职能转变，"业财融合"课程适应了财务人员从传统财务会计向管理会计转型的需要，它从业务实践与财务管理两方面出发，以提升会计人员的综合职业能力为目标。当财务会计人员具备业财融合能力，意味着他正迈向价值创造型会计人员转型之路。为了更好地适应企业高质量发展的需要，财会人员首先要能够对收集的信息进行全面的分析与对比，以快速准确地做出预测、评价与规划；其次，要提供实时的业务信息；最后，还要从信息使用者角度出发，提供多元化信息支撑管理层的决策。

2.要解决生产和销售之间的问题，必须抓住主要矛盾。可以建议学员重点思考以下几点：

第一，工厂一方面紧急催货，另一方面货场上有大量产成品未发货，说明了什么问题？

第二，起初，销售部门通过厂长将矛头指向生产部门时，在管理会计提出优化排产计划方案的背后，是否能看出管理组织结构上存在什么问题？在信息化时代，企业的沟通方式是否充分运用了信息化手段呢？

第三，通过优化后的排产体系，我们追根溯源到了企业战略，并让各部门对订单的优质性进行评估，以从源头上推动生产的精益化，打破了以往"头疼医头脚疼医脚"的思维方式。这给你带来什么启示？

3.为了有效实现本案例目标，学员应该具备下列相关理论知识：

（1）作业计划与生产控制理论。生产作业计划工作由作业计划编制与作业计划控制两部分组成。作业计划编制包括制定期量标准、开展生产运作能力核算与平衡、编制各种形式的生产作业计划等。作业计划控制包括生产运作调度、生产运作作业系统与分析等内容。

（2）市场营销战略理论。随着市场营销战略在企业实现目标的过程中起到越来越大的作用，市场营销战略偏向以目标市场和顾客为导向，同时遵循总成本领先战略、差异化战略、专一化战略三大通用战略的原则，成为企业战略取胜的不二法宝。差异化营销是在市场细分的基础上，针对目标市场的个性化需求，建立品牌的差异化和个性化核心竞争优势。营销关键是积极寻找市场空白点，选择目标市场，挖掘消费者尚未满足的个性化需求，开发产品的新功能，赋予品牌新的价值，在创新的基础上实现品牌在细分市场上的目标聚焦，取得战略性的领先优势。低成本营销的实质是高性价比营销的完美落地，不浪费有效的免费资源，不丢失有效的廉价资源，不错误购买高价资源，为企业带来销售的增加和持续的利润源。

（3）企业资源规划（ERP）。它是一种管理会计工具，可以帮助企业进行资源规划、管理和控制。它包含了多个模块，如营销、采购、存储和结算等，能够实现整个企业的流程协同管理。通过ERP系统的实施，企业能够更好地管理资源，提高生产效率和业务流程的顺畅性。在本案例中，设定生产计划体系及生产控制都是建立在强大的ERP信息系统基础之上的。

六、建议课堂计划

本案例可以作为专门的案例讨论课来进行。以下是按照时间进度提供的课堂计划建议，仅供参考。

整个案例课的课堂时间控制在80~90分钟。

1.课前计划

提出启发思考题，请学员在课前完成阅读和初步思考。

课前自行阅读资料：约3小时。

2.课中计划

小组讨论、代表发言并提交分析报告提纲（约1.5小时）；

简要的课堂前言，明确主题（10分钟）；

分组讨论，告知发言要求（30分钟）；

小组发言（每组5分钟，控制在30分钟）；

引导全班进一步讨论，并进行归纳总结（15～20分钟）。

3.课后计划

如有必要，请学员采用报告形式给出更加具体的解决方案，包括具体的职责分工，为后续章节内容做好铺垫。

第4章　管理会计工具在投资决策中的应用案例

案例8

HX公司项目投资决策方案的选择

摘　要

财务可行性评价是长期投资决策中重要的一环。由于长期投资项目具有投资金额大、投资回收期长等特点，利用项目投资测算进行经济效益评价就显得格外重要。通常情况下，企业在项目可行性分析报告中都会对项目的市场前景、地方政策以及金融环境进行分析评判，并利用财务分析评价方法对方案的经济效益和社会效益等进行论证评价，从而保障项目投资获得更可靠的回报。本案例介绍了HX公司发展的现状，为了确保资源稳定及扩大黄金资源规模，以适应黄金市场需求，HX公司于2018年6月收购了甘肃省肃北蒙古族自治县马鬃山530金矿东矿区的5.7平方公里的采矿权，同时提出对530金矿原有项目的改扩建方案。本案例描述了利用财务管理及管理会计中的项目投资评价方法，分析HX公司三种方案分析的利弊，并进行最终投资方案的选择。本案例通过引导学生对项目投资决策评价方法的学习，启发学生通过净现值法、现金流量分析、盈亏平衡点分析等方法帮助公司做出投资项目方案评价选择。

关键词

HX公司　项目投资　财务决策

案例正文

一、引言

2019年年初，乌鲁木齐室外冰天雪地，气温零下十多度。而在经开区万达广场17楼的HX公司董事长办公室内，窗台上的月季已经开花，室内温暖如春，只见董事长陈总手里拿着助理打印出来的两则新闻正凝神阅读着。据世界黄金协会发布的消息，进入21世纪以来，世界主要黄金消费国的需求量年平均增长率达到11%～15%。我国虽然是一个黄金生产大国，但黄金资源前景并不乐观。我国的黄金探明储量非常有限，而近几年投入的勘探资金又少，保有储量不断下降。中国黄金协会发布的统计数据显示，2018年中国黄金产量401.119吨，连续12年位居全球第一；黄金实际消费量1 151.43吨，连续6年保持全球第一。世界黄金协会发布的2018年《黄金需求趋势》报告显示，2018年全球黄金需求同比增长4%，全球央行官方黄金储备增长651.5吨，同比增长74%。据专家预测，我国国内的销量将由现在的每年200多吨猛增至420吨左右，但我国黄金产量远远满足不了国内的需要。数据显示，2018年，上海黄金交易所全部黄金品种累计成交量6.75万吨（双边），同比增长24.35%；成交额18.30万亿元，同比增长22.23%。上海期货交易所黄金期货合约累计成交量共3.22万吨（双边），同比下降17.22%，成交额8.85万亿元，同比下降18.35%。随着国民经济发展，大众对黄金和黄金饰品的需求逐年增加，黄金的用途也在不断扩大。同时，我国国民的健康保健意识逐年增强，大农业也成为许多企业青睐的投资项目。在这样的宏观环境下，2019年初，新疆HX矿业有限公司面临着一项重大的投资决策，即530金矿项目改扩建决策和新疆特色沙棘果业的种植与加工项目的选择。面对办公桌上三种决策方案，如何做出选择，用什么指标去分析，是董事长陈总当前要解决的棘手问题。

二、多元化投资待解

HX公司作为一个发展多年的矿业公司，已然步入了发展的快车道。此时公司充裕的现金流如何运作成为高管们思考的问题，是坚持目标集聚的竞争战略，还是走很多大公司的成功范例之路——多元化的竞争战略，摆在了HX公司董事长陈总的面前。HX公司高层近期多次开会，都是讨论同一个问题：HX公司是否走多元化发展道路，拓展一个新的领域——投资特色沙棘果业？在HX公司专业从事矿产开发的十余年里，公司积累了大量的现金流。因此，如何运用现金流更好地实现公司的经营目标，对公司的长久发展尤为重要。如何决策，如何判断未来的市场，如何让HX公司走得更远，跨界投资走多元化经营的道路应不应该？把握新疆“一带一路”大发展的有利时机投资沙棘果种植会给HX公司未来的发展带来什么样的影响？这是陈总及全体高管最近思考的难题。

A方案：530金矿采选冶改扩建工程建设项目的设计规模为日采选金矿石1 400吨，年采选金矿石42万吨。

B方案：530金矿新建年采选金矿石9万吨项目。

C方案：投资新疆特色沙棘果业项目，在乌鲁木齐周边农场置地15 000亩进行万亩沙棘的种植和加工。

三、背景介绍

（一）公司背景

新疆HX矿业有限公司（简称HX公司）成立于2004年8月11日，投资方分别为：灵宝黄金集团股份有限公司，投资比例80%；北京富盛达投资有限公司，投资比例20%。HX公司现在拥有矿山9座，分布在新疆维吾尔自治区和甘肃省，总资产近亿元，是一个以金、铜为主，其他矿种兼顾的集地质探矿、采矿、选矿、冶炼于一体的综合性矿山（集团）公司。HX公司下有甘肃肃北县马鬃山530金矿、福海县乌尔滕萨依铜矿、吉木乃七个金矿点及一个子公司。HX公司主要产品为黄金，经营范围：矿产品销售及相关技术咨询，黄金采、选、冶，黄金产品深加工，黄金机械设备、零配件销售。2015—2016年，HX公司先后投入资金1 649.03万元，重点对福海县乌尔滕萨依铜矿、吉木乃县106.41平方公里和甘肃肃北县马鬃山530金矿等矿区进行大规模的钻探、槽探工程，共施工钻孔33个，总进尺11 512.73米，施工探槽7 200立方米，1∶10 000地质测量112.4平方公里，1∶2 000矿床地质测量10.33平方公里，1∶2 000地形测量12平方公里，浅井40米，井中物探2 500米，各类样品2 000件以及相配套的地质探矿工程，逐步查明了矿体形态、规模、产状、延伸和矿石物质组成、矿石质量，估算预测了资源量，为公司的长远生产奠定了可靠的资源基础。

（二）黄金产品市场

黄金不仅是重要的工业原料，被广泛用于装饰、电子、电气、航空及一般工业，还被广泛用作首饰，在国际贸易中仍然是重要的支付手段，起着自由外汇和硬通货的作用。黄金储备的多少是一个国家富有和实力的象征。黄金行业的发展，基础在资源。我国黄金产品产量和探明储量均不能满足需求。因此，加大力度促进黄金行业和黄金产品市场的发展对我国有着重大的意义。

2018年黄金供需的趋势：在供应方面，矿产金总体上仍呈增长的局面，市场供应主要呈增加的趋势。2017年年底，世界黄金供给量同比增长18%，达到2 816吨，其中矿产金、官方售金和再生金同比分别增长14%、87%和−3%。与上年同期相比，由于澳大利亚、墨西哥以及秘鲁的新金矿投产，导致世界矿产金产量同比增长。在需求方面，由于市场需求主要力量的首饰用金增长乏力，而生产商对冲需求和投资性需求又与市场金价走势有很大的关联性，未来金价的走势将主要呈周期性波动。

（三）新疆矿业发展政策

新疆各市县工业起步晚，基础薄弱，类型单一，主要为矿产开发业，也仅限于初加工产品。20世纪80年代末90年代初，随着境内一批岩金矿床的相继发现，以黄金开采为主导的矿山企业成为本地工业重要支柱，以阿勒泰地区金矿山为主体的黄金生产初步形成了“分片采选、集中冶炼”的格局，多年连续黄金产量超万两。阿勒泰地区政府在矿业发展政策上，坚持打破体制障碍，积极推进探矿权、采矿权管理体制改革。充分发挥市场在资源配置中的基础性作用，打破计划经济时代划拨资源、大矿小开的“瓶颈”，把最好的资源、把大矿富矿拿出来，吸引有实力的大企业、大集团来本地区投资兴业，促进投资主体多元化。加快基础性地质和战略性矿产资源勘查工作，坚持“谁勘探、谁开发、谁受益”的原则，鼓励矿产资源的风险勘探和开发。在产品加工方面，搞好深度加工，提高经济效益。按照新型工业化发展的要求，在严格控制开采总量、开采规模和准入条件的基础上，对优势矿产资源实行初级加工就地化、精深加工园区化，延伸产业链。

（四）530金矿项目

甘肃肃北县530金矿区始建于1996年，分为东西两部分，东矿区由肃北县腾达矿业有限公司和地矿局组成联营金矿，当年建成并投入试生产，初期投资330万元。金矿投产后，设备运转正常，生产指标较好。但矿石供应不足，辅助生产设施和生活设施尚未完全配套，2017年联营金矿靠自身的能力和社会协作，以银行贷款的形式又投入400万元。虽然如此，但各种设施仍不能适应生产发展。为此，腾达矿业公司2018年又累计投资500万元。腾达矿业公司自2010年至2018年共生产黄金1 120千克，其中2017年189.57千克，2018年287.8千克，年利润均在800万元以上。由于腾达矿业公司管理优良，生产成本低，故经济效益还是显著的。总之，530金矿虽然规模不大，但在它的带动下，肃北县先后有12个金矿陆续投入生产，为肃北县黄金工业和本县地方工业的发展做出了重要贡献。但是，由于矿区生产规模的不断扩大，地质资源的不足，露天矿开采使530金矿区产量很快下滑。为了使黄金生产再有飞跃，2017年兰州有色冶金设计研究院有限公司完成了530矿区矿山部分的勘探建设设计。在该矿的建设过程中，由于资金等原因，矿山又多次易主进行建设和生产，最终于2017年7月由新疆HX矿业有限公司收购。

为了开发甘肃肃北县马鬃山530金矿，新疆HX矿业有限公司出资900万元获得了该矿区东部的采矿权，已取得采矿许可证，采矿权范围5.7平方公里。该项目位于甘肃省酒泉市肃北蒙古族自治县境内，由于历史和地理等诸多因素的影响，该地区工业落后。530金矿的开发建设，不但符合资源西移的战略，而且对甘肃省地方经济的发展、人民生活水平的提高、民族团结和稳定起着重要作用，社会效益十分明显。

（五）特色沙棘种植项目发展背景

我国沙棘产业面积、产量、种植规模都居世界前列，具有广阔的发展前景。《中华人民共和国药典》《高原中草药治疗手册》《中国植物志》等著作均有沙棘的记载。沙棘在中国具有悠久的药用历史。沙棘的根、茎、叶、花、果、籽均可入药，特别是其果实含有丰富的营养物质和生物活性物质，且维生素含量高。沙棘广泛应用于食品、医药、农牧等国民经济领域，而且配伍比例与人体所需相吻合，中西方民间数千年来称沙棘为“神奇植物，万能药物”，享有“人间仙果，奇迹之果，生命之果”等美誉。新疆有大量适合沙棘生长的土壤，主要生长在南北疆等沙漠地带，新疆的沙棘果肉酸甜，富含多种营养素。据测算，新疆沙棘行业市场供需增长将保持在125%以上，2018年新疆沙棘行业销售收入达到13亿元，带动下游产值近100亿元。此外，沙棘是重要的防风固沙植物，利用沙棘种植作为防护林有效地防止了风沙侵入，为风沙治理提供了良好的屏障。随着沙棘原汁需求量以每年3%～5%的速度递增，沙棘鲜果的需求量也将随之加大，新疆独特的地理位置和光照效应使得国内近57%的沙棘原料在新疆种植生产。

HX公司的农业种植沙棘项目计划建在新疆维吾尔自治区东北部的奇台县农业园区，拟建设优质沙棘基地15 000亩，建成沙棘果粉及沙棘原汁生产加工生产线，利用每年的鲜果进行沙棘果汁的加工及销售。本项目建设期2年，投资总额为2 190万元，所需资金全部为自筹资金，股东要求的回报率为16%。这一项目与HX公司多年来从事的矿业行业完全不同，跨行业经营存在一定困难。但由于这个项目市场前景较好，产品供不应求，又属地方政府打造的“千里果林”重点支持产业，一旦建成投产能够大幅提高公司的经济效益。本次拟投资项目是优质沙棘开发，如果能够上马，将提高新疆目前生产和加工沙棘原汁的技术和规模，改良沙棘原汁的品质。

四、待决策的投资难题

面对投资方案，陈总立即安排财务总监金总着手进行各方案原始资料的分析和可行性研究。同时，公司高管也多次召开会议，讨论研究三个方案的可行性，论证方案实施对公司未来的影响。公司总经理刘总、副总经理马总和丁总的意见完全相左，他们的分歧很大，公司是否走多元化投资道路需要根据三个方案的财务评价的指标结果来决定。为此，金总倍感压力，从表面上看，新疆作为全国的资源大省，扩大金矿的生产能力无疑具有天然的优势，但如果跨界经营，新疆作为沙棘的优质产地，也具有先天的原材料优势。如何利用这种天然优势，选择最为可行的方案就尤为重要。他打算从行业背景、经济影响因素以及财务预测数据等方面逐一进行细致审核与查验，以便在最短的时间内给董事会一个方案。

（一）530金矿改扩建工程项目方案（A方案）预测

在当前黄金市场发展态势良好的宏观经济条件下，为了确保资源稳定，新疆HX矿业有限公司急需扩大生产规模，以适应当前黄金市场的需求。在取得甘肃省肃北蒙古族自治县马鬃山530金矿东矿区的5.7平方公里的采矿权之后，公司即刻组建了530金矿项目部，同时提出对530金矿原有项目的改扩建方案。

530金矿项目目前日采选金矿石400吨，年采选金矿石12万吨，计划扩建为日采选金矿石1 400吨，年采选金矿石42万吨。项目投资范围包括南北采区采矿工程、选矿工程、焙烧制酸、尾矿设施、供电与供水工程、总图运输、供热、机电汽修、矿山内外部通信、行政及生活设施、采矿权等。

1.扩建的背景及条件

（1）一方面，矿山经过多年经营，由于受地质资料和资金的限制，矿山为露天开采，地下开采规模尚未形成。2016年，HX公司投入资金对530金矿进行了地质探矿，并取得了预期的探矿效果，于9月进行了审查，为全矿的发展和扩大规模打下了良好的基础。另一方面，HX公司急需扩大金矿资源规模，以适应当前黄金市场的需要。矿山的技术改造可以确保金矿连续稳定生产。

（2）矿山现采用两段一闭路破碎、一段闭路磨矿、浮选精矿后直接全泥氰化炭浆法提金工艺。

（3）肃北县530金矿经过前几年的生产和建设，有一支技术熟练的职工队伍，除矿山、选厂外，还有比较完善的辅助工业生产设施和设备，有部分行政福利和生活设施。

（4）在地质方面，以经济效益为中心、最大限度地利用资源为原则，重新计算了工业指标，并用新的工业指标重新圈算地质资源量。在采矿方面，依据矿床走向，结合厂址方案，提出了分区双罐笼竖井（单绳提升）开拓方案。在水工方面，依据地形及环境条件，通过综合方案比较论证，确定了投资少、工期短、经营费低的尾矿库址方案。在土建方面，在主厂房的结构形式上，选择轻钢和钢结构厂房，使得厂房施工安装简单，建设工期短，厂房保温性能好，节省冬季取暖费用。在生产装备方面，采用国产高效节能设备，以确保生产正常进行，保证生产工艺、技术、设备的先进性。总之，以经济效益为中心，实事求是，从实际出发寻求综合技术效益最优的建设方案，力争做到工艺先进、设备可靠、产品质量高、投资少、工期短、经营成本低、经济效益好。

2.项目建设资金及财务预测

（1）建设投资总额

经估算，项目建设需新增建设投资20 046.73万元，生产期间所需流动资金为1 503.45万元。按分项详细估算法估算，项目总投资共计21 550.18万元。建设投资和流动资金全部为自有资金。

（2）财务预测

①销售收入：项目达产年平均销售收入约13 335.91万元。

②税金及附加：资源税税率1.33元/吨矿石，达产年平均销售税金及附加55.86万元。

③总成本费用：固定资产折旧按平均年限法计算，采、选冶设备折旧年限按10年计算，其他固定资产按20年计算，残值率4%；无形资产及递延资产按10年摊销；修理费率为4%；辅助材料、燃料及动力价格均以实际到厂价格和市场价格估算；项目达产年平均总成本费用约7 764.36万元；折合单位原矿总成本费用约184.87元/吨。其中：采矿制造成本75.99元/吨，选冶制造成本67.25元/吨。

④利润总额：项目达产年平均利润总额约5 498.25万元。

⑤所得税：所得税税率假设按照25%计算；项目达产年平均所得税约1 374.56万元。

⑥税后利润：项目达产年平均税后利润约4 123.69万元。

⑦未来五年效益预测表（见表4-1）。

表4-1　　530金矿项目改扩建项目未来五年利润预测表　　单位：万元

项目	年份					
	第1年	第2年	第3年	第4年	第5年	合计
销售收入	13 335.91	13 335.91	13 335.91	13 335.91	13 335.91	66 679.55
销售成本	7 764.36	7 764.36	7 764.36	7 764.36	7 764.36	38 821.80
税金及附加	55.86	55.86	55.86	55.86	55.86	279.30
销售费用	87.44	87.44	87.44	87.44	87.44	437.20
其他利润	70	70	70	70	70	350
利润总额	5 498.25	5 498.25	5 498.25	5 498.25	5 498.25	27 491.25
净利润	4 123.69	4 123.69	4 123.69	4 123.69	4 123.69	18 419.15

通过预测，每年可实现利润4 123.69万元，五年内可实现利润总额为20 618.45万元。

（二）新建530金矿区采选冶工程项目（B方案）预测

假如按HX公司计划不能对肃北县530金矿进行日采选金矿石1 400吨、年采选金矿石42万吨采选冶扩建工程项目的建设，而是再新建一座日采选金矿石300吨、年采选金矿石9万吨采选冶工程项目。经估算，需新增建设投资4 295.73万元，生产期间所需流动资金为322.17万元，建设投资和流动资金全部为自有资金。那么按此方案未来五年的效益见表4-2。

表4-2　　530金矿项目新建采选金矿石9万吨项目未来五年利润预测表　　单位：万元

项目	年份					
	第1年	第2年	第3年	第4年	第5年	合计
销售收入	2 857.7	2 857.7	2 857.7	2 857.7	2 857.7	14 288.5
销售成本	1 663.79	1 663.79	1 663.79	1 663.79	1 663.79	8 318.95
税金及附加	11.97	11.97	11.97	11.97	11.97	59.85

续表

项目	年份					
	第1年	第2年	第3年	第4年	第5年	合计
销售费用	18.74	18.74	18.74	18.74	18.74	93.7
其他利润	15	15	15	15	15	75
利润总额	1 178.2	1 178.2	1 178.2	1 178.2	1 178.2	5 891
净利润	883.65	883.65	883.65	883.65	883.65	4 418.25

（三）投资建设沙棘特色果业项目（C方案）

该项目估计投资总额为2 190万元（见表4-3），包括项目正常年营运资金、土地及厂房投资等费用，其中营运资金200万元，土地厂房投资1 490万元，设备购买费500万元。所需资金全部为自筹资金。股东要求的回报率为16%。

表4-3　　**沙棘生产加工项目总投资测算表**　　单位：万元

序号	项目	建筑工程费用	设备购买费用	合计	测算依据
一	工程费用	1 490	500	1 990	
（一）	土地及厂房	1 490			
1	前期咨询费用	50			根据前期可行性研究等费用率测算
2	前期勘察和设计费	20			根据建安费用的1.45%测算
3	土地及厂房建安费用	1 370			建筑工程费用采用建筑工程预算定额以及类似工程造价指标进行编制
4	各种税费	50			报建、验收、消防、监理、环保、项目管理等
（二）	设备购买费用		500		购置设备费参照类似工程价格水平进行估算
二	营运资金			200	根据同类项目总投资中营运资本所占比例进行测算
	总投资			2 190	

项目投资回报测算（10年受益期）：根据目前市场调查，项目营运期内产品销售收入、成本费用均采用平均预测价格，并考虑一定的通货膨胀因素。

产品收入的测算：投资沙棘鲜果及原汁生产加工项目的收入测算见表4-4。

表4-4 沙棘鲜果及原汁加工收入测算表 金额单位：万元

年份	建设期	第1年	第2年	第3年	第4年	第5年	第6年	第7年	第8年	第9年	第10年
投资	2 190										
厂房	1 490										
设备	500										
销量（吨）		13	14.04	15.16	16.68	18.35	20.18	22.20	24.42	26.86	29.55
单价（元/吨）		200	204.00	208.08	212.24	216.49	220.82	225.23	229.74	234.33	239.02
收入		2 600	2 864.16	3 155.16	3 540.09	3 971.98	4 456.56	5 000.26	5 610.29	6 294.75	7 062.71
税金及附加		149.6	164.38	180.82	198.9	218.8	236.3	255.2	275.62	297.67	321.48

以目前现行市场价格为基础，对于本项目到生产期的市场价格预测，沙棘鲜果第1年为每吨200元，第2～5年预测单价按1%的比例递增，第6～10年增速变为0.8%。随着经济水平的上升，预计投产第1年将销售13万吨鲜果，第2～3年销量按0.8%增加，第4～10年增速为1%，预计第1年主营业务收入为2 600万元。预计第一年主营业务税金及附加为149.6万元。

产品成本的测算见表4-5。

表4-5 沙棘产品成本测算表 单位：万元

项目	经营期									
	第1年	第2年	第3年	第4年	第5年	第6年	第7年	第8年	第9年	第10年
主营业务成本	2 018.50	2 172.95	2 339.45	2 561.42	2 805.06	3 072.53	3 366.18	3 688.61	4 042.65	4 431.43
其中：直接材料	1 820.00	1 965.60	2 122.85	2 335.13	2 568.65	2 825.51	3 108.06	3 418.87	3 760.75	4 136.83
直接人工	54.00	55.62	57.29	59.01	60.78	62.60	64.48	66.41	68.41	70.46
制造费用	144.50	151.73	159.31	167.28	175.64	184.42	193.64	203.33	213.49	224.17
销售费用	151.60	156.15	160.83	164.05	167.33	170.68	174.09	177.57	181.12	184.75
管理费用	80.00	82.40	84.87	87.42	90.04	92.74	95.52	98.39	101.34	104.38
总成本	2 250.10	2 411.49	2 585.15	2 812.88	3 062.43	3 335.95	3 635.80	3 964.57	4 325.12	4 720.58
其中：固定成本	258.50	262.52	266.66	270.93	275.32	279.84	284.50	289.30	294.25	299.34
变动成本	1 991.60	2 148.97	2 318.49	2 541.96	2 787.12	3 056.11	3 351.30	3 675.27	4 030.87	4 421.24

本项目劳动定员的测算为：总定员30人，其中：生产工人27人，非生产人员3人。

1.主营业务成本构成为：直接材料、直接人工、制造费用。

（1）生产过程中消耗的各种原材料、辅助材料、动力及其他材料等直接材料的价格均采用实际价格计算，预测每单位产品的生产成本为140元/吨，第1年直接材料成本为

1 820万元。

（2）人员工资及福利：正式职工第一年按每人18 000元/年计取，则第1年人员工资为54万元。随着新疆经济水平的提高，人员工资每年按照3%的比例递增。

（3）制造费用构成为：辅助生产车间提供的产品成本和固定资产折旧。固定资产按直接投资金额计取，均无残值；厂房折旧年限为20年，设备折旧年限为10年，每年折旧金额为124.5万元。第一年制造费用为144.5万元。随着辅料成本价格的变化，制造费用每年按照5%的比例增加。

2. 销售费用构成：由销售人员工资、福利费和广告费构成。第1年销售费用为151.6万元，第2~3年按3%的比例增长，第4～10年按2%的比例增长。

3. 管理费用成本构成为：管理人员工资、福利费和新设备修理费。第一年管理费用为80万元。随着工资水平的提高，管理费用按3%的比例增长。

4. 投资项目的利润测算：实施该投资项目的利润预测见表4-6。

表4-6 **投资沙棘特色农业项目利润预测表** 金额单位：万元

年份	建设期	第1年	第2年	第3年	第4年	第5年	第6年	第7年	第8年	第9年	第10年
投资	2 190										
土地及厂房	1 490										
设备	500										
营运资金回收											200
销量（万吨）		13	14.04	15.16	16.68	18.35	20.18	22.20	24.42	26.86	29.55
单价（元/吨）		200	204.00	208.08	212.24	216.49	220.82	225.23	229.74	234.33	239.02
收入（万元）		2 600	2 864.16	3 155.16	3 540.09	3 971.98	4 456.56	5 000.26	5 610.29	6 294.75	7 062.71
税金及附加		149.6	164.38	180.82	198.9	218.8	236.3	255.2	275.62	297.67	321.48
总成本		2 250.10	2 411.49	2 585.15	2 812.88	3 062.43	3 335.95	3 635.80	3 964.57	4 325.12	4 720.58
其中：变动成本		1 991.60	2 148.97	2 318.49	2 541.96	2 787.12	3 056.11	3 351.30	3 675.27	4 030.87	4 421.24
固定成本		258.50	262.52	266.66	270.93	275.32	279.84	284.50	289.30	294.25	299.34
利润		200.30	288.29	389.19	528.30	690.74	884.31	1 109.26	1 370.10	1 671.96	2 020.64
税金		30.05	43.24	58.38	79.25	103.61	132.65	166.39	205.52	250.79	303.10
净利润		170.26	245.04	330.81	449.06	587.13	751.66	942.87	1 164.59	1 421.17	1 717.55

5. 项目折现率的选择：

考虑货币时间价值，设折现率为16%。折现率的选择基于以下几点：

（1）商业银行贷款利率：目前商业银行短期和中期贷款年利率不超过5.31%，长期贷款年利率不超过6.00%。因本项目时间紧迫，故暂无商业银行贷款。

（2）该项目投资均为公司自有资金投入，考虑通货膨胀及风险因素，股东要求的回报为16%。

五、各方看法

针对以上三种方案的抉择，董事长陈总召集了公司的领导班子来一同探讨，针对不同方案，大家发表了一些看法。

首先，对于A方案，大家的意见集中为：按A方案计划，如成功对肃北县530金矿进行改扩建，在效益上可能有利，但需要加大投资。企业需再注资2亿多元，周期较长。(1) 设计论证阶段，7—9月由新疆有色冶金设计研究院进行设计论证并提交可行性研究报告。(2) 建井与工程开拓阶段：选拔强有力的、施工资质齐全的施工队伍，从9月开始到12月底基本完成井建与系统开拓工程并基本形成采矿能力。(3) 为了强化资源保证，确保持续、健康发展，应加大地质探矿投入，坚持"科学探矿与经验探矿并举，深部探矿与外围探矿同步"的原则，在完成钻探工程的同时，加快坑探工程。(4) 改扩建初期占用流动资金较多，有时会影响企业的正常生产，如工资不能按时发放，会引起职工的负面情绪，所以可能有部分职工不同意A方案。(5) 为了加强管理，需要对企业的中层干部进行精减，会影响部分人员的利益，所以有些中层干部不同意A方案。(6) 项目改扩建后对企业一把手要求更严格，如果完不成当年利润目标，就有可能对其产生不利影响，因此，高层人员可能不愿执行A方案。(7) 如果实施金矿改扩建，其他改扩建项目就要暂时停止，其他机遇就会错失，机会成本较大。

其次，对于B方案，大家的意见集中为：按B方案计划，企业按部就班地生存下去。虽然避免减员后的社会不安定、部门压缩损失部分人员利益等不利因素，但新的经济增长点在哪里，能否使企业发展壮大？没有新的经济增长点，企业就没有发展的动力。如今抓住机遇，做出正确决策并实施，在未来一年或三年内，企业就会发展、壮大；否则，只能衰败甚至破产。

最后，对于C方案，HX公司高管认为，从技术方面看，沙棘的技术改良和产量提高是技术难题，公司没有这方面的人才储备，农业科技投入成本高；产品要求使用机械采摘以保证质量；产品的储存要求是低温储藏库，避免产品受冻、受热、暴晒，技术要求高，管理成本也会加大。在市场方面，目前沙棘产品市场前景非常好，出现供不应求现象，但是如果许多企业一齐上阵，就会出现产品过剩现象。从潜在客户群体方面看，沙棘鲜果产品作为基础的原材料，只要上游产品市场前景广阔、价格合理，需求就会增长。沙棘果粉及原汁的深加工项目在成本、品质等方面都比单纯的沙棘鲜果产品具有一定的优势，但公司在技术以及人才储备方面是短板，沙棘能不能带来经济效益大家心里都没谱，客户在价格和性能上能否接受也是一个问题，考虑到农业投资周期较长，未来风险不可预测，大家一时都认为C方案未必可行。

六、尾声

企业的内部因素和外部因素对决策的影响非常大，按A方案是周期长，长期效果显著，尤其是在项目中期阶段，每年能给企业带来更好的收益。但是否就万无一失了呢？按B方案是等"死"，就一定能"死"吗？按C方案就真的不可行吗？一时间HX公司高层难下定论，还需要用一个合适的方法，综合考虑各方因素以帮助公司的管理者做决定。

案例使用说明

一、教学目的与用途

1.本案例主要适用于公司管理会计、财务管理课程，也适用于项目投融资课程。

2.适用对象：各财经院校的MBA、会计类硕士研究生（含MPAcc），工商管理类高年级本科生。

3.教学目标：本案例通过具体的项目投资分析评价，使学员基本掌握投资决策分析所必需的基本知识及进行投资决策时所采用的各种评价标准；通过案例分析使学员理解正确估计现金流量是影响投资决策准确性的关键；使学员了解投资可行性分析的实务操作情况；掌握投资可行性分析的一般步骤与流程；掌握资本预算的常用方法和要点；培养学生针对具体问题的独立研究能力。

二、启发思考题

1.项目投资可行性分析的步骤与流程是什么？哪些步骤是最关键的？

2.为什么在进行投资决策分析时，要以现金流量而不是以会计利润作为项目取舍的衡量标准？

3.根据案例已知资料，分析项目投资分析中应关注的风险因素有哪些？

4.在进行投资决策分析时，折现率如何确定？

5.本案例还可以采用什么分析评价方法帮助管理层做出决策？试与案例采用的方法做出比较分析。

三、分析思路

（一）总体思路

教师可以根据自己的教学目标（目的）来灵活使用本案例。这里提出本案例的分析思路，仅供参考。

第一，项目投资决策通常应考虑货币时间价值、现金流量、资本成本以及投资的风险价值等四个因素。由于项目投资决策还会影响国民经济建设，甚至影响全社会的发展，因此项目投资决策必须做好投资的可行性研究和项目评估，从公司、国民经济和社会的角度进行研究论证，分析其经济、技术和财务方面的可行性。根据《建设项目经济评价方法与参数》的相关规定，投资项目应按照该规定进行经济评价。

第二，项目投资决策的程序：根据我国发展和改革委员会及国有资产监督管理委员会的相关规定，一般的长期投资决策程序包括投资机会研究、提出项目投资建议书、投资项目可行性研究、投资项目的评价决策、投资项目的执行以及投资项目的后评价等程序。通常企业投资项目决策的具体程序如图4-1所示。

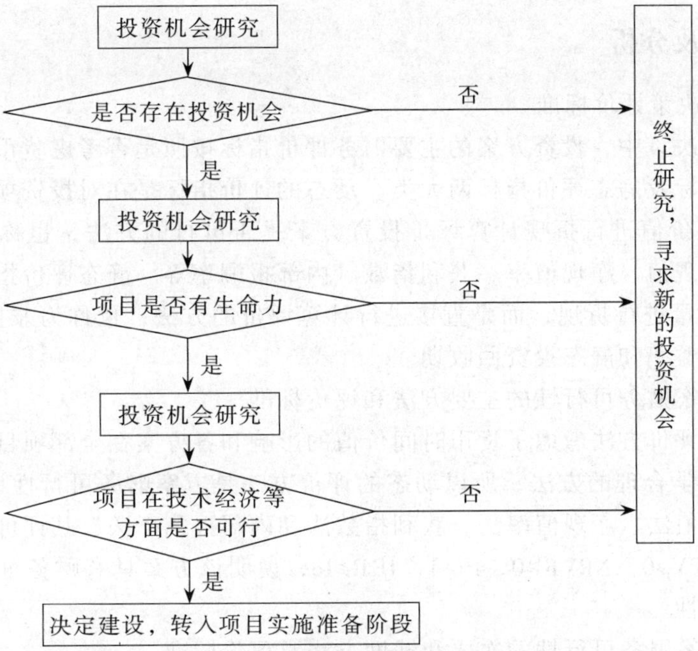

图4-1 企业投资项目决策的程序

第三，一个完善的投资决策方案，不仅要考虑投资收益，更要站在战略全局的视角，审视项目投资是否可以给公司带来更稳健、持久的竞争优势，即从战略出发，分析公司的竞争态势，找出公司的优势、劣势，结合国家及区域的政策，探寻项目投资方案的市场空间及市场前景，结合财务分析评价方法，把握投资决策的现金流量测算，计算预计的现金流量及经济效益预测，使学生能够从方案的决策过程把握投资决策方法的关键点。

第四，项目投资决策指标：项目投资决策一般包括对各方案的财务可行性评价和多个方案的比较与优选两个步骤。如果是单一独立方案的决策则只包括财务可行性评价；如果涉及多个方案的决策优选，则需先对各方案的财务可行性进行评价，然后从可行的方案中选出最优方案或最优组合。在长期投资决策分析中，无论是单一独立的投资方案还是多个互斥方案的比较，均需对每个方案的财务可行性进行评价。财务管理与管理会计中通常认为项目投资决策的主要评价指标包括净现值、内部报酬率、净现值率和获利指数等动态的评价指标。静态投资回收期为次要指标；投资利润率为辅助指标。

第五，战略管理：结合战略管理的基本理论，分析公司项目投资的方案取舍。

（二）思考引导要点

在具体分析各思考题时建议的思考引导要点如下：

1.项目可行性研究报告的要点、财务效益评价。

2.现金流量与会计利润的区别。

3.系统性风险、非系统性风险。

4.折现率的考虑因素：无风险利率、风险溢价。

5.波特五力分析、本量利分析等。

四、理论依据及分析

1.项目投资决策评价标准

在项目投资决策中，投资方案的主要财务评价指标按照是否考虑货币时间价值分类可分为动态评价指标及静态评价指标两大类。动态的评价指标是在对投资项目形成的现金流量按照货币时间价值进行折现计算评价投资方案是否可行的方法，也称为折现的评价指标，主要包括净现值、净现值率、获利指数、内部报酬率等。静态评价指标是不对投资项目形成的现金流量进行折现，而是直接进行计算评价的方法，也称为非折现的评价指标，主要包括投资收益率和静态投资回收期。

（1）评价方案财务可行性的主要方法和评价标准

由于动态的评价方法考虑了货币时间价值的影响和各方案在全部项目计算期内的净现金流量，是较科学合理的方法，所以动态的评价方法是方案财务可行性评价的主要方法。它主要包括净现值法、净现值率法、获利指数法和内部报酬率法。其评价标准如下：

若某方案NPV≥0，NPVR≥0，PI≥1，IRR≥Ic，说明该方案具有财务可行性；反之，则不具有财务可行性。

（2）评价方案财务可行性的次要和辅助方法及评价标准

评价方案财务可行性的次要和辅助方法主要是指静态的评价指标方法。这类方法主要有静态投资回收期法和投资利润率法。其评价标准是：

若某方案PP≤n/2（项目计算期的一半），ROI≥基准投资利润率i，则该方案具有一定的财务可行性，反之，则可能不具有财务可行性。

评价方案财务可行性时，当主要的动态评价指标和次要及辅助评价指标出现矛盾时，以主要的评价指标结论为主，即最终的方案取舍以动态的评价指标结论来定夺。

2.波特五力分析法

波特五力分析法原理：一个行业中的竞争，不只是在原有竞争对手中进行，而是存在着五种基本的竞争力量：潜在的行业新进入者、替代品的威胁、买方讨价还价的能力、供应商讨价还价的能力以及现有竞争者之间的竞争（如图4-2所示）。这五种基本竞争力量的状况及综合强度，决定着行业的竞争激烈程度，从而决定着行业中最终的获利潜力以及资本向本行业的流向程度，这一切最终决定着公司保持高收益的能力。

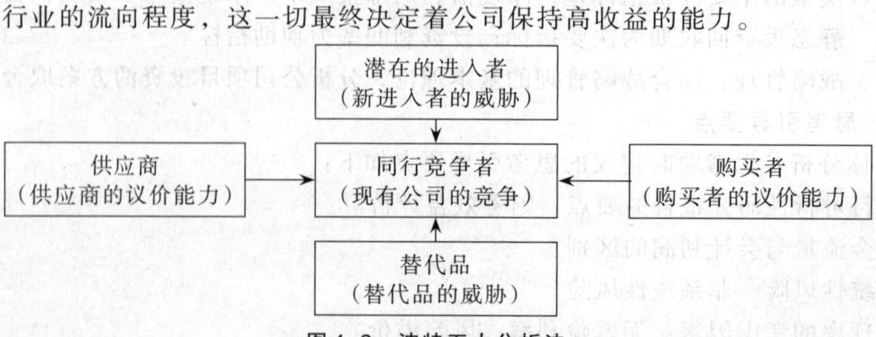

图4-2 波特五力分析法

（1）潜在的行业新进入者：潜在的行业新进入者是行业竞争的一种重要力量，这些新进入者大都拥有新的生产能力和某些必需的资源，期待能建立有利的市场地位。一方面，新进入者加入该行业，会带来生产能力的扩大及对市场占有率的要求，这必然引起与现有公司的激烈竞争，使产品价格下跌；另一方面，新加入者要获得资源进行生产，从而可能使得行业生产成本升高，这两方面都会导致行业的获利能力下降。

（2）替代品的威胁：某一行业的企业有时会与另一行业的企业处于竞争的状况，其原因是这些企业的产品具有相互替代的性质。替代产品的价格如果比较低，它投入市场就会使本行业产品的价格上限只能处在较低的水平，这就限制了本行业的收益。本行业与生产替代产品的其他行业进行的竞争，常常需要本行业所有企业采取共同措施和集体行动。

（3）买方讨价还价的能力：买方即顾客，买方的竞争力量需视具体情况而定，但主要由以下三个因素决定：买方所需产品的数量、买方转而购买其他替代产品所需的成本、买方所追求的目标。买方可能要求降低购买价格、要求高质量的产品和更多的优质服务，其结果是使得行业的竞争者们竞争加剧，导致行业利润下降。

（4）供应商讨价还价的能力：对某一行业来说，供应商竞争力量的强弱，主要取决于供应商行业的市场状况以及他们所提供物品的重要性。供应商的威胁手段有：一是提高供应价格；二是降低相应产品或服务的质量，从而使下游行业利润下降。

（5）现有竞争者之间的竞争：这是企业所面对的最强大的一种竞争力量，这些竞争者根据自己的战略规划，运用各种手段（价格、质量、服务、担保、广告、销售网络、创新等），力图在市场上占据有利地位和争夺更多的消费者，对企业造成了极大的威胁。

3.SWOT分析法原理

SWOT分析法是将与研究对象密切相关的各种主要内外部优势、劣势、机会和威胁等因素列举出来，依照矩阵形式排列并加以分析，从中提供决策依据的一种分析方法（如图4-3所示）。优势和劣势分析主要是着眼于公司自身实力及其与竞争对手的比较，机会与威胁分析是将注意力放在外部环境的变化及对公司的可能影响上。

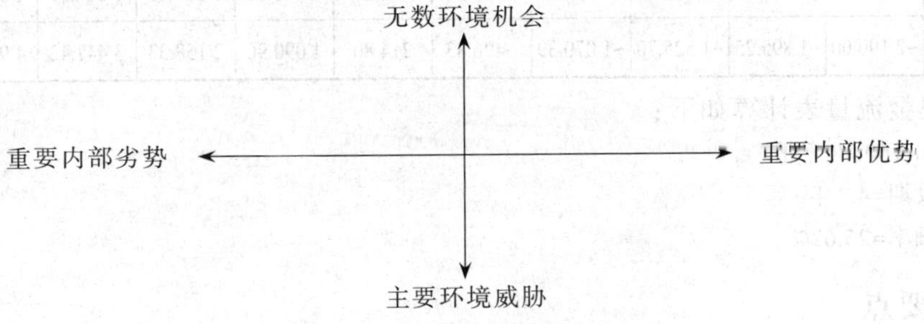

图4-3　SWOT分析法原理

运用各种调查研究方法分析出公司所处的各种环境因素，即外部环境因素和内部环境因素。外部环境因素包括机会因素和威胁因素，它们是外部环境对公司的发展直接有影响的有利和不利因素，一般归属为经济的、政治的、社会的、人口的、产品和服务的、技术的、市场的、竞争的等不同范畴。内部环境因素包括优势和劣势因素，一般归为管理的、组织的、经营的、财务的、销售的、人力资源的等不同范畴。在调查分析这些因素时，不仅要考虑到公司的历史与现状，而且更要考虑公司的未来发展。

4.财务评价分析

（1）A方案530金矿改扩建项目财务指标测算

现金净流量=现金流入量-现金流出量=利润+折旧

HX公司改扩建的折旧额为374.58万元。企业每年净现金流量为4 498.27万元

（4 123.69+374.58）。五年内现金净流量为22 491.35万元（4 498.27×5）。

净现值：全部投资所得税后：

财务内部收益率	13.43%
财务净现值（Ic=12%）	1 344.04万元
投资回收期（含基建期2年，下同）	7.31年

（2）B方案530金矿年新建采选9万吨项目财务指标测算

现金净流量测算：

现金净流量=现金流入量-现金流出量=利润+折旧

企业新项目建成后每年折旧额为80.27万元。

企业五年净现金流量=4 418.25+80.27×5=4 819.6（万元）

净现值：全部投资所得税后：

财务内部收益率	13.43%
财务净现值（Ic=12%）	109.04万元
投资回收期（含基建期2年，下同）	6.26年

（3）C方案沙棘果业项目净现金流量分析

实施沙棘投资项目的现金流量预测见表4-7。

表4-7 沙棘生产加工项目现金流量预测表 单位：万元

年份	建设期	第1年	第2年	第3年	第4年	第5年	第6年	第7年	第8年	第9年	第10年
净利润		170.26	245.04	330.81	449.06	587.13	751.66	942.87	1 164.59	1 421.17	1 717.55
加：折旧		124.50	124.50	124.50	124.50	124.50	124.50	124.50	124.50	124.50	124.50
净现金流量	-2 190.00	294.76	369.54	455.31	573.56	711.63	876.16	1 067.37	1 289.09	1 545.67	2 042.05
累计净现金流	-2 190.00	-1 895.25	-1 525.70	-1 070.39	-496.83	214.80	1 090.96	2 158.33	3 447.42	4 993.09	7 035.13

通过现金流量表计算如下：

净现值=1 108.48万元

投资回收期=4.7年

内含报酬率=25.62%

五、关键要点

1.在本案例的分析中，对宏观政策的把握以及对竞争环境的认识是决策的关键支撑。

2.本案例的分析评价中经济效益数据预测的准确性是最终决策的关键要素。

3.多变的竞争环境变化，会导致项目投资决策方案的现金流量估算出现变化，因此，在项目评价中，应假定现金流量的数据来源是稳定的、可靠的，据此来计算评价方案的投资可行性。

4.投资决策应与战略相匹配，配合战略发展需求。过分强调短期收益的获取，有可能导致战略目标无法最终达成。

六、建议课堂计划

本案例按照时间进度提供的课堂计划建议，仅供参考。

整个案例课的课堂时间控制在80～90分钟。

1.课前计划

提出启发思考题，请学员在课前完成阅读和初步思考。

2.课中计划

简要的课堂前言，明确主题（2～5分钟）；

分组讨论（30分钟），告知发言要求；

小组发言（每组5分钟，控制在30分钟）；

引导全班进一步讨论，并进行归纳总结（15～20分钟）。

3.课后计划

请学员结合课堂中的讨论学习，完成案例分析报告，对案例中存在的问题给出自己的观点和意见，并鼓励学生谈一下通过学习本案例而获得的启发，交流心得，真正起到理论和实践相结合的效果。

案例9

成败在此一“址”：A快餐公司在乌市的选址对策

摘　要

本案例阐述了作为乌市代表性快餐品牌之一的A快餐公司，其选址的规律特点、存在的问题以及未来的改进方向。本案例重点阐述了A快餐公司在选址上存在的选址类型单一、选址商圈布局分散、缺乏品牌旗舰店三个问题，同时，从三个方面论述了针对上述问题的解决方案思路。本案例旨在引导学生理解和掌握快餐公司在选址方面需要考虑的因素，为从业者在新店选址方面提供参考，以便于从业者能够合理进行快餐餐厅选址。

关键词

快餐公司　新店选址　商圈布局　品牌形象　特殊门店类型

案例正文

一、引言

2023年1月1日13时20分，乌鲁木齐（也称乌市）的经开万达广场内，节日气氛满满……在经开万达广场的A快餐店里，顾客比平时还要多一些。一位衣着朴素的男子在门店门口环顾四周之后进入了快餐店，点了套餐后坐到了紧靠窗户的位置。紧跟其后，两位女生也相继坐在了这位男子旁边的一桌。

“在万达逛了一上午，能直接过来吃我最爱的A快餐实在是太棒了！”其中一位剪着齐肩发的女生说。

“是的呢，回家经常路过友好路那家的A快餐店，一直很喜欢。这万达广场实在是太好了，吃完可以继续逛街，真的太合我意了！”齐肩发女生对面的朋友回答道。

男子不经意听到后，嘴角微微上扬。他望着窗外来来往往的人，心里不禁想起这一个月的点点滴滴，以及昨天部门会议上关于对自己提交的选址分析报告和意见书的激烈讨论，男子现在的心情都难以平复。这忙碌的一个月中发生的事情一幕幕都清晰地浮现在眼前……

二、总部调研前准备工作

这位男子正是A快餐公司新疆维吾尔自治区市场部的选址开发专员王建业。有5年连锁品牌终端店铺选址工作经验的他，对乌鲁木齐地区商圈、社区非常熟悉，并且具有敏锐的洞察力和良好的沟通能力与谈判技巧。A快餐公司于2002年进驻新疆市场，首家门店位于乌鲁木齐市友好路核心商圈。经过多年的发展，A快餐公司在新疆维吾尔自治区设有34家门店，遍布新疆主要城市，员工1 600余人，其中在乌鲁木齐市有16家门店，员工1 000余人。刚毕业的王建业就进入到A快餐公司友好路友好商场店工作。几年的时间，让王建业对A快餐公司有了全面的了解，并根据自己的兴趣和特长，成功竞聘为新疆维吾尔自治区市场部的选址开发专员。

一个月前的一天，刚到公司的王建业就接到李经理的通知，让他去办公室一趟。

李经理说："小王，这几年我们新疆维吾尔自治区A快餐公司的发展一直受到总部的关注，发展趋势一路向好，尤其是在乌市的业绩一直很乐观。快餐行业在乌市也蓬勃发展起来，自2016年起，陆续有新快餐品牌进入新疆市场，如汉堡王、太平洋咖啡等。加上乌市已有的快餐品牌，如肯德基、德克士、百富烤霸等，快餐行业的品牌竞争愈加激烈。我们要在竞争中求创新，还存在一些需要改进的地方。"

李经理顿了顿，继续说道："现在北京总部有意在乌鲁木齐再开一家门店，以乌鲁木齐当地特色为基础，结合内地A快餐公司发展的经验，希望能让A快餐公司在新疆维吾尔自治区的发展有新的突破。你的能力我一直很认可，所以这次决定派你去北京调研两周，希望你通过学习，能把他们成功的经验运用到我们新疆维吾尔自治区的门店！"

王建业听后，回答道："谢谢李经理的信任，我一定不辜负您的期望！"

回到办公桌前的王建业心情难以平复，一方面，李经理提到的A快餐公司乌鲁木齐门店现阶段确实面临着很大的竞争，这和自己的想法不谋而合，通过这段时间的实地考察切身感受到了来自竞争对手的压力；另一方面，对于自己即将开始的出差调研，也是激动万分，李经理对自己有很大的期望，自己要做好充分的准备，以便更好地学习总部的经验。

王建业已经把A快餐公司乌鲁木齐门店的情况深深地印在自己的脑海中。在乌市的16个门店，主要集中在高新技术产业开发区（新市区），共有7个门店。A快餐公司在乌市主要通过与购物中心合作选择门店位置。A快餐公司均和万达合作，在经开区万达广场、沙依巴克区德汇万达广场、高新技术产业开发区（新市区）长春路万达广场共有3个门店，且在德汇万达广场和长春路万达广场还分别设置了2个卫星店，用于售卖饮品和冰激凌。另外，A快餐公司在乌市的16个门店中，除多与购物中心合作外，有3个门店选址在大型超市所在商圈，其中两个门店位于家乐福超市，1个门店位于好家乡超市。除此之外，A快餐公司在乌市机场和高铁也有两个门店，机场和高铁作为重要交通枢纽，也是快餐品牌的必争之地。

A快餐公司在乌市选址多分布在中心城区与购物中心、百货商场，在重要交通枢纽，如机场与高铁也有分布。随着万达广场入驻新疆，乌市本土房地产企业也利用产权优势和对本地居民消费习惯的了解，逐渐开始打造有特色、有亮点的商业体，如2018年开业的长春路KL星品汇、友好路美美2购物中心。A快餐公司在与不同的购物中心合作时，具体的选址位置会因商圈的差异、物业的业态布局不同而选择不同的位置，考虑到与消费者动线的结合，所以选址也并不是一成不变的。A快餐公司在乌市16个门店的选址，除高铁店和机场店，1个门店位于医院附近，其余13个门店均选址在人口流量较大的购物中心、百货商场、大型超市。

除高铁店和机场店外，其余A快餐公司14个门店均在所属物业1楼（部分门店为两层店）。这一点区别于竞争对手，其他快餐品牌如D公司在乌市有地下街门店。此外，A快餐公司门店选址几乎都为所属物业的1楼，即使所属物业在4楼或者5楼有专门的餐饮广场或美食街，A快餐公司在乌市的选址也从来没有在2层以上（只售卖饮品和冰淇淋的卫星店除外）。

脑海中将A快餐公司在乌市的门店情况过了一遍之后，他准备出差前再去门店转转。王建业一直是行动力很强的人，下午就去A快餐公司经开万达广场门店和友好商场店走访。王建华先去了离市区较远的经开万达广场门店。

王建业开车直接到经开万达广场地下停车场停好车，一路上都很顺利。王建业不禁感慨，前两年来还在为找停车位而烦恼，现在不仅有万达广场的两层地下停车位、室外停车位，2018年旁边建筑也增加了地下停车位，总停车位数量超过1 000个，驱车来万达广场停车方便多了。从入口进去后，购物中心的1层正对中庭的就是A快餐万达门店。该门店临近主要出入口，有良好的展示面，外立面采用落地玻璃加实体墙装饰，明亮通透，造型风格与购物中心整体设计风格良好融合。王建业走到门店口，看到店内人头攒动，有到店就餐的，也有打包带走的，经开万达广场门店的业绩一直很好。正如前期王建华所了解到的：在经开万达广场门店消费的消费者中，80%的消费者在门店消费的同时也在万达广场购物中心进行了消费，另外20%的消费者来自周边办公大楼、酒店等。

和A快餐公司一样，主要竞品如汉堡王、德克士等也会将门店位置优先选择在购物中心1层。王建业在A快餐门店门口看了一眼后，立即去打探竞争对手情况，大步向前走去，很快来到了德克士、汉堡王、百富烤霸等同为快餐类的品牌店，这些品牌店的顾客数量明显比自家的多一些。洞察力很强的王建业很快发现德克士上个月刚上的新品，今天在百富烤霸就见到了类似的产品。

王建业又乘坐电梯来到万达广场4楼，看看其他类型餐饮店的情况。万达广场餐饮店类型很多，火锅、西餐、精品中餐等品牌和商家就有数十个甚至上百个，火锅类、中餐类的品牌门店会选择设在餐饮层，通常在购物中心4楼以上的位置，消费者选择多样化。王建业心想：竞争激烈是每个进入购物中心的餐饮品牌都面临的重大问题，这次出差一定要学习到新颖的知识，才有把握在竞争中获胜。

经开万达广场"暗访"之后，王建业驱车赶往友好商场店。由于不是下班高峰期，王建业很快来到了A快餐友好商场店。友好商场建筑面积5.1万平方米，共有六层，地下一层为百货超市，楼上共有五层，按照楼体建筑自然形成面积大小不等的30个经营区域和营业厅。王建业家就住在附近，对友好商场也很熟悉。友好商场是一家品类丰富的综合零售企业，负一楼是超市和餐饮美食街；一楼主营化妆品、时尚名表、精品女鞋等；二楼主营男装等；三楼主营女装等；四楼主营户外休闲、运动、家居生活等；五楼主营羊绒羊毛、儿童用品等。商品品种达30万余种。商场内大部分店他都逛过，前两天下班还来友好商场负一楼超市买了点生活用品。友好商场为坐北朝南的建筑，与沿街主干道友好路平行，A快餐公司门店位于友好商场正门的左侧方向，在友好路与克拉玛依路交叉十字路口位置。友好商场涵盖了消费者个人和居家生活的全品类消费品，位于核心商圈的友好商场因多年的良好口碑深受本地居民信赖。

进门后王建业很快来到A快餐公司友好商场店，王建业发现2002年开业至今已成功经营多年的老店，顾客人数不少，但是较去年有了一定的减少。他心想，这和距友好商场

500米距离才开业不久的美美2购物中心有一定的关系。同样位于核心商圈，美美2购物中心装修风格时尚明快，主打潮流轻奢，并成功引进了潮牌I.T、Aape，以及时尚化妆品品牌，给乌鲁木齐市的青年和时尚消费群体带来了巨大的吸引力。美美2购物中心也开设了美食餐饮广场，这是友好路核心商圈商业体内为数不多的统一管理的美食餐饮广场。这对A快餐公司友好商场店也产生了顾客分流的影响。随着咖啡、饮品、小食的同质性逐渐加大，在核心商圈内开设的网红餐厅和水吧也加入了竞争的行列。

友好商场A快餐公司门店，跨越1、2层，1层为后厨、点餐区和部分用餐区，2楼为部分用餐区，展示面良好，外立面非特殊设计，为传统百货装修风格。王建业脑海中很快闪现一组数据，约60%进入A快餐公司门店消费的顾客也同时在友好商场进行了消费，还有20%的顾客在友好商场附近其他购物中心如太百、美美2进行消费后选择来A快餐公司友好门店进餐，剩下20%为周边的居民、学生和办公人群，主要集中在午餐和晚餐时段。

传统百货商场的1层通常不具备餐饮条件，尤其是传统百货为单一动线，只有一个主出入口，一楼沿街设有橱窗，业态布局主体为化妆品。因此，友好商场也无法满足A快餐公司在商场内或者主出入口位置开设门店的要求，最终选取的位置为友好商场的动线末端北侧，和商场没有连通，且为了满足门店面积需求，选择了1、2层店。

王建业和门店经理了解完情况后，准备回家复盘，整理出差的资料。走之前又认真地看了看友好商场店，由于友好商场坐落的位置为城市主干道旁，市政街面管理有统一标准，加之传统百货建筑相对较旧，虽然展示面良好，但外立面设计和制作水平一般，无法支持A快餐公司门店做特殊设计以提升品牌和门店形象的要求。纵观友好集团旗下或控股的商场，在乌鲁木齐市均为10年以上建筑，与友好集团友好商场合作的门店在门店外立面和形象设计方面几乎都无法进行特殊设计。

王建业很快便回到了家，整理好出差资料和个人用品，便早早休息了，明天还要赶往北京总部学习。

三、北京总部一行，收获颇丰

到达北京的王建业立刻打车前往A快餐公司北京总部，刚好赶上培训开始，王建业和各地方代表一同开始实地参观和学习。

对特殊类型门店的参观，令王建业至今都印象深刻。先去参观的是离总部不远的汽车穿梭餐厅。这是A快餐公司于2002年在北京开设的其在中国的第一家汽车穿梭餐厅。来到汽车穿梭餐厅，他看到，开车的消费者既不需要下车，也不需要进入餐厅，只需沿着餐厅周围的专用车道行驶，在两个不同的窗口分别完成语音点餐和取餐，最后开车从专用车道出口离开，整个过程消费者完全不用下车，会沿着专用车道围着餐厅行驶一圈随即离开进入主干道继续行驶。

和王建业一样，一同参加培训的各地代表对这个门店类型都感到很惊喜。第二天，没想到惊喜继续，一行人又被带去参观下一家特殊门店——开放式街区餐厅。该餐厅与标准店最大的区别为，并没有选址在封闭的建筑商业内，而是选择在开放式的街区商业内。通常街区式商业周边会有大量居民和集中的高品质住宅。开放式的街区商业不封闭，不仅满足了周边居民的日常生活与娱乐购物需求，也吸引慕名而来的其他消费者。在国内较为成功的开放式街区主要有龙湖天街、成都太古里等。近年来，有的大型房地产开发商在开发住宅的同时也会设计开发开放式街区商业，如万科的世界公园项目、四季花城项目都配套有开放式街区商业。

A快餐公司在乌鲁木齐市多与万达广场、友好集团旗下品牌商场、汇嘉时代百货等大型商业地产开发商或商业购物中心合作，门店进驻了万达广场在乌市的三个购物中心，和友好集团、汇嘉时代百货的合作也基本达到了旗下商场、购物中心90%门店进驻。2018年，A快餐公司在乌市内新开门店3个，全部与购物中心合作，分别与时代广场、奇台路德汇万达、长春路万达合作，且均为标准店，在特殊类型门店上毫无突破。这两天的参观让王建业长了很多见识，他认识到乌鲁木齐门店的发展还有很大的空间。

实地参观之后，是为期十天的经验分享。每一场的培训都有收获，其中两点令王建业感触颇深：

（1）完整的选址规划体系应该是一个闭环，分为五个步骤：①前期城市市场调研。需要做好充分准备，调研乌市的宏观经济状态、城市发展规划、人口和消费分布特点，识别城市等级和市场容量。这对后续的流程环节起到定基调的作用，是指挥棒。②选址策略制定。这是提出选址的方向和策略重点，它决定了与选址相关的政策会如何倾斜，会重点支持哪些类型的项目，决定了各项资源的分配。选址策略制定至关重要，是选址工作的方向灯塔。③新址选址商圈布局。在第二个步骤选址策略既定的情况下，设计好城市内的新址布局，应当尽量做到布局平衡。④新址选址开发。进入到对每个独立项目的立项、谈判和施工过程。⑤选址开业后的反馈调整。选址规划并不是完成前四个步骤，门店开业就结束，它应该是一个闭环，开业后门店的实际经营情况需要复盘，以检视在整个选址规划过程中工作是否有缺失，每个步骤的决策是否正确，是否产生了没有预见的风险，产生的原因是什么，实际的营业业绩指标是否达到了前期的预估水平，判断是否有偏差等。这些反馈会促使不断改进和完善选址规划体系各个步骤的工作，尤其是最后一个环节，这也正是乌鲁木齐门店所缺少的。A快餐公司在乌市的门店开业后，会观察三个月的营业额，如果营业额没有达到预期，会从运营和选址开发的角度分析营业额未达成的原因，提出对单店的改进措施。但没有将反馈分析与选址策略挂钩，导致在下一年的选址计划工作中仍然会出现同样的问题，没有从整体策略的制定方面总结规律，也没有对同一类型门店遇到的同类问题进行归纳和总结并提出解决方案。

（2）旗舰店的重要性以及乌鲁木齐旗舰店建设的困难。A快餐公司在乌市内的16个门店均无旗舰店。A快餐公司在乌市多年的发展过程中，在年度目标中从未涉及开设旗舰店的相关指标要求。A快餐公司每年会制订年度的开店计划，主要拟定开店数量目标，但对开店的类型没有相应要求和考核标准，更无旗舰店计划。旗舰店是品牌形象对外宣传和展示的最佳途径之一，A快餐公司在乌市的发展过程中失去了旗舰店这一与消费者互动的最佳渠道。旗舰店的选址主要有三个维度标准：①旗舰店选址商圈：核心商圈或政府功能新区、特殊功能区。②旗舰店选址交通：交通便利性极高，有充足的停车位和发达的公共交通线路。③旗舰店选址规划，应有强劲的发展潜力，与消费者和居民有良好的互动性。从这三个方面来看，乌市内营业额排名靠前的门店如友好商场店、中山路红旗店、经开万达广场店，虽然在营业额上属于上游，但友好商场店在交通方面较欠缺，位于核心商圈的老旧物业，道路拥挤，缺乏充足的停车位；中山路红旗店同样在交通条件上不满足；经开万达广场店所属的经开区目前还没有完成人口导入，各项基础配套设施还不完全，均不满足旗舰店条件。

四、团队齐心，共展乌鲁木齐门店新未来

两周的出差学习后，王建业“满载而归”，回到市场部后，开始与团队成员分享学习经验。用两周时间针对乌鲁木齐市A快餐门店新店做出选址方案，并对已有门店进行竞争力等分析。

首先，受北京特殊门店的启发，进行乌鲁木齐门店特色的头脑风暴，设计了旅游商圈景区门店。设计的该门店结合A快餐公司在内地市场的特殊商圈旅游景区已有门店的选址经验，尝试在乌市内选址形成突破。目前，在乌鲁木齐市内的旅游商圈类型可选址的位置主要是国际大巴扎。新疆国际大巴扎位于乌鲁木齐市天山区，于2003年6月26日落成，是世界规模最大的大巴扎，集特色文化、建筑、民族商贸、娱乐、餐饮于一体，是新疆旅游业产品的汇集地和展示中心，是“新疆之窗”、“中亚之窗”和“世界之窗”。新疆国际大巴扎作为乌鲁木齐市内的旅游名片，每年吸引众多游客前往，本地居民也会在周末或节假日前往国际大巴扎品尝美食、购买商品，受到各族人民喜爱。

A快餐公司在国际大巴扎的餐饮区内开设特殊餐厅，作为A快餐公司的旅游商圈名片店，选取沿街或临近大巴扎主出入口的位置，外立面采用特殊设计，并与大巴扎整体建筑风格保持统一，色彩以通透明快色系为准，在餐厅内饰设计上加入民族特色元素。在产品供应上，以满足游客和家庭聚餐为主，提升配餐效率，减少顾客等待时间，建议在夏季旅游高峰季节适当延长晚上的营业时间，多开发饮品、冰淇淋产品方便顾客手持携带，边游玩边享受美食，并可开发印有A快餐公司标志和新疆旅游元素的纪念品。可以适当配合大巴扎的主体活动和民族歌舞活动，推出应季产品。通过在大巴扎开设门店，实现A快餐公司在特殊商圈门店旅游类型上的突破，向更多游客和到访的顾客宣传A快餐公司品牌形象，形成名片店效应，同时满足A快餐公司在乌市内的新店营业额增长目标。

其次，完善乌鲁木齐门店选址规划体系。针对A快餐公司现有规划选址的工作情况，建立完善的选址规划体系，形成完整的选址规划体系闭环：前期城市市场调研、选址策略制定、新址选址商圈布局、新址选址开发、选址开业后的反馈调整。通过和A快餐公司门店选址相关人员的访谈了解，现行工作体系缺乏选址策略制定和选址开业后的反馈调整。

建议A快餐公司从体系流程建立、完善人员配置、执行效果纳入绩效评估三个方面入手。同时，提出A快餐公司应完善选址规划体系，从人员配置方面着手。目前，A快餐公司在新店选址开发方面，有前期调研工作人员和具体的新址开发项目负责人，但并没有补充最后一个环节选址开业后的重点追踪反馈调整的人员。设立专人专岗，专职负责所有乌市内新店开业后的分析反馈工作，以更好地反馈选址策略制定的效果。A快餐公司选址规划体系的改善程度和各流程环节的执行情况及效果应当纳入绩效评估体系，从绩效评估的角度确保选址规划体系的改善，在实际工作中严格执行各流程环节，而不是形同虚设。

最后，针对A快餐公司现有在乌市内的16家门店均无法达到旗舰店的情况，对旗舰店的选址也进行了详细的分析，提出A快餐公司在新的年度制定开发策略时，应重视品牌形象的提升和旗舰店的开发，设置相关目标，尽快选址开设旗舰店。

第一，从A快餐公司开发策略制定到相关选址人员工作目标的设置，应当重视品牌形象的提升和旗舰店的开发。旗舰店的选址不同于标准店，在合作方的甄选、地理区域位置

以及物业条件和具体店铺的选址等方面都与标准店有差别，所以需要相关工作人员花费更多的精力，把选址的各个流程环节工作做到位，严格执行标准。第二，A快餐公司充分研究学习内地市场A快餐公司在旗舰店选址开发方面的经验和成功案例，再结合乌市的宏观状态和商业发展情况，仔细识别可供备选的旗舰店选址。从A快餐公司在内地的旗舰店选址案例来看，通常旗舰店会选址在区域中心的经典商业，或者有政府支持政策的各类特色新区。在外立面形象设计上，会打破A快餐公司的原本传统设计，与所选址的周边环境和商业氛围融为一体，且具有亮点和特色，给人以视觉冲击。在旗舰店内提供的产品和服务也会做升级和改良，以满足消费者对旗舰店的消费期待和忠实粉丝的膜拜心理。第三，A快餐公司与政府相关规划部门加强联系，根据乌市的城市发展规划来增加旗舰店可行区域的备选。例如，乌市重点打造的红光山会展片区，因数十个世界500强和中国500强房地产开发公司的项目入驻以及政府办公职能部门的迁入，红光山会展片区已经初步具有了CBD的雏形，会是未来的金融、商业、行政职能中心区域。

旗舰店的选址对A快餐公司在乌市市场发展的品牌形象有至关重要的作用，根据上述三个方面的建议，希望A快餐公司能够选出最优的旗舰店位置，也为乌市的消费者和忠实粉丝建立更好的与A快餐公司互动的渠道和窗口。

五、尾声

团队十几页的新门店选址和已有门店分析报告提交至李经理处时，王建业心情是复杂的，一方面是通过出差、学习有了一些新的想法，另一方面也在犹豫内地的一些经验做法能否成功地植入到乌鲁木齐门店，虽然这两周已经做了方案，但还是担心有想得不周到的地方。

2022年12月31日，A快餐公司新疆维吾尔自治区市场部针对王建业提出的门店选址方案进行开会讨论。持续两小时的会议，终于结束。大家都认可方案中的想法，并对一些细节方面做了更加详细的讨论和补充。

此时，坐在A快餐经开万达广场门店窗边的王建业，看着来来往往的人，心情还是难以平复。这种难以平复的心情，不是慌张，也不是不安，更多的是一种对未来的憧憬和渴望。王建军脑海中慢慢浮现出未来新门店的开业场景，以及未来三年、五年A快餐公司乌鲁木齐各门店的新面貌……

本案例附录见表4-8至表4-12。

表4-8

门店布局商圈类型

区县	个数	商圈类型
天山区	3	商业街/购物中心/大型超市
沙依巴克区	2	商场百货/购物中心
高新技术产业开发区（新市区）	7	商场百货/购物中心/大型超市
水磨沟区	1	大型超市
经济技术开发区（头屯河区）	3	高铁/机场/购物中心

表4-9　　门店选址物业类型选择

物业类型选择	门店数量（个）
核心商圈	2
购物中心/百货商场	8
大型超市	3
医院/居民区	1
高铁	1
机场	1
合计	16

表4-10　　A快餐公司门店选址类型

门店序号	商圈类型	所属楼层	所处位置	门店类型
1	核心商圈	1、2	临街十字路口	标准店
2	医院/居民区	1	临街十字路口	标准店
3	大型超市	1、2	临街	标准店
4	购物中心	1	中庭	标准店
5	百货商场	1	临街十字路口	标准店
6	购物中心	1	临街	标准店
7	百货商场	1	临街	标准店
8	大型超市	1	临街	标准店
9	大型超市	1	临街	标准店
10	核心商圈	1、2	临街	标准店
11	购物中心	1	主出入口	标准店
12	购物中心	1	临街	标准店
13	百货商场	1	临街	标准店
14	购物中心	1	中庭	标准店
15	高铁	2楼夹层	扶梯口	标准店
16	机场	出发层	—	标准店

表4-11　　A快餐公司门店选址布局

所在区	城市方位	个数
沙依巴克区	乌市中部	2
高新技术产业开发区（新市区）	乌市北部	7
经济技术开发区（头屯河区）	乌市西北部	3
天山区	乌市中南部	3
水磨沟区	乌市东部	1

表4-12 A快餐公司门店选址合作方

门店序号	商圈类型	所属楼层	所处位置	停车场	遮挡	合作方
1	核心商圈	1、2	临街十字路口	有	无	友好集团
2	医院/居民区	1	临街十字路口	无	无	—
3	大型超市	1、2	临街	有	无	家乐福
4	购物中心	1	中庭	有	无	万达广场
5	百货商场	1	临街十字路口	有	无	西单商场
6	购物中心	1	临街	有	无	友好集团
7	百货商场	1	临街	有	无	新世界百货
8	大型超市	1	临街	有	无	好家乡
9	大型超市	1	临街	有	无	家乐福
10	核心商圈	1、2	临街	无	无	—
11	购物中心	1	主出入口	有	无	万达广场
12	购物中心	1	临街	有	无	时代广场
13	百货商场	1	临街	有	无	福润德购物
14	购物中心	1	中庭	有	无	万达广场

案例使用说明

一、教学目的与用途

1.本案例主要适用于“企业管理学”“战略管理会计”等课程的案例教学。

2.本案例是一篇关于A快餐公司选址对策的教学案例，其教学目的在于使学生理解企业选址的重要意义，对企业发展过程中选址考虑的因素以及选址方法等具有深刻的认识和深入的思考，并且能够根据不同企业发展实际提出针对性的选址和发展方案。

3.本案例有利于培养学生的战略性思维及把握事物发展总体趋势和方向的能力；使学生具有创新性思维，有主动适应环境的勇气和能力，能利用所学的分析诊断方法和工具，为特定领域的管理实践问题提供有针对性、情景化的解决方案。通过理解并掌握管理分析与诊断的基本原理和方法，培养学生的系统思维。

二、启发思考题

1.您所在的小组认为，A快餐公司经开区万达广场店和友好路友好商场店在选址上的各自优劣势是什么？

2.您所在的小组认为，A快餐公司在乌市的门店选址存在哪些方面的问题，请说明原因。

3.据您所在的小组了解，现在快餐行业门店类型有哪些，都分别有什么特点？

4.您所在的小组认为，A快餐公司新增加的这家门店应选址在哪里，为什么？请提出对策建议。

三、分析思路

（一）总体思路

面对市场竞争的加剧，企业唯有不断发展才能立于不败之地。衡量自身的优劣势，主动适应环境、把握事物发展总体趋势和方向，具备战略性思维对于一个企业来说尤为重要。具备爱岗敬业的精神和强烈的责任意识，利用所学的分析诊断方法和工具，为特定领域的管理实践问题提供有针对性、情景化的解决方案，是培养的一个重要议题。

（二）思考引导要点

在具体分析各思考题时建议的思考引导要点如下：

1.聚客能力、消费群体、竞争、成本、环境及发展等方面。

2.选址类型、商圈布局、品牌旗舰店等。

3.旅游商圈景区门店、汽车穿梭餐厅、高速服务区餐厅、开放式街区餐厅。

4.成本、服务时间、便利度、消费环境、客户群等。

四、理论依据及分析

教师可以根据自己的教学目标灵活使用本案例。这里提出本案例的理论依据及分析思路，仅供参考。

1.运用SWOT分析模型分析A快餐公司经开区万达广场店和友好商场店的选址优劣势。

（1）A快餐公司经开万达广场店SWOT分析（见表4-13）。

表4-13　A快餐公司经开万达广场店SWOT分析

S： 1.聚客能力强：万达广场购物中心体量较大，商业元素丰富，客流量大，提升了门店的消费捕获率； 2.家庭式消费居多：购物中心为吃喝玩乐一站式消费，满足家庭多样消费需求，增加了客单价； 3.区域效应强：万达广场为经开区唯一综合商业体，形成对周边消费者的聚集效应； 4.硬件设施完善：各项公用设施完善，便于开展主题活动、节日活动和进行产品促销	W： 1.发展局限性：万达广场在乌市开店容量趋于饱和； 2.竞争激烈，分流大：购物中心均有专门的餐饮层，入驻餐饮品类丰富，对A快餐公司门店分流大； 3.成本高：购物中心租金、物业费水平高于其他商业场所，门店运营成本高
O： 1.新区域：万达广场所在的经开区为新区，有政策倾斜，对于门店来说是新区域市场，消费潜力待挖掘； 2.竞品不多：A快餐公司的主要竞品在万达广场只入驻两个品牌，且位置都不如A快餐公司门店位置条件优越； 3.与互联网科技结合：开通手机APP自助点餐，提升点餐效率，减少消费者排队的焦躁感； 4.开展会员活动：通过注册会员，开展会员优惠活动，增加消费	T： 1.网红店冲击：万达广场入驻的网红店对A快餐公司门店的主要消费群中青年消费者的吸引力较大； 2.商业大环境收紧：受宏观经济影响，消费收紧

A快餐公司在经开区万达广场的门店位于购物中心的1层正对中庭，临近主要出入口，有良好的展示面。

80%的消费者在门店消费的同时也在万达广场购物中心进行消费，另外20%的消费者来自周边办公大楼、酒店等。这充分验证了经开区万达广场A快餐公司门店的SWOT分析中的优势，购物中心聚客能力强，提升了门店的消费捕获率，通常是父母带子女或者亲朋好友相约购物，在购物中心滞留的时间会在2个小时以上，2个小时的时间即使没有赶上用餐时间，也会产生随机性饮食消费，如购买饮品或者通道中花车上的小吃。而A快餐公司的门店利用选址在动线节点上这一优势，充分捕获了消费者，A快餐公司门店售卖的饮品类、小食类产品对营业额的贡献也不俗。

万达广场作为经开区唯一的商业综合体，区域效应强。另外，经开区万达广场拥有两层地下停车位及室外停车位，2018年旁边建筑又增加了地下停车位，总停车位数量超过1 000个，驱车前往经开区万达广场的消费者居多。城市区域中心的资源丰富，会对一定半径范围内的消费者产生消费吸引，即使离居民区相对远，消费者还是会选择驱车或者公共交通前往，以获取更多的消费选择。

A快餐公司在经开万达广场的门店选址是存在问题的，也面临着较大的竞争，这些劣势和威胁也因购物中心的本身属性特征而更加明显。目前，乌鲁木齐已有6家万达广场：经开万达广场、德汇万达广场、高新万达广场、德港万达广场、白鸟湖万达广场、天山区万达广场，从城市容量和万达广场在内地与乌市相似城市的经验来看，6家万达广场应该是乌鲁木齐市合理的店数。

从A快餐公司倾向于与大型购物中心合作门店选址的规律来看，A快餐公司与万达广场的门店合作会随着万达广场的门店布局而饱和，预计只会有6家合作门店。如果万达广场未来5年在乌鲁木齐市再无新址计划，那A快餐公司也会停止在万达的门店布局。这就是与大型地产、购物中心合作的劣势之一，门店发展数量会受限，受制于商业地产的发展速度和城市布局数量，所以过多依靠与大型购物中心合作来选址开店是有很大局限性的。

购物中心通常是全业态布局，黄金珠宝、男女装、鞋包、运动、餐饮、影院、儿童娱乐一应俱全，另外，随着消费结构升级，购物中心也在传统全业态布局的基础上增加了亮点，如各式电子产品体验店、动植物展馆，适合小朋友的真冰场等。丰富的业态对购物中心的聚客能力有很好的帮助，但对于进驻的品牌和店铺来说，相互之间的竞争也会更加激烈。

对A快餐公司在万达广场的门店来说，主要的竞争来自两个维度：一是来自餐饮大行业的竞争，如火锅、西餐、精品中餐等都是餐饮行业内较受消费者欢迎的产品，从消费者的角度来看，如果只是单纯饮食消费，以享受美食为目的，在购物中心的餐饮层可供选择的品牌和商家就会有数十甚至上百个，对每个商铺来说，购物中心的客流都会被各家商铺分流。可供选择的商铺过多、过于丰富，竞争激烈是每个进入购物中心的餐饮品牌都面临的重大问题。二是从同质竞争的角度来看，每个业态品牌都会有产品类似的竞争品牌，简称竞品。如火锅类，相互的竞品有海底捞、刘一手、大龙燚等，因为从大类上都属于火锅类，提供的产品相似度非常高。从购物中心的餐饮层进驻品牌来看，同一类餐饮，通常也不会是唯一店铺入驻，加上现在餐饮业竞争激烈，品牌商家都在丰富自己的产品种类，同质性更高。对于对品牌没有特别偏好的消费者来说，在火锅品牌选择上，刘一手和大龙燚具有同样概率的被选择机会。

对于A快餐公司来说，在第二维度的竞品上，主要为德克士、汉堡王、百富烤霸等同为快餐类的品牌，在产品上和选址上相似程度也非常高。快餐类的产品模仿性较强，比如德克士上新品，百富烤霸很快就可推出类似产品。通常快餐类门店在装修风格上会更简洁、明快，坐落在1楼，不仅是消费者用餐的好选择，也同样是约会、交谈工作、朋友小聚的便利之处。而火锅类、中餐类的品牌门店会选择在餐饮层，通常在购物中心4层以上的位置，一是因为这类门店需要更大的门店面积，1楼作为购物中心的“黄金位置”不会提供给火锅和中餐品牌；二是因为火锅和中餐等重型餐饮的后厨油烟和气味也不适合布局在1层。就经开区万达广场来看，一层仅有3个餐饮位，分别为A快餐公司门店、汉堡王和必胜客。位于主出入口之一的汉堡王也非常具有竞争力。首先，主出入口旁的门店会先得到进出购物中心的一部分消费者的关注；其次，主出入口地理位置明显，通常会作为集合地点，增加了消费者在门店前的滞留性和聚集性。

此外，在购物中心多聚集新生和创新事物，有眼球效应，更容易出现新鲜、网红餐厅。加上消费趋势的年轻化，80后、90后成为消费的主力军，对新鲜事物有趋向性。快餐的消费者有一部分会被这部分新鲜、网红餐厅所分流。这种现象一般多出现于购物中心和大型商业，这也是选址在购物中心不可避免的竞争与挑战。

（2）A快餐公司友好路友好商场店SWOT分析（见表4-14）。

表4-14　**A快餐公司友好商场店SWOT分析**

S： 1.城市核心商圈，地标性区域，人流量大； 2.当地最强实力的商业集团之一，进驻品牌丰富； 3.成熟商圈，周边居民人数多，酒店、办公楼集中； 4.友好集团口碑良好，受到本地居民、消费者青睐	W： 1.建筑本身相对老旧，整体物业条件不佳； 2.受限于城市街道管理，外立面无法做特殊设计； 3.停车位较少； 4.门店为2层门店，跨1、2层，增加了用餐的不便利性
O： 1.在外送范围内有较多的优质消费能力居民区； 2.与互联网科技结合：开通手机APP自助点餐，提升点餐效率，减少消费者排队的焦躁感；设立自助点餐机； 3.与友好商场的季节性或主题活动相结合，带动产品销售； 4.拓展周边办公团体餐卡、大客户销售	T： 1.核心友好路商圈内的精品时尚商业的竞争，如主打年轻时尚的太百商场、潮流轻奢的美美2购物中心； 2.市政道路重点建设地段，常常交通拥堵，地铁工程等的施工增加了去往商场的阻隔性

乌鲁木齐友好商场是新疆规模较大、经营品种较全的大型百货商场，也是新疆商业企业首家股份制企业。A快餐公司友好商场店的优势是位于核心商圈，友好商场的业态布局丰富全面，可以满足消费者多层次的消费需求，其位于成熟商圈，拥有良好的商业氛围，商业体集中，居民消费水平高，酒店和办公楼集中，便于在用餐时段高峰消费。

虽然A快餐公司友好商场店享受到了处于核心商圈的优势，并且在乌鲁木齐市的16家门店中营业额名列前茅，但该门店在选址上也是存在问题和不足的。首先，从前述友好商场的建造和发展历史来看，传统百货商场的1层通常不具备餐饮条件，尤其是传统百货为单一动线，只有唯一主出入口，一楼沿街设有橱窗，业态布局主体为化妆品，友好商场无法满足A快餐公司在商场内或者主出入口位置开设门店的要求，最终选取的位置为友好商场的动线末端北侧，和商场没有连通，且为了满足门店面积需求，选择了1、2层店。其次，因友好商场坐落的位置为城市主干道旁，市政街道管理有统一标准，无法支持A快餐公司门店做特殊设计以提升品牌和门店形象的需求。再次，美美2购物中心开设了美食餐饮广场，对A快餐公司友好商场店也产生了顾客分流的影响。最后，在核心商圈内开设的网红餐厅和水吧也加入了竞争的行列。

2.A快餐公司在乌市选址存在的问题及原因分析。

A快餐公司在乌市选址存在的问题如下：

（1）选址类型单一。

A快餐公司在乌鲁木齐市16个门店均为标准店，从商圈和门店类型上看均无特殊类型，相较于内地市场过于单一、空白，市场内还有充足的蓝海类型待突破和开发。

首先，限制了A快餐公司在乌市的门店扩张速度，仅靠标准店，每年的新开店数量十分有限。其次，标准店能够满足市场上大部分消费者的需求，但从市场细分来看，还有空白的空间，例如对于来到乌市观光、休闲旅游的人来说，A快餐公司并没有很好地占领这部分消费份额。再次，随着高档住宅和大型集中居民区的发展，仅靠与大型商业集团合作的标准店，无法使A快餐公司的门店和形象更好地深入到消费者的日常生活中，需要开放式街区门店来进行弥补。最后，单一的选址类型也会使消费者对A快餐公司的门店风格和服务方式产生乏味感，不利于A快餐公司门店营业额的提升和保持消费者的新鲜感与忠诚度。

（2）现有选址所在商圈布局分散。

A快餐公司在乌鲁木齐市16个门店所在商圈布局较分散，在市区一环（东西外环）内没有形成重点集聚，在一环内的部分重要商业集中商圈没有门店布局，如红山百胜购物中心商圈、北京路汇嘉时代购物商圈、阿勒泰路主干道沿线商业商圈、鲤鱼山路商圈。从行政区位上看，A快餐公司的16个门店在乌市的东南西北和中部都有分布，但分布过于分散，在核心区和重点商圈没有形成聚集效应，而且分布较为杂乱、不均衡，在中部和南部以及东部较为欠缺。

（3）缺乏品牌旗舰店选址。

旗舰店的选址主要有三个维度：一是旗舰店选址要考虑商圈，商圈周边的人口和消费能力至关重要。要深入了解商圈半径1千米范围或者步行15分钟范围内的人口，包括办公楼、学校和酒店。二是旗舰店选址要考虑交通的便利性。旗舰店周边应有发达便利的公共交通。三是旗舰店选址规划。旗舰店选址也须与所在城市发展规划相衔接，只有这样才能在规划发展区域内形成新的人口导入区，也就是形成潜在的商机。从上述旗舰店的三个维度来看，A快餐公司在乌鲁木齐市内的16个门店均未达到旗舰店标准。旗舰店选址不合理，对市场发展和品牌形象提升会产生不利影响。

A快餐公司在乌市选址存在问题的原因分析如下：选址类型过度依赖传统商业；选址规划体系不健全；对品牌发展与旗舰店重视不足。

3.随着时代消费需求的发展，快餐门店具有以下类型（开放题）：

（1）旅游商圈景区门店。

A快餐公司在内地市场的旅游风景区内开设有特殊类型门店，区别于标准店，主要表现在面积相较于标准店更小，装修风格更加精致且有特殊造型，所售卖的产品非全品类，不如标准店齐全，但会根据营运的需要，设计搭配适合在景区售卖的旅游套餐，并在包装上融入景区元素。尤其在外立面设计上，使用了特殊材料，并将A快餐公司的LOGO以及商标和中英文标识与景区特殊元素融合，使消费者产生更好的感官感受，也更吸引眼球，常常会成为游客休憩、拍照留念的地方。目前，A快餐公司在内地旅游商圈开设的特殊类型门店遍及滑雪场、度假山庄、自然风景区、人文类博物馆等。

（2）汽车穿梭餐厅。

A快餐公司在内地市场的汽车穿梭餐厅的发展源自为驾车的顾客提供更好的服务和满足日益壮大的开车族的消费需求。因汽车穿梭餐厅的服务方式不同和特殊性，所以在建筑物业条件、装修等方面都与标准店有较大的区别。首先，汽车穿梭餐厅是独栋建筑，留出专用车道，车道需环抱建筑，不能有遮挡和其他建筑。其次，该独栋建筑需要挨近主、次干道且有一定的交通流量，可安装指引性立杆招牌及交通指示标志。最后，因服务的特殊性，不能让顾客取餐等待时间过长，会引起专用车道的堵塞，在设施设备布局上要尽可能优化动线，提升配餐效率，对员工的熟练度也有较高要求。

（3）高速服务区餐厅。

A快餐公司在内地市场有多个高速服务区餐厅。该类餐厅与标准店的主要区别在于商圈类型的差异，以及面对的顾客需求不同，在设施设备和装修上也不同。高速服务区餐厅主要服务开车出行的顾客，一般在服务区会用餐、休息、使用卫生间等。这就要求高速服务区餐厅提高服务效率，减少顾客排队等待时间，并提供制作周期短便于包装外带的产品，还要有足够的休息空间。

（4）开放式街区餐厅。

开放式街区餐厅不需要选址在封闭的建筑内，而是选择在开放式的街区商业内。通常街区式商业周边会有大量居民和集中的住宅区。开放式街区商业一般动线较分散，会有多个出入口，街区有主题特色，带有旅游娱乐属性。国内较为成功的开放式街区主要有龙湖天街、成都太古里等。

4.新增门店选址。

本题为开放题，学生可根据自己的理解，选择一处最佳的门店地址，言之有理即可。学生也可搜集资料，利用量化分析的方法（运筹学中经典的选址问题，有许多模型可供参考：重心法选址模型、P-中值模型、集合覆盖模型等）结合实际和理论知识，进行门店选址。量化方法的拓展，可在一定程度上锻炼学生的自学和解决问题的能力，也可以实现多学科之间的交叉融合，是新文科背景下“新人才”培养的探索和实践。

在选址完成后，简单描述门店类型具体内容。比如，如今A快餐公司在内地市场也多与开放式街区合作开设门店，设计风格多样，时尚潮流，和街区商业主体融为一体，配套有丰富的儿童游乐设施，满足周边居民家庭式消费需要；A快餐公司在开放式街区的餐厅，面积小于标准店，更注重与居民的互动性，多设有儿童娱乐设施，还会配合街区开展不同主题的餐厅活动等。

五、关键要点

选址在企业实现其经营战略与目标的过程中有着重大的意义。选址的好坏直接影响到生产成本、服务时间、服务质量等，进而影响企业的利润及其在市场上的竞争力，甚至决定了企业的命运。一个好的选址可以减少生产成本，节省顾客购买时间，而差的选址会带来不便与损失。由于选址是一项长期性投资，一旦确定下来就不能随意更改，因此规划其位置前必须进行深入的调查和周密的考虑。

六、建议课堂计划

本案例是作为项目投资决策的专门案例讨论课来进行教学，更全面地补充投资决策实践。以下是按照时间进度提供的课堂计划建议，仅供参考。

整个案例课的课堂时间控制在80~90分钟。

1.课前计划

提出启发思考题，请学员在课前完成阅读和初步思考。

2.课中计划

简要的课堂前言，明确主题（2~5分钟）；

分组讨论（30分钟），告知发言要求；

小组发言（每组5分钟，控制在30分钟）；

引导全班进一步讨论，并进行归纳总结（15~20分钟）。

3.课后计划

请学员采用报告形式给出更加具体的解决方案，遇到问题及时与教师联系，鼓励学员对案例报告做进一步拓展分析。

第5章　管理会计工具在预算管理中的应用案例

案例10

新疆WH公司预算管理的探索之路

摘　要

预算管理通过业务、资金、信息、人才的整合，实现了企业的资源合理配置，提升了企业管理控制的能力，也为企业的战略贯彻与价值增长等提供了决策支持。本案例围绕新疆WH公司预算管理的推行，详细描述了该公司预算管理的提出和施行，系统展示了新疆WH公司通过预算理念植入、预算启动到预算目标与经营计划有机结合，最终通过预算管理整合业务、资金、信息流、人力资源流等实现公司绩效的改观的探索过程。通过本案例的讨论与分析使学生学会使用预算管理的工具，掌握预算管理的关键要点及常用方法，从而提高实际工作中的分析能力、决策能力与管理能力。

关键词

预算管理　制度　推行

案例正文

一、引言

2022年深秋的某个傍晚，窗外秋雨阵阵，使得地处西北的石河子市的夜晚显得更加寒冷。坐落在北京路上的新疆WH公司9楼的办公室内灯火通明，公司的财务总监张总还在加班，为明天的预算管理启动会准备着材料。在上个月公司预算管理委员会的会议上讨论后，新疆WH公司决定改变今年预算的编制方法，将公司预算同集团公司的战略结合起来，要不然预算连个编制的依据都没有，想到这里，张总觉得有必要跟销售总监与总经理办公室的主任聊一聊，了解明年的经营目标以及销售状况分析。如果这些目标无法确定，那么明年的预算就会又回到老路上来，各单位在编制预算中会拍脑袋决定经营数据。如果通过沟通能及时发现和解决问题是最好的，若是问题具有典型性，还可以在本周的例会上拿出来共同讨论研究。于是，张总拿起电话，开始了长时间的电话沟通。像这样的防患于未然，对于张总来说已经不是第一次，本着严谨与细心的态度，张总与公司的各位高管密切支持配合，使公司实现了业绩的稳步提升。

张总一直觉得新疆WH公司的管理就像一阵风一样：前年公司定个主题叫“战略管理年”，抓了一年的战略管理，确实制定了比较满意的战略规划，结果发现战略落不了地；去年公司定个主题叫“目标管理年”，确实制定了比较完善的目标体系，结果发现目标不是没法完成，就是目标被下属压得低低的；今年公司准备主题叫“预算管理年”，如果结果还是不满意，不知道明年又会换成哪一个主题呢？张总觉得预算管理几乎把公司的方方面面（产供销人财物、职能部门、业务单元、分子公司）、上上下下（高层、中层、基层人员）、前前后后（事前、事中、事后控制）全部纳入一个体系进行管理，预算管理落地确实不易啊，因为数字背后装着的是整个公司的战略和运营以及绩效，一旦缺少对战略的承接、对业务的了解、对管理的认知、对沟通的把握、对过程的控制、对绩效的评价，预算往往会沦为一场数字游戏。张总想在新环境下，原有的预算管理认识还停留在财务预算上，已不能完全适应企业的发展，“预算到底应该怎么用？预算目标到底怎么确定？预算要不要调整？什么情况下需要调整？”他越想越坐不住了，去年预算启动会上不同层级管理者的抱怨仍然历历在目。张总开始回顾全面预算管理的应用情况，并重点考虑预算管理组织、预算编制和预算执行环节中存在的各种问题和原因。他决定要立即行动起来，花大力气打开这个“预算死结”，让预算管理重获新生。

二、背景介绍

（一）公司背景

新疆WH公司是新疆生产建设兵团所属的一家大型国有企业，成立于1996年6月，通过多年的发展，现已拥有总资产30多亿元、净资产12亿元。公司是新疆兵团上市的工业企业，现拥有8家分公司、13家控股公司、4家参股公司。新疆WH公司主营业务为化工产品、塑料制品的生产和销售，以及商贸、农业种植和番茄制品加工、建筑安装及房地产开发，主要利润来自化工产品和塑料制品的生产和销售，主要产品有烧碱、硫酸、聚氯乙烯树脂、盐酸以及农用及建材类塑料制品等，公司目前已成为新疆最大的氯碱化工生产基地，而塑料节水滴灌器材的生产能力是全国第一。公司拥有外贸自营进出口权，拥有国家认定的企业技术中心、国家节水灌溉工程技术研究中心和博士后科研工作站。

（二）公司的预算管理制度

新疆WH公司制定了专门的、操作性强的《财务管理办法》、《内部控制实施办法》、《资金管理办法》、《票据管理办法》、《本部固定资产管理办法》及《固定资产管理工作考核办法》等关于内部控制的制度，这些制度在实际工作中对财务核算相关的各个环节进行规范，但目前为止公司还没有一套固定的、专门的关于预算管理制度的规范，而是每年出台相关的预算工作指引文件，并出台当年的经营业绩考核办法与此对应。所属分公司都没有各自相关的预算管理制度规范，统一执行总公司的预算工作指引。这些预算工作指引文件主要包括预算编制流程、编制方法以及预算编制内容和编制依据，主要强调当年预算工作发生变化的内容。

（三）公司的预算管理机构

新疆WH公司目前还没有形成完整的预算管理组织体系，预算管理机构由预算管理委员会、预算管理职能部门与预算责任部门这三个机构组成。

1.预算管理委员会

新疆WH公司预算管理委员会是公司董事会全面授权的总经理直接领导下的预算管理机构。其成员由公司总经理、财务部部长等各部门负责人组成。预算管理委员会是企业预算管理的最高决策和领导机构，负责对预算的整个流程进行组织和管理。其工作内容包括：根据公司战略目标和经营计划，结合公司实际情况制定公司年度预算目标；组织公司的预算管理责任部门和预算管理职能部门进行预算编制，并审核经各预算管理责任部门编制、预算管理职能部门汇总的年度预算草案；组织下达经批准的年度预算；协调、解决在预算编制和预算执行中出现的具体问题；对预算执行情况进行简单的考核，督促完成预算目标。预算管理委员会工作的有效性对企业预算编制和管理的成败有着决定性的作用。

2.预算管理职能部门

新疆WH公司预算管理的职能部门是财务部，负责汇总公司整体预算、管理公司整体工作推进及日常预算管理，发挥着整体的控制作用。其工作内容主要是：根据预算管理委员会制定的年度预算目标，组织各部门编制具体预算，例如组织劳动人事部编制人工成本预算表；预审各部门所编制的预算草案，并提供修改意见及建议；结合预算执行的实际情况，根据各部门制定的具体预算编制总预算，并向预算管理委员会汇报；对于需要调整的预算提出建议，对已获预算管理委员会批准的预算方案进行下达并组织实施；每年向公司管理层提供预算数与执行结果对比分析报告，反馈预算执行中的问题；负责预算管理的其他日常工作。

3.预算管理责任部门

新疆WH公司预算管理的责任部门是各职能部门或子公司，主要职责是执行公司下达的相关预算，分析产生差异的原因；对重大内外部的条件变化，报预算管理职能部门调整预算。

三、预算编制

在被纳入预算管理行列之内后，新疆WH公司开始了它的预算管理摸索阶段。

（一）公司预算编制内容及依据

由预算管理理论可知，预算内容包括财务预算、经营预算、资本预算。根据归口管理的原则，不同的预算应由不同的责任部门来编制，所以应根据各预算责任部门的权责范围来划分具体的预算，具体预算编制情况见表5-1。

经营预算的具体内容如下：

1.营业收入预算

新疆WH公司营业收入的预测采用定性与定量相结合的方法。目前，新疆WH公司在不断拓展业务范围，积极开拓疆外市场和海外市场，因此，销售收入的预测要采用定量分析的方法。此外，由于新疆WH公司是新疆生产建设兵团国有控股的一家企业，公司的收入不仅是由市场来决定的，而且政府在其中也有很大的影响。因此，仅用定量分析来预测收入不够准确，还需要进行定性分析。

表5-1　新疆WH公司预算编制内容及依据

序号	预算种类	编制部门	编制依据及说明
1	营业收入预算	各销售部门	按业务类型、部门编制
2	采购成本预算	各生产部门	按业务类型、部门编制
3	销售费用预算	各销售部门	按业务类型、部门编制，变动性销售费用根据销售预算确定
4	税金及附加预算	财务部	按各销售部门业务类型及收入总额编制
5	管理费用预算	各相关职能部门	按费用项目编制，划分可控费用和不可控费用，按可控费用确定目标
6	财务预算费用	财务部	按现有的资金结构及利率编制
7	营业外收入预算	财务部	根据历史水平编制
8	营业外支出预算	财务部	根据历史水平编制
9	人工成本预算	财务部	根据人员工资编制
10	存货	财务部	依据采购成本及存货周转天数分析编制
11	固定资产投资预算	财务部	根据设备使用部门提出的数量、金额来进行编制
12	投资收益预算	财务部	根据历史水平和预计新投资编制
13	利润预算	财务部	依据营业收入预算、营业成本预算、期间费用预算等编制
14	资产负债预算	财务部	根据在基期资产负债表的基础上，加减预算期内各项预算对资产负债表各项目的影响数编制

2.采购成本预算

新疆WH公司是循环型经济企业，其成本主要是原材料采购成本，对其预测主要是依据目前的市场价格。

3.销售费用预算

对于销售费用的预算采用零基预算的方法，即在编制销售费用的预算时以零为基础，虽然在每期编制预算时都要重新考虑这一时期中销售费用里的每一项费用，加大了工作量，但是可以将前一个预算期中不合理、没必要的支出都剔除掉，能最大限度地控制费用。

4.管理费用预算

管理费用的预算也采用零基预算，由发生费用的部门进行编制。其中，办公费、水电费、差旅费、业务招待费是主要的可控费用。每年管理费用中有很大一部分都是来源于这些费用，因此这些费用是每年预算及监控的重点。

5.财务费用预算

目前，新疆WH公司财务费用主要包括利息收入、利息支出、汇兑收益及汇兑损失等。编制利息收入预算时，应根据货币资金平均数额与银行利息率来确定。编制利息支出预算时，根据借款计划、还款时间、金额及贷款利率来确定。

6.营业外收入预算

新疆WH公司现阶段的营业外收入预算主要是固定资产处置利得，由于营业外收入中的接受捐赠、盘盈利得、罚没收入等项目都不是经常性的因素，因此为了体现会计的谨慎性原则，公司对这些项目都不做预算。固定资产处置利得可根据公司各责任部门提供的资产报废情况编制预算。

7.营业外支出预算

新疆WH公司营业外支出核算的内容有固定资产的盘亏、固定资产处置损失、对外捐赠、罚款支出、赔偿金、违约金、员工赔款等。核算固定资产处置损失和固定资产处置利得采取的方法一样，都是根据资产报废情况来预算。其他项目都是偶然的情况，无法进行准确的预测，但为了体现会计的谨慎性原则，不能多计收入、少计支出，因此公司目前采取依据历史水平和财务人员的专业判断来测算。

8.人工成本预算

新疆WH公司以上年度总额为基数，结合同行业工资增长水平以及当年经营预算及激励方案等来编制人工成本预算。

(二) 公司预算编制流程及方法

目前，新疆WH公司正处于增长期，产品供过于求，各产品销售情况决定生产产量，销售量的增长直接反映企业规模的增长及企业产品的市场占有率。销售量指标对利润指标和现金流量指标有决定性的作用，因此公司的预算管理应选择以销售为起点的模式，即在预算管理委员会制定预算目标时以销售量为主要目标，以销售量预算为编制起点，其他指标均应符合销售量指标的要求。

公司在接到董事会下一年度预算的指令后，预算管理委员会就召开预算布置会议，要求各责任部门上报下一年度各项预算指标，预算管理委员会根据公司产品产能及市场情况设定销售预算，根据销售预算制订生产计划，然后由劳动人事部根据预计人员变化及工资增长要求制定人员工资成本预算，再由相关责任部门核定管理费用，筹划部再根据公司是否有投资需求做好财务费用预算，财务部门根据这些数据计算相关税金情况，并将这些数据汇总后，形成预算报告，报预算管理委员会审核，预算管理委员会审查、平衡预算，形成公司总预算，并下达执行。

目前，公司总体上采用的预算编制方法为固定预算法，即以经过确定的经营目标为标准编制各项费用；整个预算编制一般都只在年初进行一次，并以此作为全面预算的执行标准。

新疆WH公司的预算编制流程如图5-1所示。

四、预算管理的执行

(一) 预算执行情况

新疆WH公司在编制预算之后，只是对生产预算、成本预算、费用预算进行了控制，而对预算的具体执行及执行结果不够关注，导致了公司的执行力度不够，无法达到预期的目标。在进行预算执行情况的分析时，财务部只是在金额上将执行结果与预算做了简单的

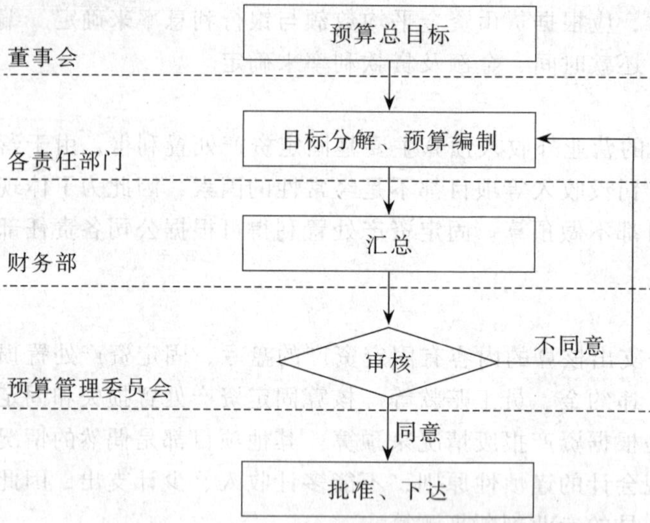

图5-1　新疆WH公司预算编制流程图

对比，缺乏对该项目的合理性的深入分析，并没有找到存在预算差异的根本原因，同时与预算执行部门的沟通不足，无法有效地反馈信息，预算执行部门只关注业务，并没有经营预算的概念，没有考虑到对预算执行进度和业务进行调整以适应预算的变化等。

目前，新疆WH公司应主要运用财务指标来对预算管理的执行情况进行考评，对每个月的执行情况进行监控，在年末对这一年的执行情况进行考评，进一步完善巡检机制，通过以财务部门为主的定期检查，及时掌握下属各责任部门预算执行及各项经营指标的完成情况，对存在的问题及时解决，限期整改，严格执行奖惩制度，力保各业务经营计划的实施。预算考评标准是年初制定的预算目标，预算考评核心是全年预算完成情况，不同的责任部门按不同的财务指标进行考评，通过分析预算实际执行情况和预算目标的差异，明确产生差异的原因，来评价各个责任部门的工作业绩。评价结果将作为各个责任部门年终奖金的绩效考核系数。新疆WH公司应做到员工待遇与严格考核机制相结合，加大员工培训力度，充分调动生产一线人员的工作积极性，增强员工的执行力，做到一人胜任多岗，提高劳动生产效率。

（二）预算取得的成效

新疆WH公司自推行预算管理工作以来，通过建立预算管理委员会、编制预算管理指引文件、建立健全组织机构，实现了预算管理的基本工作，有效地提高了企业的管理效率，促进企业整体管理水平的提高；保证了公司目标利润的实现，促进了公司效益的增长；明确了各责任部门经营活动目标，加强了日常生产经营活动控制。

五、预算管理存在的问题

新疆WH公司通过实施预算管理取得了一定的成效，但随着预算管理的不断实践与应用，在具体实施过程中逐渐暴露出一些问题，主要有以下几个方面：

（1）新疆WH公司目前还没有形成完整的预算管理组织体系，预算管理机构主要由预算管理委员会、预算管理职能部门和预算管理责任部门三个机构组成，而且大部分工作都是由财务部来完成，但财务部只是一个预算管理职能部门，它不能超出自己的权限去履行预算管理的职能，没有达到企业所有部门和全部人员共同参与的目标，预算管理很难发挥效果。

（2）新疆WH公司现有的预算管理制度只是在每年制定简单的指引文件，指引文件只包括预算编制和预算控制两个流程，没有实施细则和具体的操作方案，并没有建立起完整的预算管理制度体系，因此新疆WH公司还缺乏完善的制度保障。

（3）新疆WH公司的预算编制遵照下达目标、编制上报、审查平衡、审议、批准、下达执行等程序进行。这种编制方式虽然使预算编制工作有序进行，但这种层层传达的形式，很大程度上导致企业的决策层与执行层之间无法真正做到信息的准确沟通，双方的最初想法可能在中间环节被模糊淡化，使决策层的预期目标无法被执行层很好地贯彻落实。

（4）新疆WH公司目前的预算编制方法主要采用固定预算的方法，以年为预算单位，预测企业未来年度的生产营运状况及预期付出的经营成本和期望获得的企业收益。这种预算方法最大的优点是简单、易于操作，减轻财务人员的工作量，同时它的缺点也是显而易见的。首先，由于这种编制方法只是简单的增量、减量的计算过程，在其指导下所编制出的公司年度财务预算只能大致反映企业未来一年的生产经营概况，无法从根本上适应市场和政策变动所带来的挑战与不确定性，甚至可能导致财务预算本身与公司实际情况相脱节，失去了制定财务预算的意义。其次，该方法过于因循守旧，在很大程度上依据以前年度的数据，意味着就不能适应当下不断变化的市场发展需求，不能很好地变通。

（5）预算执行和预算控制的力度不够。新疆WH公司在预算编制结束后，对预算执行不够重视，导致预算执行的力度不够，没能发挥出预算管理效果。在分析预算差异的原因时，新疆WH公司更多是用财务指标去分析差异根源，但是财务数据有其自身的局限性，所以分析的结果不够全面。同时，在分析差异的原因时，大家都强调客观原因，不从主观上寻找原因，互相推卸责任，没有为预算调整和考核提供真实可信的资料。

（6）预算的考核和激励不到位。新疆WH公司在对预算管理的执行结果进行考核，并以考核结果进行奖惩时，各责任部门过多地强调客观因素对经营业绩的影响，不找主观原因，预算管理委员会在进行考核时常常掺杂太多的个人情感去评价责任部门，使考核过程不能按照预算的考核标准进行；而且考核后没有配套的奖惩措施，缺乏应有的激励机制，使考核工作流于形式，没有调动起员工的积极性，导致预算管理不能顺利地实施，无法保证预算目标的实现。

六、关于预算管理的争论

面对预算管理中出现的问题，公司中层管理层多次在经营工作会议上争论不休，一些管理者还向公司董事长直接反映预算管理耗时耗力，无法取得应有的效果，他们中的典型代表就属公司的丁副总了。丁副总多次在不同场合说，财务部门做的预算动用了公司大量的人力，做出的预算在执行中无法落地，偏差很大，还不如不做。采购经理认为预算根本就不应该做，因为经营中的不可控因素太多，年度经营目标不清楚，经营品类不确定，价格变化也不好预估，让采购部门提前做出下年度的采购预算安排本身就是错误的，现在预算偏差这么大，还不如用其他管理手段管理企业，预算还是停止吧。

公司副总王总认为，预算管理的理念很好，在清华大学总裁培训班上课学习时，老师也着重指出预算是企业组织中非常有用的一种管理控制工具，但这个工具在自己的企业中为何就不能发挥有效性呢？问题出在哪里了？他想听听经营部经理的说法。

经营部方总认为：预算实施的这些年来，是取得了一些效果的。从经营上看，预算使每一个部门的员工都有了目标，至少通过预算的编制执行让每个人都有了预算执行的压力，从而使每个人在工作中都在小步慢进。但她也苦恼预算做了这么多年还是有很大偏差，她认为预算的偏差在于对市场没办法预测，预算考核还要跟预算偏差挂钩不合理，预算要改进或者只做经营计划安排，不跟绩效挂钩才行。

财务总监张总在听了大家的各种发言后，提出了他的看法。他认为，预算在公司执行中出现的各种问题都是预算“两张皮”现象造成的，预算应该从业务部门着手，以业务为抓手，业务部门要先提出年度的销售目标，财务部匹配资源才可以使预算较好地达成目标，预算的准确是建立在业务层面上的，应先做业务流程梳理、预算标准、费用定额等，有了这些东西，预算才会真正落实到行动中，才会有好的成效……。

公司董事长在听了大家的发言后说：预算是有一些不如意的地方，但预算也是有好处的，我们要勇于面对挑战，把公司的管理能力提升到更高的水平，既然预算要从业务部门开始，那我们就大胆尝试一下，看看我们的内功有多少，能不能做好。

七、新疆WH公司全面预算管理的优化

（一）发挥经营计划的指导作用

年度经营计划的测算与制订是全面预算编制的起点，即在科学、充分的预测与决策的基础上，由预算管理委员会制定出明确、切实可行的集团预算总体方案，具体包括经营方针、总体目标、细分目标、相关政策、实施措施等内容。公司经营计划的有效制订，为后期全面预算编制指明方向。测算内容包括但不限于：销售分析及市场预测；生产分析及预测；采购分析及预测；研发费用测算；三项费用分析及预测；根据预算规模制订科学的资金计划等。

（二）优化全面预算管理执行机构

各预算执行单位效仿公司预算委员会工作机制，建立起月度预算会议制度。各单位的预算会议一定要在每月25日编制次月调整预算前召开，通过会议的召开确定次月经营目标，并分解目标。领任务，拿措施，保障月度预算目标实现及对过程进行管控，以高效、管用为原则，确保能长期进行。全面预算在执行过程中应该考虑采用多种方式，为了确保企业实现全面预算管理目标，新疆WH公司与各部门、各下属单位、各经销商应共同配合，让全面预算管理的执行透明化，并培养员工的责任意识，使预算管理执行机构充分发挥效用。

1.责任会计系统

通过责任会计系统可以使企业各管理部门利用会计信息实时监控指标达成率，为日常生产的稳定运营提供有效支撑。

2.财务系统

全面预算管理是一种涵盖管理公司管理层、公司员工、客户三者关系的系统。财务部应要保障财务数据的准确性，一旦会计信息失真，那么全面预算管理就失去了意义。所以，在预算执行过程中，对预算数据的监控很重要，这就需要财务人员与管理层具有会计素养。通过不断学习最新财务管理观念，提高全面预算信息统计效率，加快预算执行中间

题的解决速度，建立一个高效、执行力强的预算管理系统。

（三）全面预算执行与控制的优化

1.运用信息化固化审批流程

针对预算审批流程中出现的问题，结合预算管理委员会意见，将全面预算管理全面纳入信息化平台，实现固化的全流程电子审批。优化后的新疆WH公司全面预算审批流程见表5-2。

表5-2 优化后的新疆WH公司全面预算审批流程

序号	一级流程	二级流程	审批流程	附件
1	年度预算编制（年度）	年度专项预算、专项报告	归口部门编制专项报告、专项预算（市场部、财务部、大宗商品贸易部、生产部、采购部、质量监督部、信息化中心、人资部、党政部、证券部）→业务主管领导审核→企管部部长审核→预算管理员审核→财务部部长审核→常务副总经理审核→总会计师审核→预算管理员备案	各专项预算（计划）
2		职能部室年度预算编制	职能部室预算管理员编制→职能部室负责人审核→业务主管领导审核→党政部部长审核→预算管理员审核→财务部部长审核→常务副总经理审核→总会计师审核→预算管理员备案	年度预算压缩包
4	预算追加（年度、月度）	公司预算追加	各下属单位或部门预算专员编制→财务部部长审核→负责人审核→预算管理员审核→企管部部长审核→财务部部长审核→常务副总经理审核→总会计师审核→预算管理员备案	预算追加申请报告
5		职能部室预算追加	职能部室预算管理员编制→职能部室负责人审核→预算管理员审核→党政部部长审核→财务部部长审核→常务副总经理审核→总会计师审核→预算管理员备案	预算追加申请报告
6	预算偏差分析报告（月度）	公司滚动预算偏差分析报告	各下属单位或部门预算专员编制→财务部部长审核→负责人审批→预算管理员审核→抄送企管部部长→返回申请人	偏差分析报告压缩包

2.运用降成本管控激励措施

运用降成本奖励措施，结合预算考核细则，实现奖罚分明，多重保障期间费用预算执行率。公式为：

管理费用节约金额=经公司核定的可控费用预算金额-实际发生金额

对管理费用节约的奖励将综合考虑实际业务管控与预算的口径、公司整体工作安排的变化情况等因素，只计算可控费用项目实质上的节约，可控费用主要包括切实可控的变动费用，如业务招待费、差旅费、办公费等，不包括公司资产折旧、摊销等固定部分。上述公式仅作为参考。表5-3展示了新疆WH公司管理费用降成本核算标准。

表 5-3　新疆WH公司管理费用降成本核算标准表　单位：元

序号	部门名称	2022年预算	可控费用	降成本金额	2022年核算方法
1	党政部	741	741	80	降成本额=2022年预算-2022年实际发生额
2	公司管理部	42	42	2	
3	大宗商品贸易部	10	10	1	
4	财务部	4 144	215	30	
5	审计监察部	17	17	2	
6	法律事务部	203	203	21	
7	证券部	62	62	2	
8	人力资源部	5 821	2 052	150	
9	生产保障部	22	22	2	
10	质量管理部	77	77	6	
11	农业技术研究所	73	73	7	
12	研发费	3 100	3 100	100	
13	市场管理部	83	83	8	
14	国际业务部	27	27	3	
15	安环部	150	150	16	
16	信息化中心	103	103	10	
…	…	…	…	…	
	合计	15 346	7 647.6	500	

新疆WH公司参考上一年度的销售费用与将要达成的经营目标来确定本年度的销售费用，根据各个区域的销售额对销售费用做出估算，在此基础上对总销售费用做出预测（见表5-4）。此外，还需要根据发生形态来掌握装卸费、运输费等变动销售费用，此类费用是在预计销售量的基础上，分费用项目进行确定的。固定销售费用则是在过去真实的发生额基础上，结合真实的经营情况进行预测，销售部门的折旧费、保险和租金等都属于此类费用。

（四）预算管理考核的优化

1.考核机制的优化

新疆WH公司的全面预算考核使用满分100分的计分制进行，因为一旦预算抽样检查的结果与预算下达目标值不相符，需要立即启动应对方案，预算指标下达失误会使企业走向偏激，过于追求高收益，达成目标预算的奖励会使员工隐瞒上级偷偷报高利润、降低成本。所以，采用计分制可以清晰明了地看出各部门预算执行情况，简单的数据就可以宏观上反映预算差异。并且通过计分制可以对不同得分进行等级划分，对于预算指标完成好的部门实施奖励，对于预算指标完成不好的部门进行惩罚，同时要求其提供消缺措施。通过这种方式，让新疆WH公司的考核机制不仅可以起到监测管控的作用，还可以激励单位整体达标的积极性。

表5-4 **新疆WH公司销售费用预算表** 金额单位：万元

项目	上年数	本年预算数	费用率
职工薪酬	1 558.90	1 656.00	3.61%
运输费	3 484.60	3 680.00	8.03%
装卸费	733.60	736.00	1.61%
广告费	45.85	73.60	0.16%
业务宣传费	13.76	314.64	0.69%
差旅费	36.68	36.80	0.08%
业务招待费	9.17	9.20	0.02%
折旧费	201.74	202.40	0.44%
车辆燃料费	137.55	184.00	0.40%
租赁费	13.76	13.80	0.03%
办公费	18.34	18.40	0.04%
保险费	18.34	18.40	0.04%
水电暖气费	18.34	18.40	0.04%
劳务费	183.40	276.00	0.60%
其他	220.08	239.20	0.52%
合计	6 694.10	7 476.84	16.31%

新疆WH公司将全面预算考核与员工工资绩效挂钩，依据不同得分进行或轻或重的惩罚、或高或低的奖励。预算考核部门要通过公司全面预算管理委员会审议通过的部门预算执行情况考核表进行公平、公正的打分，对增减分都要有实际证据，不能凭借个人主观臆断进行考核。部门预算执行情况考核表见表5-5。

2.预算管理考核流程的优化

公司的发展会经历不同的时期，而各个时期对应的发展战略也是不同的，在设置考核内容的时候新疆WH公司注意到了这一点，参考企业在过去年度的考核方案，基于本年度的实际经营情况和目标，创建新的、全方位的考评体系，学习同行企业在考核方面的成功经验，结合自身特点进行细化、优化。明确考评内容后，考核制定者需要制定一系列细则。考核的流程具体为：预算执行情况→预算审核→考核计算→考核兑现→奖惩。

公司委派专人在考评指标的基础上，收集与考核有关的数据，为最终考评提供依据，对被评者在任务完成方面的具体表现，例如数量和质量等内容进行综合评价。针对考核项目为考核对象打出相应的分数，针对各项考评指标赋予考评结果以一定的分值，与相应的权重结合起来，最终得到考评结果。整个过程要遵守公正、客观的原则，制定科学、合理的奖惩策略并重视具体的实施情况；将考核结果同各部门与员工的薪资待遇和职位等结合起来，执行预算奖惩。同时结合考核结果总结工作中存在的问题与缺陷，对原因进行分析，并汇总成书面报告，在此基础上对下一次预算进行合理调整。

表 5-5 部门预算执行情况考核表

一、今年的主要工作

二、今年的预算执行情况

各部门预算执行情况

部门：

编号	开支	今年预算数	实际完成数	完成情况	最后得分
1					
2					
合计数			平均数		

三、鼓励在一定范围内节约支出预算，对预算超标或未完成预算的情况进行处罚。执行率达到90%~100%。计算方法如下：

序号	预算执行率	计算方法
1	0～90%	每降低 1%扣 2 分
2	90%～100%	100分
3	100%以上	每增加 1%扣 4 分

四、部门预算审查分数，纳入部门年度考核

五、在部门考核结果的基础上确定下一年度部门负责人职务消费和部门费用金额

八、尾声

新疆WH公司自实施预算管理以来，取得了优异的成绩，虽然预算管理的有些部分仍不够完善，但总体来说已相当不错。我们总结新疆WH公司的预算管理经验，可以看出，预算管理不仅要有完善的制度，而且要有好的预算执行与控制，这样预算管理制度才能落实；不仅要有好的预算执行与控制，而且需要好的预算考评，这样预算管理制度才能得到巩固。这些环节的每一步都需要人去完成，因此，实施预算管理最关键的因素是人，企业要以人为本，挖掘人的创新潜质，公司的预算管理水平才能达到新的高度。

案例使用说明

一、教学目的与用途

1.本案例主要适用于“会计学”课程。使用对象为会计学专业本科生及MBA。

2.本案例的教学目的在于，使学生通过案例来了解新疆WH公司预算管理的实施过程及内容，分析其中存在的问题，找出完善预算管理制度的方法，提高学生对预算管理理论的认知。

二、启发思考题

1.新疆WH公司如何进行预算管理？预算制度的主要内容包括哪些方面？

2.新疆WH公司的预算执行情况如何？有什么特点？

3.新疆WH公司目前的预算管理是否取得了一定的成效？还有什么问题可以改善？

4.如何理解战略与预算管理的关系？一个企业成功地实施预算管理的要素有哪些？

三、分析思路

（一）总体思路

教师可以根据自己的教学目标来灵活使用本案例，这里提出本案例的分析思路，仅供参考。

首先，通过对预算管理过程和内容的了解，使学生更加全面深刻地了解一个企业预算管理的实施过程。

其次，了解企业预算管理的执行情况，把握企业在实施预算管理过程中存在的一些问题。

再次，通过对预算管理实施的成效及存在问题的分析，提高学生分析问题、解决问题的能力，为以后工作中处理相似问题打下良好基础。

最后，进一步引导学生对预算管理的理解，思考预算管理成功实施的关键之处。

（二）思考引导要点

在具体分析各思考题时建议的思考引导要点如下：

1. 预算管理的作用，预算管理主要内容：经营预算、专门决策预算、财务预算。

2. 预算管理的现状，结合公司组织结构及责任中心分析执行情况。

3. 找出预算管理的问题与原因。

4. 战略与预算管理的关系分析，预算管理与业财融合。

四、理论依据及分析

本案例分析的主要理论依据包括：

1.预算管理的含义

预算管理是一种系统的方法，用来分配企业的财务、实物及人力等资源，以实现企业既定的战略目标。企业可以通过预算管理来监控战略目标的实施进度，有助于控制开支，并预测企业的现金流量与利润。

预算反映的是企业未来某一特定期间（一般不超过一年或一个经营周期）的全部生产、经营活动的财务计划，它以实现企业的目标利润（企业一定期间内利润的预计额，是企业奋斗的目标，根据目标利润制定作业指标，如销售量、生产量、成本、资金筹集额等）为目的，以销售预测为起点，进而对生产、成本及现金收支等进行预测，并编制预计利润表、预计现金流量表和预计资产负债表，反映企业在未来期间的财务状况和经营成果。

预算管理作为对现代企业发展与成熟起过重大推动作用的管理系统，是企业内部管理控制的一种主要方法。这一方法自从20世纪20年代在美国的通用电气、杜邦、通用汽车公司产生之后，很快就成了大型工商企业的标准作业程序。从最初的计划、协调，发展到现在的兼具控制、激励、评价等诸多功能的一种综合贯彻企业经营战略的管理工具，全面预算管理在企业内部控制中日益发挥核心作用。正如著名管理学家戴维·奥利所说的，全面预算管理是为数不多的几个能把企业的所有关键问题融合于一个体系之中的管理控制方法之一。

2.全面预算管理的作用

（1）实施全面预算管理可以促进企业发展战略和经营目标的实现。

俗话说：三分战略，七分执行。企业战略制定得再好，如果得不到有效实施，终不能将美好蓝图和愿景转变为现实，甚至可能因实际运营背离战略目标而导致经营失败。为了实现企业整体的经营目标，就必须按照目标一致的原则明确各职能部门的具体工作目标。为了确定目标是否达到，就需要有度量手段，度量目标完成情况的一种方法就是预算。预算作为计划的数量化，不仅明确了企业一定时期的经营总目标，而且明确了各个部门的具体工作目标和努力方向，为企业提供了经营目标的一个全面框架。将根据发展战略制定的经营目标进行分解、落实，可以使企业的发展战略规划和具体行动方案紧密结合，从而实现“化战略为行动”，确保企业发展和经营目标的实现。

（2）全面预算管理具有提高运作效率的作用。

通过实施全面预算管理，明确各单位的分工，可减少各单位操作中的隔阂，防止部门之间出现不协调的现象，提高运作效率。预算是企业成员行动的方向，它表明了企业内部各级、各部门、各成员怎样工作才能达成企业的总体目标，不同层次、不同单位之间预算信息的传递、协调可以引导企业的整体活动，能有效地避免无序的部门行为。通过预算编制协调企业资源，使资源达到最优配置，并通过预算的执行控制、分析、调整，使企业实现整体战略目标。

（3）全面预算管理可以对企业实施内部控制，起到防范企业风险的作用。

全面预算管理的本质是企业内部管理控制的一种工具，即预算本身不是最终目标，而是为实现企业目标所采用的管理与控制手段，该手段可以有效控制企业风险。全面预算管理的制定和实施过程，就是企业不断量化的工具，使自身所处的经营环境与拥有的资源和企业的发展目标保持动态平衡的过程，也是企业在此过程中所面临的各种风险的识别、预测、评估与控制的过程。因此，实施全面预算管理是企业内部控制的重要方法和手段，有利于防范企业风险。

（4）全面预算管理可以考核各部门的业绩，起到激励作用。

全面预算管理为企业对各部门的考核提供了依据。企业可以根据全面预算的完成情况，在分析各部门实际偏离预算的程度和原因的基础上，进行详细的分析；根据实际情况进行总结，在企业范围内统一调整预算或改进本身的工作，划清责任、评定业绩、实行奖惩，从而调动员工的积极性，促使各部门为完成预算目标更加积极地工作。

预算管理的评价和考核作用主要体现在其对不同单位、不同部门相关责任人员工作业绩的考核和评价，包括对企业经营业绩的整体评价和对企业不同部门不同员工工作绩效的考核及评价。预算管理所提供的财务数据和指标，为企业对工作绩效的考核和评价提供了强有力的支持，用清晰的数字明确了绩效的评定指标和依据，为企业的标准化考评奠定了基础。同时，这种考评制度激励员工全身心地投入到工作当中，使员工在满足自己利益的同时达成企业的经营目标。

（5）全面预算管理是协调企业经营活动的工具。

通过预算管理，首先，协调企业的人力资源，使各部门间的工作联系更紧密，从最初的编制预算、预算的执行、预算目标的实现，到最后对预算执行的考核和评价，各部门之间、员工之间都必须相互沟通，了解对方的观念与看法，团结一致，同心协力，使预算管理更加顺畅，统筹并运用企业目前资源来实现最大的经济效益。其次，外界不断变化的经济环境，需要企业通过预算来调整其日常经营活动，去适应瞬息万变的社会环境，使企业得以长期生存下去。

3.实施预算管理的意义

预算管理是现代企业管理中的重点内容，它吸取了西方发达国家的许多成功企业先进的管理经验，是一种现代管理模式，促进和提升了企业内部管理制度的标准性和科学性，完善企业内部控制，管理实施企业战略目标，优化企业的资源配置，创造最大的经济效益。对大型企业集团来说，其规模较大，情况复杂，对企业管理要求更高，实施预算管理具有更重要的现实意义。其意义主要表现在以下几个方面：

（1）将企业长期与短期目标相结合，有利于实现企业集团战略目标。

预算管理是以价值性和数量性来综合反映企业未来一段时间各种信息的预算，它通过明确确定企业生产、销售分配等方面的目标，并加以执行控制，避免企业在竞争激烈的市场中遭遇风险，全面落实企业战略目标。有战略意识的预算才能增强企业竞争优势，预算目标实际上体现了企业的战略目标。不同类型企业的发展思路与未来规划具有差异，其战略重点也存在差异，所以不同企业的预算管理目标必然不一样，即使是同一企业在不同时间段的预算目标也是不尽相同的。预算管理是一种战略管理，它是企业战略目标与经营活动的桥梁，是以集团发展战略为出发点，通过企业未来的发展规划来指导现行的活动，起到预测、交叉沟通并协调及控制的作用，将长期战略目标落实到具体的经营活动当中，使预算的目标更加明确，最终高效优质地确保战略目标的实现。

（2）能够提高企业集团现代化管理的综合能力。

目前，企业现代管理制度中最重要的制度之一就是预算管理，把预算作为管理的载体，将企业管理者之前的直接管理方式转变为间接管理方式，通过对企业预算目标的控制来间接控制企业经营管理，这样，企业管理者可以摆脱细小繁杂的日常管理事务，将更多的精力放在集团企业的长期发展战略当中，既能控制和把握企业全局，又能起到事半功倍的效果。预算管理要求集团内部所有员工和各个责任单位也要参与到预算编制的过程当中，让他们了解企业的发展目标和各自的工作目标与责任，动员所有员工和责任单位，激发起他们的工作积极性，挖掘企业的内部潜力，增强企业的凝聚力及抵御风险的能力，提高企业在市场中的竞争力。

由于集团企业组织结构繁杂，事务较多，通过实施预算管理，集团企业的管理层不必对所有重大事项决策进行一事一议，涉及生产经营活动、外部投资活动、融资筹资活动、资金收支等方面，可以结合年初确定的预算目标和企业的战略目标综合考虑和安排，使企业决策更具有可行性和科学性，可以提高企业风险管理能力和防范意识，使企业能够长期稳定地持续经营。

（3）促进协调集团企业各方面关系，实现各种资源的优化配置。

预算管理把企业全方位的工作都纳入到预算体系当中统一管理，通过预算管理，将集团企业各职能部门和各经济责任单位协调统一起来，相互配合。首先，由于集团企业的全资子公司、控股企业与参股企业数量较多，关系较为复杂，所有权与经营权相分离，集团企业所有者通过预算的手段进行控制管理，将集团经营的长期战略目标和短期预算目标分解到各个经济责任单位，具体细化各个经济责任单位的经营活动和目标并与集团的最终目标相一致，使集团各个经济责任单位的资源和信息得到充分利用，取长补短，相互协调，完善标准化流程，实现集团整体资源的综合利用和最优配置，促进集团最终战略目标的实现。其次，预算管理涉及整个集团企业的各个职能部门、各项业务和每位员工，在具体执行过程中，也要重视产、供、销和财等各个环节的相互协作，生产部门需要根据销售部门预测的市场需要量进行生产，不能无限制地生产，以免造成产品积压；供应部门需要根据生产部门生产的数量来确定原材料的采购；销售部门需要根据企业预算目标的要求完成销售量；财务部门需要根据产供销部门的日常经营活动控制资金的使用，确保现金流可以支持企业的正常发展。可见，通过预算管理的一系列工作，让集团企业的每一个经济责任单位、各职能组织和每位员工都连接到一个目标上，让集团企业的全部资源发挥其优势，共同为集团发展做出贡献，提高企业经营收入，降低企业经营成本，最终实现经营效益最大化。

（4）使集团对各全资及参控股企业和各部门的业绩考核有据可依。

预算考核是预算管理当中的一个基本环节，也是较为重要的环节，包括三个层次：一是考核整个集团企业的经营业绩；二是考评各全资及参控股企业的经营业绩；三是考核集团内部各职能部门和每位员工的工作成绩。通过编制全面预算，整个集团企业、各全资及参控股企业、各职能部门和每位员工都确定了明确的工作目标，使工作业绩量化到预算数据上，将具体的预算指标作为考核的依据，与实际的工作业绩相比，对各全资及参控股企业、各职能部门和每位员工进行考评和根据考评结果进行奖励或惩罚，有利于企业员工更积极努力地工作。

同时，通过对实际工作业绩与预算指标的对比，我们可以发现两者之间存在的差异，分析差异产生的原因，总结实际工作中的经验，有助于改进工作流程和方法，并统一调整优化企业预算，使编制的预算更接近实际经营情况，降低差异率。预算管理的考核是在对其差异进行认真分析基础上的综合反映，不仅反映了历史情况的变化趋势，而且反映了客观条件因素及执行者的主观因素。在如今市场经济环境不断变化、科技高速发展的情况下，这种考核更为客观公正、科学合理，有利于企业完善绩效考核和薪酬体系。

（5）使企业管理从基础工作做起，是控制日常经营活动的手段。

预算管理作为控制日常经营活动的标杆，让企业管理者能够对企业管理的运营全过程进行控制，有了确定的依据来考核执行人员，保证预算目标的实现，同时，也让企业所有员工知道自己的工作目标是什么，有了奋斗目标，并与自身的收益挂钩，起到自我约束与激励的作用。预算管理不仅对经营过程进行控制，也对经营结果进行控制，在日常经营活动中，企业的每笔收入、每项成本、每笔费用都要纳入预算的编制当中，都有严格的预算数据为标准，超出预算或者没有该笔预算项目都将无法实施，对于特殊情况的发生导致预算的变更，必须提出预算修改报告，结合企业预算管理目标并经批准后方可操作。

预算管理通过组织协调企业日常经营活动，优化整合企业集团的所有资源，将企业的经营管理方式从粗放型逐渐向集约型转变，提高企业有限资源的利用率，实现企业集团的整体利益。企业实施预算管理的过程就是一个如何有效利用企业所有资源的过程，包括事前控制、事中控制和事后控制。事前控制是企业管理者通过对各全资及参控股企业、各职能部门、各员工确定预算目标和编制预算来控制如何利用各种资源；事中控制是通过预算的整个执行过程来控制参与生产经营活动中的各类资源，通过实际工作业绩与预算指标的比较分析，及时发现差异并分析产生的原因，尽快采取有效措施，保证预算目标的顺利进行；事后控制是通过预算考核来体现资源的最终利用效率如何。

4.预算管理的实施条件

预算管理通过编制全面的财务预算和业务预算，以及执行过程中的预算控制、预算分析，建立起管理控制体系，使企业的经营活动能沿着预算管理轨道科学合理地进行。

(1) 应成立预算管理委员会。企业预算管理委员会是实施预算管理的核心，主要由企业高层管理人员组成，负责制定预算管理办法和预算管理制度，负责全面预算的审批和预算执行情况的奖惩考核等，应下设预算管理办公室。

(2) 要有比较健全的财务管理体系。财务部门在全面预算管理的编制、执行、控制、分析、考核各个环节都承担着主要责任，而且全面预算管理的最终成果也主要体现在财务决算资料中，因此，健全的财务管理体系是全面预算管理实施的重要保证。

(3) 要有相对稳定的网络系统和成熟的预算管理软件。企业应当建立一个能覆盖所有预算部门和预算人员的局域网络，选择能支持多层级、多类型预算管理，支持审批流程的灵活设置，支持预算执行的事前预测、事中控制、事后分析且软件接口丰富、数据安全机制完善的预算管理软件。

(4) 要有比较科学的法人治理结构和责权利相统一的科学管理机制。没有科学的法人治理结构，没有责权利相统一的科学管理机制，企业各个内部职能部门和单位即使有明确的预算目标，也无法实施严密的预算管理。

(5) 要有相应的预算业务规范和预算管理办法。建立有利于开展业务预算管理的基础工作规范；统一会计政策，规范会计核算办法；制定全面预算管理办法，规范预算编制基础表格，统一预算编制口径，建立预算管理的过程分析，建立预算结果的考核奖惩和向董事会报告制度。

五、关键要点

1.通过对新疆WH公司预算管理实施过程的了解与分析，把握企业实施预算管理的关键所在。

2.根据企业自身特点，找出适合企业发展的预算管理模式。

六、建议课堂计划

本案例可以作为专门的案例讨论课来进行。以下是按照时间进度提供的课堂计划建议，仅供参考。

整个案例课的课堂时间控制在80～90分钟。

1.课前计划

提出启发思考题，请学员在课前完成阅读和初步思考，并鼓励学员自行搜集整理有助于深入分析案例的材料。

2.课中计划

简要的课堂前言，案例背景介绍，内容归纳，明确主题（2～5分钟）；

分组讨论（30分钟），告知发言要求；

小组发言（每组5分钟，控制在30分钟）；

引导全班进一步讨论，并进行归纳总结（10分钟）；

老师对相关方法进行总结和要点详解（10分钟）。

3.课后计划

如有必要，请学员采用报告形式给出更加具体的解决方案，为后续章节内容做好铺垫。

案例11

A电力公司电网基建工程投资预算管理优化

摘　要

本案例以某省级A电力公司为背景，描述了其电网基建工程投资预算管理模式优化的全过程。本案例详细描述了A电力公司电网基建工程投资预算管理模式，包括预算组织管理、预算编制流程、预算过程管控方式、预算结果评价与考核等。由于经济发展和企业发展环境的不断变化，传统的投资预算管理模式在适应企业发展的过程中也出现了诸多客观问题，包括电网基建工程投资预算管理组织力不强、预算编制效率低且数据质量不高、预算过程管控效果不好、预算数据统计分析效率低、预算考核指标设置不合理等。A电力公司结合历史数据，分析产生上述问题的原因，结合全面预算管理、权变、激励等理论来解决难题，最终实现电网基建工程投资预算管理的优化，帮助A电力公司全面提升电网基建工程投资成本控制和投资风险防范能力。同时，本案例也可为国内其他电网企业开展基建工程投资预算管理优化提供一定的借鉴和启示。

关键词

投资预算管理模式　投资预算管理优化　投资预算管控　保障措施

案例正文

一、引言

2023年12月22日午餐时间，A电力公司职工食堂甚是热闹。这一天是冬至，公司食堂特别供应各种口味的饺子，让职工一起感受家的温暖、集体的温馨。同事们一起品尝着冬至的美味饺子，午饭之余也简单聊些家常，氛围轻松愉快。

坐在角落餐桌旁的一个人紧皱着眉头，他便是财务部的主任：徐志刚。坐在对面的审计部王主任觉察到他的情绪，想了想后问道："徐主任，你这准是为了下午要召开的预算管理会议烦恼吧？"徐主任抬了抬头，由衷地感叹道真不愧是共事10多年的同事啊，便说道："是呀，下午会议要确定新的投资预算管理方案，之前也是讨论和修改了很多次，但这次新方案的确定需要技术部的配合，业务部也会参与进来，不知道下午的会议中方案能不能最终确定？早一点确定就能早些实施起来，改进优化之后的方案若能成功实施，一定能助力我们公司电网基建工程投资预算管理能力提升呐！"王主任一边听他说着，一边吃完了盘中的饺子，拿起桌上的水壶，倒了一杯水放在这位忧心忡忡的同事面前，也给自己倒了一杯。王主任喝了一口，说道："根据你这么多年的投资预算管理经验，你的方案肯定能通过的！快吃吧，饺子凉了就不好吃了！”徐主任听完，环顾四周，才发现食堂的人都走得差不多了，于是回了句：“也是，这么多年的投资预算管理经验，我要相信自己的判断力！”便匆匆吃完饺子。两人各自回到办公室。

按照以往的习惯，徐志刚中午还要小憩一下，今天却丝毫没有睡意，他给自己泡了杯热茶，看着冒着热气的茶杯，回想起以往投资预算管理的经历……

二、A电力公司电网基建工程投资预算管理初了解

一年一度的秋季校园招聘又开始了，当时已经是西南财经大学会计学院大四准毕业生的徐志刚，凭借自己优异的成绩，成功进入到A电力公司财务部。A电力公司由相关职能部门、地市供电公司、县供电公司、业务支撑机构组成，拥有24个职能部门、13家地市供电公司、81家县供电公司、11家业务支撑机构。其主要以建设和运营所在省的电网为核心业务，主要承担省内供电、省电外送和接纳新能源三大任务，负责所在省电力输送和供应，持续通过电网基建工程投资提升电力输送能力和供电可靠性。

徐志刚在A电力公司财务部表现突出，从核算会计到会计仅用了3年时间。鉴于徐志刚的优异表现，在入职A电力公司的第四个年头，领导开始让他慢慢地接触A电力公司的电网基建工程投资业务。电网基建工程投资支出占到A电力公司所有投资支出总额的90%以上，是A电力公司固定资产形成的主要来源，也是A电力公司实现增供扩销、增加经营收益的重要保障。电网基建工程投资作为A电力公司最重要的工作任务之一，对支撑地方经济发展、带动当地上下游关联企业发展、解决社会就业问题等方面均发挥了重要作用，受到当地政府的高度关注。

经过3年的接触和学习，徐志刚对A电力公司电网基建工程投资预算管理有了清晰且全面的了解。

国家电网有限公司建立了集团、省公司、地市公司、县公司4个级次的预算管理体系，A电力公司在国家电网有限公司的统一安排下组织开展本单位的预算管理工作。电网基建工程投资预算属于A电力公司全面预算管理中的一个分支，包括预算决策机构、管理机构、执行机构。首先，预算管理委员会是A电力公司预算管理重大事项的决策机构，主要负责：审批A电力公司预算管理制度的制定和修编、确定预算编制基本原则、审核并批准年度预算草案及预算调整草案等事项；每年不定期组织召开预算管理委员会会议，根据预算编制环节、执行和控制环节、调整及考评环节工作需要，决策预算管理中的重大事项。其次，预算管理委员会办公室是A电力公司电网基建工程投资预算管理的常设机构，机构设在财务部，主要负责编制企业的预算管理相关制度，编制完成后提请公司预算管理委员会审核。其负责组织开展预算具体管理工作，同时负责向预算管理委员会报告预算编制草案和预算实际执行情况，制定预算日常、零星、定期调整方案，并负责预算管理的其他日常工作。最后，就是A电力公司的其他部门。例如，发展策划部负责根据国家电网有限公司总部的批复，下达A电力公司本部及所属各单位电网基建工程投资计划；建设部、调度中心、设备部根据分管项目，协助财务部审查各基层单位编报的电网基建工程投资预算。A电力公司财务部是预算下达的归口管理部口，各类电网基建投资预算均由财务部下达，实现预算资源集中管控和有效配置，提升预算价值引领和资源配置能力。

电网基建工程投资预算主要包括总投资预算和年度投资预算，年度投资预算不得突破年度总控目标。电网基建工程按照单项工程明细费用进行预算编制，每个单项工程包含建设、安装、设备、法人管理等28项明细费用。A电力公司一直沿用国家电网有限公司2014年发布的电网基建标准成本进行内控目标测算，编制电网基建工程总投资预算。对于年度总控目标，A电力公司作为国家电网有限公司下属省级全资子公司，全面贯彻国家电网有限公司年度经营战略。每年9月，在国家电网有限公司统一组织下，A电力公司组织本单位营销、发展、调度等部门以及所属各供电公司，收集历年售电量、电价、运维成本等数据，综合下一年度相关指标增长率，将相关数据录入电网投资能力测算模型，测算出A电力公司下一年度电网投资能力，测算结果上报国家电网有限公司总部，总部参考电网投资能力测算结果下达A电力公司年度投资预算总控目标。

徐志刚对电网基建工程总投资预算编制流程烂熟于心。A电力公司计划管理部门在项目管理平台中录入当年需要编制总投资预算的项目信息。财务管控系统接收计划管理部门提供的项目信息后，A电力公司项目管理部门在财务管控系统中对计划管理部门提供的项目逐个编制总投资预算，项目管理部门需要利用电网基建工程标准成本内控目标，计算出总投资预算并完成编制。项目管理部门完成总投资预算编制后将预算信息传递至A电力公司财务部，财务部预算管理人员对项目管理部门编制的总投资预算进行审核，审核无误后，项目总投资预算完成编制。对于电网基建工程年度投资预算编制，A电力公司电网基建工程投资预算编报按照“两下两上”流程开展。其中，年度投资预算草案编制（一下），具体而言是指每年10月，国家电网有限公司总部通过财务管控系统同时推送项目清单和投资表下达A电力公司下一年度电网基建工程投资总控目标。年度投资预算草案编制（一上）是指A电力公司本部财务部组织项目管理部门及所属各单位依据集团公司财务部下达的年度总控目标，将纳入年度计划草案的输变电工程，结合工程进度和预计工程成本发生情况，按输变电工程或单项工程项目费用明细，逐项进行预算编制，经汇总审核后，形成A电力公司年度投资预算草案数据并上报集团公司。年度投资预算下达（二下）则是集团公司财务部审核A电力公司上报的年度投资预算草案数据，经集团公司预算管理委员会审核并批准后，将电网基建工程投资预算明细和发展部提供的“二下”项目清单一并下达A电力公司。最后的年度投资预算备案编制（二上），即是A电力公司依据集团公司下达的“二下”电网基建工程投资预算明细和项目清单，结合本单位实际情况组织各基层单位对集团公司下达的投资预算进行明细分解，形成A电力公司年度电网基建工程投资预算备案数据。按照集团公司统一备案时间要求，通过财务管控模块上报投资预算报备方案，经集团公司财务部审核通过后，推送至ERP系统作为工程总成本支出和年度成本支出控制额度。

“二上”备案完成后，A电力公司按照备案预算明细在ERP系统发布电网基建工程投资预算，所属各单位按照预算开展工程投资成本控制和资金支付管控。A电力公司为确保年度电网基建工程投资预算的全面落实，组织财务、项目、计划管理部门及所属各单位，将年度投资预算指标分解到月，建立了“月通报、月分析、季考核”的预算执行管控措施，每月通报各单位月度预算指标完成情况，对执行偏差大的单位开展原因分析，开展预算执行纠偏。季度末月，收集各单位电网基建工程投资预算分解指标完成情况，根据考核指标规则开展评级和考核。

A电力公司电网基建工程投资预算调整从内容上划分为总投资预算调整和年度投资预算调整；将调整频度划分为零星调整和年中调整。首先，A电力公司电网基建工程总投资预算调整主要包含以下几种情况：一是因估算转概算发生总投资预算调整。部分项目在编制总投资预算时尚处于科研估算阶段，此时的总投资预算编制只能以估算数为基础，应用标准成本内控系数进行编制。在工程概算批复后，应用标准成本体系测算总投资预算数，A电力公司以批准概算为基准进行总投资预算估算数转概算数的调整。二是因为各种原因，电网基建工程概算数发生调整，总投资预算依据调整后的概算数进行更新。三是其他情况导致总投资预算调整。A电力公司电网基建工程总投资预算的调整必须挂接相应可研估算报告或者批复概算文件。A电力公司电网基建工程总投资预算调整采取常态化管理，当估算或概算发生调整变化时，业务部门及时发起总投资预算调整流程。其次，对于年度投资预算的日常调整，A电力公司项目管理部门在电网基建工程投资预算编报完成后，根据工程项目实际执行情况和预计工程成本发生情况进行年度投资预算日常调整工作。年度投资预算日常调整由A电力公司本部审批的事项包含：单位间电网基建工程投资预算调整、同一单位内各电网基建工程间成本费用预算调整。地市公司自行决策事项包括：同一电网基建工程内不同单项工程间各成本费用预算调整、同一单项工程内不同成本费用间预算的相互调整。其他电网基建工程投资预算调整事项，报集团公司审批。A电力公司项目管理部门负责发起年度投资预算日常调整，并提供日常调整业务所需相关佐证材料。财务部门负责审核项目管理部门编制的电网基建工程年度投资预算日常调整事项，审核下级单位的年度投资预算日常调整事项，上报需要集团公司审批调整事项。最后，关于投资预算年中调整，即每年10月，集团公司统一组织开展电网基建工程投资预算年中调整，A电力公司结合实际情况和预计工程成本对需要调整的项目进行汇总，经A电力公司预算决策机构审查后上报集团公司。集团公司财务部审核确定后，通过财务管控系统将审核后调整预算推送A电力公司。A电力公司发展部门负责向财务部门提供纳入年中调整计划的项目清单；财务部门负责审核本单位项目管理部门编制的年中调整预算方案和汇总审核下级单位编制的年中调整预算方案，上报年中调整预算方案至集团公司。

A电力公司制定了投资预算执行偏差率、年度投资预算执行偏差率考核指标，分别对总投资预算和年度投资预算执行情况进行考核，并设定了偏差率不超过5%的考核要求。

预算管理的落实离不开相应的信息系统支撑，A电力公司经过多年财务信息化建设与探索，形成了财务管控和ERP并行使用的电网基建工程投资预算管理信息系统。财务管控系统，是针对电网、发电企业核算特点开发的一套财务管理软件，包括财务核算、账务查询、报表反映、预算管理、产权管理、资金管理等功能模块。A电力公司自2008年引入该财务软件，随着公司发展和财务管理方式的变化，对该软件进行了持续改进完善。财务管控系统中增加了单独的电网基建工程投资预算管理模块，负责电网基建工程投资预算编制、上报、下达、报表展示等。A电力公司自2009年全面引入ERP系统，该系统的应用为A电力公司招标、材料采购、项目、计划、设备、财务、人资管理提供了全新的管理理念、方式和手段，为助推A电力公司可持续发展提供了重要技术支撑。ERP系统导入财务管控系统编制的电网基建工程投资预算数据，并将预算数据按照编制维度发布至项目WBS架构相应层级，对电网工程招标、合同签订、成本归集、资金支付各环节实现预算管控，进而实现电网基建工程投资预算管理要求的全面落实。

徐志刚从电网基建工程投资预算组织体系的了解，到实际参与投资预算的编制，以及了解投资预算执行与控制内容，再到投资预算的调整、分析和考核等，3年的日日夜夜，接触和参与的投资预算实务场景历历在目，仿佛就在昨天。

三、投资预算管理出现问题，联合各部门齐力迎接挑战

鉴于徐志刚在工作中表现优异，从未出现重大失误与差错，并且能够独立且出色地完成基建工程的投资预算管理相关工作，2021年年底晋升为财务部副主任。凭借多年投资预算管理经验，徐志刚上任之后做的第一件事就是召开会议，讨论投资预算管理现存的管理问题，他认为只有从更高的层次和角度去看投资预算管理，才能够促进A电力公司投资预算管理效率的提升。

通过会议中各部门的讨论，发现原计划A电力公司预算管理委员会是其预算管理的重要机构，电网基建工程投资预算纳入预算管理委员会统一管理。但在实际中，A电力公司电网基建工程投资预算管理基本靠财务部一个部门进行管理，业务部门参与度很低，尚未建立针对电网基建工程投资预算特点的单独管理组织机构，电网基建工程投资预算管理组织能力明显不足。同时，A电力公司电网基建工程投资预算管理尚处于应用初期，管理方法和经验方面均存在不足，亟须建立科学有效的全过程管理机制，加强预算管理。

徐志刚认为A电力公司“重概算，轻预算”管理理念尚未转变，业务部门对投资预算管理未能引起重视。徐志刚根据自己的经验，分析其中原因。由于多年来A电力公司一直以工程概算作为项目建设投资成本的总控制，以概算为核心的管理理念已固化在项目管理部门人员的意识中。当出现标准成本后，电网基建工程成本控制有了新的确认标准，较概算控制更加严格。然而，电网基建工程总投资预算是基于标准成本体系测算得出，标准成本是企业内部由财务部门主导提出的管理标准，是在概算基础上结合历年工程概算投资结余情况以及费用管控要求综合考虑后制定，属于企业内部精益化管控的手段，其权威性是概算不能相提并论的，但项目管理部门未能完全接受。因此，项目管理部门从意识上尚未认识到电网基建工程投资预算管理的重要性。

针对这一问题，经过头脑风暴，会议成员也讨论出相应的解决对策。鉴于电网基建工程投资占到A电力公司年度投资总额的90%，且投资预算管理需要多部门高效协同配合开展，A电力公司应进一步加强电网基建工程投资预算管理组织能力，主要从树立全员参与的预算管理文化、建立预算管理内部监督机制和完善预算管理组织体系三方面入手。其中，全员参与的预算管理文化主要有两方面：一方面，A电力公司应在电网基建工程投资预算管理年度工作会议以及其他预算相关会议中，组织所有相关业务部门参加，宣贯电网基建工程投资预算管理的重要性，同时分析和强调业务部门参与电网基建工程投资预算管理的必要性。另一方面，将电网基建工程投资预算管理相关节点流程嵌入至项目全过程里程碑节点，以流程图、动漫图等方式直观展现电网基建工程投资预算管理与项目建设的紧密联系，潜移默化转变业务部门对电网基建工程投资预算管理的认识，使电网基建工程投资预算管理与项目建设融于一体。最终，通过在A电力公司内部开展全员参与文化塑造，不同部门和人员紧紧围绕公司战略目标，相互之间不推诿扯皮，信息高效传递沟通，实现电网基建工程投资预算管理从顶层设计到底层全员参与的

良好氛围。

会议中，徐志刚分析了A电力公司电网基建工程2021年投资预算执行过程数据，说道："2021年账面预算执行进度明显低于实际进度。A电力公司电网基建工程实际实施进度总是快于投资预算执行进度，在建设高峰期存在20%左右的偏差，在12月工程已停工的情况下投资预算仍完成了15%的进度，表明预算执行进度与实际施工进度不相符，无法切实发挥预算过程管控作用。"此数据被徐志刚一提，大家有感而发，开始了激烈的讨论。

"A电力公司基建工程投资预算管控效果难以达到预期，管控效率低的问题是切实存在的，得想想对策。"

"受到徐主任的启发，我想工程其他费用管理存在一定风险。我想到在近几年接受内外部审计检查时，A电力公司电网基建工程其他费用管理存在不同程度的问题，主要包括：列支与工程无关成本、拼盘使用其他费用、费用支出审核不严等。"

"年度预算指标分解没有契合项目里程碑计划，导致分解结果不合实际。虽然A电力公司已经将年度电网基建工程投资预算分解到月，但由于在分解过程中基本用年度预算总额除以12个月进行分解，没有充分考虑每个工程开工时间、招标时间、里程碑计划安排等因素，预算分解方法简单粗放，导致很多项目分解指标与实际差异大，不但没达到精细管控的目标，反而使月度分解指标成为项目执行进度的制约因素。"

"是的是的，A电力公司电网基建工程投资预算调整审批权限基本都集中在省公司，没有结合实际进行适当放权，最终导致预算调整效率低。"

"工程投资成本归集不及时，导致预算与实际差异大。电网基建工程投资预算执行进度主要通过财务账面发票入账情况反映，发票入账金额多代表投资预算执行比例高，反之则执行比例低。然而，发票入账进度主要取决于电网基建工程实际进度和项目管理部门催促施工方、物资供应商开具发票的及时性以及到财务报账的及时性。项目管理部门关注的重点在于工程的建设进度、建设质量，对于反映建设成本的发票资料是否及时入账未能引起足够重视，往往都是在施工方催促时才办理发票入账手续，未能及时根据项目建设进度将发票交财务入账，是导致财务账面反映的投资预算执行进度远低于工程实际建设进度的重要原因。"

徐志刚看大家讨论得差不多了，总结道："通过讨论，总结来说就是基建工程的投资预算过程管控效果较差，大家也都分析了这一问题的原因。接下来针对问题的解决方案以部门为单位发表观点，并形成书面报告发送到我的邮箱。"之后就是各部门的激烈讨论和出谋划策。虽然时隔两年，但大家共同探讨的场景记忆犹新。徐志刚想到这里，立刻打开电脑，快速找到相应的文件夹，之前的报告还保存在电脑上。

强化电网基建工程投资预算过程管控，首先需要做的，就是合理分解细化电网基建工程年度投资预算指标。A电力公司从三方面合理分解细化年度投资预算指标：一是分类开展预算指标分解。对于新开工项目，严格按照工程建设里程碑计划，综合考虑气候、招标、前期手续办理进度等因素，充分与项目里程碑计划进行衔接，将预算指标完成与合同签订、物资到货、建设进度等环节相融合；对于续建项目，应以当前已入账成本为基础，考虑工程投运时间、设计变更、结算、决算时间等因素后进行分解，此过程应将物资部门、结算单位、决算单位联系起来，相互协作，完成分解；对于结转项目，应在全面整理合同执行进度基础上，根据结算和决算编制情况综合分析后进行分解，此过程应注重对每项合同、每项费用已入账情况和结算情况的核实。二是预算分解应充分汲取历年经验。A电力公司在根据里程碑计划、成本已入账等因素开展电网基建工程投资预算指标分解过程中，充分结合以前年度预算分解和最终执行偏差情况，避免理论设想与实际操作偏差过大，影响最终分解的合理性。三是及时开展预算指标细化分解。A电力公司应在“二上”备案完成后立即组织开展年度预算指标分解工作，将“二上”备案预算按部门、单位进行分解，分解结果以正式文件形式下发，为开展后续过程管控奠定基础。

其次，定期开展电网基建工程投资预算执行情况跟踪和评价。编好预算是做好电网基建工程投资预算工作的第一步，采取科学有效的过程管控措施，并实现预算管控目标是最终目标。做好电网基建工程投资预算执行情况跟踪和评价是过程管控中的重要措施，A电力公司应从以下几方面强化电网基建工程投资预算执行情况跟踪和评价：一是每月上旬，下达当月电网基建工程投资预算任务提示单，召开预算工作分析会，总结上月预算完成情况，组织公司计划管理部门、项目管理部门对上月预算执行偏差说明原因，制定提升措施，明确本月工作任务，重点对已完工未及时入账的情况进行整治，凡出现该种情况的，追究项目经理责任，对其个人进行相应惩罚。二是每月中旬，召开部门协调会，下达协同督办单，重点针对预算执行偏差大的项目，开展预算纠偏。综合电网基建工程的材料价格波动、施工设计方案变化、线路路径改变等不可控因素，适时研究启动预算动态纠偏机制，根据实际情况对具体项目年度投资预算进行调整。三是每月下旬，调查预算执行情况，下达风险警示单，25日前从规划计划、基建管控、SAP等系统抽取规划计划、工程建设、成本支出等各阶段的信息，集成工程全过程信息，及时掌握预算完成进度，对于当月无法按期完成的项目，向预算责任单位进行风险警示，并向公司分管预算的领导进行汇报。

再者，适当下放电网基建工程投资预算调整权限。A电力公司应对目前电网基建工程投资预算调整审批模式进行优化和调整，适当向基层单位授予一定的电网基建工程投资预算调整权限，一方面可以提升基层单位预算管理的主动性，另一方面减轻本部层面的预算管理工作压力。基层单位在不突破年度预算总控目标、单项工程总投资预算的前提下，允许基层单位自行决策同一项目不同费用之间、不同项目不同费用之间的预算调整。同时，明确要求基层单位预算零星调整时，按照规定流程履行内部审批程序。对于业扩配套等市场开拓和应急类项目，采取总额控制方式，各单位在不突破预算总额的前提下自行拆解编制年度预算。对于超出基层单位年度总控目标、单个工程超总投资预算、重点管控其他费用超预算情况，坚持由A电力公司本部进行审批。通过建立完整、灵活的预算调整两级审批机制，有效提升预算的资源配置效率和灵活性。

最后，从严管控电网基建工程其他费用投资预算。结合A电力公司电网基建工程建设管理实际，在国家电网有限公司内控目标上限基础上进一步调整部分工程其他费用内控系数上限，并确定了三年规范目标。挤掉概算中水分，达到既满足电网基建工程建设需要又能有效防止风险和浪费的目标。

四、新阶段再遇新难题，迎难而上需新招

会议召开没多久，年底决算等工作圆满结束，元旦假期过后，A电力公司财务部又忙碌了起来，每到年底和年初都是财务部最繁忙之时。徐志刚在办公室里看着2019—2021年的电网基建工程投资预算编制情况和预算数据若有所思，这下是遇到新难题了。

徐志刚很早就认识到：在市场经济条件下，经济社会发展情况更加错综复杂、瞬息万变，更需要统计及时提供发展变化情况。大数据时代的决策将日益基于数据和分析做出，必须用数据说话，而现在遇到的问题就是基建工程投资预算编制过程中的数据问题。因此，徐志刚认为解决数据相关问题刻不容缓。徐志刚一直都是秉持执行力极强的做事风格，立马安排下面人员将现阶段投资预算编制过程中遇到的问题进行总结，并通知下午一上班就开会讨论。

大家的准备工作做得很充分，通过对2019—2021年的预算编制情况进行数据分析发现，现阶段存在三方面的数据统计问题。A电力公司在电网基建工程投资预算编制过程中，需要组织省公司相关部门及所属单位项目部门、计划管理部门、财务部门共同开展数据录入、预测等工作，需要人工查询并录入大量数据，同一张预算表单需要多人、多次录入后才可以完成。预算编制数据复核工作量大，财务人员需要对已编制预算数据的合理性进行复核，数据复核过程耗用了大量时间。对A电力公司历史预算数据进行分析发现，预算编制阶段数据质量不高问题较为普遍，影响了后续预算指标的执行。A电力公司2019—2021年期间，每年电网基建工程投资预算编制实际用时均超出集团公司限定时间，存在编制不及时问题。年度预算编制完成后，发生预算调整事项达30余次，而且预算调整金额占年初预算总额的比例都在20%以上。综合来说，预算编制数据录入效率低且质量不高是问题一。

A电力公司电网基建工程投资预算管理维度精细到具体工程的每项明细费用，每项费用又区分总投资预算、年度投资预算、税金等多个内容，预算数据包含信息量大；同时，公司主要依靠人工方式录入、查询、统计相关预算数据，无法实现投资预算执行数据的实时快捷查询，制约了投资预算日常管控工作的开展。基层单位如果想掌握本单位电网基建工程投资预算整体完成情况，只能通过执行事务代码在ERP系统中逐项工程查询导出，然后进行线下汇总，耗费较高的人力和时间成本。因此，A电力公司电网基建工程投资预算管理中预算数据统计分析效率低是问题二。

A电力公司对电网基建工程投资预算设定了总投资预算执行偏差率和年度投资预算执行偏差率考核指标，分别从总投资预算和年度投资预算两个维度，按照季度和年度进行考核。但该指标过分重视预算执行结果，忽视了电网基建工程投资预算过程管理，A电力公司部分所属单位甚至出现为完成考核指标而弄虚作假的情况。在2021年A电力公司所属4家投资预算完成率比较好的单位的相关预算执行偏差率统计中，除了国网K供电公司未通过采取提前入账或延后入账方式达到考核目标外，其他3家单位均不同程度采取了非正常手段完成考核目标。可见，电网基建工程投资预算考核指标设置不合理是问题三。

徐志刚将这一阶段的投资预算数据问题的原因归结为现阶段没有对预算编制工作进行有效统筹、系统间数据未能实现高效集成共享以及A电力公司财务重结果而轻过程的预算

考核方式三方面。会议成员根据现阶段的数据问题和原因分析，立刻展开了应对方案的讨论，最终形成三个基建工程投资预算管理优化方案。

首先，需要提升电网基建工程投资预算编制的效率和准确性。这主要是优化电网基建工程投资预算编制流程，提高项目管理部门对电网基建工程投资预算的编制参与度。除此之外，A电力公司一直沿用国家电网有限公司2014年发布的电网基建工程标准成本体系，没有结合所在地电网基建工程实际情况开展标准成本测算和应用，一定程度上影响了其电网基建工程总投资预算编制的准确性，因此还需优化标准成本在电网基建工程投资预算管理中的应用。

其次，提升电网基建工程投资预算管理信息化支撑能力，并从优化财务管控预算编制表单、实现预算执行情况提前预警等方面，完善财务管控系统功能。这需要技术部开发各系统间数据传递接口，完善财务管控系统功能。技术部负责人李建业提出："A电力公司需要打通系统间数据传输接口，以财务管控系统为电网基建工程投资预算管理的基础系统，实现其他各系统模块与财务管控系统相连和数据互通，我们技术部会开会讨论具体实施方案，在此过程中也需要和业务部随时沟通，才能在技术的支持下，实现业财融合，这可能需要较长时间的沟通、协调和调试。"

最后，对于完善电网基建工程投资预算分析和考核方式方面，A电力公司一直有着较为完善的考核管理方式，只需要不断完善投资预算年度总结分析，并建立电网基建工程投资预算全过程考核模式即可。

自解决方案提出后，各部门开始落实优化方案，经过一年的努力，2022年底A电力公司电网基建工程投资预算编制和数据统计分析的效率有了较大的提升，数据质量也提高不少。优化后的A电力公司电网基建工程投资预算考核指标共包括预算编制模块、预算执行过程模块、预算调整模块、预算执行偏差模块和预算管理规范性模块5大模块，10个具体指标，一直沿用至今。

徐志刚看着稍微凉了些的茶水，思索片刻，他发现，现在优化后的A电力公司电网基建工程投资预算指标确实已经进一步强化了电网基建工程过程管控力度，能更好地适应电网基建工程自身特点，并且更好地调动了基层单位工作积极性。

五、优化基建工程投资预算管理，保障措施少不了

结合实际提出一系列具备可行性的优化改进举措，是提升A电力公司电网基建工程投资预算管理的关键所在，但保证这些举措能够执行到位离不开必要的保障措施。

徐主任低头小酌两口温度刚好的茶水，抬头看了眼办公室墙上的时钟，还有半小时就开会了，马上就能知道结果了。他脑海里再次过了一遍保障措施方案……

无规矩不成方圆，A电力公司各项优化措施的落实都需要完善的制度保障作为支撑。目前，A电力公司电网基建工程投资预算管理基本上执行的是上级集团公司下发的相关管理制度，由于集团层面更多的是对方向、原则的要求，未能对具体操作细节和流程加以明确，加之无法顾及各单位实际情况，实操性不强。例如：电网基建工程投资预算编制中，只说明了"两下两上"基本流程和时间节点，但没有明确电网基建工程投资预算编制中集团公司、省公司、地市公司间职责划分以及同级单位内部各部门间的工作职责划分；只对电网基建工程投资预算年度偏差率提出了考核目标，没有对预算过程管

控提出具体的工作要求和标准；没有对电网基建工程投资预算信息化系统的具体应用加以明确等。

首先，徐主任和财务部员工一同提出的保障措施方案中，细化了电网基建工程投资预算管理制度，突出了根据《国家电网有限公司工程财务管理办法》《国家电网有限公司全面预算管理办法》等相关制度研究制定的《A电力公司电网基建工程投资预算管理实施细则》，将以上优化方案在实施细则中予以明确，通过制度保障相关优化方案的执行。

其次，保障措施同样强调，加强电网基建工程投资预算宣传和培训。A电力公司应持续强化电网基建工程投资预算的重要性和现实意义的宣贯，不断统一认知，明确工作方向，将电网基建工程投资预算管理变成一种自觉行为，同时针对电网基建工程投资预算开展不同维度的培训，提升参与电网基建工程投资预算管理人员的专业能力。一是不同层面广泛宣传。纵向上，财务部内部分管处室每月向部门领导汇报有关电网基建工程投资预算最新执行情况和要求，部门领导向公司主要领导从输配电价、资产负债率、降杠杆等角度汇报电网基建工程投资预算的意义和作用，从而引起公司领导重视。横向上，A电力公司财务部门在与项目管理部门日常工作沟通中或专项协调会期间，不断介绍投资预算与项目创建、招标、合同签订、资金支付、结算之间的紧密联系，提高业务部门对投资预算管理重要性的认识。二是开展多维度培训。A电力公司财务部门在组织开展电网基建工程投资预算培训时，邀请建设部、设备部、配网部等项目管理部门人员参加，不断向项目管理部门传达电网基建工程投资预算的理念、管理思路、流程。A电力公司财务人员应积极参加项目管理部门组织的专业培训，以了解项目管理部门对电网基建工程投资预算管理的要求，不断提升财务、业务人员对电网基建工程投资预算的共识。

再次，还需健全电网基建工程投资预算信息反馈机制。预算管理的一大误区就是将预算执行视作一项由上而下的单向任务传递过程，忽视了由下而上的信息传递与监督反馈机制。A电力公司各类优化措施的落实，不仅需要从公司本部层面对相关制度、组织流程方面予以明确，同时在信息传递和监督反馈方面，也需要建立顺畅的通道予以保障。在预算执行过程中，在动态跟踪预算执行结果基础上，同步收集已执行预算的影响因素，分别予以正向、负向影响评价，从而作为下一阶段预算执行的重要参考因素，个别极端因素可以予以剔除，不作为预算评价的参考因素，从而实现预算执行过程中，基层预算执行与A电力公司本部发布的预算任务的双向联动，保证电网基建工程投资预算管理结果的科学和理性。

最后，也是最重要的一点，强化电网基建工程投资预算管理内部协调。徐主任清楚地认识到，A电力公司电网基建工程投资预算管理自身的复杂性和A电力公司内部的管理模式，决定了A电力公司电网基建工程投资预算管理各项优化举措的落地离不开内部协同做保障。因此，在方案中突出两点保障措施：一是做好跨部门的协同保障。预算编制阶段、预算执行及预算评价阶段都涵盖不同专业工作，既包含业务部门专业评价，也包含财务信息考评，因此需要加强不同专业部门的横向协同保障。常态化沟通预算信息，及时共享预算管理信息，分别从专业部门角度和财务部门角度共同推进预算管理优化措施落地。二是做好跨预算周期的协调保障。预算管理优化措施是基于已有预算信息的更新完善，因此收集完善的生产业务基础数据和财务信息数据是优化预算管理措施的必要手段。一方面，预算管理优化措施对于A电力公司电网基建工程投资预算管理的连续性、承接性具有不可或缺的作用；另一方面，借助大数据分析等手段可以为A电力公司电网基建工程预算管理优化措施探索出新的切入点。

六、尾声

看了看时间，徐主任放下手中的茶杯，离开椅子，拿起正装提前10分钟进入会议室。午休时间的回忆让他的步伐更加坚定……半个小时后，会议室大门打开，徐主任回到办公室，重新泡了一杯热茶，与之前不同的是，他的脸上丝毫不见忧虑，嘴角隐隐有些许上扬。是的，方案通过，各部门能够很好地协调和配合，这是对他工作的肯定啊。这么多年来，电网基建工程投资预算管理也是从最初的模式，一直不断优化和完善，才有了今天的成绩，徐志刚也在A电力公司这个强大的平台上不断突破自我，继续成长着。2023年是不平凡的一年，如今新的未来已来，只要紧跟时代步伐，不断创新，付出终会有回报。

图5-2至图5-4、表5-6至表5-9为本案例相关资料，请参考。

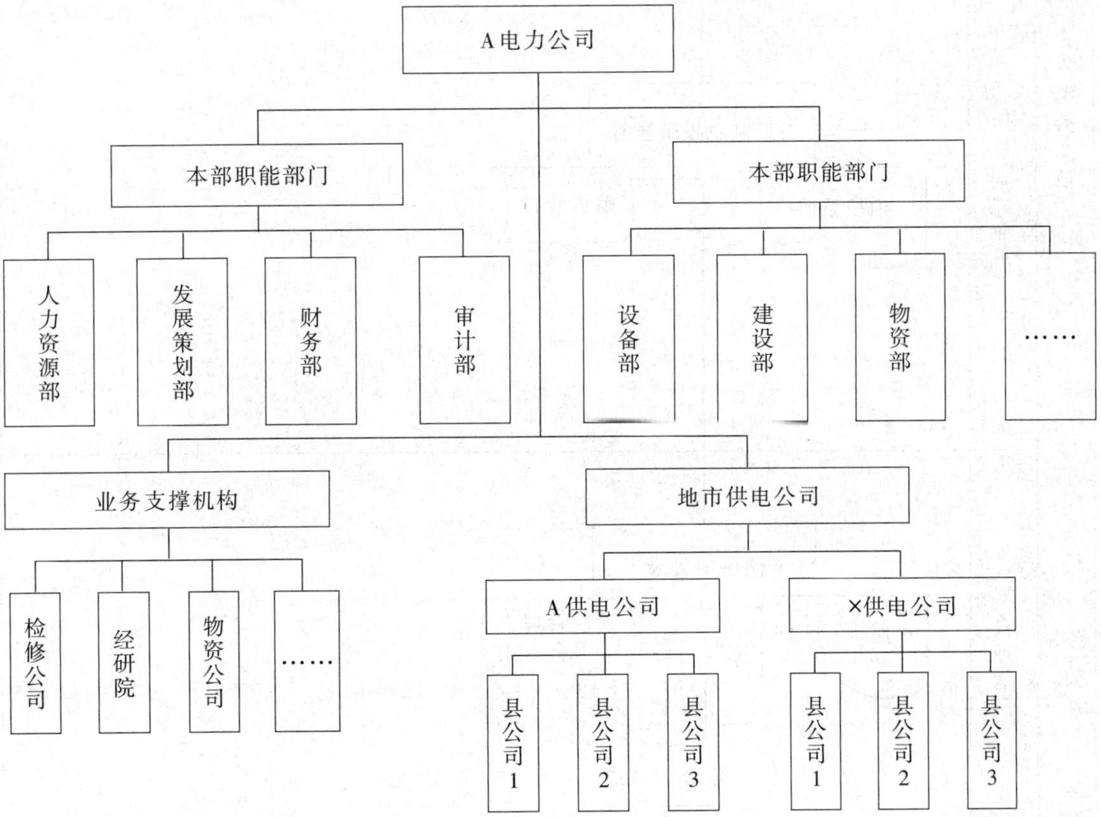

图5-2 A电力公司组织结构图

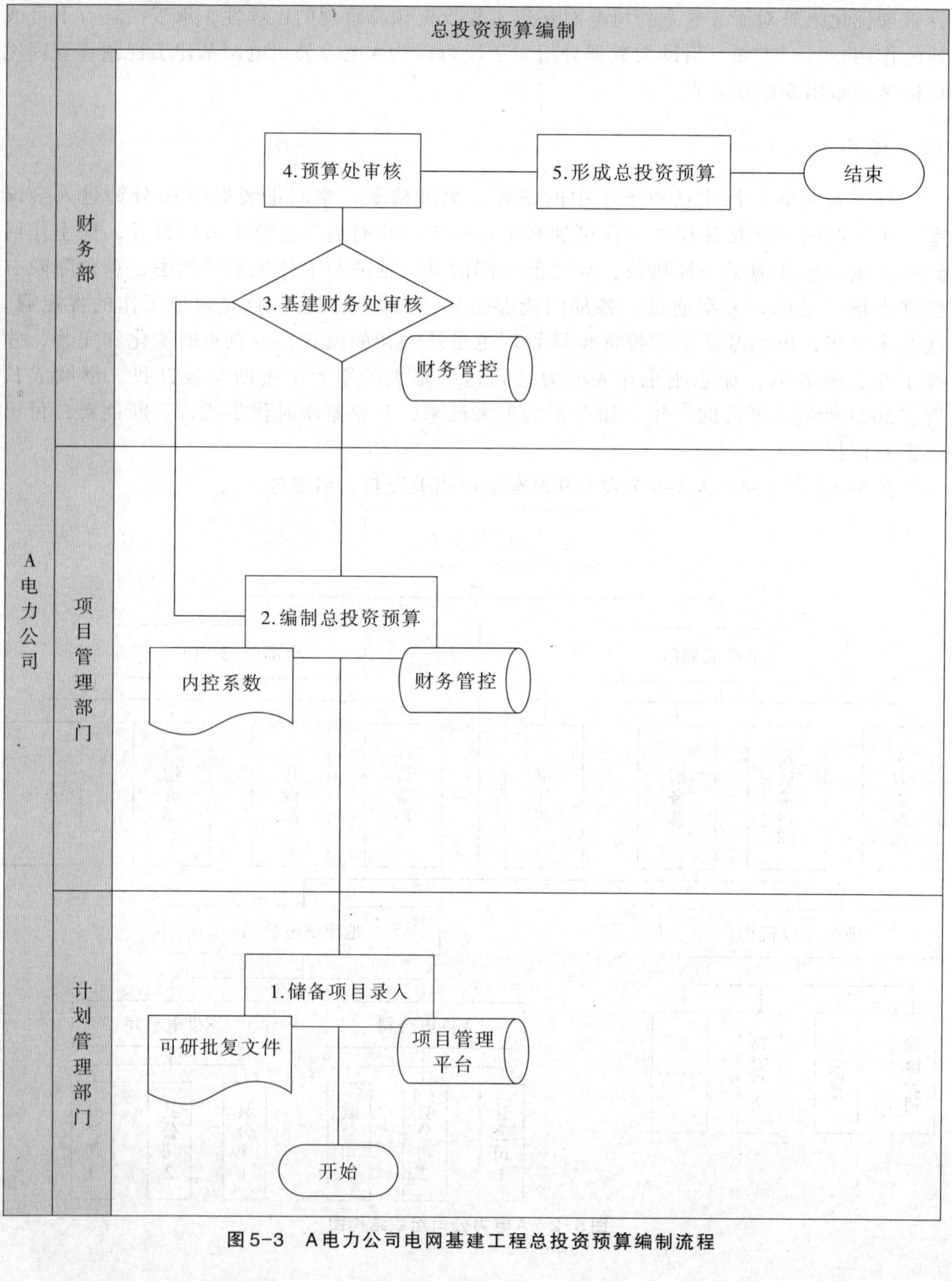

图5-3　A电力公司电网基建工程总投资预算编制流程

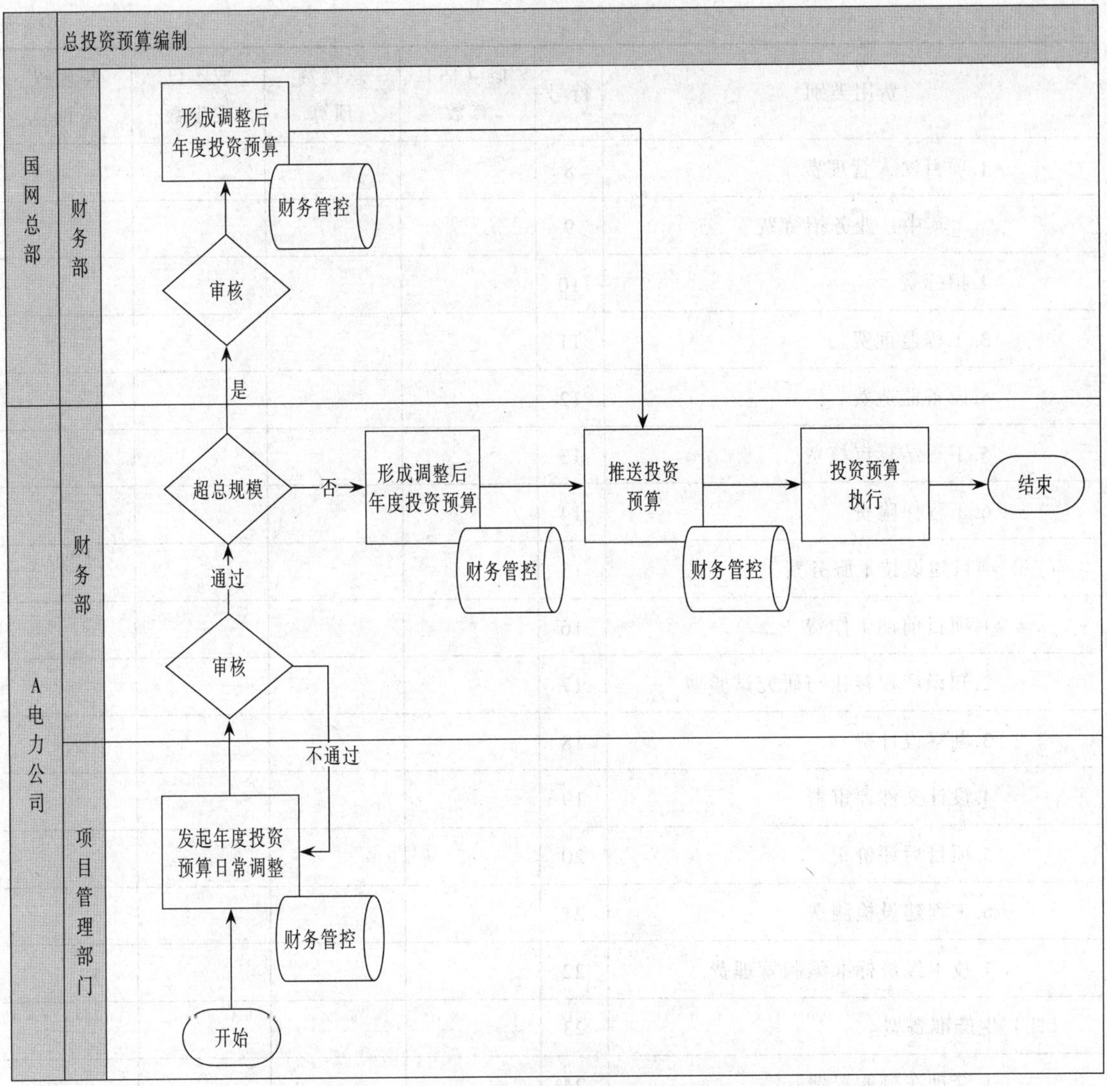

图5-4 A电力公司年度投资预算日常调整流程

表5-6 A电力公司电网基建工程投资预算编制表

费用类别	行号	概（估）算数	总投资预算	成本已发生数	年度投资预算
工程成本费用合计	1				
一、建筑工程费	2				
二、安装工程费	3				
三、设备购置费	4				
四、其他费用	5				
（一）建设场地征用及清理费	6				
（二）项目建设管理费	7				

续表

费用类别	行号	概（估）算数	总投资预算	成本已发生数	年度投资预算
1.项目法人管理费	8				
其中：业务招待费	9				
2.招标费	10				
3.工程监理费	11				
4.设备监造费	12				
5.工程结算审核费	13				
6.工程保险费	14				
（三）项目建设技术服务费	15				
1.项目前期工作费	16				
2.知识产权转让与研究试验费	17				
3.勘察设计费	18				
4.设计文件评审费	19				
5.项目后评价费	20				
6.工程建设检测费	21				
7.技术经济标准编制管理费	22				
（四）生产准备费	23				
1.管理车辆购置费	24				
2.工器具及办公家具购置费	25				
3.生产职工培训及提前进场费	26				
（五）大件运输措施费	27				
（六）其他	28				
（七）原分系统及整套启动试运费	29				
五、基本预备费	30				
六、动态费用	31				
（一）价差预备费	32				
（二）建设期贷款利息	33				

表5-7　A电力公司2019—2021年电网基建工程投资预算编制情况

相关节点	2019年	2020年	2021年
预算编制实际耗时	8天	7天	7天
国网规定编制时限	5天	5天	5天
超出规定时间	3天	2天	2天
预算累计调整次数	39次	35次	36次
预算调整金额占年初预算比例	30%	28%	24%
预算编制质量对调整的影响比例	60%	54%	51%

表5-8　A电力公司2021年电网基建工程投资预算执行情况分析表

统计主体	统计方式	统计频次	时间耗用	统计数据准确率
省公司	项目组后台批量抽取数据	按月统计	平均1天	平均98%
地市公司	执行事务代码，逐个项目查询	按月统计	平均2天	平均95%

表5-9　A电力公司2021年电网基建工程投资预算考核情况分析表

单位	年度偏差率	平均季度偏差率	平均月度偏差率	是否存在未完工提前入账	是否存在已完工不入账
国网C供电公司	1.77%	4.87%	9.82%	是	否
国网E供电公司	2.55%	3.69%	11.33%	是	是
国网K供电公司	2.99%	4.43%	13.21%	否	否
国网F供电公司	3.13%	3.39%	12.88%	是	否

案例使用说明

一、教学目的与用途

1.本案例主要适用于“预算管理”“财务管理”“工程管理”等课程。

2.本案例在详细描述A电力公司电网基建工程投资预算管理模式现状后指出，由于经济发展和企业发展环境的不断变化，传统的投资预算管理模式在适应企业发展的过程中也出现了诸多客观问题。A电力公司结合相关理论分析问题，最终优化了电网基建工程投资预算管理，为电网基建工程投资成本控制和投资风险防范做出了贡献。本案例的教学目的是使学生理解工程项目的预算管理模式，发现传统投资预算管理模式现存的客观问题，并自行查找资料优化预算管理，旨在锻炼学生发现问题和运用所学财会等知识解决问题的能力。

二、启发思考题

1.您所在的小组认为，A电力公司电网基建工程投资预算管理中存在哪些问题？

2. 您所在的小组认为，A电力公司电网基建工程投资预算管理出现问题的原因可能有哪些？

3. 您所在的小组认为，该如何进行A电力公司电网基建工程投资预算管理的优化？请提出对策建议。

三、分析思路

（一）总体思路

预算管理可以帮助管理人员从企业经营战略出发，对企业的现有核心资源进行有效的配置。但在实际运行中，由于企业内复杂的财务关系、高层管理者短视及道德风险等问题的影响，造成了企业资源的浪费。因此，在全面预算的编制与执行过程中需要全面、认真、细致的调研，以及各个部门的协调与合作。财务人员的爱岗敬业、提高业务水平等职业操守，以及包容、协作、团结等良好品质有利于预算目标的达成，进而实现企业资源的最佳配置，形成企业的核心竞争力。

（二）思考引导要点

在具体分析各思考题时建议的思考引导要点如下：

1. 预算管理组织、预算编制效率和质量、预算控制、预算考核。

2. 预算管理意识、预算编制的统筹、结合企业特点的预算管控、数据共享、预算考核方式。

3. 预算管理组织与协调、预算过程管控、预算绩效考核。

四、理论依据及分析

教师可以根据自己的教学目标灵活使用本案例。这里提出本案例的理论依据及分析思路，仅供参考。

1.A电力公司电网基建工程投资预算管理中存在的问题：

（1）预算管理组织有待加强。具体表现在：尽管A电力公司电网基建工程投资预算纳入预算管理委员会统一管理，但实际运行中，A电力公司电网基建工程投资预算管理基本只靠财务部一个部门，业务部门参与度低，尚未建立针对电网基建工程投资预算特点的单独管理组织机构。同时，A电力公司电网基建工程投资预算管理亟须建立科学有效的全过程管理机制。

（2）预算编制效率低、数据质量不高。A电力公司在电网基建工程投资预算编制过程中，同一张预算表单需要多人、多次录入后才可以完成。预算编制数据复核工作量大。财务人员对已编制预算数据的合理性进行复核也耗用了大量时间。预算编制数据质量不高。具体表现在：A电力公司2019—2021年电网基建工程投资预算编制不及时，实际用时均超出集团公司限定时间。年度预算编制完成后，发生预算调整事项达30余次，而且预算调整金额占年初预算金额的比例都在20%以上。预算编制阶段数据质量不高问题影响了后续预算指标的执行。

（3）预算过程控制效果不好。一是预算执行进度与实际进度不匹配；二是工程其他费用管理存在一定风险。

（4）预算数据统计分析效率低。具体表现在：A电力公司电网基建工程投资预算管理维度精细到具体工程的每项明细费用，每项费用又区分多个内容，数据包含信息量大；公司主要依靠人工方式录入、查询、统计相关预算数据，无法实现投资预算执行数据的实时快捷查询，制约了投资预算日常管控工作的开展。

(5) 预算考核指标设置不合理。具体表现在：A电力公司对电网基建工程投资预算设定了总投资预算执行偏差率和年度投资预算执行偏差率考核指标，分别从总投资预算和年度投资预算两个维度，按照季度和年度进行考核。但该指标过分重视预算执行结果，忽视了电网基建工程投资预算过程管理，A电力公司部分所属单位甚至出现为完成考核指标而弄虚作假的情况。

2.A电力公司电网基建工程投资预算管理中存在问题的原因分析。

(1) 尚未形成预算管理重要性共识。“重概算，轻预算”管理理念尚未转变，业务部门对投资预算管理未能引起重视。财务部与业务部门缺乏高效的协同联动，预算执行力较弱。A电力公司项目管理部门关注工程建设进度和工程资金是否及时支付，不关注预算执行是否与项目实际进度相匹配。财务部门将更多精力放在预算指标执行情况上，不考虑工程实际建设情况，未能及时关注客观因素导致的工程施工进度变化，投资预算未能根据工程进度和施工环境变化及时做出调整。项目部门与财务部门没有形成电网基建工程投资预算管理交集和共识，导致整体投资预算管理执行力减弱。

(2) 对预算编制工作的有效统筹工作不到位。第一，预算编制职责界面不清，降低了A电力公司预算编制信息传递效率。第二，投资项目清单未能提前确定，进一步制约了A电力公司预算编制效率。第三，信息系统建设存在缺陷，无法为A电力公司提供高效信息支撑。第四，参与编制人员经验不足导致预计情况与结果存在较大差异。第四，结转项目预算编制不够细化，导致预算编制与结果偏差较大。

(3) 未能充分结合电网基建工程特点开展针对性的预算过程管控。第一，年度预算指标分解没有契合项目里程碑计划，导致分解结果不合实际。第二，预算调整审批权限未适度下放，导致预算调整效率低。A电力公司在电网基建工程投资预算执行过程中开展了过程管控，但基本都是通报数据和考核，并没有对电网基建工程投资预算执行偏差开展深层次原因分析，导致问题未能得到根本解决。同时，A电力公司电网基建工程投资预算调整审批权限基本都集中在省公司，没有结合实际进行适当放权，导致预算调整效率低。第三，工程投资成本归集不及时，导致预算与实际差异大。第四，部分工程其他费用内控系数设置不合理，存在潜在管理风险。通过对A电力公司电网基建工程其他费用支出情况跟踪以及结合各类检查提出的问题，A电力公司电网基建部分工程其他费用预算编制时全部沿用国家电网有限公司给定的内控系数上限，并没有结合实际情况进行优化调整，导致部分其他费用预算控制过于宽松，同时，项目部门总是抱有“花光用尽”想法，想尽办法用完预算，导致出现列支与工程无关成本、虚开发票套取资金、超标准采购等问题。

(4) 系统间数据未能实现高效集成共享。第一，尚未建立不同系统间数据传输通道，跨系统间数据无法互传。A电力公司电网基建工程投资预算编制全部在财务管控系统中完成，但编制预算所需数据信息分别来源于多个系统。项目清单来源于规划计划系统和项目储备平台；项目概算来源于基建管控系统；项目成本累计已发生数来源于ERP系统；基建标准成本内控系数来源于标准成本测算模块。规划计划系统属于计划部门用于开展项目计划下达的专用系统；项目储备平台用于管理纳入储备库项目明细和出库发布预算管理；

电网基建项目全过程核算在ERP系统中进行。各模块承担不同任务，分别由不同的部门管理使用，由于各模块在开发初期并未考虑将来系统间数据集成因素，因此均未预留跨系统数据传递接口，无法实现跨系统间数据的自动集成获取。第二，财务管控系统自身功能不够完善，制约信息查询统计效率。电网基建工程招标采购申请挂接、采购订单创建、收发货、发票入账等操作均在ERP系统中进行，因此ERP系统可实现项目核算信息的多维展示和关联信息的追溯查询，具备项目核算和管理的优越性。财务管控系统更多的是科目反映和报表出具，虽然ERP记账凭证实时传递至财务管控系统，但由于财务管控系统自身设计的局限性，无法接收到ERP系统的全部信息，导致A电力公司无法通过财务管控接收ERP系统传递的记账凭证信息统计出投资预算执行进度。第三，系统间数据维度差异大，难以进行快速利用。A电力公司对于电网基建工程投资预算完成情况的统计采用财务管控、ERP系统分别导出数据，对导出数据进行人工匹配后形成投资预算执行情况。由于各系统中数据的呈现方式基于不同的管理侧重点，导致分别导出数据需要耗用一定的人力和时间成本，同时，后续的数据匹配过程也耗费很多时间，而且容易出现差错。基于此情况，A电力公司只能每月进行一次投资预算执行进度统计，无法按半月或周获取投资预算执行情况数据，增加了预算过程管控的难度。

（5）预算考核方式“重结果，轻过程”的错误定位。A电力公司一直将电网基建工程投资预算执行偏差率作为其考核的重点，忽视过程考核。电网基建工程投资预算的管理应该是事前、事中、事后全过程管控，A电力公司关注事前、事后管理，忽视了事中的管理，对于预算执行中调整、预算编制质量、预算与建设进度衔接等环节未足够重视，导致预算指标完成得很好看，但是过程中存在失控风险。A电力公司过度强调预算刚性执行，考核规则中未设定不可控因素剔除规则，洪灾、雨雪等自然灾害因素导致的预算执行偏差也被纳入了考核事项，不利于客观评价预算执行情况。同时，直接将国家电网有限公司对各省公司的总投资预算和年度投资预算考核指标作为各基层单位的考核指标，未能结合本单位管理需要进行指标的细化和完善，也未结合管理需要新增指标或考核维度。

3.A电力公司电网基建工程投资预算管理优化内容：

（1）增强电网基建工程投资预算管理组织能力。树立全员参与的预算管理文化；建立预算管理内部监督机制；完善预算管理组织体系。（2）提升电网基建工程投资预算编制效率和准确性。优化电网基建工程投资预算编制流程；提高项目管理部门电网基建工程投资预算编制参与度；优化标准成本在电网基建工程投资预算管理中的应用。（3）强化电网基建工程投资预算过程管控。合理分解细化电网基建工程年度投资预算指标；定期开展电网基建工程投资预算执行情况跟踪和评价；适当下放电网基建工程投资预算调整权限；从严管控电网基建工程其他费用投资预算。（4）提升电网基建工程投资预算管理信息化支撑能力。开发各系统间数据传递接口；完善财务管控系统功能。（5）优化电网基建工程投资预算分析和考核方式。开展电网基建工程投资预算年度总结分析；建立电网基建工程投资预算全过程考核模式。

本题为开放题，言之有理即可，本答案仅供参考（见表5-10至表5-12、图5-5至图5-9）。

表5-10　　A电力公司电网基建工程投资预算编制流程优化前后对比

相关节点	原流程	优化后流程	优化后效果
预算编制前准备工作	待国网下发通知后开展相关工作	国家电网有限公司下发通知前，提前研究制定本年度预算编制工作实施方案；提前收集预算编制所需基础数据	提前开展工作，减少集中编报工作量，预计可较之前方式减少集中编报工作量的30%
与计划部门工作衔接	项目信息传递不及时	建立及时高效的沟通机制，如：在预算编制期间每天最少对接一次项目清单信息，项目清单实时共享	预算编制项目清单及时准确获取，减少重复编制工作量
预算编制前培训	只对财务人员进行培训，未编制操作手册	提前提供项目清单，在正式开展预算编制前对所有参加预算编制人员进行集中培训，并编制操作手册	参与预算编制人员熟练掌握系统操作和编制原则，提升编制效率和数据质量，预期较原流程至少提升效率10%
预算编制口径	未按照三类项目分别统一	统一新开工项目、续建项目、以前年度结转项目预算编制口径	口径统一后，预计三类项目投资预算编制数据准确性提升15%以上
预算编制过程管控	未安排专人全过程指导，缺少过程管控措施	安排专人对所有预算编制人员进行指导，开展预算编制过程纠偏	问题在发现时加以解决，预计提升编制效率10%

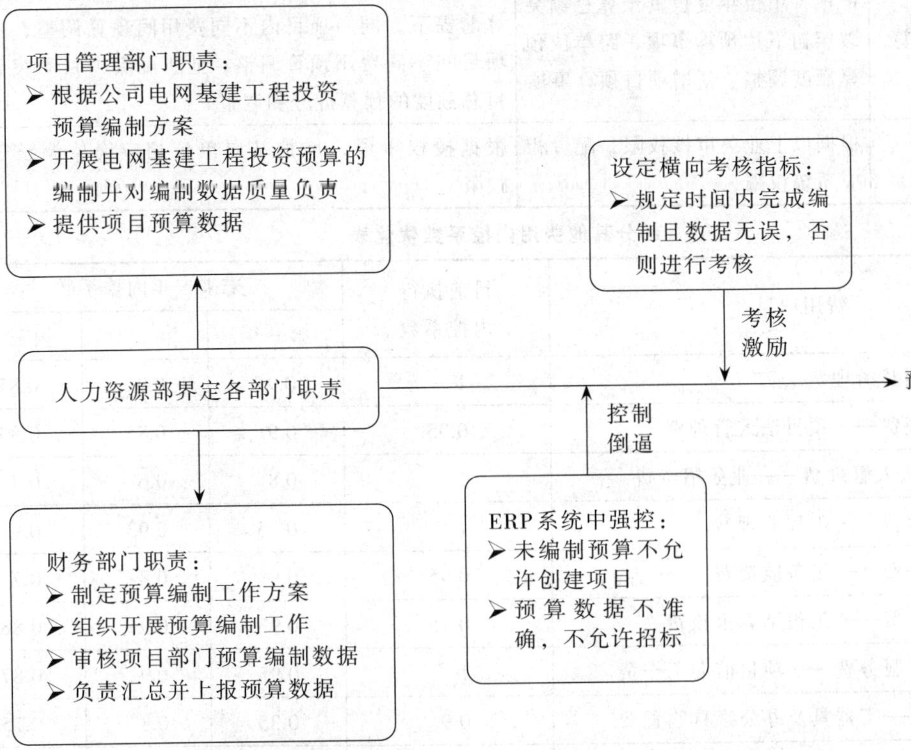

图5-5　提高项目管理部门电网基建工程投资预算编制参与度

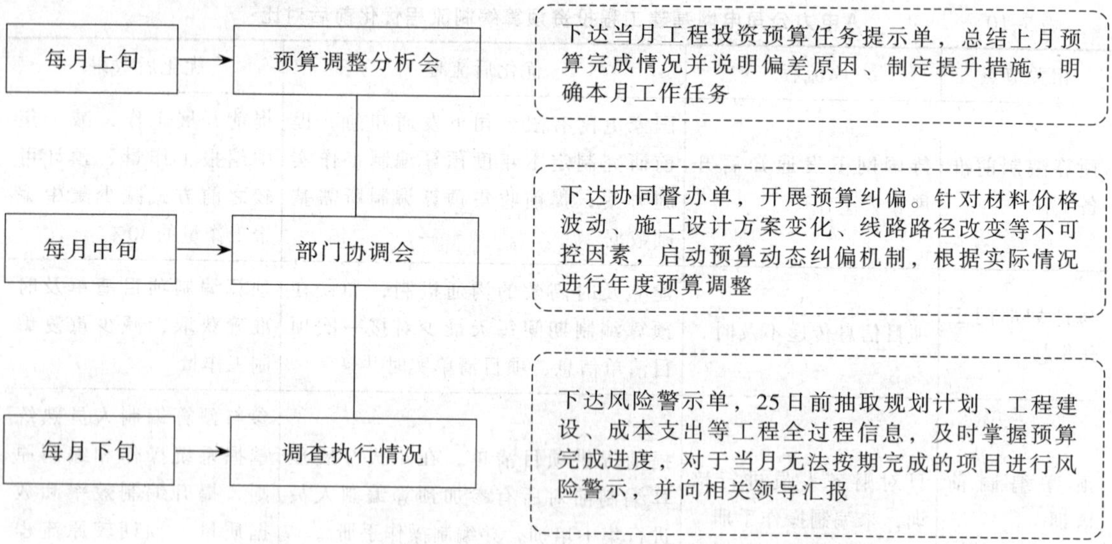

图5-6　电网基建工程投资预算执行情况跟踪和评价流程图

表5-11　A电力公司电网基建工程投资预算调整权限优化建议表

权限	省公司决策事项	基层单位决策事项
总投资预算	审核单个项目超出概算、工程其他费用中法人管理费超出年初下达总投资预算事项	年初以项目估算编制总投资预算，后续根据概算金额对总投资预算进行调整；当概算发生变化时需要调整总投资预算事项
年度投资预算	审核各单位年度投资预算总额突破年初下达预算事项、跨单位预算额度调整、新增项目预算事项	在不超出本单位年度预算总额、不超出单项工程概算前提下，同一项目内不同费用间预算调整，不同项目间不同费用预算调整；业扩配套项目不突破项目总额度的预算拆分和调整
系统权限	根据以上业务审核权限，配置相应系统权限	根据授权事项，增加基层单位相应岗位调整审批权限

表5-12　部分其他费用内控系数优化表

费用项目	目前执行内控系数	未来三年内控系数		
		第一年	第二年	第三年
建设场地征用及清理费	1	0.95	0.9	0.85
项目建设管理费——项目法人管理费	0.95	0.9	0.85	0.83
其中：项目法人管理费——业务招待费	1	0.8	0.6	0.4
项目建设管理费——工程监理费	1	0.95	0.93	0.9
项目建设管理费——设备监造费	0.95	0.9	0.8	0.7
项目建设管理费——工程结算审核费	0.95	0.93	0.9	0.88
项目建设技术服务费——项目前期工作费	1	0.95	0.9	0.87
生产准备费——工器具及办公家具购置费	0.9	0.85	0.8	0.75
生产准备费——生产职工培训及提前进场费	0.8	0.75	0.73	0.7

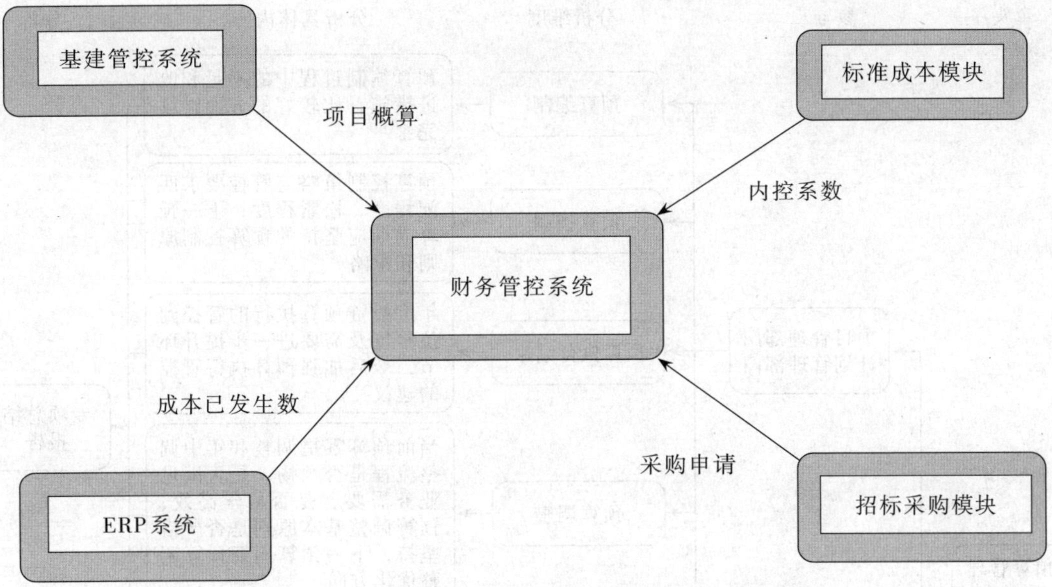

图5-7 A电力公司电网基建工程投资预算系统优化图

财务管控系统功能优化

优化点	预算编制表单界面	自动校验功能	预算编制功能	系统运算能力
优化内容	预算编制界面只显示含税金额，不含税金额通过后台植入公式进行自动运算，在最终汇总报表中体现，简化编制界面；将投资预算修改为发票入账金额	预算编制时，系统自动校验录入数据逻辑是否合理，减少后续检查和修正工作量；预算执行中，设置提前预警提示功能，当预算执行达到90%时进行超预算预警；当季度末月预算执行低于分解指标值30%时，进行预算执行进度滞后预警	优化财务管控系统预算编制功能，允许同一单位多项电网基建工程同时开展预算编制	增加财务管控系统后台服务器配置，提升数据汇总时系统运算能力
优化后预期效果	使预算编制界面展示信息较之前减少3列，更加简洁清晰；便于项目部门能够真正掌握预算编制口径	减少预算编制阶段数据反复核对和修正工作量，提升预算编制数据质量；实时掌握预算执行情况，根据预警信息提前开展管控，提高预算执行准确性	多个项目同步开展预算编制，改变排队录入数据现状，提高预算编制效率	预算编制效率提高，数据报表高效生成

图5-8 A电力公司电网基建工程财务管控系统功能优化图

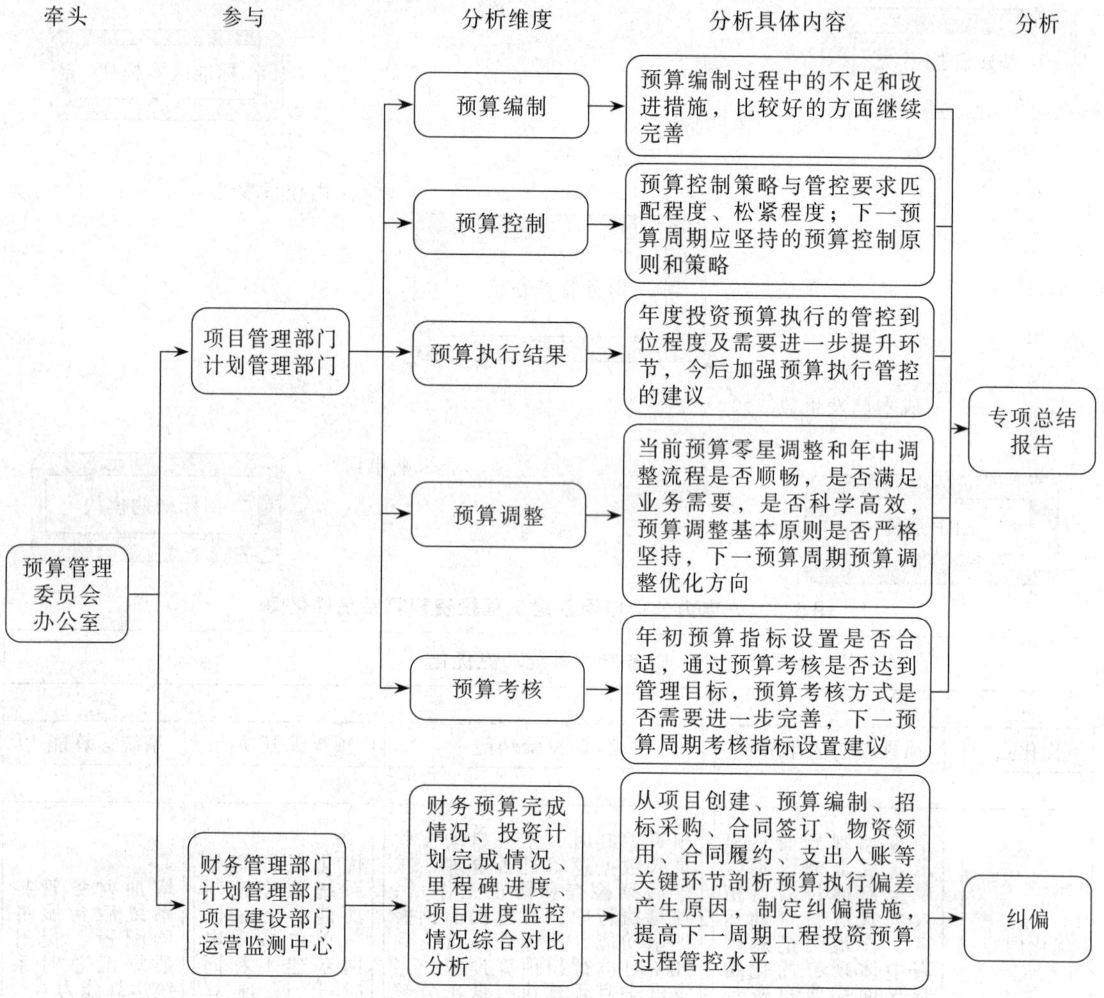

图5-9　A电力公司电网基建工程投资预算年度总结分析机制

五、关键要点

全面预算管理需要进行有效的协调与合作，财务人员的职业水平和职业品质在全面预算的编制与执行过程中发挥了重要的枢纽作用。因此，提高财务人员的职业能力有利于预算目标的达成，进而实现企业资源的最佳配置和运行。

六、建议课堂计划

本案例按照时间进度提供的课堂计划建议，仅供参考。

整个案例课的课堂时间控制在80～90分钟。

1.课前计划

提出启发思考题，请学员在课前完成阅读和初步思考。

2.课中计划

简要的课堂前言，明确主题（2～5分钟）；

分组讨论（30分钟），告知发言要求；

小组发言（每组5分钟，控制在30分钟）；

引导全班进一步讨论，并进行归纳总结（15～20分钟）。

3.课后计划

请学员结合课堂中的讨论学习，完成案例分析报告，对案例中存在的问题给出自己的观点和意见，并鼓励学生谈一下通过学习本案例而获得的启发，交流心得，真正起到理论和实践相结合的效果。

第6章　管理会计工具在战略与绩效管理中的应用案例

案例12

广汇能源战略转型的困惑与出路

摘　要

本案例讨论了广汇能源股份有限公司战略转型中遇到的困惑及其决策过程，描述了该公司两次战略转型的路径、战略转型完成后的业绩表现。2009年前后，广汇能源在房地产及周边业务发展成熟稳定的情境下，考虑到清洁能源发展战略符合国家产业政策导向，可以充分发挥出“丝绸之路经济带核心区”的区位优势、战略定位以及资源优势，公司决定沿着既定路线持续推进战略转型，将公司转型为专业化的能源开发公司。事实证明，公司战略转型后，其资产质量提高、净利润涨幅明显，现金流量也逐渐充足。2021年，在碳达峰与碳中和背景下，广汇能源为积极响应国家推动能源绿色开发、提升清洁能源发展水平等政策号召，依托自身发展优势，确立了以“绿色革命”为主题的第二次战略转型发展目标，推进公司更高质量的发展，履行企业的社会责任。

关键词

战略转型　产业政策　资源优势　社会责任

案例正文

一、引言

一天下午，陆总经理敲响了董事长办公室的门。“请进!”董事长抬起头来，看到陆总经理进来，起身坐到沙发上开口说：“陆总，过来坐，别客气。”董事长亲切地拉着陆总经理坐了下来。

“找你过来，是有一件重要的事情要跟你交代一下。”

“董事长，您请说。”

“咱们公司上市之后，经过不断的发展，公司在各个方面都取得了不错的成绩，但现在有一个十分重要的问题是，我们公司未来到底要朝着哪个方向前进。你知道的，前两年我们计划进行产业结构调整，为开辟能源领域的业务做了大量投资，但目前液化天然气（LNG）业绩出现下滑，并且近两年公司的老本行房地产业务的表现十分亮眼，再加之现在的房地产市场强劲复苏，如何确定公司未来的战略规划，这是一个重大的问题，需要听一听各位董事的意见。”

“好的，董事长。我尽快安排下去，通知各位董事、监事下次召开董事会的议题。”陆总经理起身走出办公室，开始部署董事长的工作安排。

二、公司简介

广汇能源股份有限公司（简称“广汇能源”）创建于1994年，1999年经新疆维吾尔自治区人民政府批准改名为“新疆广汇石材股份有限公司”，2000年5月在上海证券交易所上市。2000年，广汇能源抓住西部大开发以及公司上市成功这一重要的历史机遇，依托优势资源不断加大战略转换的实施力度，使广汇能源由原来单一的建材类上市公司逐步发展成为集石材、住宅消费服务、塑钢、现代物流于一体的综合性上市公司。2002年，广汇能源开始尝试产业结构调整，同年4月更名为“新疆广汇实业股份有限公司”，在2012年完全剥离非能源业务后，彻底转型为能源开发公司。广汇能源是目前国内、外同时拥有“气、煤、油”三种资源的民营企业，2012年6月5日再次更名为“广汇能源股份有限公司”。

广汇能源凭借丰富的天然气、煤炭、石油资源，建成了以液化天然气（LNG）、煤炭、甲醇、煤焦油等为主要产品，以煤化工产业链为核心，以能源物流为支撑的综合性能源产业体系，走低碳利用、绿色开发、清洁发展之路，从2012年至2020年已完成第一次战略转型的目标。

目前，广汇能源围绕“一带一路”倡议，秉持“大能源、大物流、大市场”的发展战略（如图6-1所示）。2021年，广汇能源确立以“绿色革命”为主题的第二次战略转型方向，树立“质量、创新、安全、绿色、协调”的新发展理念。

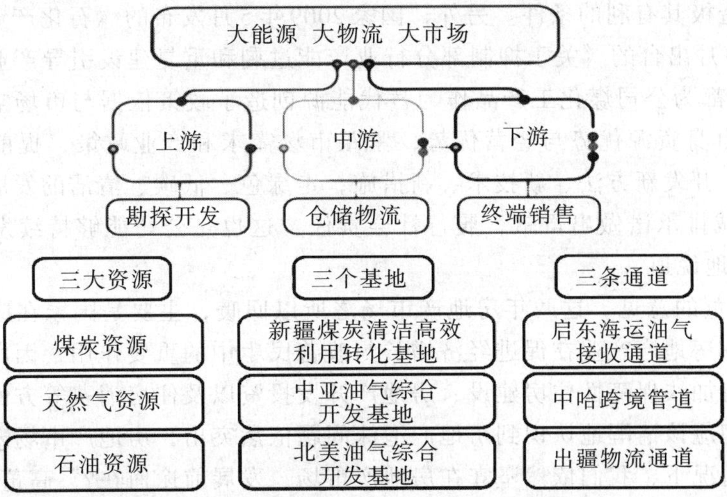

图6-1　广汇能源大能源、大物流、大市场示意图

广汇能源在长期的发展过程中，坚持履行社会责任，不忘企业初心，始终践行“产业

报国、实业兴疆”的企业使命，扎根新疆大地，为新疆的社会稳定和长治久安做出了积极的贡献。

三、居安思危

看到大家都已落座，董事长开口说：“各位董事、监事，大家上午好。本次董事会的议题前期已通知各位，想必大家都已做了一番考量，现在想听一听大家的看法，各位可以畅所欲言。”

向董率先开口：“董事长，我先说一说我的意见。企业的发展应该审时度势，适时而变。公司这两年的业绩增长主要来源于房地产业务的贡献，并非新能源业务。目前在全国房地产市场强劲复苏的情况下，公司商品房无论是销售量还是销售单价都呈现出明显的增长趋势，因此销售收入、营业利润不断上升，业绩表现良好。比如说，公司的房地产销售业务带来的营业收入与营业利润占比由2008年的9.57%、12.02%增加到2009年的54.07%、69.26%，再到2010年的46.95%、72%，如此亮眼的业绩表现，我们有什么理由退出房地产行业?”

看各位董事都在认真地聆听，向董继续补充道：“大家再看看天然气业务，液化天然气（LNG）销售量、销售价格双降，使其营业收入与营业利润都出现大幅下降的现象，其营业收入、营业利润占比由2008年的46.99%、61.87%下降到2009年的20.89%、15.31%，再到2010年的22.55%、16.53%，这种走低的态势我们还有必要继续跟进吗？再说公司作为新疆最大的房地产开发企业，拥有得天独厚的发展优势，实在不必进入到现在处于业绩下滑趋势的新能源产业中去。”

“我不同意向董的看法，我认为公司应该持续推进能源战略转型。当前全球能源供需紧张，矛盾突出，高热值、清洁化的天然气能源越来越受到重视，2009年的哥本哈根世界气候大会召开以来，全世界各国碳减排指标逐步成为重要、敏感的话题。我国已承诺到2020年每单位国内生产总值的二氧化碳（CO_2）排放量要比2005年的水平降低40%~45%，无疑国家对清洁能源业务的支持力度将更大，而这恰恰为公司能在清洁能源产业领域快速发展创造极其有利的条件。另外，国家2009年5月发布的《石化产业调整和振兴规划》以及同年9月出台的《关于抑制部分行业产能过剩和重复建设引导产业健康发展若干意见的通知》，都为公司煤化工产品作为替代能源创造了政策依据与市场空间。我认为目前公司应基于自身资源优势与经营优势，紧跟市场需求和产业政策，提前布局，抢占先机，积极探索、开发新方法、新技术、新措施，走绿色、低碳、清洁的发展之路，为我国能够实现节能减排承诺做出贡献，履行社会责任，这也是公司能够持续发展壮大的原动力。”王董沉稳地说道。

“我支持王董的意见。这两年房地产市场之所以回暖，主要是国家在应对国际金融危机中，想要发挥房地产产业在促进经济增长与改善民生中的重要作用，因此国务院以及相关部门才在支持加快保障性住房建设、房地产开发投资以及住房消费等方面出台一揽子调控政策。但我们应该清醒地认识到房地产泡沫问题依然突出，房地产市场未来的增量是有限的，在这种情况下，我们依然坚守在房地产市场，发展前途何在?”高董立马应和道。

“向董、王董，两位先别着急。我认为基于2009年以来全国以及新疆房地产行业强劲复苏的势头，一方面，公司可以利用因产业转型而闲置的土地资源进行房地产开发，这不仅能为能源产业顺利推进提供充足的资金支持，而且能保证公司在能源项目实现完全收益前仍然保有相当水平的盈利能力；另一方面，能源产业公司可继续加大投资力度，等到时机成熟了，再将房地产业务进行剥离，逐步完成产业结构调整，实现战略转型。”孔总心平气和地说。

“公司现有的能源项目都在西北地区，而这会导致能源产品产生到内地市场运输距离远、运费大大提高以及风险不好掌控等问题，公司投入成本巨大，如果想要房地产业务、能源业务两手抓，如何保证两手硬呢？这些问题需要我们深入地思考。”康总担忧地说道。

赵董说：“清洁能源是我们未来的发展方向，我们必须把握市场的需求，紧跟国家的产业政策，只有这样，企业才能实现可持续发展。”

……

各位董事就公司如何进行产业结构调整，下一步是否按照原计划推进战略转型这些问题依然持不同的态度，一时之间争论不休，无法做出决议，董事长决定10天后再次召开董事会，商议公司战略转型相关事宜。

四、抢抓机遇

10天后，全体董事和监事参加会议，财务总监作为公司的高级管理人员列席参会。会议一开始，董事长率先开口说道：“今天的股东大会，我们主要商议关于公司战略转型的问题，这个问题我们在上次的董事会上已经讨论过，并且大家都发表了自己的看法，今天我们就需要做出决议。在大家投票前，我们先让陆总经理说一说自己的看法。”

“好的，董事长。各位董事、监事大家好。我说一说能源领域的产业政策与市场需求问题，我们公司不管是房地产业务还是能源业务，都与国家政策的导向密不可分，近几年，国家针对能源领域出台了一系列利好的政策，比如：（1）政策支持。公司的分布式LNG能源供应模式已被列入能源发展‘十二五’规划，同时，公司作为主编单位的首个《液化天然气（LNG）汽车加气站技术规范》国家级的行业标准已正式发布并实施，液化天然气作为清洁能源在汽车运输领域的推广应用获得了国家的政策支持，属于鼓励类产业，而国家政策导向将有力支撑天然气行业的快速发展。（2）能源需求量。国际能源署预测全球未来25年天然气的消费量增长将在50%以上，由现在的3.18万亿立方米提升至2035年的5.1万亿立方米，需求量的增速快于煤炭和原油，年平均增速达到1.8%；该机构还预测到2015年我国的天然气缺口将超过800亿立方米，巨大的市场需求将为公司未来的能源业务发展提供广阔的空间。（3）税收优惠政策。我们公司下属多个子公司（新疆广汇液化天然气发展有限责任公司、额敏县广汇天然气有限责任公司、新疆亚中物业管理服务有限责任公司）根据国家西部大开发中关于企业所得税税收优惠政策的规定，已向相应地区的税务局提交了2009—2010年企业所得税减按15%征收的申请，由于以上公司符合西部大开发企业所得税税收优惠政策的相关规定，目前申请已被批准。诸如此类的支持、鼓励政策还有不少，我就不一一列举了。我认为抓住、用好重要的战略机遇期，对公司的发展至关重要。”陆总经理说。

“嗯，好的。下面让今天列席参会的财务总监薛总给大家介绍一下我们公司近几年相关业务的经营情况，供大家参考。”董事长说。

“好的，董事长。我今天从财务的角度说一下我的看法，主要有两点：一是盈利情况。关于房地产业务和能源业务，主要是天然气销售，从这两年的经营来看，不管是2008年房地产业务不景气的时候还是2009年房地产市场回春的情况下，天然气销售的毛利率分别为51.28%和43.64%，而房地产业务的毛利率分别为47.38%和40.62%，很明显天然气销售的初始获利空间更大，这也意味着该业务未来给企业带来的利润更高。二是政府补助。为鼓励广汇能源下属多个子公司在相关地区的能源投资，推进公司加快产业转型升级、产业结构调整以及扩大经营领域，政府为本公司安排了经营扶持资金。公司近四年收到与正常经营业务密切相关、能够符合国家相关政策、可持续享受的政府补助分别为13 132 031.45元、14 192 500元、31 166 217元及73 499 485.59元，其增长幅度为8%、120%以及136%，如此大幅度的增长，充分说明国家鼓励支持公司能源产业的发展。我就说这两点，董事长。”财务总监薛总说道。

其他董事在听了陆总经理和薛总的表述后，心里都有了自己的决定。

经过表决，有三分之二的董事表示赞成公司将以市场需求为导向，紧贴政策持续推进战略转型，全面进军新能源领域，预计下一年完成非能源业务的剥离。

五、坚守初心

董事长稍作停顿，开口说：“公司清洁能源的发展战略符合国家产业政策导向与市场需求，公司要沿着能源转型的路线持续向前推进。今后公司在业务的选择与把握上需要更加注重与市场需求的匹配度以及对政策的研判解读；战略实施过程中，要关注并及时调整可能出现或已发生的偏差与失误，确保公司能够朝着可持续、健康的方向发展。我们一起将公司打造成以液化天然气为核心产品，以天然气、煤炭、石油等自然能源为根本，集上游勘探与开采，中游生产、仓储与运输，下游销售为一体的综合性能源上市公司。”听了董事长的表态，大家纷纷点头表示赞同，对公司未来的经营充满了信心。

六、铁杵成针

“千淘万漉虽辛苦，吹尽狂沙始到金，经过公司上下齐心协力的奋斗，公司的经营业绩取得了显著的成效。总体来看，战略转型后，公司的存货周转率不断加快，尤其是在2011年房地产开发和销售业务完成剥离后，公司的存货周转率从2011年的4.93次/年上升至2012年的7.14次/年，周转速度增加了44.8%，应收账款周转率在2016年以后大幅上升，尽管在2019年有所下降，但依然远远高于公司战略转型前的数值，这意味着公司的产品在市场上销售速度更快，并且资金的回笼速度也不断提升，资产质量很高；其次，净利润（扣除非经常性损益后）在经历转型的适应期后，从2017年开始持续攀升，并且涨幅明显，说明利润质量越来越高；最后，从2013年开始，经营活动产生的现金流量净额不断增加，说明公司在战略转型后现金流量也越来越充足。公司战略转型的经济效果十分明显啊！”公司CEO拿着财务报表在2021年的董事会上兴奋地说。存货周转率、应收账款周转率变化趋势如图6-2所示，净利润、经营活动产生的现金流量净额变化趋势如图6-3和表6-1所示。

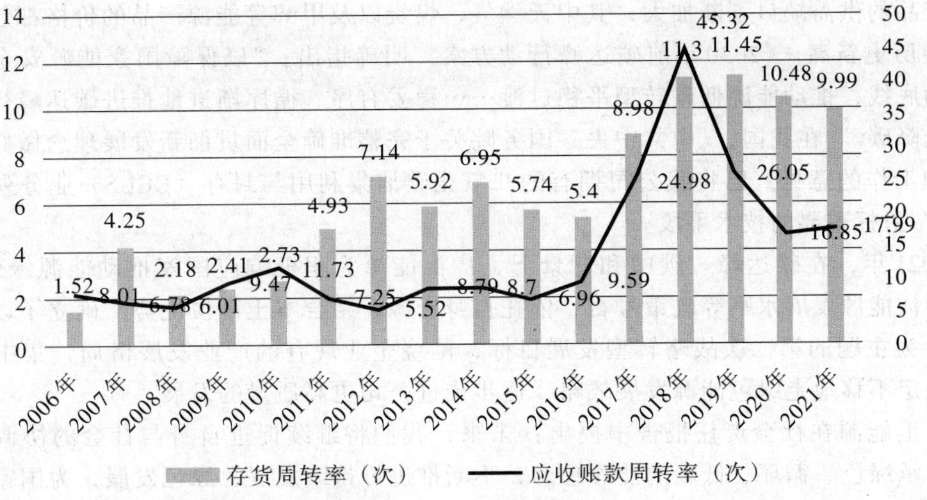

资料来源：根据广汇能源财报数据整理。

图6-2　存货周转率、应收账款周转率变化趋势

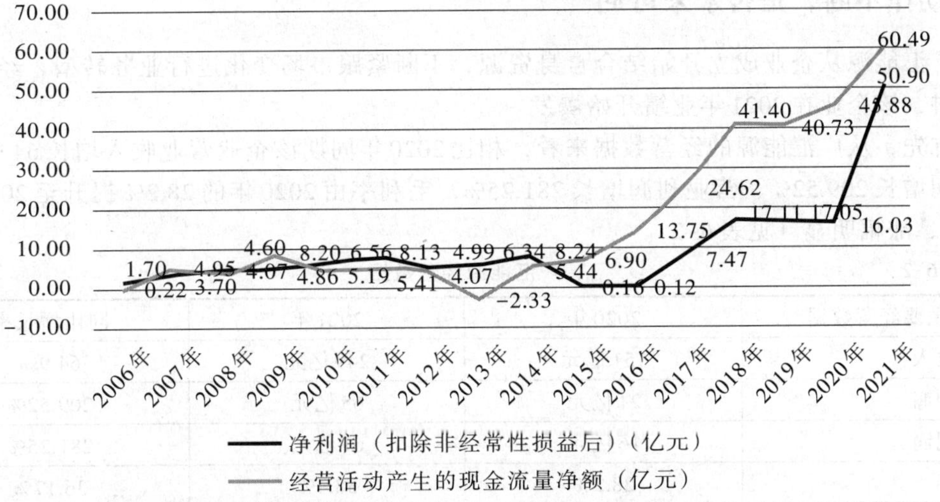

资料来源：根据广汇能源财报数据整理。

图6-3　净利润、经营活动产生的现金流量净额变化趋势

表6-1　　广汇能源2006—2021年净利润和经营活动产生的现金流量净额　　单位：亿元

报告期	2006	2007	2008	2009	2010	2011	2012	2013
净利润（扣除非经常性损益后）	1.70	3.70	4.60	4.86	6.56	8.13	4.99	6.34
经营活动产生的现金流量净额	0.22	4.95	4.07	8.20	5.19	5.41	4.07	−2.33
报告期	2014	2015	2016	2017	2018	2019	2020	2021
净利润（扣除非经常性损益后）	8.24	0.16	0.12	7.47	17.11	17.05	16.03	50.90
经营活动产生的现金流量净额	5.44	6.90	13.75	24.62	41.40	40.73	45.88	60.49

七、明者因时而变，知者随事而制——二次转型“汹涌”来袭

2021年，我国经济恢复势头良好，国内消费潜力逐步释放，宏观经济指标稳步复苏，GDP同比2020年增长8.1%。同时，在能耗“双碳、双控”相关政策的调控影响下，我国

能耗产品的供需缺口不断加大，其中天然气、煤炭以及甲醇等能源产品的价格都创下我国阶段性历史新高。《2030年前碳达峰行动方案》明确指出："以保障国家能源安全和经济发展为底线，推动能源低碳转型平稳过渡……稳妥有序、循序渐进地推进碳达峰行动，确保安全降碳。"在我国，《中共中央、国务院关于完整准确全面贯彻新发展理念做好碳达峰碳中和工作的意见》已将我公司拥有的二氧化碳捕集利用与封存（CCUS）业务列为实现"双碳"目标重要的技术手段。

2021年，在碳达峰·碳中和背景下，广汇能源为积极响应国家推动能源绿色开发、提升清洁能源发展水平等政策号召，依托自身资源，结合本土区位优势，确立了以"绿色革命"为主题的第二次战略转型发展目标，围绕企业现有的产业发展格局，集中优势资源，坚定不移地走绿色能源发展战略，逐步推进公司更高质量的发展。

广汇能源在社会责任报告中提出：未来，我们将继续促进自身与社会的协调和谐发展，秉承绿色、循环、低碳的能源理念，不断推进可持续发展、绿色发展，为国家民生品质提供无限动能。

八、动作不断，是否未来可期

广汇能源从企业成立开始结合自身资源，不断紧跟市场变化进行业务转型，经过多年的深耕，该企业在2021年业绩开始爆发。

首先，从广汇能源的经营数据来看，相比2020年同期该企业营业收入增长64.9%、核心利润增长209.52%、营业利润增长281.25%，毛利率由2020年的28.2%提升至2021年的38.4%，涨幅明显（见表6-2）。

表6-2 广汇能源经营数据

主要经营数据	2020年	2021年	同比增长率
营业收入	151亿元	249亿元	64.9%
核心利润	21亿元	65亿元	209.52%
营业利润	16亿元	61亿元	281.25%
毛利率	28.2%	38.4%	36.17%

注：主要经营数据保留整数。

资料来源：根据公司财报数据整理。

其次，从该企业目前的业务结构来看，企业三大主营业务天然气销售、煤炭以及煤化工产品的毛利率水平都较高，可以为企业带来良好的盈利能力（见表6-3）。

表6-3 广汇能源2021年业务结构

业务结构	金额	占比	毛利率
天然气销售	118.6亿元	47.7%	31.5%
煤炭	86.4亿元	34.7%	42.2%
煤化工产品	41.1亿元	16.5%	50.9%
其他	2.6亿元	1.1%	29.45%

资料来源：根据公司财报数据整理。

最后，从该企业的资产结构、资产规模与营业收入之间的关系看，截至2021年底，企业的总资产规模597亿元，其中有537亿元属于经营性资产，占比约90%。在这种资产结构下实现了249亿元的营业收入，说明该企业早期建设能力已经具有相当的规模和水平，这部分资产未来是否能够释放出更大的业绩决定了该企业未来的发展前景。

九、结束语

又是一个明媚的午后，董事长望向窗外，不禁感叹：广汇能源能有今天的成绩，离不开每个"广汇人"的奋斗，更重要的是在每个关键时期，作为公司的掌舵人，必须做出正确的抉择。路漫漫其修远兮，吾将上下而求索，未来机遇与挑战共存，竞争与发展同在，接下来的路该怎么走，如何延续往日的繁荣，我需要好好地想一想……

案例使用说明

一、教学用途与目的

1.适用课程

本案例主要适用于"管理会计""战略管理"课程中有关战略定位、绩效评价以及企业社会责任等内容的教学。

2.适用对象

本案例主要适用于工商管理学科相关专业的本科生教学。

3.教学目的

本案例基于战略转型角度，围绕广汇能源股份有限公司在战略转型中遇到的困惑及其决策过程，描述了该公司两次战略转型的路径选择以及战略转型后的业绩表现。通过教师对案例的引导和学生的深入讨论达到如下教学目的：

（1）通过对案例的分析，让学员掌握战略转型、经济效果评价以及企业社会责任等基础理论与知识要点。

（2）通过对案例的分析，掌握公司战略转型的关键要素及转型后经济效果的评价方法，培养学生在战略制定中的系统性思维和经济效果评价的执行能力。

（3）通过对案例的分析，了解企业承担社会责任的必要性，培养学生树立企业承担社会责任的意识。

二、启发思考题

1.本案例企业战略转型的背景是什么，结合PEST分析该企业第一次战略转型的动因是什么？

2.如何理解企业战略转型，战略转型成功与否的关键要素有哪些？

3.结合案例，查找资料，选择一个角度分析广汇能源首次战略转型的经济效果如何？

4.什么是企业社会责任，结合案例分析企业为何要承担社会责任？

5.结合以上分析结果，你是否支持该企业持续推进战略转型，为什么？

三、分析思路

（一）总体思路

教师可以根据自己的教学目标来灵活使用本案例。我们在这里提出本案例的分析思路，仅供参考。

首先，讨论企业、行业背景。在正式分析与讨论案例的核心问题之前，先向学生提出以下相关的背景问题：目前房地产行业面临的行业背景是什么？想要转型的能源行业发展的优势是什么？广汇能源转型中遇到的困惑有哪些？本案例企业的战略转型经历了怎样的过程？这些问题有助于将学生带入案例情景中，增加学生参与讨论的热情，进一步了解广汇能源的发展过程和转型背景。

其次，利用案例讨论企业战略转型的概念及影响转型成功与否的关键要素有哪些？企业在发展过程中为什么要进行转型？在影响转型的相关因素中起关键作用的内、外部环境相关因素有何关系。

然后，学生通过查找相关资料，老师引导学生利用合适的方法分析企业战略转型后的经济效果如何，从而用来评价企业战略转型的结果。

接着，企业作为经济社会的重要组成部分，引导学生从某些角度出发，探究企业应该承担哪些社会责任，为何要承担这些社会责任，培养学生树立企业承担社会责任的意识，达到思政育人目标。

最后，基于之前的一系列分析，鼓励学生对案例进行总结，说出自己的看法，培养学生的系统性思维。

本案例分析思路如图6-4所示。

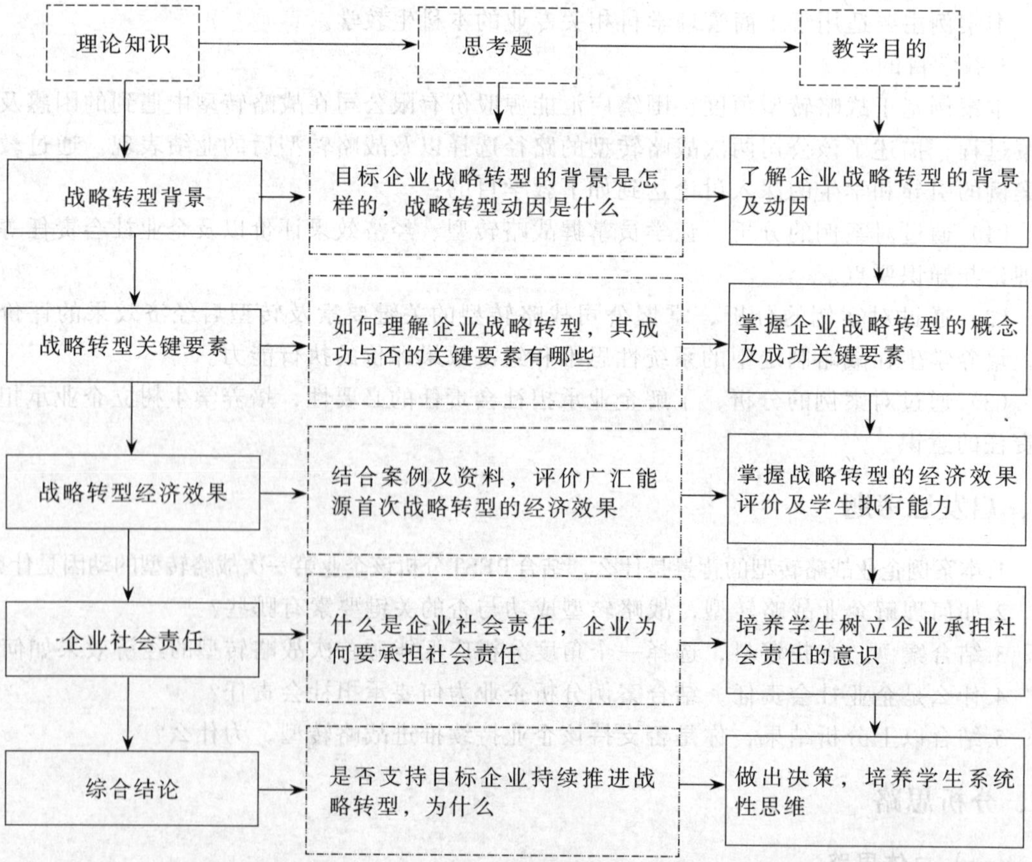

图6-4 本案例分析思路

（二）思考引导要点

在具体分析各思考题时建议的思考引导要点如下：

1.结合政治、经济、社会和技术四大类影响企业发展的外部环境因素进行分析。

2.变革方向、资源整合、战略管控、持续创新等。

3.可从财务业绩、市场业绩、公司价值、股价反应等角度评价。

4.提高企业市场开拓能力，树立企业形象，增强竞争力，促进企业创新，为企业的可持续发展赢得良好外部环境，推动优秀企业文化建设等。

5.开放性题目，要求学生系统思考，并综合前4题分析过程给出自己的观点。

四、理论依据及分析

1.理论依据

（1）企业战略转型

企业战略转型是指企业根据其外部环境及企业内部资源和能力状况，为了追求自身的生存与发展，对企业产业定位、资源配置、管理模式、组织架构及企业文化等进行整体性、全方位的整合，使之能够重新适应外部环境变化，从而不断创造和保持企业竞争优势的行为与过程。

（2）企业社会责任

企业责任可以概括为经济责任和社会责任两大类，前者是企业为股东谋求利益的责任，而后者则是企业对股东之外的其他利益相关者（债权人、顾客、供应商、社区、公众、政府和员工）以及自然环境承担的责任，既包括法律上的社会责任（法律法规所规定的企业必须承担的社会责任），也包括道德上的社会责任（道德伦理所要求的企业应该承担的社会责任）。

（3）利益相关者理论

利益相关者包括企业的股东、债权人、雇员、消费者、供应商等交易伙伴，也包括政府部门、本地居民、本地社区、媒体、环保主义等压力集团，甚至包括自然环境、人类后代等受到企业经营活动直接或间接影响的客体。这些利益相关者与企业的生存和发展密切相关，他们有的分担了企业的经营风险，有的为企业的经营活动付出了代价，有的对企业进行监督和制约，企业的经营决策必须考虑他们的利益或接受他们的约束。从这个意义讲，企业是一种智力和管理专业化投资的制度安排，企业的生存和发展依赖于企业对各利益相关者利益要求的回应的质量，而不仅仅取决于股东。

2.分析提示

本部分给出启发思考题的引导性分析，具体分析思路及方式由授课教师根据学校层次、课堂情况、授课方式灵活选择。

（1）本案例企业战略转型的背景是什么，结合PEST分析该企业第一次战略转型的动因是什么？

PEST分析：是指宏观环境的分析，宏观环境又称一般环境，是指一切影响行业和企业的宏观因素。对宏观环境因素做分析，不同行业和企业根据自身特点和经营需要，分析的具体内容会有差异，但一般都应对政治（Political）、经济（Economic）、社会（Social）和技术（Technological）这四大类影响企业的主要外部环境因素进行分析。简单而言，就是PEST分析。

战略转型的动因：企业为了与快速变化的外部环境保持匹配从而主动进行自我调整是企业进行战略转型的动因。促使企业进行战略转型的要素是企业的内外部环境。外部环境主要有政府形势、政策变化、消费者偏好等因素，内部环境则主要是企业自身的债务危机、管理层的性格、企业文化等。其中，外部市场环境的不确定变化对企业自身战略转型的影响会更大，所以企业要对外部市场投入较多的精力，持续关注市场变化，做好一系列防范措施，对相关战略和政策及时调整。

案例转型背景：2009年以后全国房地产市场强劲复苏，房地产市场十分火热，公司商品房销售业务大幅提升，销售量和销售单价大幅增长，销售收入与营业利润均不断提高。2009—2010年房地产销售业务营业收入和营业利润所占比例由2008年的9.57%和12.02%，提高到了2009年的54.07%和69.26%，再到2010年的46.95%和72%。然而，公司一向看重的天然气业务却因为液化天然气销售量和销售价格的"双降"而使得营业收入及营业利润均出现大幅下降。自2009年哥本哈根世界气候大会召开以来，各国的碳减排指标成为非常敏感的话题。我国已提出了在2020年单位国内生产总值（GDP）二氧化碳排放比2005年降低40%～45%的减排承诺，这将进一步推动国家对清洁能源产业的支持力度，为公司所从事的以液化天然气为主的清洁能源业务快速发展奠定了坚实的基础。

结合案例进行如下PEST分析：

政治：我国早在"十一五"时期就提出加速经济增长方式的转变、调整经济结构的政策，从那时开始整个宏观经济环境就有利于新能源产业的发展，并且鼓励传统能源企业转型，在2010年召开的中共第十七届中央委员会第五次全体会议进一步提出了"推动能源生产和消费变革"的要求。宏观政策方面，根据对"十二五"时期经济社会发展趋势的总体判断，我国在《国民经济和社会发展第十二个五年规划纲要》中明确提出，到2015年，非化石能源占一次能源消费比重要提高到11.4%，并把发展新能源提升到了战略高度，鼓励传统能源企业向新能源行业转型。《能源发展"十二五"规划》进一步指出：推动能源生产和利用方式变革，调整优化能源结构，构建安全、稳定、经济、清洁的现代能源产业体系，对于保障我国经济社会可持续发展具有重要战略意义。根据我国能源发展战略中能源优质化目标，天然气开发和使用将成为我国一次能源的重点，同时为了保护环境，节能减排，将会限制高污染燃料的使用，鼓励使用天然气等清洁能源。

经济：如图6-5、图6-6所示，中国成功应对了国内外严峻而复杂的经济格局，2004—2010年，无论是全国经济还是新疆经济都保持了不错的增长速度，国民经济呈现出整体平稳、稳中有进、稳中向好的态势。

社会：在中国经济持续快速发展的同时，保证经济的能源供应却显得极为困难。中国的能源格局以煤炭为主，石油、天然气占较小的比例，但在国外却相反，我国的天然气使用率远低于世界平均水平。随着国家对能源需求的不断增长，引进LNG将对优化中国的能源结构，有效解决能源供应安全、生态环境保护的双重问题，实现经济和社会的可持续发展发挥重要作用。2010—2050年，世界能源需求将增加60%，但煤炭和石油消费将处于逐步下降趋势，到2040年天然气的比例将与石油持平，到2050年将超过石油，成为世界第一能源。可以预见，在未来10～20年的时间内，LNG将成为中国天然气市场的主力军。

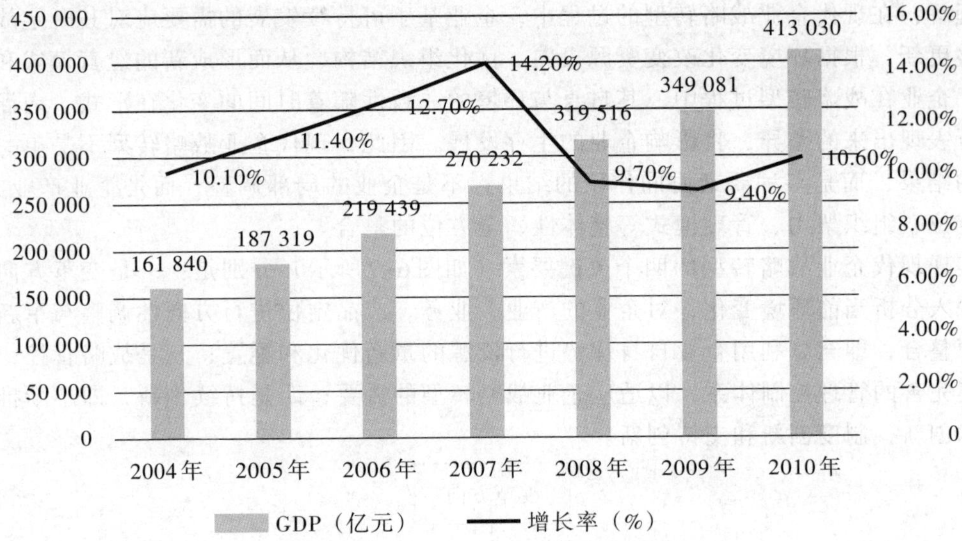

图6-5　2004—2010年GDP及变化

资料来源：《中国统计年鉴》。

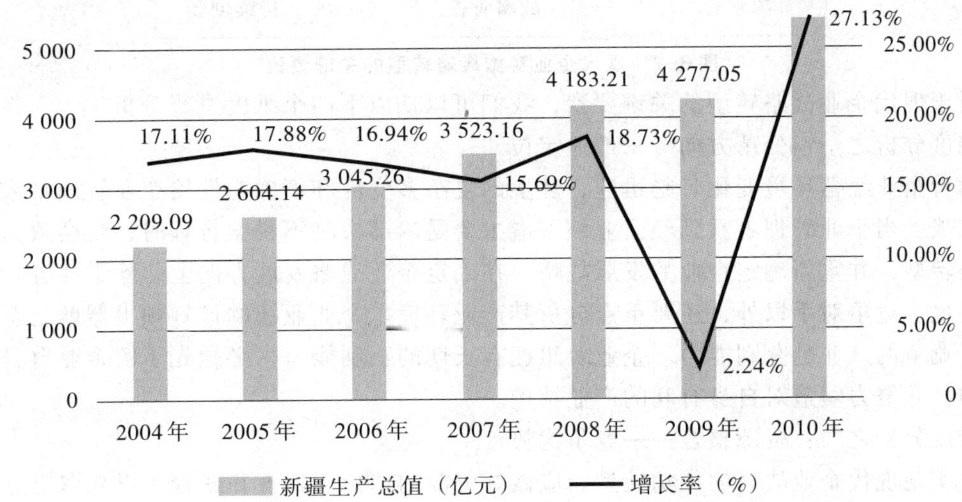

图6-6　2004—2010年新疆生产总值及变化

资料来源：《新疆统计年鉴》。

技术：在石油和天然气勘探技术上，我国虽然落后于发达国家，但通过科学家们的不断努力，已取得了较大的突破，并且取得了一定的经济效益。同时，我国还将制定一套比较完善的能够适应我国石油和天然气勘探技术的法规，规范石油和天然气的勘探技术，在勘探资源的同时保护我们赖以生存的生态环境。

作为一家上市公司，广汇能源应该积极利用自身资源优势和管理优势，重点考虑企业外部环境的变化，紧跟市场与政策的导向，尽管房地产市场强劲复苏，但新能源领域的发展前景更加光明。公司需要提前布局，抢占先机，积极探索和开发新技术、新方法、新措施，依托自有气、煤、油三种资源，走绿色开发、低碳利用、清洁发展之路。

（2）如何理解企业战略转型，战略转型成功与否的关键要素有哪些？

理解：在现代企业战略转型的过程中，企业基于可持续发展的需要应对其既定战略进行调整更新，根据环境变化改变资源投向、优化组织结构，从而形成新的经营模式和管理机制。企业在战略转型过程中，其自身与环境的一致性随着时间的变化在形式、内涵、状态上所表现出来的差异，将影响企业的生存发展。因此，现代企业战略转型不是单一要素作用的结果，而是多种要素协同作用的结果；不是企业的局部调整，而是企业产业方向、业务定位、组织架构、管理模式等整体性、全方位的整合。

实现现代企业战略转型的四个关键要素（如图6-7所示）分别是：一是变革方向，即通过深入分析当前环境变化，对企业的产业、业务、产品定位进行方向性调整与革新；二是资源整合，即充分利用企业自身优势进行资源的重新优化和配置；三是战略管控，即积极构建完善的管理控制体系，以适应企业战略转型的需要；四是持续创新，即不断推进企业技术创新、制度创新和支持创新。

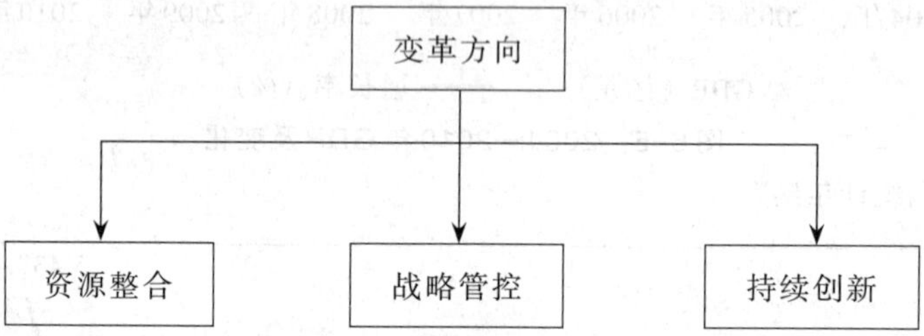

图6-7 现代企业实施战略转型的关键要素

对于现代企业战略转型的关键要素，我们可以从以下四个维度进行分析。

维度分析之一：变革方向——产业定位

随着企业经营环境变化日趋迅速，环境的复杂多变性和不确定性给企业管理带来了严峻的挑战。当企业管理者看到经营业绩下滑主要是内部战略不科学合理时，就会致力于企业战略转型，并重新确定企业的发展战略。在确定企业战略发展方向上，除了要分析企业宏观环境、竞争对手以外，还要重点分析其产业环境。企业业绩的最好预报器就是企业赖以展开竞争的产业的获利能力。企业要想拥有长期的获利能力，必须先了解企业自身的产业结构，并努力塑造对自身有利的产业结构。

维度分析之二：资源整合——竞争优势

要实现现代企业战略的成功转型，应做好资源的选择、配置和融合，以获取更好的竞争优势。要围绕使企业资源效用最大化这一核心，对资源进行重新整合，以维持自身独特的资源与能力，保持竞争优势的持久性。在资源选择中，企业要围绕转型战略目标，对企业产业、业务、产品和市场进行重新定位，并根据企业内外部环境的动态变化，主动调整企业资源结构，积极汲取企业外部资源，并将其与企业内部资源有机融合，充分发挥企业各项资源的协同效应，有效降低企业战略转型成本，推进企业战略转型顺利实施。

维度分析之三：战略管控——企业业绩

战略管控对现代企业实施战略转型具有重要意义。它通过投资管理、财务管理、人力资源管理、生产运作管理、营销管理、采购管理、技术质量管理、业绩考评等手段实现企业资源的优化配置，避免内部竞争，有效推进战略落地。现代企业构建科学、有效的管控体系，要合理调整企业内部各种利益关系，制定企业管理层的决策规则和工作程序、企业经营管理的重点、资源的配置结构等，并明确企业主要职能领域，如生产、营销、研究与开发、财务、人事等方面的制度机制及相互协调配合的方法，从而不断提升企业管理控制能力。

维度分析之四：持续创新——企业成长

持续创新是现代企业成长的内在需求。企业推进持续创新，一方面，要不断推进技术创新，逐渐形成自己的核心技术和核心产品，保持自身的竞争优势。另一方面，要逐步建立以组织创新为保障、管理创新为手段、市场创新为基础的制度创新体系，完善组织学习创新、企业文化创新、人才工作创新等支持条件，从而为现代企业成长提供强大支撑和动力。

（3）结合案例，查找资料，选择一个角度分析广汇能源首次战略转型的经济效果如何？

可从财务业绩、市场业绩、公司价值、股价反应等角度评价广汇能源首次战略转型的经济效果。

这里我们仅列举从财务业绩的角度分析广汇能源首次战略转型的经济效果。

案例中提到："战略转型后，公司的存货周转率不断加快，尤其是在2011年房地产开发和销售业务完成剥离后，公司的存货周转率从2011年的4.93次/年上升至2012年的7.14次/年，周转速度增加了44.8%，应收账款周转率在2016年以后大幅上升，尽管在2019年有所下降，但依然远远高于公司战略转型前的数值，这意味着公司的产品在市场上销售速度更快，并且资金的回笼速度也不断提升，资产质量很高；其次，净利润（扣除非经常性损益后）在经历转型的适应期后，从2017年开始持续攀升，并且涨幅明显，说明利润质量越来越高；最后，从2013年开始，经营活动产生的现金流量净额不断增加，说明公司在战略转型后现金流量也越来越充足。"

经查找资料，在广汇能源2012年完成第一次战略转型，在经过三年的调整以后，从2016年开始，广汇能源的净资产收益率总体呈现上升的态势（如图6-8所示）。综合而言，企业首次战略转型的经济效果十分明显，说明公司战略转型的决策是正确的。

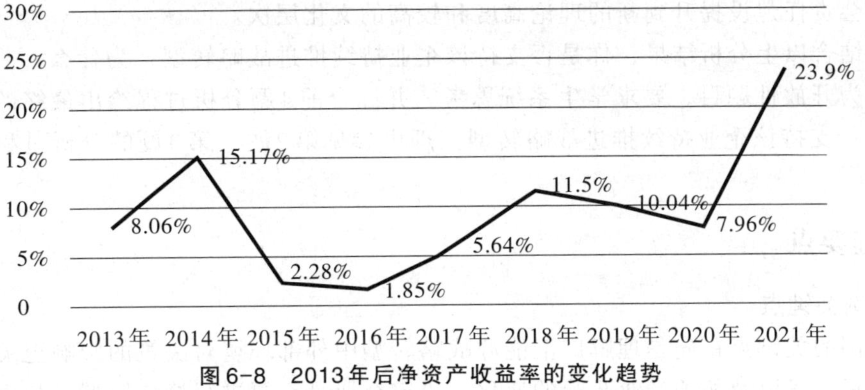

图6-8 2013年后净资产收益率的变化趋势

资料来源：公司财报数据整理。

（4）什么是企业社会责任，结合案例分析企业为何要承担社会责任？

关于企业社会责任的理解在上文理论依据中已给出，此处不再赘述。

案例中提到，广汇能源在长期的发展过程中，始终坚持履行社会责任，真诚回报社会，不忘初心，积极践行"产业报国、实业兴疆"的企业使命，扎根新疆，为新疆的社会稳定和长治久安做出了积极贡献。广汇能源的战略转型走绿色开发、低碳利用、清洁发展之路，要为国家节能减排指标承诺的实现做贡献，促进自身与社会的协调和谐发展。

从利益相关者角度分析企业为何要承担社会责任：

企业承担社会责任的意义：企业是各利益相关者缔结的“一组契约”。这就意味着企业的目标是追求企业价值大化，而不仅仅是追求股东财富最大化；企业的利益是各利益相关者的共同利益，而不仅仅是股东的利益；企业的所有权安排要平等地对待各利益相关者，而不是把企业所有权集中地分配给股东；企业发展的物质基础除了股东投入的股权资本外，还包括债权人投入的债务资本、经营者和员工投入的人力资本、供应商和客户投入的市场资本、政府投入的公共环境资本（如制定公共制度、提供信息指导和维护生态环境等）以及社区和公众提供的经营环境；企业发展的基本模式是各利益相关者之间的长期合作，而不仅仅是依赖于股东。具体来说，其意义有：

①提高企业市场开拓能力。企业社会责任作为一种激励机制，对企业管理来说，是一场新的革命，更是提高企业开拓能力的动力源泉。

②树立企业形象，增强竞争力。企业承担一定的社会责任，虽会在短期内增加经营成本，但会有利于企业树立良好形象，提高企业的声誉，进而形成企业的竞争优势，最终给企业带来长期利益。

③促进企业创新。对社会责任的关注将促使企业转向对产品、设计、流程、管理和制度等环节进行创新，促进其盈利方式和增长方式的转变，通过提高生产效率、改变生产方式、拓宽创新领域、改善经营环境和发展循环经济，从而获得更大的利润。

④为企业的可持续发展赢得良好的外部环境。社会责任是企业利益和社会利益的统一，企业承担社会责任是维护企业长远利益、符合社会发展要求的一种“互利”行为，可以为自身创造更为广阔的生存空间。

⑤推动优秀企业文化建设。企业社会责任作为企业文化的新内容，重新塑造和创新了企业文化的价值观念，推进了企业文化的建设。而企业文化作为企业的一种价值体系，又将企业社会责任建设提升到新的理论高度和较高的文化层次。

（5）结合以上分析结果，你是否支持该企业持续推进战略转型，为什么？

此题为开放性题目，要求学生系统思考，并综合前4题分析过程给出最终的结论。参考意见为：支持该企业持续推进战略转型。理由参见第2题、第3题的分析过程，此处不再赘述。

五、关键要点

1.案例关键点

本案例的关键点首先是理解广汇能源战略转型中外部环境对决策的影响至关重要，因此必须紧跟市场以及相关产业政策的变化，决定企业是否要进行战略转型；其次，要考虑企业实施战略转型后的经济效果如何，只有转型后经济效果有明显的上升趋势，才能说明转型是成功的。

2.关键知识点

（1）掌握企业战略转型相关概念及关键要素；

（2）掌握战略转型经济效果评价方法；

(3) 理解企业社会责任相关概念以及企业承担社会责任的意义。

3.能力点

(1) 培养学生决策的系统性思维;

(2) 提升学生通过案例阅读、查找资料等综合分析问题的能力。

六、建议课堂计划

本案例可以用于专门的案例讨论课，下面是按照时间进度提供的课堂计划建议，仅供参考。

建议在“战略管理”“财务报表分析”“财务管理”等课程介绍企业利用PEST、波特五力模型分析内、外部环境，以及进行企业财务绩效评价之后使用本案例。整个案例课堂讨论控制在80~90分钟。

1.课前计划

教师可以提前1~2周发放案例正文，要求学生在课前阅读，按照启发思考题对案例进行初步思考。

2.课中计划

课堂讨论前言：教师简明扼要地介绍讨论主题。(2~5分钟)

分组讨论：每组4~5人，通过讨论交流，深入理解案例企业面临的问题和相关决策困境。(20~25分钟)

引导讨论：教师可以按照教学规划设计问题，引导学生讨论分析企业的经营环境，企业战略转型的概念、关键要素、经济效果评价方法，企业社会责任等。在课堂讨论的高潮提出案例企业战略转型中面对的决策难题，即坚守企业原有的房地产业务还是紧跟产业政策，转型到更有发展前景的新能源业务，询问学生的方案及依据，讨论不同方案的缺陷，引导学生理解战略转型的决定性因素有哪些，掌握评价企业战略转型经济效果的方法，以及企业在经营中承担社会责任的原因等。(控制在55分钟内)

讨论总结：教师对案例讨论进行归纳总结，进一步提出发散性问题，让学生课后思考。(5分钟)

3.课后计划

请学员结合课堂中的讨论学习，完成案例分析报告，对案例中存在的问题给出自己的观点和意见，并鼓励学生谈一下通过学习本案例而获得的启发，交流心得，真正起到理论和实践相结合的效果。

案例13

管理会计支持决策的亮剑之术——TXL公司的价值创造

摘　要

2016年，TXL公司订单签约量下降，销售部门认为TXL公司频频落标是因为报价明显高于竞争对手，从而要求决策者降低产品报价。TXL公司签约的中标毛利率已经较低，且实际毛利率水平也已经低于业内平均毛利率水平约四个百分点。销售额下降与毛利率降低同时发生，公司面临着无法完成年底目标任务的压力。在公司总经理无法决定是否降价销售、是否进行成本管理等问题之际，管理会计人员通过对同行业竞争对手的报价数据进行挖掘与分析，得出客户结构不合理、产品技术门槛不高等结论，提出改变行业结构、地域结构、产品结构以提升总体毛利率等建议。管理会计人员通过将财务管理、管理会计、战略会计理论结合实际，以财务支持决策的亮剑之术为公司创造了价值，为高管层提供了最佳决策方案，赢得了各职能部门的好评。

关键词

管理会计　行业分析　决策支持　价值创造

案例正文

一、引言

夜已深，举目望去，TXL公司总部周边写字大楼的灯一盏盏熄灭，但TXL公司总经理杨之辉的办公室依然灯火通明，办公桌上的茶杯里热气腾腾，杨总都不记得这是自己今天晚上喝的第几杯浓茶了，从安哥拉工程项目上回来，早已习惯了没日没夜工作的他直接回到了工厂，批阅着还未审核完的一沓报告，今晚可能会继续留守在办公室。跟往常一样，此刻，各个车间正在24小时不停运转，生产区第三班晚班的工人已经开始接班。繁华的办公大楼结束了一天的喧嚣，许多人恐怕都已进入甜蜜的梦乡，靠在椅背上的杨总虽然神情显得有些倦怠、落寞，但却没有丝毫睡意。多年以来，作为TXL公司的总经理兼党委书记，杨总一直在为公司编织着成长和发展的梦想，但当梦想照进现实，他有时还是或多或少有一种无力感。就像这几天销售部门过来跟他反映的问题，加上会议上各部门提出的错综复杂的问题，好几天过去了，杨总依然觉得矛盾重重，头脑中千头万绪，百思不得其解，之前发生的一幕幕清晰地浮现在眼前……

二、背景简介

(一) 公司简介

TXL公司是目前国内知名的电线电缆企业。TXL公司拥有自主知识产权的高性能、高附加值的电缆产品及2 000余种国家电线电缆首批免检产品，多项研发产品通过了中国工程机械工业协会和国家电网有限公司的试验鉴定。“新特牌”电线电缆广泛应用于长江三峡水利枢纽工程、北京地铁、天津地铁、兰新铁路、渝怀铁路、酒泉卫星发射中心、国家奥林匹克体育中心、广州白云国际机场、西电东送贵广线等国家重点工程。TXL公司产品在伊拉克132kV输电线路、印度电网建设等国际重点工程的使用中均受到用户高度评价，日渐成为国内、国际知名品牌。TXL公司培育了以能源为基础，“输变电高端制造、新能源、新材料”一高两新国家三大战略性新兴产业，成功构建了三家上市公司，现已发展成为世界输变电行业的排头兵企业，是我国多晶硅新材料研制及大型铝电子出口基地，是大型太阳能光伏、风电系统集成商，在国内拥有15个制造业工业园，在海外建有2个基地。

(二) 行业背景

2016年，TXL公司内外部环境发生了一些变化，一方面，TXL公司订单签约量下降，销售部门反映TXL公司频频落标是因为报价明显高于竞争对手，从而要求决策者降低产品报价；另一方面，TXL公司签约的中标毛利率已经较低，且实际毛利率水平也已经低于业内平均毛利率水平约四个百分点。

1.TXL公司的中标项目按行业划分情况

在TXL公司与竞争对手共同参与投标的项目中，TXL公司的中标毛利率较低。TXL公司在轨道交通、国网、其他行业中的中标项目情况见表6-4。

表6-4　　TXL公司在各行业中标额与毛利率基本情况

行业	中标额（万元）	TXL的中标毛利率
轨道交通	3 798.55	0.63%
国网	10 960.94	0.79%
其他行业	1 867.00	0.10%
总计	16 626.49	0.67%

2.TXL公司中标项目与竞争对手的价格对比

在TXL公司与竞争对手共同参与投标的项目中，TXL公司的中标价格基本低于竞争对手的投标价。从TXL公司中标的项目来看，竞争对手价格与TXL公司价格对比见表6-5①。

3.竞争对手按行业划分的中标毛利率情况

在TXL公司与竞争对手共同参与投标的项目中，竞争对手的中标毛利率较低。竞争对手已中标项目的毛利率对应当时TXL公司落标额、投标毛利率，按行业分类对比见表6-6。

从竞争对手的中标情况来看，TXL公司投标毛利率在国网行业基本与竞争对手持平，其余价格TXL公司报价水平均远高于竞争对手，具体见表6-7。

① 本案例的表中对项目名称和公司名称做了一定的信息脱密处理。

表6-5 TXL公司与竞争对手共同参与的项目报价对比情况

项目名称	TXL公司中标额（万元）	竞争对手	竞争对手投标额（万元）	TXL公司的中标毛利率	竞争对手的投标毛利率
招标项目1	1 904.78	BK	1 998.03	0.11%	4.67%
	1 904.78	JD	2 339.61	0.01%	18.59%
	1 904.78	ZK	1 930.16	0.02%	1.31%
招标项目2	578.64	HG	595.53	−2.00%	0.89%
	578.64	WG	594.23	−2.00%	0.68%
	578.64	ZK	584.90	−2.00%	−0.91%
	578.64	JD	579.68	−2.00%	−1.82%
	578.64	BK	571.49	−2.00%	−3.28%
	578.64	ZN	566.85	−2.00%	−4.12%
……	……	……	……	……	……
招标项目13	2 399.59	BK	2 512.82	1.00%	5.46%
	2 399.59	ZN	3 146.94	1.00%	24.51%
招标项目14	1 398.97	BK	1 386.54	0.01%	−0.90%
	1 398.97	QH	1 544.98	0.01%	9.45%

表6-6 TXL公司与竞争对手各行业的报价毛利率对比情况

行业	TXL公司投标额（万元）	竞争对手中标额（万元）	竞争对手中标毛利率	TXL公司投标毛利率
风电	2 947.85	2 583.83	−8.61%	4.81%
光伏	167.42	155.66	1.30%	8.24%
轨道交通	22 050.63	20 358.18	−6.20%	1.95%
国网	79 639.49	78 203.42	0.57%	2.37%
火电	656.94	525.66	−18.72%	5.00%
煤炭及煤化工	4 239.62	3 246.14	−26.80%	2.91%
其他	277 566.52	228 803.70	−16.46%	4.00%
总计	387 268.48	333 876.59	−11.88%	3.55%

表6-7 TXL公司与竞争对手投标价格对比的明细情况

行业	TXL公司投标额（万元）	中标额（万元）	中标毛利率	TXL公司投标毛利率
风电	**2 947.85**	**2 583.83**	**-8.61%**	**4.81%**
HG	1 902.33	1 661.00	-9.15%	4.70%
WG	1 045.52	922.83	-7.63%	5.00%
光伏	**167.42**	**155.66**	**1.30%**	**8.24%**
BK	19.95	15.66	-14.68%	10.00%
HG	147.47	140.00	3.09%	8.00%
轨道交通	**22 050.63**	**20 358.18**	**-6.20%**	**1.95%**
BK	11 845.19	11 013.06	-7.56%	0.00%
QH	899.12	809.00	-1.14%	9.00%
HG	1 432.40	1 111.75	-26.27%	2.00%
NG	7 737.73	7 297.76	-1.79%	4.00%
ZK	136.19	126.61	1.04%	8.00%
国网	**79 639.49**	**78 203.42**	**0.57%**	**2.37%**
BK	6 688.08	6 567.08	-3.37%	-1.50%
HG	17 474.10	17 268.53	0.05%	1.22%
JS	776.57	807.97	3.89%	0.00%
JD	584.26	579.68	-3.81%	-3.00%
TG	18 566.57	18 365.64	5.29%	6.32%
WG	2 166.29	2 199.37	-3.31%	-4.88%
ZN	5 086.89	4 947.65	-3.73%	-0.89%
ZD	3 337.17	3 252.77	-3.06%	-0.45%
ZK	24 959.56	24 214.73	0.16%	3.14%
火电	**656.94**	**525.66**	**-18.72%**	**5.00%**
ZK	656.94	525.66	-18.72%	5.00%
煤炭及煤化工	**4 239.62**	**3 246.14**	**-26.80%**	**2.91%**
QH	3 452.61	2 561.17	-30.60%	3.12%
JS	787.01	684.97	-12.60%	2.00%
其他	**277 566.52**	**228 803.70**	**-16.46%**	**4.00%**
BK	278.34	256.36	2.28%	10.00%
HG	230 668.63	186 890.07	-18.51%	3.98%
WG	537.20	344.60	-52.06%	2.46%
ZN	21 847.09	19 116.74	-9.72%	3.99%
ZD	2 652.84	2 244.87	-12.75%	4.59%
ZK	21 582.41	19 951.06	-3.76%	4.09%
总计	**387 268.48**	**33 3876.59**	**-11.88%**	**3.55%**

三、千头万绪：TXL公司投标销售与成本管理之惑

“砰砰砰”，一阵急促的敲门声打乱了杨总看文件的思路，还没有等他回复请进，那人便打开了门，“杨总，可算是等到您回来了，今年国内市场不好做呀！”推门进来的是分管销售的领导班子成员吴浩，进门后的吴总继续开始叫苦不迭：“我们在国网、铁路一些大客户的投标中，落标了好些大订单，我们公司报价太高了，竞争对手都比我们低”，说着，他把手中早已准备好的几个落标项目价格报告递给杨总，“这些都是近期参与的项目，都比竞争对手报价高，中标价是这一栏，我们报价是这一栏，您看看……”他指着报告数据一列一列地给杨总解释道，“我们今年的销售任务还很重，您也看到了现在国内市场如此难开拓，我和几个销售经理之前也开会商讨过了，我们是不是要降低我们的产品价格，多争取一些订单，好完成我们公司年底的销售目标”。

送走了吴总，杨总即刻安排了赵秘书去市场部调取近期所有项目的投标数据，并叫来了市场部经理：“小张，你怎么看我们公司现在国内的市场呀？”市场部经理张明志曾是中国人民大学市场营销专业的优秀毕业生，通过校园招聘进入公司，如今已是第六个年头了。张经理为人精明肯干，工作兢兢业业，既有一定理论知识，也有丰富的一线营销经验。“杨总，我们公司现在参与投标的大客户，尤其是国网与铁路，基本上是低价中标原则，市场上大打价格战，没有太大的价格主动权，从我们已经中标的项目情况来看，价格基本低于跟我们旗鼓相当的竞争对手的投标价。”杨总直言不讳地问道：“销售部门建议公司继续降价，可以再争取一些订单数量，你觉得可行吗？”张经理答道：“现在投标是很难，咱们何必不多争取议标项目呢，恶性价格战术对大家其实都不好，何况现在投标的大客户中标毛利率极低，已经快无利可图了呀。”

听张经理说完，杨总心中闪起了一念，现在国网和铁路这些大订单开始打价格战，想必是门槛太低，产品同质化严重，供过于求，我们何不推广新研发出的产品以高价销售呢？于是叫来了研发部门负责人高铭泽：“高总，我们公司现在新技术、新专利不少，可是依然没有抵御住市场恶性价格战，你是怎么看这个问题的？”高铭泽是对外高薪聘请的高级专家，虽身经百战但新进入公司还需要一段适应期，他说道：“我们现在特种电缆、铝合金导线技术都是国内首屈一指的，我会继续跟进深入一线市场，积极与销售部门一起联合开拓市场，了解和创造市场需求。”杨总心想，这样计划是好，将产品独特化、异质化是长远之计，可是这研发的远水解不了销售的近渴呀，这眼前的问题如何解决呢？杨总安排总经办秘书尽快组织一场针对市场开拓与年底各项指标目标如何完成的会议，全公司所有部门分管领导必须参加。

2017年1月的一天，在总经理办公会上，各大区经理开始热火朝天地讨论起来，西北区、华中区、华南区、华北区、华东区销售经理给出了各自的方案，虽然具体报价方案各异，但关于需要降价的意见是一致的，只是降低幅度不同，经营管理部和市场部也认可了降价的观点。在大家激烈争论降多少百分点合适的时候，杨总见财务总会计师康尤成在一旁沉默不语，并没有融入大家的讨论中。康总有着深厚的财务功底和实践经验，性格内敛，对数字极其敏感，逻辑思维缜密，一直想把自己多年来精心培养的团队打造成价值创造型财务管理人才。康总直言不讳地说：“我们中标大客户的项目时很多已经是负毛利率，完工订单的毛利率也低于去年同期，今年毛利率已经开始低于行业内竞争对手的平均

水平了，是不是我们的客户结构出问题了呢？盲目降价能解决问题吗？”康总的一席话，让原本闹腾腾的会议室慢慢安静下来。杨总听后微微点头，又立即向销售经理们半开玩笑半认真地说：“同志们，降价了，销售肯定是容易呀，可是降价了销售算是什么本事呀，你们销售的能力那么强，在降价上做文章未免有些太大材小用了吧？”接着他开始部署工作：“康总，这个问题呢，您财务那边牵头，核实一下投标中标盈利情况，梳理几个适宜的营销方案报上来。您那边数据全，财务人员更客观也更专业。同时呢，有什么需要其他部门配合的工作，请各部门积极配合。”

四、破冰之术：管理会计顺藤摸瓜、冲出迷雾

散会后，康总叫来了财务团队中擅长财务分析的管理会计甄美慧。小甄是一名年轻的管理会计师，平日里对学习财务管理知识的好奇心极强，也酷爱研究ERP系统中的投标、报价、中标、生产、财务、销售等各个模块的数据，经常会将这些数据导出来，再运用管理会计理论研究这些数据的来龙去脉。接到任务，小甄就开始快速行动起来，首先打开了投标数据库。该数据库是市场部内勤员们填写的，每周她都将这些数据检查并整理一次，以方便随时调用数据。从落标项目来看，公司落标原因大都的确是因为报价比最终中标价格高，再从中标项目来看，公司中标的价格也的确比其他竞标单位报价低。小甄又整理出共同参标的竞争对手中标价，按照公司的投标成本计算出对应的毛利率，并按行业划分各类中标毛利率，各行业均很低。那说明销售部外勤经理们反映的问题不假。那如康总所说的，问题是不是出在了客户结构上了呢，客户结构是否合理，是否需要调整呢？如果真的是客户结构不合理，我们又该如何证明呢。没有合理的证据，你凭什么说这是销售部门的客户结构出了问题呢？小甄顺藤摸瓜，脑海中闪起一念：“何不看看我们公司投标的这些项目中，能发现多少同行竞争对手的身影呢？”

根据表象线索追根溯源，一周后，财务部组织了一场会议，向大家展示数据分析过程、逻辑推理判断，让众部门刮目相看心服口服，总经理杨之辉也对提出的销售方案赞不绝口。此次投标方案主策划人兼主讲人是财务部小甄。“为了揭示现象背后的本质问题，我准备从六个部分给大家分析陈述……”接着她向大家娓娓道来。

在列示完TXL公司中标毛利率极低的数据以后，屏幕上展示出了TXL公司与各竞争对手的共同参与项目中各竞争对手占TXL公司总投标额的比例（见表6-8）。

表6-8 TXL公司与各竞争对手共同参标的比例

竞争对手名称	ZN	HG	BK	QH	JD
投标金额（万元）	367 187.21	374 882.94	404 036.42	39 088.07	85 361.69
竞争对手占TXL公司投标额的比例	18.68%	19.08%	20.56%	1.99%	4.34%
竞争对手名称	NG	TYD	TG	WG	ZK
投标金额（万元）	29 108.88	21 030.24	73 576.23	69 097.80	164 553.79
竞争对手占TXL公司投标额的比例	1.48%	1.07%	3.74%	3.52%	8.37%

参会者们正端详和揣摩计算着，她直击要害："可以说，TXL公司与竞争对手的共同客户重合度极低，在公司投标总额196.53亿元中，我们公司与竞争对手共同参与的投标金额为66.7亿元，11家线缆竞争对手共同参与投标的项目合计数只占我们公司总投标额的33.94%。"这个数据充分说明，各竞争对手与TXL公司的重合度并不高甚至可以说是很低，也更进一步暴露出竞争对手的客户结构与TXL公司差异较大的本质问题。

"好像还真是呀，怪不得上次我去ZN电缆谈合作考察的时候，人家就说我们不做你们那样的单子，你们的那些客户我们做不来。"分管生产的王果厂长有些感慨地说道。这家TYD是区域内一家规模不大的企业，他说的客户大概是指国网省网铁路这样的大客户。大家都略有所思，这些信息引起了大家的注意与好奇心，销售总监吴浩也盯着屏幕翘首以待财务部后面的数据与分析。

五、水到渠成：签约困难不在价格，矛盾究竟出在哪里

"既然重合度较高的有ZN、HG、BK、ZD，那我们通过共同参标项目，对这四家公司也做了一个竞争对手情况与本公司情况的对比，同事们请看！"随着小甄手中鼠标的滚动，屏幕上开始陆续出现这四个竞争对手逐一与TXL公司价格的对比。看完共同投标项目的价格后发现，TXL的价格并没有高于竞争对手。他们所争夺的这部分市场，整体行情正是如此，并且竞争对手也早已切换了市场目标群体，导致他们在这片市场上碰头的机会很少，也就是客户重合度低，这才是本质。

六、对症下药：根据竞争对手情况与本公司情况，管理会计端本正源

当看到屏幕上的一幕幕数据，大家不由得如火如荼地讨论了起来。ZN，一个与TXL公司客户重合度为18%的竞争对手，在分析他们共同投标项目进行价格对比后发现，TXL的价格略低于ZN价格。ZD，一个与TXL公司客户重合度为16%的竞争对手，对比价格后发现，TXL公司价格略低于ZD价格。HG，是一家与TXL公司客户重合度为19%的竞争对手，价格对比后发现，TXL公司价格基本与HG价格持平。BK，是一家与TXL公司客户重合度为20%的公司，在价格对比后发现，TXL公司的报价略高于BK。

"当然大家有可能会觉得，尽管我们公司比ZN和ZD报价低，但是我们的价格不是比BK还是要高吗，跟HG持平吗？那么，为了解决这个疑惑，我们继续看这些竞争对手的盈利水平如何"，管理会计甄美慧有条不紊地继续说道："在我们对业内11家上市公司的财报进行分析后发现，ZN的毛利率在行业内排名第五，ZD排名第八，HG排名第一，BK排名倒数第一。也就是说，跟我们公司客户重合度越高的公司里面，比我们报价高的公司在行业内盈利水平较为可观，而比我们报价低的公司，在业内的盈利水平已经堪忧。如果TXL公司要继续降价，那么无疑面临跟BK一样的低毛利率困境。显然HG、ZN并没有在低毛利率市场打价格战，他们在与TXL公司共同竞争的订单中，并没有为赢得订单而低价出售产品。TXL公司很多项目的落标的确是因为价格高，但是这些项目大都属于高端竞争对手不刻意争取的市场，降价并不能解决销售本质问题，还可能遭遇跟BK一样的结果。那么，我们公司只有调整客户结构和产品结构才能解决销售本质问题。"

七、尾声

经过数据分析，小甄随后分享的结论得到了公司总经理及各部门的认可。

在得出结论后，财务团队还提出了中肯的建议：“我们公司市场人员需要提高作战的战略水平，即改变客户结构。从行业结构、地域结构、产品结构等方面去提升总体毛利率，把低毛利投标与中标量控制在三分之一的水平内。”

听完汇报的杨总，心中那颗石头也终于落下，开始动员各个大区的销售经理。销售总监吴浩见状，便跟各个大区经理就客户定位、结构改善与重新布局等问题开始了讨论。

一个好的管理会计是懂财务、懂业务的数据分析师。管理会计师经过数据搜索、采集、分析与财务理论知识的结合，全面深刻地验证了TXL公司的报价是合适的，并非市场上所说的落标因为报价高。以财务人员严谨的职业态度和专业的职业修为，为大家揭开了真相，也得到了各个部门的认同。

案例使用说明

一、教学目的与用途

1.本案例主要适用于“管理会计”“高级财务管理”等课程的教学。

2.本案例适用对象是MBA、EMBA、MPAcc、会计学与财务管理等专业的本科生及研究生、企业财务管理人员。

3.本案例的教学目的是引导学员进一步关注管理会计在实际工作中的应用，掌握管理会计支持决策的方法，拓宽管理会计工具应用于战略管理领域的思路。根据本案例资料，学员可以了解到TXL公司报价—投标—落标/中标—销售过程管理中的困惑和破解之道。通过对案例的分析与研讨，帮助学员理解以下重要知识点：（1）管理会计如何做好数据挖掘与分析；（2）管理会计如何为公司创造价值；（3）管理会计如何支持决策；（4）如何通过行业分析来判断竞争对手情况与本公司情况。

二、启发思考题

从TXL公司的项目落标引发的报价过高问题，到客户结构、产品技术升级的战略定位带给人们太多的启示，重点思考如下问题：

1.小甄是如何分享结论的？为什么会达成共识呢？你如何看待TXL公司项目落标的问题？从管理会计角度进行说明。

2.管理会计师小甄采取了哪些办法？你怎样看待她的做法？

3.你认为在信息时代财务人员将会面临什么？应如何转型？

4.你认为一名优秀的管理会计应该具备什么能力？

5.如果你是TXL公司的一名管理会计，你觉得还可以从哪些方面改善公司的困境？

6.党的二十大报告指出，高质量发展是全面建设社会主义现代化国家的首要任务。我们如何站在管理会计视角理解企业高质量发展的科学内涵和基本要求？

三、分析思路

（一）总体思路

本案例需要学员识别的主要知识点包括：企业管理会计支持决策的方法、如何将战略管理与财务管理知识相结合解决实际工作中的问题。教师可以根据自己的教学目标来灵活使用本案例。这里提出本案例的分析思路，仅供参考。

1. 首先通过数据搜集与整理，了解销售报价的基本情况，并分行业进行分析，看是否存在客户的行业差异。最低价中标原则广泛适用于该公司目前所处的市场环境。因为从共同的客户群体来看报价，对于TXL公司中标而竞争对手落标的，TXL公司的价格低于竞争对手。对于竞争对手中标而TXL公司落标的，竞争对手的价格低于TXL公司的价格。在国网行业，TXL公司的报价与竞争对手的报价基本是持平的；在轨道交通行业，价格差异也不明显，但在风电、火电、煤炭化工以及其他行业，竞争对手的中标水平则是TXL公司远远不能接受的价格。

2. 从战略管理会计的角度思考TXL公司一开始出现的报价高导致项目频频落标的表象问题。为适应管理理念从“职能管理”向“战略管理”的转变，国内外许多管理会计学者提出了战略管理会计这一新的研究领域，试图从管理会计视角，为企业战略管理提供有效的信息支持。经过数据挖掘与整理，我们发现，从客户重合度来看，11家竞争对手与TXL公司的重合度极低，有4家竞争对手的重合度超过10%，分别为ZN、HG、ZD、BK。但在共同参与投标的项目中，TXL公司报价略低于ZN、ZD，与HG报价基本持平，略高于BK，说明TXL公司报价并不高。换句话说，从根本上来讲，TXL公司实际上只是占领了低毛利率市场。

3. 从同行业财务盈利能力指标角度解读竞争对手的报价原因。我们调出2016年上半年这11家公司的财报并进行盈利能力综合分析（见表6-9），便可以理解案例中小甄所揭示的问题原委：“如果TXL公司要继续降价，那么无疑面临跟BK一样的低毛利率困境。显然HG、ZN并没有在低毛利率市场打价格战，他们在与TXL公司共同竞争的订单中，并没有为赢得订单而低价出售产品。TXL公司很多项目的落标的确是因为价格高，但是这些项目大都属于高端竞争对手不刻意争取的市场，降价并不能解决销售本质问题，还可能遭遇跟BK一样的结果。那么，公司只有调整了客户结构和产品结构才能解决销售的本质问题。”

同时，为了更好地说明TXL公司销售业绩有待提高，我们还可以比较同行业公司的收入同比变动情况。从收入同比增减变动来看，大部分企业实现了收入的同比增长，尤其是HG同比增长49%，ZK同比增长47%，但TXL公司收入同比下滑9%，增长率排名倒数四位。我们查看TXL公司内部的业务构成，再经过纵向分析，可以看出TXL公司物流贸易业务2016年减少了50%。

4. 产品结构也是造成TXL公司在低端市场中求生存的原因。可以看到，TXL公司的大客户为国家电网和省级电网、铁路轨道交通，这些客户并不属于低端客户，而依然避免不了价格战，那么极有可能是没有高端产品，也就是说TXL公司并没有相应产品能进入到这些客户的高端项目中，只是在这些大客户一些准入门槛比较低的同质化比较严重的产品领域中竞标，因此，除了需要激发销售，还需要动员与激励研发团队去开发高门槛、高技术产品，激发研发人员的研发积极性，提高研发人员成果产出的报酬。我们还可以搜集所有竞争对手产品结构的信息，进行数据整理与对比，以找到TXL公司产品结构改善的方向，见表6-10至表6-21。

表6-9 各企业盈利能力综合分析①

竞争对手	营业收入（元）	毛利率（%）	三项费用率（%）	净利率（%）	净资产收益率（%）
ZK	920 357.96	18.19	10.01	7.99	6.87
HG	805 115.89	23.62	14.70	6.19	7.95
BK	722 607.90	8.04	6.07	1.27	2.70
ZN	564 909.50	17.98	12.76	3.75	4.87
ZD	286 559.74	15.10	12.03	1.97	3.11
WG	273 418.23	19.00	14.69	3.73	3.45
QH	182 838.24	19.51	10.31	10.39	4.48
TD	160 138.78	13.91	7.20	4.76	5.52
TXL公司	135 267.10	14.27	8.68	2.76	5.83
JD	131 721.27	17.36	10.56	5.63	3.45
NG	119 837.35	13.48	10.76	3.69	2.43
TG	65 567.66	15.06	9.68	6.73	3.01

表6-10 HG主营业务分产品情况

分产品	营业收入（元）	结构占比（%）	毛利率（%）	营业收入同比增长率（%）	毛利率同比增长率（%）
光通信网络产品	251 459.47	31.89	40.66	28.75	5.74
光通信网络设计与系统集成	143 732.40	18.23	19.31	—	—
电力传输产品与系统集成	291 577.35	36.98	11.19	7.88	1.97
新能源汽车智能线控产品与服务	6 776.64	0.86	41.85	176.32	2.04
海洋电力通信产品	24 285.79	3.08	38.72	249.12	-0.33
工业特种智控产品	65 409.12	8.30	11.71	13.65	-1.73
网络安全及大数据应用	3 980.19	0.50	64.00	—	—
其他	1 219.11	0.15	31.42	-50.80	-19.50
合计	788 440.06	100.00			

① 本案例该部分参考资料均来自于证券公司公开的信息，https：//finance.sina.com.cn/。

表6-11　　　　　　ZK主营业务分产品情况

分产品	营业收入（元）	结构占比（%）	毛利率（%）	营业收入同比增长率（%）	毛利率同比增长率（%）
光纤及光缆	210 099.68	23.02	34.73	26.26	4.75
导线	136 721.04	14.98	22.10	44.95	5.49
电缆	74 828.17	8.20	8.13	−7.94	1.75
射频电缆	31 034.93	3.40	18.93	0.55	−3.23
海底线缆	38 494.70	4.22	24.67	74.81	−14.73
新能源材料	19 920.47	2.18	20.72	140.83	19.91
光伏发电	4 298.19	0.47	63.72	162.63	−15.61
大宗商品贸易	270 284.81	29.61	0.61	50.20	−0.80
铜产品	41 682.60	4.57	14.31	65.83	−5.49
宽带产品	43 326.15	4.75	28.87	33.00	−0.11
金具	29 480.00	3.23	35.67	46.71	6.30
变压器	4 310.91	0.47	22.41	—	—
其他	8 364.12	0.92	24.04	23.58	−12.03
合计	912 845.76	100.00			

表6-12　　　　　　BK主营业务分产品情况

分产品	营业收入（元）	结构占比（%）	毛利率（%）	营业收入同比增长率（%）	毛利率同比增长率（%）
裸导体及其制品	286 370.24	40.66	0.88	106.69	−0.78
电力电缆	355 250.40	50.45	12.57	15.06	0.03
电气装备用电缆	58 464.51	8.30	13.71	29.37	−0.64
通信电缆及光缆	4 139.42	0.59	37.12	−39.85	−1.10
合计	704 224.57	100.00	8.04	38.29	−1.80

表6-13　ZN主营业务分产品情况

分产品	营业收入（元）	结构占比（%）	毛利率（%）	营业收入同比增长率（%）	毛利率同比增长率（%）
线缆行业	459 043.19	81.55	17.47	-6.11	-1.03
其中：智能电网电缆	121 469.69	21.58	17.11	5.32	-0.83
智能楼宇、工厂电缆	107 396.89	19.08	17.26	23.62	-1.50
智能风电电缆	13 124.77	2.33	23.09	-70.72	4.06
智能交通电缆	37 285.02	6.62	18.38	-7.40	-0.44
智能油气电缆	7 170.66	1.27	24.25	-51.46	5.00
智能核级电缆	8 565.59	1.52	16.40	2.51	-4.57
智能光伏电缆	2 983.63	0.53	20.51	9.97	1.56
其他电缆	161 046.92	28.61	16.90	-8.39	-1.43
其他行业	103 864.83	18.45	19.87	672.30	-8.44
其中：能源系统	51 344.03	9.12	8.78	426.99	-11.00
智能设备	8 685.95	1.54	42.71	134.38	-8.05
储能设备	43 834.85	7.79	28.34		
合计	562 908.02	100.00	14.28		

表6-14　WG主营业务分产品情况

分产品	营业收入（元）	结构占比（%）	毛利率（%）	营业收入同比增长率（%）	毛利率同比增长率（%）
电力产品	153 243.20	56.91	20.54	13.04	3.77
通信产品	34 180.52	12.69	24.93	12.55	-0.95
高分子材料	71 432.51	26.53	15.21	8.07	-2.21
贸易及其他	10 411.19	3.87	8.94	-9.45	8.04
合计	269 267.42	100.00	19.24	10.57	1.91

表6-15　ZD主营业务分产品情况

分产品	营业收入	结构占比（%）	毛利率（%）	营业收入同比增长率（%）	毛利率同比增长率（%）
电力电缆	183 915.03	64.18	17.19	48.23	-0.02
电气装备用电线电缆	20 444.93	7.13	16.73	7.13	-0.36
裸电线	5 707.49	1.99	13.85	106.08	-0.10
电缆材料	19 817.07	6.92	11.05	13.14	-0.59
电缆接头	1 618.00	0.56	49.00	37.00	8.52
金属材料	6 641.70	2.32	1.24	-35.00	-2.14
电磁线	43 548.68	15.20	9.03	-18.90	-1.64
紫砂壶及其配件	1 178.32	0.41	32.73	-19.68	-5.48
其他业务	3 688.51	1.29	1.76	90.87	-13.32
合计	286 559.74	100.00	15.10		

表6-16 QH主营业务分产品情况

分产品	营业收入（元）	结构占比（%）	毛利率（%）	营业收入同比增长率（%）	毛利率同比增长率（%）
电力电缆	107 992.16	59.70	22.21	−21.87	5.78
电气装备用电线电缆	4 435.39	2.45	13.06	−27.64	1.01
裸电线	46 022.01	25.44	7.98	28.41	0.15
通信电缆和光缆	8 065.61	4.46	27.63	−4.44	1.09
特种电缆	2 036.85	1.13	27.64	−5.47	−0.37
其他	12 326.58	6.81	28.27	−1.57	0.66
合计	180 878.60	100.00	19.08	−11.03	3.07

表6-17 TYD主营业务分产品情况

分产品	营业收入（元）	结构占比（%）	毛利率（%）	营业收入同比增长率（%）	毛利率同比增长率（%）
电力电缆	35 436.00	22.13	10.30	1.11	−2.77
建筑用线	31 862.99	19.90	26.69	−0.27	4.28
特种电缆	61 249.88	38.25	12.99	3.37	−0.29
装备用线	1 316.26	0.82	15.94	−35.58	−0.80
数据电缆	1 452.06	0.91	12.95	22.42	−2.44
架空线	9 465.97	5.91	10.31	16.70	0.72
铜杆	18 307.58	11.43	2.00	−39.25	0.44
其他	152.16	0.10	50.56	−43.80	33.90
其他业务	895.89	0.56	39.92	−28.49	−2.97
合计	160 138.78	100.00	13.92		

表6-18 JD主营业务分产品情况

分产品	营业收入（元）	结构占比（%）	毛利率（%）	营业收入同比增长率（%）	毛利率同比增长率（%）
电气装备用电线	52 781.24	41.04	21.29	4.57	6.66
电力电缆	20 781.17	16.16	18.95	−13.32	2.12
特种电线电缆	25 435.41	19.77	16.32	−14.79	0.12
电磁线	27 510.22	21.39	12.36	−32.67	4.17
电器开关	493.01	0.38	36.41	−16.82	0.29
动力电池包	1 623.68	1.26	11.79	100.00	100.00
合计	128 624.73	100.00	17.96		

表6-19 NG主营业务分产品情况

分产品	营业收入（元）	结构占比（%）	毛利率（%）	营业收入同比增长率（%）	毛利率同比增长率（%）
电力电缆	74 684.15	64.03	17.31	0.58	3.85
电气装备用电线电缆	22 331.42	19.15	13.38	34.59	-1.38
铜线	17 935.02	15.38	0.65	—	—
其他	1 692.66	1.45	6.15	-0.04	-6.19
合计	116 643.25	100.00	13.83		

表6-20 TG主营业务分产品情况

分产品	营业收入（元）	结构占比（%）	毛利率（%）	营业收入同比增长率（%）	毛利率同比增长率（%）
钢芯铝绞线	27 378.99	50.91	16.40	135.07	1.73
铝包钢绞线、铝包钢芯铝绞线	5 135.90	9.55	22.18	36.51	7.13
铝合金芯铝绞线、铝合金绞线	4 426.41	8.23	15.51	-51.15	-1.21
承力索、接触线、铜绞线	3 999.61	7.44	18.41	26.94	5.26
架空绝缘电缆、铝合金电缆	9 686.16	18.01	12.87	118.96	-6.31
电力电缆	213.35	0.40	20.09	-61.00	14.04
铜杆、铜镁合金杆	28.99	0.05	3.56	-98.45	3.50
钢绞线、铝绞线、铝单线及其他	1 953.58	3.63	19.28	64.26	-12.37
机械制造加工	956.52	1.78	67.20	—	—
合计	53 779.50	100.00	17.41		

表6-21 TXL公司主营业务分产品情况

分产品	营业收入（元）	结构占比（%）	毛利率（%）	营业收入同比增长率（%）	毛利率同比增长率（%）
导线	16 673.46	20.39	11.09	-15.04	3.46
交联电缆	19 108.3	23.37	7.40	5.08	-10.34
电力电缆	1 028.87	1.26	17.85	-58.62	-5.20
控制电缆	1 391.02	1.70	14.80	149.51	-4.38

续表

分产品	营业收入（元）	结构占比（%）	毛利率（%）	营业收入同比增长率（%）	毛利率同比增长率（%）
架空线	1 174.76	1.44	3.51	-64.54	-9.52
布电线	4 977.01	6.09	16.47	-28.04	5.87
特种电缆	2 294.71	2.81	15.62	-1.16	19.42
电缆附件	-4.95	-0.01	11.69	-141.99	-11.18
线缆业务小计	46 643.17	57.05	10.44	-12.68	-1.69
铜材	19 158.52	23.43	0.35	150.43	7.59
铝材	4 927.72	6.03	-2.21	-24.10	-4.23
氧化铝	9 399.41	11.50	0.27	-9.63	-0.01
其他业务	1 628.29	1.99	69.02	-31.91	13.16
合计	81 757.12	100.00	7.31	1.75	-1.93

5. 解决该问题的根源在于TXL公司市场人员提高作战的战略水平，通过改变客户结构。从行业结构、地域结构、产品结构等方面提升总体毛利率，控制低毛利投标订单，降低低毛利率订单占投标额的比重。

（二）思考引导要点

在具体分析各思考题时建议的思考引导要点如下：

1. 财务报表分析、市场客户结构、市场定位战略。
2. 管理会计的工作职能。
3. 管理会计的发展趋势。
4. 管理会计人员需具备的业财融合能力。
5. 成本管理。
6. 企业高质量发展的战略选择。

四、理论依据及分析

教师可以根据自己的教学目标（目的）来灵活使用本案例，此处提出案例所包含的教学目标、理论依据和分析思路。

1. 小甄是如何分享结论的？为什么会达成共识呢？你如何看待TXL公司项目落标的问题？从管理会计角度进行说明。

管理会计师小甄先是通过对投标、落标数据基本情况的分析，肯定了销售部门反映的落标是因为报价高所致，这的确是激烈市场竞争下企业生存难的实情，这为以后达成共识做了一定铺垫，也为销售经理们可以接受决策意见打下基础。为了突破这个局面，管理会计通过全面搜集市场投标数据，整理出了竞争对手情况与本公司情况的信息，进行了客观的分析，以客户重合度为突破口，揭示出该公司销售业绩差的本质——TXL公司实际上只是占领了低毛利率市场。从管理会计角度来说，财务部门分析了财务报表、市场营销中客户结构、低成本战略、市场定位理论以及企业战略理论中低端市场和高端市场战略。其中，常用的分析企业财务报表的方法有多种，如结构分析、趋势分析、因素分析、比率分析等。本案例基于所处的行业背景对财务报表进行了分析，使对报表数据的分析更接近企业各种活动的实质。

2.管理会计师小甄采取了哪些办法？你怎样看待她的做法？

管理会计师小甄首先通过搜集与整理相关数据，了解TXL公司与其竞争对手销售报价的基本情况，并分行业进行分析，看是否存在客户的行业差异，肯定了最低价中标原则的市场现实；然后从战略管理会计的角度思考TXL公司一开始出现的报价高导致项目频频落标的表象问题；同时，从同行业财务盈利能力指标角度解读具有客户重合度的竞争对手的报价原因。我较为赞同她的做法，因为财务人员要适应从“职能管理”向“战略管理”管理理念的转变。

3.你认为在信息时代财务人员将会面临什么？应如何转型？

当今随着大数据的普及以及人工智能时代的到来，业财融合成为时代发展不可阻挡的趋势，对财务人员也提出了更高的要求。财务人员需要适应企业高速发展的要求，不能再只懂会计理论，还需要懂业务、谙熟管理、会挖掘和整理数据。同时，现代企业不仅需要科学精细的日常管理，更需要有高瞻远瞩的战略眼光和战略思想。

4.你认为一名优秀的管理会计应该具备哪些能力？

小甄可以说是优秀管理会计师们的一个缩影，也是今后同学们朝着管理会计之业财融合方向上发展的榜样。我们要打破以往的传统财务形象，要成为善于创新、善于学习、善于沟通的业务能手，能为企业处理疑难问题。财务部门不再只是一个辅助性部门，而是可以为企业创造价值的部门。在实际工作中，财务人员要朝着精通业务与财务的职能转变，需要具备数据挖掘、处理与分析的技能，具备良好的沟通与表达力，以及财务会计、市场营销、生产运作、人力资源与战略管理等理论与综合实践能力。

5.如果你是TXL公司的一名管理会计，你觉得还可以从哪些方面改善公司的困境？

在同一行业内的不同企业的产品，可能在市场上的定位层次不同，在高端市场需要提高技术、品牌门槛，在低端市场需要关注产品的成本管理。本案例中的TXL公司还可以从成本管理角度去改善公司的困境，以及是否有可能通过精细化的成本管理举措来提高企业盈利能力。也就是说，从成本管理的角度来看，精益管理应该引起进一步的关注。

6.党的二十大报告指出，高质量发展是全面建设社会主义现代化国家的首要任务。我们如何站在管理会计视角理解企业高质量发展的科学内涵和基本要求？

高质量发展是当前我国经济社会发展的主题，是中国式现代化的本质要求。中国式现代化，是中国共产党领导的社会主义现代化，既有各国现代化的共同特征，更有基于自己国情的中国特色。现代化，是指工业革命以来，生产力大发展引发社会生产方式大进步和人类生活方式大变革，社会物质财富迅速增加，推动传统社会向现代社会大转变的历史进程。实践证明，生产力的革命性发展是推动传统社会向现代社会转型最根本、最深层的决定性因素。经过中华人民共和国成立以来70多年的快速发展，我国综合国力和国际地位显著提升。但我国仍处于并将长期处于社会主义初级阶段的基本国情没有变，中国是世界上最大的发展中国家的国际地位没有变，必须把发展作为党执政兴国的第一要务，坚持以经济建设为中心，不断解放和发展社会生产力。当前，我国已由高速增长转向高质量发展阶段。社会主要矛盾已经转化为人民日益增长的美好生活需要和不平衡不充分的发展之间的矛盾，如果再盲目追求高增长，会进一步加剧风险和经济的不平衡性。

TXL公司在低价中标的市场环境中迷失了方向，为了获得订单不惜以牺牲盈利为代价，殊不知业内竞争对手已经纷纷转向了高端市场，重复低质量建设已经不再适应中国的现代化建设需求。在现代化建设阶段，TXL公司内部应该推动量的合理增长，但是更应该重视质的有效提升。从TXL公司受困于落标与低毛利之间的两难境地来看，我国实际上还面临的一个紧迫任务是建设与高质量发展相适应的投标机制，进一步解放和发展生产力。新的投标体制要适应发展阶段转变的要求，深化改革开放、深入转变发展方式，以效率变革、动力变革促进质量变革，加快形成可持续的高质量发展机制，最大限度激发内生动能，杜绝低质量重复建设，助力企业由高速增长向高质量发展转换。

五、关键要点

1.市场结构的改善才是解决问题的根本。在本案例分析中，这是一个需要突破的难点，投标项目频频落标，且落标项目大都是价格高于中标价格，要找到落标的原因，需要了解该公司的市场结构，从客户结构和产品结构上去突破。本案例中已经通过客户重合度很好地揭示了该公司客户结构不佳的现实，需从改善客户结构来提高盈利能力与中标率，同时还需要进一步找到改善产品结构的路径。要找到改善产品结构的路径，关键的问题是要梳理与对比各类产品的盈利能力，而各类产品的盈利能力的计算需要以同行业各竞争对手的财务报表附注为基础，将线缆行业进行产品类别细分，再计算出线缆行业各类细分产品的盈利指标，进一步对各类产品的竞争力做出判断，从而找到改善产品结构的路径。

2.要解决上述问题，必须提高公司在各层次市场上的盈利能力。关于不同层次的市场盈利能力提升的方案，可以建议学员重点思考以下几点：

第一，如何根据产品的优势与劣势、外部机遇与威胁对产品进行市场定位？

第二，产品进入高端市场，需要企业从哪些方面进行努力？

第三，产品在低端市场上需要关注什么？对于该行业来说，低端产品适用于最低价中标原则，那么，应该如何判断产品成本是否还有降低的空间？如何衡量企业能在多大程度上降本？如何进行产品成本的纵向与横向比较？

3.为了有效实现本案例目标，学员应该具备下列相关理论知识背景：

（1）战略管理会计理论。在本案例中，教师可以采用战略管理会计理论，对竞争对手的报价水平、市场定位、盈利水平进行解析。战略管理会计诞生于20世纪80年代，2000年，Guilding等人研究了12种战略管理会计方法。2002年，Guilding和McManustz又对战略管理会计方法进行了补充，将客户盈利分析、顾客细分盈利能力分析、客户生命周期盈利能力分析以及客户价值评估添加到战略管理会计方法中。在此基础上，Cinquini等指出只有7种是较为常见的，它们分别为：产品属性成本计算、客户会计、战略定价、竞争地位监督、基于公开财务报表的竞争对手评价、战略成本和质量成本。从1996年开始，战略管理会计在我国受到越来越多的关注。最近几年，我国比较具有代表性的战略管理会计方法有：预警分析、目标成本管理法、作业成本法以及产品生命周期成本法；价值链分析、竞争对手分析以及质量成本分析。在本案例中，运用到的战略管理会计工具有：战略定价、客户盈利分析、顾客细分盈利能力分析、基于公开财务报表的竞争对手评价。

（2）财务报表分析理论。在竞争对手情况与本公司情况分析中，要了解同行业竞争对手的盈利情况，必须具备一定的财务报表主表及附注的信息搜索、查阅与分析能力。根据同行竞争对手的财务报表，计算出竞争对手综合毛利率、各类产品的毛利率，然后将TXL公司放入其中，与他们进行对比。在这个过程中，需要对竞争对手进行筛选，选择与自己业务相近的公司，如果竞争对手的业务多元化，只看报表主表，就会使信息不准确，需要对竞争对手的各类业务进行分离，选择相应的需要对比的业务进行盈利能力对比。

（3）市场营销理论。在市场营销学中，按照产品价格或者消费者购买能力，可以把产品分为高端市场和低端市场。高端市场和低端市场之间最明显和最主要的区别在于品牌、技术和价格三个方面。在我国，经常会出现结构性过剩现象，高端市场产品短缺。在技术含量低、产品缺乏品牌效益的低端市场，大量企业蜂拥而至，产能超过市场需求，导致出现价格战，企业盈利下降。TXL公司本身是一家享有一定知名度的企业，在无法判断是投标报价还是成本管理的问题时，本案例通过比较同行业竞争对手报价，并引入客户重合度指标来衡量是否存在客户、产品的结构性问题。

（4）企业战略理论。面对不同的市场类型，无论是低端还是高端市场，都有不同的市场营销战略。对于该行业低端市场，进入门槛低，技术含量低，企业处于价格战环境中，这就需要企业通过产品品质和低成本战略来赢得市场与利润。对于高端市场，则需要引进拔尖人才与先进技术，以不断提高产品的技术水平和服务质量。从TXL公司目前情况来看，与国内外先进企业还有一定差距。

六、建议课堂计划

本案例可以作为专门的案例讨论课来进行。以下是按照时间进度提供的课堂计划建议，仅供参考。

整个案例课的课堂时间控制在80～90分钟。

1.课前计划

提出启发思考题，请学员在课前完成阅读和初步思考。

课前自行阅读资料：约3小时。

2.课中计划

小组讨论、代表发言并提交分析报告提纲：合1.5小时。

简要的课堂前言，明确主题（10分钟）；

分组讨论（30分钟），告知发言要求；

小组发言（每组5分钟，控制在30分钟）；

引导全班进一步讨论，并进行归纳总结（15～20分钟）。

3.课后计划

如有必要，请学员采用报告形式给出更加具体的解决方案，包括具体的职责分工，为后续章节内容做好铺垫。

案例14

N银行的绩效评价

摘要

本案例以商业银行N银行为背景，描述了N银行引入EVA绩效评价的必要性。N银行传统的绩效评价方法存在绩效评价目标定位不一致；指标多而分散，缺乏统一标准；忽略了资本成本，不利于银行价值最大化实现；对管理者行为的约束不够有效等一系列问题。本案例说明了EVA绩效评价体系有利于促成N银行的内部向心力，有助于N银行实现价值最大化，有助于改进N银行的良性管理，有助于提高N银行业绩的真实性。因此，传统的绩效评价体系已经不适应商业银行价值最大化的要求，不能正确地衡量城市商业银行是否实现了股东财富增加。城市商业银行传统的绩效评价体系需要改革，建立起EVA的绩效评价体系。本案例为其他商业银行绩效评价体系提供了有益的借鉴和启示，进一步推动了我国商业银行业绩评价体系研究的发展。

关键词

商业银行　绩效评价　EVA

案例正文

一、引言

周一早上，雨一直淅淅沥沥地下着，这并不影响N银行员工们工作的热情，办公大楼里的灯都亮着，大家早已经投入到繁忙的工作当中。会议室座无虚席，只见会议室窗前有个高大的背影，他倚在窗台上像是在思考着什么，这是李经理的习惯，但是今天从背影就可以看得出来他的惆怅；向里望去张董还是像以往一样威严地坐在会议桌前，但他的表情十分凝重，让人心生怯意；其他的参会人员也都正襟危坐，不敢多说一句。财务总监王总由于参加财务部门的会议来得晚，看到此情此景立马想起来前不久三人的谈话：张董最近十分恼火，他认为从绩效评价结果来看近年来N银行的利润不够高，自身的投资并没有实现利润最大化；李经理也十分困惑，这些年来自己兢兢业业地管理N银行的大小事务，然而绩效评价结果却不能反映出自己的工作水平和工作能力，如果为了得到较好的绩效评价结果还需要进行一定的人为操控；银行客户关心的只是自己的存款是否能够按时取回到自己的口袋里。

由于N银行绩效评价方法的不理想，但是一直也没有解决方案，又一次使每周一例会陷入僵局，恐怕再多说一句张董就要拍案而起，还好财务总监王总刚刚和财务部门的同事就N银行绩效评价问题提出了解决方案。王总底气十足地站起来讲起了近期财务部门对于绩效评价的新规划：将EVA绩效评价引入N银行。一听到“绩效评价”这几个字眼，张董和李经理立马打起精神听着，大家也都认真地听着王总的汇报，纷纷参与到讨论之中，打破了刚才尴尬的局面。

此时窗外的雨也停了，阳光透过窗户照射进来，那一抹彩虹格外美丽，周秘书赶忙去把会议室的灯关了……

二、N银行绩效评价现状

会议结束时天都要黑了。张董、李经理和王总三人都没有离开，又像从前一样开启了会后畅聊模式。大概夜幕降临时，人们都会变得多愁善感起来，张董坐在办公桌前，看着桌子上的老照片回想起N银行股份有限公司成立20多年来的历程，从一个小小的公司成长为在深圳证券交易所上市的公司实属不易，感慨道：“李经理一直为了公司的发展尽心尽力，近些年银行获得了不小的成绩：银行总资产达到了8 850.20亿元，实现净利润96.52亿元；拥有基础客户5.49万个、核心客户1.15万个、重点客户0.60万个；各项存款余额5 114.02亿元，各项贷款余额3 025.07亿元。”李经理也接着张董的话说起来：“可喜可贺的是在公司全体员工的努力下，咱们银行成功入选英国《银行家》杂志评选的‘全球银行1 000强’，行业口碑和品牌影响力正在不断提升。”

一说起N银行的绩效评价就让张董愁眉不展，“确实是该解决这个难题了啊！”张董说。三人又谈论起今天会议上王总提交的财务部门做好的N银行绩效评价报告，报告总体分为N银行绩效评价现状、为什么N银行要引入EVA绩效评价、N银行EVA绩效评价指标的设立、N银行EVA指标的分析、N银行EVA绩效评价预期效果五个部分。王总顺势拿起报告乐此不疲地解释道：“目前N银行主要从盈利能力、资产质量、资本充足率以及发展能力四个方面设置指标，对银行进行财务绩效评价。”（相应的指标体系见表6-22）

表6-22 N银行财务绩效评价指标

项目	评价指标
盈利能力	营业收入、净利润、总资产收益率、净资产收益率
资产质量	不良贷款率、拨备覆盖率、贷款拨备率
资本充足率	核心一级资本充足率、资本充足率
发展能力	每股收益增长率、营业收入增长率、净利率增长率、总资产增长率

李经理一边听着王总的讲述，一边看着手里近几年的绩效评价情况。从盈利能力的相关指标分析结果来看（见表6-23）：2018—2022年N银行的营业收入逐年增加，营业收入从103.42亿元增长为236.45亿元，复合增长率为22.97%，说明N银行的收入增长较快。2018—2022年N银行的净利润逐年增加，净利润从2018年的40.68亿元增长为2022年的78.10亿元，复合增长率为17.71%，可以看出N银行的净利润增长速度较快。2018—2022年N银行的总资产收益率有所下降，从2018年的1.28%下降为2022年的0.98%，说明N银行资产的盈利能力有所下降，主要是因为银行总资产规模的扩张速度快于净利润的扩张速度，从而使银行总资产的盈利能力有所下降。2018—2022年N银行的净资产收益率持续下降，从2018年的18.39%波动下降为2022年的16.69%，说明N银行资本的盈利能力有所

下降，主要是因为银行净资产的扩张速度快于净利润的扩张速度，从而使银行资本的盈利能力有所下降。

表6-23　N银行2018—2022年盈利能力指标分析

项目	2022年	2021年	2020年	2019年	2018年
营业收入（亿元）	236.45	195.16	153.57	127.61	103.42
净利润（亿元）	78.10	65.44	56.27	48.47	40.68
总资产收益率（%）	0.98	1.03	1.10	1.15	1.28
净资产收益率（%）	16.69	16.29	16.51	19.00	18.39

资料来源：N银行2018—2022年年报。

从资产质量的相关指标分析结果来看（见表6-24），N银行的资产质量水平较高。2018—2022年N银行的不良贷款率远低于证监会监管的最高标准，不良贷款率先上升后下降，2022年不良贷款率为0.91%。2018—2022年N银行的拨备覆盖率高于150%的最低监管标准，拨备覆盖率先下降后上升，2022年为351.42%。2018—2022年N银行的贷款拨备率高于证监会的最低监管标准，贷款拨备率逐年提高，2022年贷款拨备率为3.21%。这也说明，N银行在扩张经营的过程中，始终注重保持和控制资产质量，因此N银行资产质量水平较高。

表6-24　N银行2018—2022年资产质量指标分析（%）

项目	2022年	2021年	2020年	2019年	2018年
不良贷款率	0.91	0.92	0.89	0.89	0.76
拨备覆盖率	351.42	308.67	285.17	254.88	275.39
贷款拨备率	3.21	2.85	2.63	2.57	2.52

资料来源：N银行2018—2022年年报。

从资本充足情况的相关指标分析结果来看（见表6-25），N银行的资本充足率情况良好，对负债的偿还能力较强。2018—2022年N银行的核心一级资本充足率高于证监会监管的最低标准，但核心一级资本充足率有所下降，主要是银行为了提高盈利能力，提高了对风险资产的利用规模。2022年，N银行的核心一级资本充足率为8.55%，高于证监会的监管标准，说明N银行对负债的偿还能力较强。2018—2022年N银行的资本充足率高于证监会的监管标准，资本充足率有所下降，主要是银行提高对风险资产的利用规模，以提高N银行的盈利能力。2022年，N银行的资本充足率为12.25%，高于证监会的监管标准，对负债的偿还能力较强。这也说明，N银行在扩张经营的过程中，始终注重保持资本的充足水平和负债的偿还能力，从而使得N银行在提高盈利水平的同时，保持了较强的偿债能力。

表6-25　N银行2018—2022年资本充足情况指标分析（%）

项目	2022年	2021年	2020年	2019年	2018年
核心一级资本充足率	8.55	9.03	10.07	9.36	11.49
资本充足率	12.25	13.29	12.40	12.06	15.65

资料来源：N银行2018—2022年年报。

从发展能力的相关指标分析结果来看（见表6-26），N银行营业收入的发展能力较强，2018—2022年N银行的营业收入同比增长率均高于20%，营业收入增长较快。2018—2022年N银行净利润的发展能力较强，净利润同比增长率先下降后上升。2020—2021年N银行净利润同比增长率有所下降，主要是受利率市场化改革以及互联网金融竞争等因素的影响。2022年，N银行积极应对利率市场化并提高竞争力，从而使净利润的增长率有所提高，为19.35%。2018—2022年N银行总资产的发展能力较强，总资产同比增长率先下降后上升，其中2020年下降较多，主要是受利率市场化以及互联网金融竞争的影响，负债规模扩张较慢，资产规模的扩张主要依靠股东权益的扩张拉动。2022年，N银行总资产的同比增速为23.53%，仍然较快，银行总资产的发展能力较强。2018—2022年N银行股东权益的发展能力较强，股东权益同比增长率先上升后下降，其中2020—2021年提高较多，主要是受利率市场化以及互联网金融竞争的影响，银行负债规模扩张较慢，因此，N银行依靠股东权益的扩张来拉动总资产规模扩张。

表6-26　**N银行2018—2022年发展能力指标分析（%）**

项目	2022年	2021年	2020年	2019年	2018年
营业收入同比增长率	21.16	27.09	20.34	23.40	29.82
净利润同比增长率	19.35	16.29	16.10	19.15	25.04
股东权益同比增长率	11.73	32.00	33.86	15.40	18.18
总资产同比增长率	23.53	29.30	18.46	25.23	43.39

资料来源：N银行2018—2022年年报。

三、为什么N银行要引入EVA绩效评价

近年来，我国商业银行越来越着眼于实现价值的最大化，商业银行的目标开始向价值管理靠拢，为了实现这个目标，商业银行在绩效评价的领域也慢慢朝着企业价值或股东权益增长的目标转变。白天会议的僵局也正是N银行需要引入EVA绩效评价的原因，一方面是从公司的角度考虑，另一方面是为了弥补目前绩效评价自身存在的不足。

（一）N银行传统绩效评价体系不足

1.传统绩效评价目标定位不一致

目标定位不一致是N银行传统绩效评价方法存在的主要问题，主要表现为N银行的不同参与角色存在不同的利益和目标。这也正是张董和李经理对于绩效评价结果关注的方面不同的原因，其中N银行的管理层希望绩效评价能够反映出自身的工作水平，股东希望自身的投资能够实现利益最大化。不同的目标导致在确定绩效评价标准时，无法兼顾各方利益，从而绩效评价的效果并不理想。

2.传统绩效评价系统指标多而分散，缺乏统一标准

目前N银行的传统绩效评价系统包括盈利能力、资产质量等多方面多指标的考核，这也导致N银行在绩效考核时缺乏统一的标准。

3.忽略了资本成本，不利于实现银行价值最大化

N银行目前采用的传统绩效评价方法容易使得银行管理层注重一时利益，并且没有将

资本成本考虑在内，对银行的长远发展较为不利。这种考核方式将会导致银行一味追求存贷款规模的增加，不重视存贷款的质量，使得银行经营过程中不良贷款增加，影响资金的使用效率，使得银行风险加大。此外，传统绩效评价方法只重视对债务成本的考核，并没有将股权成本考虑在内，这将在一定程度上不利于股东权益最大化的实现，这就是张董恼火的地方。

4.对管理者行为的约束不够有效

N银行的传统绩效评价方法是把会计上的利润作为银行经营情况的评价基准，并将其作为考核经营者的依据，因此，管理者就有可能进行一些舞弊行为，以防止业绩评价不良。

王总说到这里，张董想起了前段时间频频曝出的银行管理者为了使表面的利润看起来优秀，人为改变会计利润的案例。例如，M企业管理者利用会计折旧方法和折旧时间的调整虚增利润，导致计算出来的数据不能反映真实情况，影响银行在经营过程中的准确评价。作为N银行管理层的李经理也明白，目前的绩效评价方法一不小心就会让公司管理层对股东利益造成损害，同时也会阻碍银行的健康发展。如果银行的管理者为了能够增加营业利润，可能会盲目增大贷款的数量，降低对贷款的审核力度，减少坏账准备的数额，导致自身的财务风险增大，使银行的未来发展蒙上阴影。

（二）N银行引入EVA的必要性

1.EVA有助于N银行提高内部凝聚力

由于EVA考核是站在股东的立场对N银行的经营状况进行评估，因此其激励机制也可以建立在这一方法之上，将EVA数值的大小与经营者的薪酬关联，真正实现将EVA考核作为企业业绩测量和激励的参考，从而将经理层的利益和股东的权益有机地结合起来，有效地防止经营人员对利润进行操纵，约束了经理层的不当行为，使经理层真正做到为股东服务，实现N银行的长远发展。

2.EVA有助于N银行实现价值最大化

N银行作为一家颇有实力的地方性城市商业银行，经营目标从一开始的利润最大化，发展到股权收益的最大化，再到目前的银行价值最大化，由于金融环境的日趋复杂，“价值最大化”已经成为时代的潮流。

从经济角度分析，银行价值的最大化是通过科学的管理和正确的决策，调整资本结构，使银行的价值增加，这个价值不只是经济价值，还包含了时间价值和风险价值，这样才能构成总价值。银行的价值是将来各个阶段的EVA折现与最初投放的资本之和，也可以是所有年度EVA的现值与新获得的收益的现值之和。所以，银行价值要想实现最大化，与EVA之间存在着银行长远经营目标与某年度经营目标、存量和现量、结果和动态原因的关系，也正因为存在这些关联性，使EVA能够作为绩效评估的科学标准。

3.EVA有助于促成N银行的良性管理

以EVA为核心，这种绩效评估的方法有利于N银行转变以前落后的经营观念，形成新的良性管理制度。EVA评价模式的建立，要求N银行的下属各个支行和各个服务点在开拓市场和业务推进时，坚持效率优先标准，实现科学进出市场的机制，前期要对资金的成本进行认真测算，评估好未来能实现的经济增加值，从而保障业务发展的稳定。银行业是经济社会的血液来源，目前行业内部还没能形成广泛适用于所有银行的评价模式。N银行从自身实际出发，构建起以EVA为基础的业绩评价模式具有前瞻性和进步意义。

4.EVA有助于提高N银行业绩的真实性

EVA的优点之一是权益资本成本被纳入进来，将资本成本从净利润的指标中扣除，更准确地解释了利润，在一定程度上更为准确地反映了企业的盈利能力，是一种实事求是的描述。N银行之前的绩效评价方法中，在算出利润指标的情况下，认为使用权益资本无须付出成本，因此会导致利润额高于实际，但是这并不代表N银行的价值真的增加了。EVA绩效评价建立起新的方法，修正了不准确的会计利润，使得N银行在使用权益资本时也应当考虑成本的问题，当纳税后的利润比N银行全部的资本成本还要多时，才能认为N银行的价值确实增加了。

听到这里李经理迫不及待地说："对于引入EVA绩效评价的必要性我们都已经有了切身感受，还是尽快切入重点吧！"赶忙又坐得离王总近了些，像学生听老师讲课一样端正地坐着，生怕自己跑神了。

四、N银行EVA绩效评价指标的设立

N银行建立EVA绩效评价指标的目的是实现股东财富的增加，使银行价值最大化。银行净营业利润减去包括股权和债务成本在内的全部资本成本，得到银行的剩余收益即EVA，使用EVA对N银行进行绩效评价。

根据EVA的公式（EVA=NOPAT-资本总额×资本成本率），要建立EVA绩效评价指标，首先需要对与EVA相关的三个指标进行调整，结合N银行对NOPAT、资本总额以及资本成本率进行调整，相关分析如下：

1.NOPAT（税后净营业利润）的调整

NOPAT是收入扣减除利息之外的所有成本费用之后的值。商业银行的负债大部分为吸收的存款，存款产生的利息支出属于银行正常营运所产生的，需要对这部分利息支出进行扣除，而银行为了融资所发行的债券所产生的利息，则不能进行扣除。

为了使得EVA更好地反映银行业绩，需要从资产减值准备、非经常性损益等方面对银行的NOPAT进行会计调整。

第一，对资产减值准备的处理。根据谨慎性原则，N银行会对资产计提一定的减值准备，包括对贷款、固定资产等资产计提一定数量的减值准备。N银行对资产计提减值准备，一方面可以较好反映不良资产，另一方面银行可能通过资产减值准备调节会计利润。因此，在计算N银行的EVA时，需要将资产减值准备加入到NOPAT和资本总额中。

第二，对非经常性损益的处理。N银行的非经常性损益是银行的非日常活动产生的，具有较大的随机性、不确定性和不可持续性，也就是银行的营业外收入和营业外支出，一般包括政府补助、捐赠收支等不确定性收支。在进行EVA绩效评价时，评价的是商业银行能够持续产生的收入和支出。因此，N银行在计算NOPAT时，需要将营业外收支的影响（包括企业所得税）进行扣减。

第三，对递延所得税款项的处理。N银行的递延税项主要是因通用会计准则与税法准则之间的差异造成的，各种资产减值准备是商业银行产生递延税项的最大成因。若商业银

行因为资产减值准备产生了递延所得税贷方余额，会推迟公司的纳税义务，对银行是有利的，但是递延税项的贷方余额会使得银行低估占用的资本总额。因此，EVA理论认为，如果商业银行存在递延税项的贷方余额，则应该在NOPAT中加入这部分递延税项；若存在借方余额，则应该相应地在NOPAT中扣减此部分递延税项。如果递延税项的贷方余额较上年增加，则应该加上较上年增加的部分，将其计入NOPAT；相反，如果递延税项的借方余额较上年增加，则应该从NOPAT中减去较上年增加的部分。调整后的NOPAT的公式见表6-27。

表6-27　N银行NOPAT的调整公式

调整后税后净营业利润（NOPAT）	税后利润总额
	加：资产（贷款和其他资产）减值准备本年变动
	加：递延税项变动净额
	减：营业外收支净额×（1-T）

2.资本总额的调整

N银行的资本总额主要包括从股东和债权人融入的资本，即股权资本和债务资本两方面。

（1）对股权资本的处理。N银行的股权资本分为从银行内部和外部融资两种方式，内部融资为使用银行前期积累的留存收益，而外部融资为银行发行股票等方式的融资。商业银行的股权资本同样需要进行调整，主要从两方面进行：一方面是对资产减值准备的调整，由于银行计提的资产减值准备并没有真实发生，所以在计算EVA时，需要将其加入到股权资本之中。另一方面是对递延所得税项的调整，如果递延所得税项余额为借方时，在计算EVA时，应该将其从股权资本中减去；若递延所得税项余额为贷方时，在计算EVA时，应该将其加入到股权资本之中。

（2）对债务资本的处理。N银行的负债包括：第一，银行正常营运所吸收的存款等。第二，为了弥补资金不足，银行主动发行金融债券而产生的，包括各种银行债券。对于商业银行而言，第二种负债属于银行债务资本的核算范围，因此，只有为了弥足资金不足而形成的银行负债才能归入到EVA的绩效评价之中。

由于商业银行很少发行债券进行融资，债务资本规模较小，对资本结构影响甚微，因此不考虑债务资本的影响，只考虑股权成本的影响。调整后的资本总额公式见表6-28。

表6-28　N银行资本总额的调整公式

调整后的资本总额	股东权益
	加：资产减值准备年末余额
	加：递延税项净额
	减：营业外收支净额

3.资本成本率的确定

N银行的资本总额不考虑债务资本，因此在计算加权平均资本成本时也不考虑资本结构以及债务融资付出的成本，只考虑权益融资所付出的成本，使用资本资产定价模型衡量权益融资所付出的成本，公式为：

$r_s = r_f + \beta(r_m - r_f)$

其中：r_f为无风险利率，（$r_m - r_f$）为市场溢价率，β为风险系数。

（1）无风险收益率的估计。由于我国的金融业不发达，国债发行规模有限，并且流动性受到限制，目前更多的居民仍然把银行的定期存款作为无风险收益的资产，定期存款基本上满足安全性和市场性的特征，r_f选取1年期定期存款利率。

（2）β系数的估计。β系数用于衡量资产的系统风险，一般而言，β系数越高，该资产的风险越高，价格波动越剧烈；而β系数越低，该资产的风险越低，价格波动越小。

（3）市场风险溢价的估计。结合我国金融业的真实情况，把我国风险溢价的评估分成市场4%左右及国家风险2.28%左右两块，风险溢价相加就是6.28%。采用这种方法研究使用的风险溢价确定为6.28%。

五、EVA在N银行绩效评价中的应用

1.N银行税后净营业利润的计算

根据税后净营业利润（NOPAT）调整后的计算公式，将N银行2018—2022年的相关数据代入公式（结果见表6-29）。2018—2022年，N银行的NOPAT分别为48.49亿元、53.65亿元、72.78亿元、85.10亿元和101.13亿元，N银行的NOPAT逐年提高，这与税后净利润的变化趋势相一致。

表6-29　N银行2018—2022年NOPAT的计算表　单位：亿元

项目	2022年	2021年	2020年	2019年	2018年
税后净利润	78.23	65.67	56.34	48.47	40.68
加：贷款及垫款损失准备本年变动	24.29	19.77	14.25	8.34	10.5
加：其他资产减值准备的本年变动	2.79	−0.55	1.01	1.59	0
减：递延所得税资产变动额	28.16	8.88	−1.84	1.51	5.97
加：递延所得税负债变动额	23.96	9.07	−0.81	−3.31	3.68
减：营业外收入×（1−T）	0.40	0.32	0.15	0.25	0.54
加：营业外支出×（1−T）	0.41	0.34	0.30	0.32	0.14
NOPAT	101.13	85.10	72.78	53.65	48.49

资料来源：N银行2018—2022年年报。

2.N银行资本总额的计算

根据资本总额调整后的计算公式，将N银行2018—2022年的相关数据代入公式（结果见表6-30）。2018—2022年，N银行的资本总额逐年提高，从2018年的247.39亿元增加到2022年的594.33亿元。

表 6-30　　N银行2018—2022年资本总额的计算表

项目	2022年	2021年	2020年	2019年	2018年
股东权益合计	503.86	450.97	341.64	255.22	221.17
加：贷款及垫款损失准备	97.18	72.89	53.12	38.87	30.53
加：其他资产减值准备	4.93	2.14	2.69	1.68	0.09
减：递延所得税资产余额	48.96	20.8	11.92	13.76	12.25
加：递延所得税负债余额	37.3	13.34	4.27	5.08	8.39
减：营业外收入	0.53	0.42	0.2	0.33	0.72
加：营业外支出	0.55	0.45	0.4	0.42	0.18
资本总额	594.33	518.57	390	287.18	247.39

资料来源：N银行2018—2022年年报。

3.N银行资本成本率的计算

使用资本资产定价模型来计算资本成本率，如前所述，计算公式为：

$r_s = r_f + \beta(r_m - r_f)$

其中，无风险利率选取一年期定期存款利率，市场溢价率（$r_m - r_f$），选取6.28%作为2018—2022年的风险溢价率，N银行2018—2022年资本成本率的计算结果见表6-31。2018—2022年，N银行的资本成本率分别为10.79%、10.54%、10.41%、9.10%和8.09%，资本成本率有所下降。

表 6-31　　N银行2018—2022年资本成本率的计算表

项目	2022年	2021年	2020年	2019年	2018年
无风险利率	1.75%	2.25%	2.75%	3.00%	3.25%
β系数	1.01	1.09	1.22	1.2	1.2
市场风险溢价	6.28%	6.28%	6.28%	6.28%	6.28%
资本成本率	8.09%	9.10%	10.41%	10.54%	10.79%

4.N银行EVA的计算

如前所述，EVA的公式为：

EVA = NOPAT − 资本总额×资本成本率

将相关数据代入公式（结果见表6-32）。2018—2022年，N银行的EVA分别为21.79亿元、23.38亿元、32.18亿元、37.91亿元和53.04亿元，这说明N银行在2018—2022年产生了经济增加值，为股东创造了财富。

表 6-32　　N银行2018—2022年EVA的计算表　　金额单位：亿元

项目	2022年	2021年	2020年	2019年	2018年
NOPAT	101.13	85.10	72.78	53.65	48.49
资本总额	594.33	518.57	390	287.18	247.39
资本成本率	8.09%	9.10%	10.41%	10.54%	10.79%
EVA	53.04	37.91	32.18	23.38	21.79

资料来源：根据N银行2018—2022年年报整理所得。

六、N银行EVA指标的分析

（一）EVA和EVA的增长率分析

通过对N银行2018—2022年的EVA情况分析（见表6-33）发现，N银行的EVA均大于0，也就是N银行在这五年内提高了股东财富。2018—2022年，N银行的EVA逐年提高，从2018年的21.79亿元增长为2022年的53.04亿元，这说明2018—2022年N银行的盈利能力和绩效水平不断提高，主要是因为2018—2022年N银行积极探索多元化和差异化经营的战略，积极培育核心竞争力，拓展利润来源，并取得较好的成果。

表6-33 N银行2018—2022年EVA的增长率情况

项目	2022年	2021年	2020年	2019年	2018年
EVA（亿元）	53.04	37.91	32.18	23.38	21.79
EVA增长率	39.91%	17.81%	37.65%	7.28%	54.86%

资料来源：根据N银行2018—2022年年报整理所得。

2018—2022年，N银行的EVA增长率不稳定，其中2018年、2020年和2022年，N银行的EVA增长率水平较高，均高于30%。2019年，N银行的EVA增长率水平较低，为7.28%，主要是因为2019年受金融机构可以自主确定贷款利率水平的影响，银行业的竞争加剧，此外，互联网金融发展速度加快，这也对银行业发展带来一定的冲击。

（二）经济增加值回报率

2018—2022年，N银行的经济增加值回报率较为稳定（见表6-34），经济增加值回报率分别为8.81%、8.14%、8.25%、7.31%和8.92%。

表6-34 N银行2018—2022年经济增加值回报率情况

项目	2022年	2021年	2020年	2019年	2018年
EVA（亿元）	53.04	37.91	32.18	23.38	21.79
权益资本总额	594.33	518.57	390	287.18	247.39
经济增加值回报率	8.92%	7.31%	8.25%	8.14%	8.81%

资料来源：根据N银行2018—2022年年报整理所得。

2021年，N银行的经济增加值回报率水平相对较低，主要是因为2021年N银行发行较多的金融债券和优先股，使得公司权益资本总额出现较大提高，而同时期产生的经济增加值增长幅度相对较小，因此经济增加值回报率出现一定幅度的下降。2018—2022年，随着利率市场化的推进，以及互联网金融等的冲击，N银行能够保持EVA的持续增长以及维持较高的经济增加值回报率，主要是因为：

第一，N银行的盈利结构持续优化，各领域的核心竞争力不断增强。2018—2022年，N银行逐渐搭建了银行、零售公司、个人银行、金融市场、信用卡、投资银行、资产托管、资产管理等利润中心业务，并且各利润中心的商业模式更加清晰，在细分市场中的比较优势进一步深化。2022年，N银行实现利息净收入170.60亿元，同比增长9.24%；非利息收入65.85亿元，同比增长68.86%。N银行持续推进中间业务转型创新，收入结构进一步优化，全年实现手续费及佣金净收入60.47亿元，同比增长51.55%，在营业收入中的占比由2021年的20.44%升至2022年的25.57%。

第二，N银行的业务范围和业务资格不断增大，持续优化综合金融服务体系。2022年，N银行获得非金融企业债务融资工具B类独立主承销、黄金进口、账户金业务、上海自贸区同业存单投资人、上海黄金交易所个人代理业务试运行、银行间黄金询价市场正式做市商等多项资格。永赢基金在市场持续波动的背景下，实现稳定盈利，规模和盈利迈上新台阶。不断丰富的业务资格，以及子公司业务的稳步推进，使得N银行的客户综合服务能力持续提升。

第三，N银行的风险管理水平持续提升。N银行坚持“控制风险就是减少成本”的理念，全员风险意识不断增强，风控管理专业性和有效性进一步提升，风险管理经受住考验。2018—2022年，N银行不良贷款率、拨备覆盖率和资本充足率等均符合监管标准，抵御风险能力较强，体现出良好的风险管理能力和经营品质。

第四，科技与业务融合更加紧密，支撑能力持续增强。2018—2022年，受互联网金融的冲击，N银行持续创新电子银行渠道建设，丰富金融服务和产品，全面提升客户体验，加速向“轻型银行”转变；加大对手机银行的创新优化力度，提升移动金融服务体验，完善网上银行特色专区建设，契合客户金融需求的变化趋势；深化大数据分析与挖掘，灵活对接行内外数据，为精准获客、风险控制、客户服务等领域提供有效决策支撑；持续推进风险缓释、资金头寸、微信平台、厅堂助手等项目建设，专业支撑业务发展。通过科技与业务的深度融合，逐步深化N银行在重点业务领域的比较优势。

七、N银行EVA绩效评价预期效果

从EVA角度出发，对N银行进行绩效评价，借以提高了N银行的价值创造能力，为N银行全面运用EVA指标进行业绩评价提供了理论指导。银行业属于特殊行业，不仅要服务于实体经济，还要面对严峻的金融形势，并且中国金融市场在持续地开放，在保证资金安全的基础上提高获利能力，是商业银行实现发展与进步的前提，商业银行必须从国情出发，建立适合自己的管理制度，提高资产效率，才能在激烈的竞争中立于不败之地。EVA是评价企业经营业绩的有效方法，能够使得经营者和委托人的利益一致，这样不但保证了股东利益不受损害，也使银行实现较好的经营效果。

与传统的会计指标相比，EVA能够提高银行业绩的真实性。第一，对比N银行的税后净利润与EVA可以发现：2018—2022年，两者的变动趋势相一致，并且税后净利润要显著高于EVA，这说明税后净利润对N银行业绩存在一定程度的高估。EVA不仅扣除债务成本还扣除了权益成本，并且对部分科目进行了会计调整，得出的经济增加值更加公允和真实。此外，2018—2022年，N银行的净利润复合增长率显著低于EVA的复合增长率，这说明使用净利润复合增长率来衡量N银行的盈利能力存在一定程度的低估，这也要求N银行要采取EVA指标来衡量盈利能力。第二，通过对比N银行的净利润增长率与EVA增长率可以发现：除了2019年，N银行的净利润增长率高于EVA增长率之外，其他年份的净利润增长率均低于EVA增长率，这说明使用传统的净利润增长率来衡量N银行的盈利能力存在一定程度的低估，因此，这也要求N银行要采取EVA增长率来衡量盈利能力。第三，通过对比N银行的净资产收益率与经济增加值回报率可以发现：净资产收益率明显高于同时期的经济增加值回报率，主要是因为净资产收益率中的净利润仅仅剔除债权成本，反映的是股东权益的盈利能力。经济增加值回报率不仅剔除债权成本也剔除股权成本，而且对股东权益进行了一定的会计调整，反映的是股东资本的盈利能力，能够更真实反映出银行股东价值的增加情况。因此，使用传统的净资产收益率对N银行进行绩效评价存在一定程度的高估，这也要求N银行采用经济增加值回报率来对盈利能力做出公允评价。

八、尾声

不知不觉夜已经深了，听了王总深入浅出的分析，张董和李经理仿佛已经看见了N银行EVA绩效评价取得的巨大成效。深夜也无法阻挡人们奋斗的步伐，从窗户向外望去街道上灯火辉煌、车水马龙，是啊！N银行能够取得今天的成绩离不开紧跟时代步伐的不断创新、变革，相信EVA绩效评价体系将会为企业创造更大的价值。

今夜那一轮圆月甚是明亮，三人的心里充满了希望之光……

案例使用说明

一、教学目的与用途

1.本案例主要适用于“管理会计”课程的案例教学。

2.本案例是一篇关于N银行改革绩效评价体系的教学案例，其教学目的在于使学生对新时期商业银行绩效评价体系如何更好地适应商业银行价值最大化的要求，正确衡量城市商业银行是否实现了股东财富增加这一问题进行理性认识及深入思考，并能根据商业银行绩效评价的实际情况提出有针对性的解决方案。

3.本案例模拟了绩效管理现象，为学生提供可供观测和体验的情境，培养学生的管理能力、特定情景中的决策水平及解决问题的能力，从而进一步理解实施绩效管理所带来的价值提升、观念升华和能力提升。

二、启发思考题

1.商业银行传统绩效评价方法有哪些？

2.EVA绩效评价的理论基础是什么？

3.你如何看待N银行随着业务发展，进而引入EVA绩效评价体系？

4.N银行的核心竞争力主要有哪些？结合EVA评价指标，你能否对提高N银行经营绩效提几点建议？

三、分析思路

（一）总体思路

如今的市场竞争越来越激烈，企业管理工作也迎来新的挑战。组织的绩效管理是企业内部管理中的内容，合理的绩效考核对于企业内部传递压力、激发活力，营造公平合理、积极向上的企业氛围起到纽带、环节、阶梯和抓手的作用。该案例有助于提升分析者抓住主要矛盾，培养洞察力和敏感度，也有利于分析者感受绩效管理在聚焦守正创新中的作用。

(二)思考引导要点

在具体分析各思考题时建议的思考引导要点如下：

1.财务指标和非财务指标评价；单一指标与多指标评价。

2.企业价值理论，剩余收益理论，委托代理理论。

3.价值管理。

4.差异化发展，多元化盈利，丰富产品，区域优势，风险管理体系，科技支持；差异化发展，业务拓展，银行布局。

四、理论依据及分析

教师可以根据自己的教学目标（目的）来灵活使用本案例。这里提出本案例的理论依据及分析思路，仅供参考。

1.商业银行传统绩效评价方法有哪些?

目前，商业银行传统的绩效评价方法按照不同的方式有不同的分类，主要包括：从属性来看，绩效评价方法分为财务指标评价法和非财务指标评价法；从综合性来看，分为单一指标评价法和多指标评价法。

（1）财务指标评价法和非财务指标评价法。

财务指标评价法是商业银行目前最常采用的传统绩效评价方法，主要是使用财务指标来评价银行的绩效，主要利用四方面的财务指标进行定量评价：

①盈利方面，常采用总资产净利率、股东权益净利率等指标来评价银行资产和股东权益等获取利润的能力。

②偿债方面，常采用存贷款比率等指标来评价银行资产是否有较好的偿债能力。

③资产质量方面，常采用不良资产率等指标来评价银行资产质量的好坏。

④发展方面，常采用收入增长率等指标来评价银行未来是否有较好的发展空间。

非财务指标评价法主要是对银行进行定性评价，是银行财务指标分析的辅助，主要对银行管理层能力、员工能力等方面进行评价。非财务指标评价法由于缺少定量评价，操作性相对较差。

（2）单一指标评价法和多指标评价法。

单一指标评价法主要使用某一方面的财务指标对银行绩效做出评价，包括总资产净利率、股东权益净利率等指标，通过对不同年份数据的比较，判断银行的业绩情况。这种方法直接导致银行较为注重会计报表利润，忽视银行股东的利益与绩效评价。

多指标评价法主要使用多方面指标对银行绩效进行评价，此种方法更为全面，主要包括以下三种方法：

①杜邦分析法。这种方法主要是围绕净资产收益率展开分析，判断盈利、营运以及偿债等各因素对净资产收益率的影响，从而对银行的财务状况进行综合分析，并针对各因素对净资产收益率的影响，提出提高净资产收益率的方法。

②沃尔评分法。沃尔评分法是指将选定的财务比率用线性关系结合起来，并分别给定各自的分数比重，然后通过与标准比率进行比较，确定各项指标的得分及总体指标的累计分数，从而对企业的信用水平做出评价的方法。此种方法应用的关键是确定核心指标。这

种方法较为明显的缺点便是缺乏统一的标准，受人为干预影响较大，权重和核心指标的选择会在很大程度上影响银行的评估结果。

③CAMEL评级法。这种评估方法主要从资产质量、管理水平、资本充足性、盈利能力以及流动性五方面选取核心指标，对银行进行评估，此种方法评估覆盖面广，能够对银行进行较为全面的评价，能够较好地反映出银行的经营和盈利情况。

2.EVA绩效评价的理论基础是什么？

（1）企业价值理论

早在20世纪的50年代，米勒就在他与人的合作著作中，率先阐述了MM理论，对企业普遍的价值和一般的估量法第一次比较专业地进行了定义。后来，又根据现实中的实际情况，认为考虑企业的税收的情形，由于负债的利息是可以冲抵税金的，因此通过借贷能够使得资本的成本下降，从而使得实际利润增加，企业价值因而变大。MM理论第一次把企业在运营活动中的偶发性因素也考虑到价值评估当中来，研究企业的具体收益不能锁定时的价值估量法，以理论的形式阐明了企业自身价值和资本构成存在的重要关系，简言之，企业的价值不只是股东资本的价值，还要加上债务资本的价值。

MM理论在调整以后，提出在考虑税收的因素影响后，负债也就成为企业价值估量的一个基本因素，杠杆作用是客观存在的，一定程度的借贷会降低企业的成本。股东与债权人的权益是不一致的，能够使得股东的经营更为合理，能实现科学评估，这个理论奠定了现代企业估值的基础。同时，随着实践的发展，对这一理论的内容不断完善，但是价值的创造在其中始终是首要的，企业经营发展的最终目标没有变，就是提升企业的价值。

（2）剩余收益理论

这一理论的基本观点是，不认为传统会计上的利润是合理的，剩余收益的含义应当是在报表的净利润的前提下，将投资者所享有的分红加以扣除后的剩余部分。这一理论能够全面地阐述任何企业投入与产出的关系，就企业角度来说，是不是真正盈利，标准应当是营业总收入减去二人费用，再分配给股东股息以后仍有一些价值，这部分价值才是实际意义上的增长，这个理论最核心的部分，是将以往的纳入到利润中的分红，也一同作为费用进行筛除，而后来的EVA评价体系也正是参考了这个理论，两者基本观点一致。EVA的评价方法，就是将股东资本的收益作为成本进行了扣除，全面对资本项目进行量化，这种评价的模式，使企业价值的估量更科学。不仅如此，EVA在评价指标计算时还改进了一些过去的会计科目，因此在前人的基础上，EVA的评价法更加完善。

（3）委托代理理论

委托代理理论的主要侧重点是企业的所有权应当与经营权归属于不同的人，经营管理由专人来做，这也成了现代企业的基本运转模式。在过去，企业的股东同时也主管企业，也就没有对股东经营效果的评估。但是，随着企业现代经营的不断进步，所有权与经营权分离之后，股东不再实际管理公司，股东成了被代理人，委托业务能力强的管理者对自己的公司进行全面管理，原则上不得直接干预企业的日常活动，这种特别的关系就是委托代理。在这种关系中，由于委托人是所有者，关心的是企业的利润，而作为经理层来说，更为关注的是公司运转情况。他们的利益并非完全相同，所以难免会为了各自的利益采取有冲突的行为，所有者由于不参与经营，只关心投资的收益以及分红的方案；经理层则是关注自己的绩效奖金，因而会关注企业的效益。公司在不断的运营当中，二者的追求并不完全相同，难免会有信息不对称的问题，实践中难以防范的是经理层利用信息优势，一方面赚取薪酬，另一方面危害所有者的利益，两者的矛盾就此激化。

所以，委托代理理论必须解决的问题是怎样对代理人进行有效的制约，以及把两者追求的目标统一起来。委托人虽然有取消委托的权限，防止代理人继续损害其利益，但是最好的情况是能有一种长效的机制。这种机制要求企业内部必须建立起自上而下的内控评价体制，对决策者在运营中的各种行为都要全过程地予以把控，如此才能确保股东利益的实现。企业评估业绩时，一方面控制好信息不对称造成的不必要损失，另一方面凭借适当的评价考核体制，使经营者的经营效果不得违背委托人的目标，以有效降低代理成本。EVA评价法科学合理，也是使股东价值实现最大化的有效途径。

3.你如何看待N银行随着业务发展，进而引入EVA绩效评价体系？

商业银行作为企业，其目标开始向价值管理靠拢。为了与这个要求相吻合，商业银行的绩效评价也朝着企业价值或股东权益的增长的指标转变。N银行的传统绩效评价方法存在的问题主要包括：传统绩效评价目标定位不一致；传统绩效评价系统指标多而分散，缺乏统一标准；忽略了资本成本，不利于实现银行价值最大化；对管理者行为的约束缺乏有效性。EVA绩效评价体系有利于促成N银行的内部向心力，有助于N银行实现价值最大化，有助于改进N银行的良性管理，有助于提高N银行业绩的真实性。因此，N银行传统的绩效评价体系需要改革，建立起EVA绩效评价体系。

4.N银行的核心竞争力主要有哪些？结合EVA评价指标，你能否对提高N银行经营绩效提几点建议？

（1）N银行的核心竞争力如下：

第一，N银行实行差异化的发展道路，持续积累在各个领域的比较优势，努力将公司打造成中国银行业中一家具备差异化核心竞争力、在细分市场客户服务上具备比较优势的优秀商业银行。第二，N银行持续深化个人银行、资产管理等利润中心建设，持续提升永赢基金和永赢金融租赁的可持续发展能力，形成更加多元化的盈利布局。第三，N银行以长三角为中心、珠三角和环渤海地区为两翼的发展布局，持续发挥总分支行高效联动优势，积极适应市场变化，及时优化业务策略，确保分支行业务协调发展，不断增强分支行在区域市场的竞争力。第四，N银行持续完善产品、优化流程、提升服务，不断加大对中小企业转型升级的支持力度，持续提升普惠金融服务的质效。第五，N银行扎实落地全流程的风险管理体系，能够适应银行业新常态下风险管理的需要，努力将各项风险成本降到最低，确保各项业务稳健可持续发展。第六，N银行将科技作为银行最重要的生产力之一，加大投入，提升水平。经过持之以恒的努力，N银行的科技支撑能力已经在同类银行中具有比较优势，可以支撑下阶段银行各项业务的持续拓展。

（2）提高N银行经营绩效的建议：

①发挥自身优势，重视差异化发展。我国的利率市场化改革越发深入，银行面临着较为紧迫的转型压力，过去采取的抢客户、抢存款、大规模放贷的经营理念已经过时，并且，对于城市商业银行来说，在资产规模、人才结构等诸多方面，都不是国有大型商业银行的对手，因此城市商业银行只能从自身实际出发，充分发挥自己的优势，比如地域优势，经营活动要灵活，防止和强大的对手发生正面的竞争，从而减少竞争风险。很多的地方性银行都在当地具有一定的影响力，与本地政府合作比较紧密，容易发展业务。同时，

由于自身规模不是很大，相比国有的大型银行，它们能够体现出更好的灵活性，决策机制更加有效率，能够更快地应对市场变化。城市商业银行应当努力发挥出地方特色，将自身的业务放在促进地方经济的发展上，着力民生，创造更加便捷和人性化的服务，吸引更多的客户，建立起覆盖全社会的金融服务体系。N银行位于中小企业较多的浙江省，中小企业在发展过程中融资需求较多，这就要求N银行要坚定自身中小银行的定位，加快发展零售公司和个人银行业务。第一，N银行要加快促进零售公司业务发展，中小企业是激发社会经济活力的重要主体，也是N银行践行差异化发展的重要服务对象，继续为小企业客户提供便捷和高效的金融产品和服务。这就要求N银行要持续创新优化金融产品和服务，不断提升融资、结算、电子银行等一揽子金融服务水平，促进零售公司业务发展。在零售公司贷款方面，N银行要在原有"金色池塘"融资品牌基础上，不断完善小企业融资产品体系，提升小企业融资服务水平。与此同时，N银行积极推广"快审快贷"产品，加快小企业融资效率；此外，N银行要继续大力推进税银合作，推出信用贷款产品，以缓解小企业融资难题，助力诚信纳税企业快速融资和发展。第二，N银行要加快促进个人银行业务发展。N银行始终将个人银行作为重点发展领域之一，在业务上始终坚持以"特色化、本土化"的经营理念为引领，以客户经营为中心，持续深耕储蓄存款、财富管理、消费信贷等核心业务，积极探索直销银行等新兴领域，不断优化团队配置、完善业务结构、提升经营水平，从而进一步巩固N银行在个人银行细分市场上的竞争优势。

②加快中间业务发展。利率市场化使得银行难以稳定地通过存贷款利息的差额获得收入。调高存款利率通常可以揽下更多客户，但难免会引发银行间的恶性竞争，因此，必须对传统的收入结构加以改进，扩展中间类型业务，这成为城市商业银行转变发展思路、升级换代的重要手段。但是业务范围的调整及寻求业绩的进步，并不是彻底放弃原来的传统业务，两者是互不干扰、共同发展的。城市商业银行可在原有业务的基础上，利用丰富的客户资源，发展中间业务。中间业务本身就是一些服务类的业务，能使客户的多种金融需求得以满足。中间业务是通过服务收费，属于表外业务，风险很小，可以使银行控制风险，因此加强金融创新，发展中间业务，使非利息收入比例增加，增强银行盈利能力，是提升银行绩效、增大EVA指标的重要途径。考虑到我国的具体情况，中间业务在城市商业银行收入中占的比重较小，而在发达国家，其所占比重已达到了一半。目前的中间业务种类还是比较少的，很多银行只是和企业合作，代替其发工资以赚取服务费。此类银行不应仅局限于简单的业务，可以考虑发展交易类、基金托管等具有高成长性的业务。N银行的经营业务比较广泛，也获得了一些认可，这成为N银行开展广泛的中间业务的基础。N银行要持续完善产品体系，加强服务创新，继续推动资产管理业务发展，进一步推进固定期限理财产品向开放型产品转型，并优化产品结构。N银行要继续加快托管业务发展，延展产品线，推动外包、三方业务发展，借助系统优化持续提升"易托管"品牌影响力。此外，N银行要加快投行业务布局，获取更多承销资格，提高投行业务收入。

五、关键要点

商业银行建立EVA绩效评价指标的目的是实现银行价值最大化，因此，商业银行绩效评价变革所采取的新措施必须服务于此目标，只有不断增强价值创造能力，这种变革才能得到银行界的认可。

六、建议课堂计划

本案例可以作为专门的案例讨论课来进行。以下是按照时间进度提供的课堂计划建议，仅供参考。

整个案例课的课堂时间可以控制在 80～90 分钟。

1.课前计划

提出启发思考题，请同学们在课前完成阅读和初步思考。

2.课中计划

简要的课堂前言，明确主题（2～5 分钟）；

小组讨论及形成总体意见（30 分钟），告知发言要求；

小组意见交流共享（每组 5 分钟，控制在 30 分钟）；

引导全班进一步讨论，并进行归纳总结（15～20 分钟）。

3.课后计划

如有必要，请同学们采用报告形式呈现小组讨论成果，包括根据银行背景，提出更有针对性、更合理的绩效评价方法，以及对现有措施在实施后可能会出现的问题进行思考。

参考文献

[1] 郭晓梅. 管理会计理论与实务 [M]. 3版. 大连：东北财经大学出版社，2020.

[2] 王丽君. 企业产品定价的影响因素及其策略 [J]. 内蒙古煤炭经济，2014（2）：69；71.

[3] 范海峰. 产品定价决策影响因素及方法探讨 [J]. 财会通讯（理财版），2007（8）：16-17.

[4] 张世军. 企业成本定价策略的辩证思考 [J]. 现代企业，2021（2）：43-44.

[5] 旷健玲. 市场营销过程中产品定价研究 [J]. 大陆桥视野，2020（12）：55-57.

[6] 刘青. 蜜雪冰城的本地化市场营销策略研究 [D]. 西安：西北大学，2021.

[7] 杨毅涵. 浅析完全成本法和变动成本法的差异及应用 [J]. 财会学习，2021（27）：109-111.

[8] 桂玉敏. 基于利润敏感性分析模型下企业利润预测分析研究 [J]. 知识经济，2020（5）：78；80.

[9] 冯弋江. 关于利润敏感性分析的一般认识 [J]. 经济师，2011（12）：20.

[10] 韩俊华，干胜道. 成本加成定价法评介 [J]. 财会月刊，2012（22）：74-75.

[11] 林慕礼. 简析基于经济效益视角下的电网投资预算管理 [J]. 知识经济，2018（7）：82-83.

[12] 李萌，李晓东. 基于投资能力的电网企业投资分配模型研究 [J]. 东北电力技术，2016（1）：19-23.

[13] 梁楠，王庆. 浅谈大型电网企业开展基于大数据的基建财务业财协同管理的意义 [J]. 财经界，2019（1）：135.

[14] 涂潇. 基于电力工程的预算管理系统的设计与实现 [D]. 西安：西安电子科技大学，2017.

[15] 李晓晖，弓秀云，杨洋. 连锁门店开发与选址 [M]. 2版.北京：中国发展出版社，2015.

[16] 奥泽斯基. 桑德斯上校：肯德基创始人的商战传奇 [M]. 熊元元，译. 北京：北京时代华文书局，2018.

[17] 姜若琳. 肯德基店铺选址研究分析 [J]. 现代营销（下旬刊），2017（3）：49.

[18] 徐飞. 战略管理 [M]. 5版.北京：中国人民大学出版社，2022.

[19] 张新民，钱爱民. 财务报表分析 [M]. 5版.北京：中国人民大学出版社，2019.

[20] 上官敬芝. 财务管理学 [M]. 2版.北京：高等教育出版社，2014.

[21] 李小玉，薛有志，牛建波. 企业战略转型研究述评与基本框架构建 [J]. 外国经济与管理，2015（12）：3-15.

[22] 董欢. 现代企业战略转型的关键要素分析 [J]. 中共福建省委党校学报，2015（3）：99-103.

[23] 薛有志，周杰，初旭．企业战略转型的概念框架：内涵、路径与模式 [J]．经济管理，2012 (7)：39-48.

[24] 张兆国，梁志钢，尹开国．利益相关者视角下企业社会责任问题研究 [J]．中国软科学，2012 (2)：139-146.

[25] 邹凌．EVA在我国商业银行业绩评价中的应用研究 [D]．北京：财政部财政科学研究所，2014.

[26] 何淑宜．商业银行EVA管理与绩效考核研究：以AB银行为例 [D]．济南：山东大学，2013.

[27] 刘越．商业银行绩效管理———基于管理会计应用的多维综合考评模式 [J]．金融会计，2022 (3)：8-12.

[28] 葛和平，毛毅翀．基于EVA的城市商业银行价值评估研究——以北京银行为例 [J]．会计之友，2019 (20)：73-78.